古代漢語

（第二版）下

張玉金　吳媛媛　主編

高等教育出版社·北京

U0814769

内容提要

《古代漢語》（第二版）上、下兩冊在編寫時進行了精心的設計。選擇文選時，充分重視所選文選語言的典範性，在此基礎上，充分重視選文所載的“道”。堅持用傳統文化的精華感染學生；堅持感性認識和理性認識相結合的原則，每個單元都包括文選、通論兩部分，並附以中國古代文化常識指要；堅持循序漸進的原則，所選文選包含了今注、古注和白文三個部分；堅持學習與練習相結合的原則，每個單元之後都附有練習題。

除了編寫原則先進外，本教材還有下述一些明顯的優點：這部教材是今天編寫的，充分吸收了當前學術界新的定論性成果；這部教材分為上、下兩冊，適應了今天古代漢語教學課時減少的實際（目前各高校古代漢語課一般只開兩個學期）。這部教材還有一些附錄，如《漢字部首例釋》《古書用字綜表》《上古音常用字表》等，這對學生的學習是很有幫助的。

图书在版编目（CIP）数据

古代汉语. 下 / 张玉金，吴媛媛主编. --2 版. --北京：高等教育出版社，2017.9（2024.7 重印）
ISBN 978-7-04-047855-6

Ⅰ. ①古… Ⅱ. ①张… ②吴… Ⅲ. ①古汉语-高等学校-教材 Ⅳ. ①H109.2

中国版本图书馆 CIP 数据核字(2017)第 119059 号

古代漢語
Gudai Hanyu

策划编辑 贾高操　责任编辑 贾高操 梅 咏　特约编辑 骈宇骞　封面设计 张志奇
版式设计 范晓红　插图绘制 黄云燕　责任校对 刘春萍　责任印制 刁 毅

出版发行 高等教育出版社
社 址 北京市西城区德外大街 4 号
邮政编码 100120
印 刷 河北鑫彩博图印刷有限公司
开 本 787 mm×960 mm 1/16
印 张 21.5
字 数 390 千字
购书热线 010-58581118
咨询电话 400-810-0598
网 址 http://www.hep.edu.cn
http://www.hep.com.cn
网上订购 http://www.hepmall.com.cn
http://www.hepmall.com
http://www.hepmall.cn
版 次 2002 年 5 月第 1 版
2017 年 9 月第 2 版
印 次 2024 年 7 月第 4 次印刷
定 价 39.60 元

本书如有缺页、倒页、脱页等质量问题，请到所购图书销售部门联系调换
版权所有 侵权必究
物 料 号 47855-00

目 錄

第六單元

文　選

天論（《荀子》）

【介紹】荀子，名况，字卿，戰國末年趙國人。曾在當時的文化中心稷下（齊國國都西門）講學多年，在齊襄王時曾擔任齊國祭酒，後來到楚國作蘭陵令，不久免官，家居著述，死後葬於蘭陵。韓非子、李斯都曾是荀子的學生。

《荀子》一書今傳本共三十二篇，經西漢末年劉向整理和唐朝楊倞編定。《荀子》一書中大部分著作都是荀子自己撰寫的，其中有很多名篇，如《天論》《勸學》《正名》《性惡》《解蔽》《王制》《彊國》《富國》《非相》《非十二子》《成相》《修身》《不苟》等。荀子推崇孔子，受孔子思想影響很深，但思想觀點與另一位儒學大家孟子恰恰相反。荀子提倡性惡論，法後王、王道與霸道並重。因此荀子被視爲法家的代表人物，在戰國時期影響很大。漢代以後，由於孟子地位的擡高，《荀子》一書不受重視，到了唐代楊倞才重新編定並加注釋。《荀子》一書的文章多長篇巨製，能言善辯，邏輯性很強，語言流暢，簡明易懂。《荀子》較好的注本有清王先謙《荀子集解》、今人梁啓雄《荀子簡釋》等。

【説明】《天論》是《荀子》一書中的著名篇章，是先秦時期樸素唯物主義的傑作，集中表現了荀子“人定勝天”的光輝思想。本文提出了自然界有自身的運行規律，適應這個規律才能得到“吉”，違背這個規律就是“凶”。又進而提出了不能完全被動地承受自然界的現象，而要掌握自然規律來利用它。本文又提出了一些所謂“祅怪”其實是一些自然現象，不足畏懼等，都是十分有價值的。

天行有常，不爲堯存，不爲桀亡[1]。應之以治則吉，應之以亂則凶[2]。彊本而節用，則天不能貧[3]；養備而動時，則天不能病[4]；脩道而不貳，則天不能禍[5]。故水旱不能使之飢渴，寒暑不能使之疾，祆怪不能使之凶[6]。本荒而用侈，則天不能使之富[7]；養略而動罕，則天不能使之全[8]；倍道而妄行，則天不能使之吉[9]。故水旱未至而飢，寒暑未薄而疾，祆怪未至而凶[10]。受時與治世同，而殃禍與治世異，不可以怨天，其道然也[11]。故明於天人之分，則可謂至人矣[12]。

【注釋】

［1］《天論》中的“天”指自然界，不是指具有意識的天，這是戰國時期新產生的觀念。天行：指自然界的運行規律。常：常規。爲：因爲。桀：夏代的最後一代君主，是暴君。

［2］應：適應，對待。以：用，介詞。治：指能治理得很好的措施，名詞。以亂：用錯誤的違反自然規律的措施。

［3］彊：同“強”。使動用法，使……加強。本：根本，在先秦兩漢古籍中經常用來指農業。貧：使動用法，使……貧困。

［4］養：這裏指供養的生活用品。動時：指生產勞動按照四時季節來安排。病：使動用法，使……生活艱難。

［5］脩：當爲“循”字之誤（詳見王念孫《讀書雜志》）。貳：當爲“貣（tè）”字之誤，同“忒”，差錯之意（詳見王念孫《讀書雜志》）。

［6］飢渴：“飢”當爲“饑”字，饑荒之意。“渴”爲衍文（詳見王先謙《荀子集解》）。祆怪：“祆”同“妖”。“妖怪”指奇怪的自然現象。

［7］荒：荒廢。侈：此處指過度使用，即浪費。

［8］略：不充足。全：指充足。

［9］倍：通“背”，違背。

［10］薄：迫近。

［11］受時與治世同：意謂（災害之年）遇到的天時與太平之世相同。治世：太平之世。而殃禍與治世異：意謂受到的殃禍與太平之世不同。其道然也：它的自然規律使之如此。

［12］天人之分：天與人的區分。至人：略同於“聖人”。

不爲而成，不求而得，夫是之謂天職[1]。如是者，雖深，其人不加慮焉[2]；雖大，不加能焉[3]；雖精，不加察焉[4]；夫是之謂不與天爭職。天有其時，地有其財，人有其治，夫是之謂能參[5]。舍其所以參而願其所參，則惑矣[6]。

【注釋】

［1］不爲而成：人不去做而天然生成。不求而得：人不去追求而自然得到。

［2］雖深：指上文“至人”雖然思考很深。加慮：指對天加以考慮。

［3］大：指“至人”才能大。加能：指對天（自然界）施加能力（力量）。

［4］精：指“至人”精明。

［5］時：四時，四季。參：指天、地、人三者有效地配合。

［6］所以參：指人類與天地配合的辦法，即人類掌握自然規律、改造自然的辦法。願：希望。所參：指自然界對人類的配合。

列星隨旋，日月遞炤，四時代御，陰陽大化，風雨博施，萬物各得其和以生，各得其養以成，不見其事而見其功，夫是之謂神[1]。皆知其所以成，莫知其無形，夫是之謂天[2]。唯聖人爲不求知天[3]。

【注釋】

［1］列星：衆星。列，衆。隨：相隨。旋：旋轉。遞：交遞。炤：同“照”，指照耀大地。四時：四季。代：交替。御：本義爲駕御，這裏引申爲運行之義。陰陽大化：指陰陽兩種氣體相互作用而生成養育萬物。化：變化，這裏引申爲演化，化育。其和：指陰陽二氣的調和，實際指風調雨順。其養：指風雨的滋潤。成：成長。其事：指天（自然界）的工作。事：從事。神：這裏指自然界生成養育萬物的結果。

［2］其所以成：指天成就養育萬物的結果。其無形：指天成就養育萬物的方法是無形的。天：當作“天功”，脱一“功”字，天功，即天的功能（詳見王念孫《讀書雜志》）。

［3］不求知天：指不去探求天的造化萬物的神妙功能，而從事人爲的具體的工作。

天職既立，天功既成，形具而神生[1]。好惡、喜怒、哀樂臧焉，夫是之謂天情[2]；耳、目、鼻、口、形能，各有接而不相能也，夫是之謂天官[3]；心居中虛以治五官，夫是之謂天君[4]；財非其類，以養其類，夫是之謂天養[5]；順其類者謂之福，逆其類者謂之禍，夫是之謂天政[6]。暗其天君，亂其天官，棄其天養，逆其天政，背其天情，以喪天功，夫是之謂大凶[7]。

【注釋】

［1］形具而神生：指形體具備之後而精神在形體的基礎上產生。形與神，是兩個

相對的概念。

［2］臧：後寫作“藏”。焉：於此，指形體。天情：天所授予的感情，即生來具有的情感。

［3］形能：能，通“態”，即形態，猶言形體（詳見王念孫《讀書雜志》）。各有接而不相能：能，指耳、目、鼻、形態各自接觸外物而不能相互代替各自的職能。

［4］治：治理，控制。五官：即上文的天官，指耳目鼻口形體。五官自然生成，故稱天官。天君：因爲“心”是主宰天官的，故稱天君。

［5］財：通“裁”，制裁、控制。非其類：指不是人類自己的同類，即自然界的物質財富。以養其類：以供養人類自己。

［6］順其類：指順應人類自己改造利用自然的能力。天政：指控制利用自然界的措施（注意：不能脱離上兩句來理解“天政”一詞）。

［7］暗其天君：指昏亂其心。亂其天官：指享用過度。

聖人清其天君，正其天官，備其天養，順其天政，養其天情，以全其天功[1]。如是，則知其所爲，知其所不爲矣，則天地官而萬物役矣[2]。其行曲治，其養曲適，其生不傷，夫是之謂知天[3]。

【注釋】

［1］清其天君：指使心清醒。正其天官：指使五官正常感知外物。

［2］天地官而萬物役：指人類掌握天地的規律，而且能役使萬物爲人類服務。官：通“管”，管理，這裏引申爲掌握之義。

［3］其行曲治：指人類改造自然的行爲完全正確。曲：盡，完全。治：措施正確。其養曲適：消費物質産品完全適度，指有一定的限制，要合適。其生不傷：指生命不受到傷害。如果過度享用物質財富，就會傷害身體。

故大巧在所不爲，大智在所不慮，所志於天者，已其見象之可以期者矣[1]；所志於地者，已其見宜之可以息者矣[2]；所志於四時者，已其見數之可以事者矣[3]；所志於陰陽者，已其見知之可以治者矣[4]。官人守天而自爲守道也[5]。

【注釋】

［1］在所：有所。志：知，思慮。已其見象之可以期者：指以其所見之天象可以知道氣候之變化。已：通“以”，根據。象：天象。期：預期，指預知節氣之變化。

［2］已其見宜之可以息者矣：根據所見適宜的土地可以種植農作物。宜：指適宜的土地。息：生息，生長，這裏指種植農作物。

［3］數：這裏指四時即春夏秋冬的時序。事：動詞，指從事農事活動。

［4］知：當爲“和”字之誤（詳見王念孫《讀書雜志》）。和：指陰陽調和。

［5］本句意謂專職人員遵守天（的變化），而自己遵守（自然規律）。官人：專職人員。

治亂天邪？曰：日月、星辰、瑞曆，是禹、桀之所同也，禹以治，桀以亂，治亂非天也[1]。時邪？曰：繁啟蕃長於春夏，畜積收臧於秋冬，是又禹、桀之所同也，禹以治，桀以亂，治亂非時也[2]。地邪？曰：得地則生，失地則死，是又禹、桀之所同也，禹以治，桀以亂，治亂非地也。《詩》曰：“天作高山，大王荒之；彼作矣，文王康之。”[3]此之謂也。

【注釋】

［1］瑞：吉利。曆：指天體運行的現象。以治：以之治，依靠它們達到天下大治。非天也：不是天的原因。

［2］時：指四時，四季。繁啟：與蕃長同義，繁殖生長之義。畜：後寫作“蓄”。臧：後寫作“藏”。

［3］此詩見於《詩經·周頌·天作》。作：創造，生成。荒：開辟。康：大，擴大。

天不爲人之惡寒也輟冬，地不爲人之惡遼遠也輟廣，君子不爲小人匈匈也輟行[1]。天有常道矣，地有常數矣，君子有常體矣[2]。君子道其常而小人計其功[3]。《詩》曰：“何恤人之言兮。”[4]此之謂也。

【注釋】

［1］爲：因爲。輟：停止。匈匈：喧嘩之聲。

［2］常數：數與道義近，也指自然規律。常體：指行爲準則，與常道、常數義近。

［3］道其常：指遵循常規。計其功：計較功利。

［4］此處引《詩》不見於今本《詩經》，疑爲逸詩。恤：體恤，顧慮。

楚王後車千乘，非知也[1]；君子啜菽飲水，非愚也[2]；是節然也[3]。若夫心意修，德行厚，智慮明，生於今而志乎古，則是其在我者也[4]。故君子敬其在己者，而不慕其在天者[5]；小人錯其在己者，而慕其在天者[6]。君子敬其在己者而不慕其在天者，是以日進也；小人錯其在己者而慕其在天者，是以日退也。故君子之所以日進與小人之所以日退，一也。君子小人之所以相縣者在此耳[7]！

【注釋】

[1] 後車：後邊所隨從的車。知：後寫作"智"。

[2] 啜（chuò）：吃。菽：豆類。

[3] 節然：適然（詳見俞樾《諸子平議》）。適然：偶然。適，恰巧。

[4] 心意修："心意"當作"志意"（詳見王念孫《讀書雜志》），略等"思想"。修：得到修養。厚：高尚。則是其在我者：那麼這是在於我自己（努力）。

[5] 故君子敬其在己者：君子尊敬存在於自己的努力。

[6] 錯：放置，放棄。在天者：指在於天的主宰。

[7] 相縣：相差懸殊。縣，後寫作"懸"。所以……者：……的原因。

星隊、木鳴，國人皆恐[1]。曰：是何也？曰：無何也，是天地之變，陰陽之化，物之罕至者也。怪之可也，而畏之非也[2]。夫日月之有蝕，風雨之不時，怪星之黨見，是無世而不常有之[3]。上明而政平，則是雖竝世起，無傷也[4]；上闇而政險，則是雖無一至者，無益也[5]。夫星之隊、木之鳴，是天地之變，陰陽之化，物之罕至者也。怪之可也，而畏之非也。

【注釋】

[1] 隊：後寫作"墜"。國人：國都之人。

[2] 怪之：以之爲怪。怪，意動用法。

[3] 日月之有蝕：指日月出現日蝕、月蝕現象。不時：不符合季節、時節。黨：通"儻"（詳見王念孫《讀書雜志》），偶然。見：後寫作"現"，出現。常：通"嘗"，曾經。

[4] 上明而政平：指君主聖明而政治安定。竝：同"并"。竝世起：指造反之事同時發生。

[5] 上闇而政險：指君主昏暗而政治殘暴。闇：同"暗"。無一至者：指（造反之事）没有一件來到（發生）。

物之已至者，人祅則可畏也[1]。楛耕傷稼，耘耨失薉，政險失民，田薉稼惡，糴貴民飢，道路有死人，夫是之謂人祅[2]；政令不明，舉錯不時，本事不理，夫是之謂人祅[3]；禮義不修，内外無別，男女淫亂，則父子相疑，上下乖離，寇難竝至，夫是之謂人祅[4]。祅是生於亂，三者錯，無安國[5]。其説甚爾，其菑甚慘[6]。勉力不時，則牛馬相生，六畜作祅，可怪也，而不可畏也[7]。傳曰："萬物之怪，書不説。無用之辯，不急之察，棄而不治。"[8]若夫君臣之義，父子之親，夫婦之別，則日切瑳而不舍也[9]。

【注釋】

［1］物之已至者：指已經發生的奇怪的事物。人祅則可畏：指人爲災害是其中可怕的。人祅：指人爲的災害。

［2］楛（kǔ）：粗劣。楛耕，粗劣的耕種方法。楛（又讀作 hù），本義是一種製作箭桿用的樹木。耘耨失薉：當作"楛耘傷歲"（詳見王先謙《荀子集解》引盧文弨、王念孫説）。田薉：田地荒蕪。薉，同"穢"，荒蕪。糴（dí）貴：把糧食貴價買入。糴，買進糧食。

［3］舉錯：指國家政令措施等。舉，实施。錯，通"措"，措置。不時：不合時宜。本事：農桑之事。

［4］則：衍文（詳見王念孫《讀書雜志》）。乖離：背離。乖，違背。寇：外敵入侵。難：指國内作亂。

［5］三者錯：指三者同時發生。三者，指上文三種"人祅"。錯：通"造"（詳見王念孫《讀書雜志》），交錯之義，在此引申爲同時。

［6］其説：上面的説法。爾：通"邇"，近，在此引申爲淺、易。菑：通"災"。

［7］勉力：指勞役。不時：違背農時。指徵用勞役不在農閑季節。牛馬相生：牛生馬，馬生牛，這是十分罕見奇怪的事。

［8］傳：指古書。書：特指儒家經典文獻。辯：研討。察：考察。

［9］切瑳：即切磋，研究。

雩而雨，何也[1]？曰：無何也，猶不雩而雨也。日月食而救之，天旱而雩，卜筮然後決大事，非以爲得求也，以文之也[2]。故君子以爲文，而百姓以爲神，以爲文則吉，以爲神則凶也[3]。

【注釋】

［1］雩：古代祈天降雨的一種祭禮。雩、雨，皆是名詞用作動詞。

［2］日月食：指日食、月食。救之：把日、月從日食、月食的狀態中救出來。卜筮：用龜甲占卜預測吉凶叫"卜"，用蓍草占卜預測吉凶叫"筮"。以爲：認爲。得

求：得到所求之雨。文：動詞，文飾、修飾。指用祭祀裝點門面。

［3］以爲文：是“以之爲文”的省略。把雩祭、卜筮當作文。

在天者莫明於日月，在地者莫明於水火，在物者莫明於珠玉，在人者莫明於禮義[1]。故日月不高，則光暉不赫[2]；水火不積，則暉潤不博[3]；珠玉不睹乎外，則王公不以爲寶[4]；禮義不加於國家，則功名不白[5]。故人之命在天，國之命在禮[6]。君人者隆禮尊賢而王，重法愛民而霸，好利多詐而危；權謀、傾覆、幽險而盡亡矣[7]。

【注釋】

［1］莫……於：没有……比……。莫，否定性無定代詞，没有什麼。於，介詞，介入比較對象。

［2 暉：同“輝”。赫：顯赫、顯明。

［3］“暉”與上文“火”相對，“潤”與上文“水”相對。

［4］睹：當作“睹”，顯著之義（詳見王念孫《讀書雜志》）。乎：介詞，用法同“於”。

［5］白：與上文“赫”“睹”義同。

［6］命：命運。

［7］傾覆：推翻别人。幽險：陰險。

大天而思之，孰與物畜而制之[1]！從天而頌之，孰與制天命而用之[2]！望時而待之，孰與應時而使之[3]！因物而多之，孰與騁能而化之[4]！思物而物之，孰與理物而勿失之也[5]？願於物之所以生，孰與有物之所以成[6]！故錯人而思天，則失萬物之情[7]。

【注釋】

［1］大：動詞，尊崇。這裏作意動用法，認爲天偉大。“思”與下文“從天而頌之”之“頌”比較來看，“思”字用爲“仰慕”之義。孰與：與孰，意思是“與……比較，哪一個更好”，或“哪能比得上……”。物畜：像物一樣蓄養。物，名詞用作狀語。畜，後寫作“蓄”。

［2］從：順從。天命：這裏指自然變化的規律，與儒家著作中的“天命”一詞有别。

［3］待之：這裏指等待天時。應時：適應天時。

［4］因物而多之：指聽任萬物繁衍生長。因，依靠，這裏是聽任之義。多，用作

動詞，生長。騁：發揮、施展。化：用作使動，使……變化。

[5] 思物而物之：指思慕萬物而使之成爲自己的物品。第二個“物”：使動用法。理物：治理萬物。

[6] 所以生：所由生，指萬物自然生長。有：佔有，據有。所以成：萬物成長的規律。

[7] 錯：捨棄，不用。情：指萬物的生長本性。

百王之無變，足以爲道貫[1]。一廢一起，應之以貫，理貫不亂[2]。不知貫，不知應變[3]。貫之大體未嘗亡也，亂生其差，治盡其詳[4]。故道之所善，中則可從，畸則不可爲，匿則大惑[5]。水行者表深，表不明則陷[6]；治民者表道，表不明則亂[7]。禮者，表也；非禮，昏世也[8]；昏世，大亂也。故道無不明，外内異表，隱顯有常，民陷乃去[9]。

【注釋】

[1] 百王之無變：指歷代不變的東西。道貫：世代遵循的不變的原則。

[2] 一廢一起：指一個朝代的滅亡，一個朝代的興起。應之以貫：用永遠不變的根本原則適應它。理貫不亂：應理解爲“理之以貫則不亂”。

[3] 本句意謂：不知道這個一貫的道理，就不知道如何适應事物的變化。

[4] 大體：基本的東西。差：謬，指遵循“貫”方面出現的差錯。治盡其詳：治是因爲完全做到了“貫”。詳：指對“貫”執行得周詳。

[5] 道之所善：指道所提倡的事情，即下文的“中則可從，畸則不可爲”等。中：不偏不倚，適中，符合。畸：偏。“畸”的本義爲不整齊的田地（見《説文解字》），在此引申爲偏。匿：讀爲“慝”，邪僻不正（詳見王念孫《讀書雜志》）。

[6] 表深：在水深處做標誌（以免人淹没）。表，標誌，在此用爲動詞。

[7] 表道：以道義爲標誌（標準）。

[8] 昏世：昏亂之世。

[9] 外内異表：内心外形之禮的標準要不同。隱顯有常：内外有常規。隱顯，内外。民陷：指民衆陷溺於法網之事。

萬物爲道一偏，一物爲萬物一偏，愚者爲一物一偏，而自以爲知道，無知也[1]。慎子有見於後，無見於先[2]；老子有見於詘，無見於信[3]；墨子有見於齊，無見於畸[4]；宋子有見於少，無見於多[5]。有後而無先，則羣衆無門[6]；有詘而無信，則貴賤不分[7]；有齊而無畸，則政令不施[8]；有少而無多，則羣衆不化[9]。《書》

曰：“無有作好，遵王之道。無有作惡，遵王之路。”[10]此之謂也。

【注釋】

［1］道：指自然界發展變化的規律。一偏：一部分。知道：知道“道”。

［2］慎子的思想本於黄老之術，有不爭先之義。故荀子稱之爲“有見於後，無見於先”（據王先謙《荀子集解》）。

［3］詘：後寫作“屈”，彎曲。信：通“伸”，伸展。老子多以屈爲伸，以柔勝剛，故荀子稱老子“有見於詘，無見於信”。

［4］畸：不齊。墨子主張尚同兼愛，因此荀子稱之爲“有見於齊，無見於畸”。

［5］本句意謂宋子主張清心寡慾，因此荀子稱他爲“有見於少，無見於多”。

［6］門：指門路，方向。只知道謙讓退後，不知道領先開創，那麼人們就没有方嚮可追求。

［7］本句意謂人人追求謙退不爭，那麼人們就無法分別貴賤了。

［8］本句意謂人人平等，没有等級，那麼政令就無法實施。

［9］本句意謂一切講求清心寡慾，那麼人們就不會受到教化而愚昧。

［10］此處引文見於今本《尚書·洪範》篇。作好：偏好。作惡：厭惡。

五蠹（《韓非子》）

【介紹】韓非子（約前280—前233）戰國末期哲學家，法家的主要代表人物。出身於韓國的貴族，“喜刑名法術之學”，後世稱他爲韓非子。他和李斯同時師事於荀卿。韓非子吸收了儒、墨、道各家的思想，尤其有選擇地接受了戰國前期法家的思想和實踐，提出了君主專制中央集權的理論。韓非子認爲歷史是不斷發展進步的。主張“不期修古，不法常可”“世異則事異”“事異則備變”(《韓非子·五蠹》)，要根據今天的實際來製定政策。他的歷史觀，爲當時地主階級的改革提供了理論根據。

《韓非子》是集法家學説之大成的代表作。韓非死後，後人收集其遺著，並加入他人論述韓非學説的文章編成。共五十五篇，二十卷。提出了一套“法”“術”“勢”相結合的法治主張。重要的有《五蠹》《顯學》《解老》《喻老》《定法》《難勢》等篇，《韓非子》吸收和包容了春秋戰國時期的大量文化成果，對於學習與研究中國古代的哲學、文學、歷史以及語言，都具有極其重要的價值。《韓非子》的注本有清人王先慎的《韓非子集解》，今人梁啟雄的《韓非子淺解》和陳奇猷的《韓非子集釋》。

【説明】本篇節選於《韓非子·五蠹》。這是一篇代表韓非子政治思想的重要論文。集中反映了韓非子的社會歷史觀和政治思想。所謂“五蠹”，指當時社會上的五種人：學者（戰國末期的儒家），言談者（縱横家），帶劍者（遊俠），患御者（依附貴族私門的人）和工商之民。韓非認爲這五種人無益於耕戰，就像蛀蟲那樣有害於社會。作者根據古今社會變遷實際情況，闡明他所主張的法治思想是合於當時的時代要求的。該文結構嚴密複雜，文風犀利恣肆，辯説剔抉精微。

儒以文亂法，俠以武犯禁，而人主兼禮之，此所以亂也[1]。夫離法者罪，而諸先生以文學取[2]；犯禁者誅，而羣俠以私劍養[3]。故法之所非，君之所取；吏之所誅，上之所養也。法趣上下，四相反也，而無所定。雖有十黄帝，不能治也[4]。故行仁義者非所譽，譽之則害功[5]；工文學者非所用，用之則亂法[6]。楚之有直躬，其父竊羊而謁之吏[7]。令尹曰：“殺之！”以爲直於君而曲於父，報而罪之[8]。以是觀之，夫君之直臣，父之暴子也[9]。魯人從君戰，三戰三北[10]。仲尼問其故，對曰：“吾有老父，身死莫之養也[11]。”仲尼以爲孝，舉而上之[12]。以是觀之，夫父之孝子，君之背臣也[13]。故令尹誅而楚姦不上聞，仲尼賞而魯民易降北[14]。上下之利，若是其異也，而人主兼舉匹夫之行，而求致社稷之福，必不幾矣[15]。

【注釋】

[1] 儒：儒家。文：指古代文獻經典。法：法制。俠：遊俠。禁：禁令。人主：指國君。此：代詞，指代上文"儒以文亂法，俠以武犯禁，而人主兼禮之"的情況。

[2] 夫：發語詞，表示下文要引發議論。離：通"罹"，觸犯。罪：治罪。諸先生：指代上文所説的"儒家學者"。取：錄用，被動用法。

[3] 以私劒養：意思是靠着行刺的行徑被養起來。

[4] 趣：通"取"。雖：即使，表讓步的連詞。

[5] 非所譽：不是應當稱讚的人。功：指耕戰之事。

[6] 工：擅長、精通。

[7] 之："人"字的誤寫。直躬：直身而行的人，這是借代的手法。用其行爲代指其人。謁之吏：指向官吏報告這件事。謁，稟告。

[8] 令尹：楚官職名，相當於後代的宰相。殺之："之"指代"直躬"。曲：直的反義詞，不直，這裏指不孝。報：判決。罪之：治他的罪。

[9] 暴：下淩上叫暴，這裏指不孝。

[10] 北：敗走。

[11] 莫之養：即"莫養之"，否定句中代詞"之"做動詞"養"的前置賓語。

[12] 舉：舉薦。上之：使之上，等於説置之上位。上，方位名詞活用爲動詞。

[13] 背臣：叛臣。

[14] 楚姦：楚國壞人的犯罪行爲。上聞：向上報告使國君瞭解。聞，使聽見，相當於"報告"。

[15] 舉：指稱讚。致：使……至。幾：庶幾，希望。

古者蒼頡之作書也，自環者謂之私，背私謂之公[1]。公私之相背也，乃蒼頡固以知之矣[2]。今以爲同利者，不察之患也[3]。然則爲匹夫計者，莫如脩行義而習文學[4]。行義脩則見信，見信則受事[5]；文學習則爲明師，爲明師則顯榮[6]；此匹夫之美也。然則無功而受事，無爵而顯榮，有政如此，則國必亂，主必危矣[7]。故不相容之事，不兩立也[8]。斬敵者受賞，而高慈惠之行[9]；拔城者受爵禄，而信廉愛之説[10]；堅甲厲兵以備難，而美薦紳之飾[11]；富國以農，距敵恃卒，而貴文學之士[12]；廢敬上畏法之民，而養遊俠私劒之屬[13]。舉行如此，治强不可得也[14]。國平養儒俠，難至用介士，所利非所用，所用非所利[15]。是故服事者簡其業，而游學者日衆，是世之所以亂也[16]。

【注釋】

［1］倉頡：相傳爲黄帝的史官，傳説漢字是由他創造的。書：這裏指文字。自環：自繞。

［2］固：本來。以：通“已”。

［3］同利：指公私的利益一致。

［4］然則：連詞，表轉折。計：考慮。者：語氣詞。行：“仁”的誤寫。下文“行義脩”與此相同。

［5］受事：指接受國君委任的工作。

［6］顯榮：顯貴榮耀。

［7］然則：連詞，表轉折。則：連詞。

［8］不兩立：意謂不能並存。

［9］高：意動用法，這裏有“推崇”的意思。慈惠：同義連用，仁愛、仁慈。

［10］拔：指攻陷。受：後寫作“授”。廉：通“兼”。

［11］堅：堅固，使動用法。厲：後寫作“礪”，粗的磨刀石叫做“礪”。美：意動用法。薦：通“搢”，插的意思。紳：衣帶，儒者的服裝，要插笏於衣帶間，所以稱爲薦紳。

［12］距：通“拒”。恃：依靠。貴：意動用法。

［13］廢：指棄而不用。屬：相當於現代的“輩”。

［14］舉行：等於説措施。治：和“亂”相對，指國家太平。强：强盛。

［15］平：太平。介士：即甲士。所利非所用：指國家給予利益的人不是國家需要的人。所用非所利：指國家要用的人不是國家給予利益的人。

［16］服事：即服役。簡：這裏指怠慢、荒廢。日：這裏指逐漸。

今境内之民皆言治，藏商管之法者家有之，而國愈貧[1]；言耕者衆，執耒者寡也[2]。境内皆言兵，藏孫吴之書者家有之，而兵愈弱[3]；言戰者多，被甲者少也[4]。故明主用其力，不聽其言[5]；賞其功，必禁無用[6]。故民盡死力以從其上。夫耕之用力也勞，而民爲之者，曰：可得以富也[7]。戰之爲事也危，而民爲之者，曰：可得以貴也。今修文學，習言談，則無耕之勞而有富之實，無戰之危而有貴之尊，則人孰不爲也？是以百人事智而一人用力[8]。事智者衆，則法敗；用力者寡，則國貧。此世之所以亂也。故明主之國，無書簡之文，以法爲教[9]；無先王之語，以吏爲師[10]；無私劍之捍，以斬首爲勇[11]。是境内之民，其言談者必軌於法，動作者歸之於功，爲勇者盡之於軍[12]。是故無事則國富，有事則兵强，此之謂王資[13]。既畜王資而承敵國之釁，超五帝侔三王者，必此法也[14]。

【注釋】

[1] 商：指商鞅，秦孝公之相。管：指管仲。法：指有關法令方面的書。家：每家。

[2] 耒：犁。

[3] 孫：指孫武，春秋時吴國人；或指戰國時齊國的孫臏。吴：指吴起，先爲魏文侯將，後爲楚悼王相。他們都是有名的軍事家。

[4] 言戰：談論戰略。被：通"披"。披甲，指參加戰鬥。

[5] 其：泛指代詞。

[6] 無用：指對國家没有用處的儒家和遊俠的活動。

[7] 以富："以之富"的省略。謂靠（耕種）富足起來。

[8] 事智：指從事智力活動，即"修文學""習言談"。用力：指從事耕戰等體力勞動。

[9] 書簡：指書籍。簡，竹簡，上古没有紙，把文字寫在竹簡上，稱爲簡策。書簡之文，就是上文所謂文學。

[10] 先王之語：古聖王的遺言遺教。

[11] 捍：通"扞"，干犯，即指上文"俠以武犯禁"。

[12] 軌：用如動詞，這裏有"遵循"的意思。動作者：指勞動人民。歸：使動用法。功：指農耕之事。盡之於軍：使他們全部到軍隊中去服務。

[13] 無事：無戰事，指國家太平。資：資本。

[14] 畜：後寫作"蓄"。承：通"乘"，指趁機。釁：縫隙，這裏引申爲破綻、弱點的意思。五帝：歷來説法不一，一般指黄帝、顓頊、帝嚳、堯、舜。侔：相等。三王：指夏禹、商湯、周文王。

今則不然，士民縱恣於内，言談者爲勢於外[1]。外内稱惡，以待强敵，不亦殆乎[2]！故羣臣之言外事者，非有分於從衡之黨，則有仇讎之患，而借力於國也[3]。從者，合衆弱以攻一强也；而衡者，事一强以攻衆弱也，皆非所以持國也[4]。今人臣之言衡者，皆曰："不事大，則遇敵受禍矣[5]。"事大未必有實，則舉圖而委，效璽而請兵矣[6]。獻圖則地削，效璽則名卑，地削則國削，名卑則政亂矣。事大爲衡，未見其利也，而亡地亂政矣。人臣之言從者，皆曰："不救小而伐大，則失天下[7]，失天下則國危，國危而主卑。"

救小未必有實，則起兵而敵大矣。救小未必能存，而交大未必不有疏[8]，有疏則爲强國制矣。出兵則軍敗，退守則城拔。救小爲從，未見其利，而亡地敗軍矣。是故事强，則以外權市官於内[9]；救小，則以内重求利於外，國利未立，封土厚禄至矣[10]；主上雖卑，人臣尊矣；國地雖削，私家富矣。事成則以權長重，事敗則以富退處[11]。人主之聽説於其臣，事未成則爵禄已尊矣；事敗而弗誅，則游説之士，孰不爲用矰繳之説而徼幸其後[12]？故破國亡主，以聽言談者之浮説，此其故何也[13]？是人君不明乎公私之利，不察當否之言，而誅罰不必其後也[14]。皆曰："外事，大可以王，小可以安[15]。"夫王者，能攻人者也；而安則不可攻也。强則能攻人者也；治則不可攻也。治强不可責於外，内政之有也[16]。今不行法術於内，而事智於外，則不至於治强矣。

【注釋】

［1］然：代詞，這樣，作謂語。士民：指儒生、遊俠。縱：放肆。恣：驕横。内：指國内。言談者：指縱横家。爲勢於外：指借助國外的力量造成自己的權勢。外，指國外。

［2］稱：舉、行。殆：危險。

［3］外事：指外交事物。分：指分屬。非……則：不是……就是。從：後寫做"縱"，即合縱，戰國時期蘇秦宣導合縱之説，説服六國共同對秦。衡：通"横"，即連横。爲了對付合縱，張儀宣導連横之説，使六國各自和秦結成聯盟，以便各個擊破。

［4］事：服侍。持國：保持住國家。

［5］事大：侍奉大國。

［6］實：指實際行動。圖：地圖。委：交付。效：獻。璽：這裏指國君的印。請：請求。

［7］失天下：指失去天下人的信任。

［8］存：使動用法，賓語省略。交：依照王先慎的觀點"交"當作"敵"。

［9］外權：指國外的權勢。市：買。市官，指獵取官位。内：指國内。

［10］重：指權勢。内重：指國内的權勢。外：指國外。

［11］以權長重：指縱横家憑藉權勢在國内得到長期重用。退處：指隱居。

［12］誅：殺，這裏是被動用法。矰：弋射的箭，一種拴着絲綫用來射鳥的短箭。繳（zhuó）：繫在箭上的生絲綫，用來射鳥，可以靠它收回來。徼幸：同"僥倖"。由於偶然的原因得到成功或免去災禍。矰繳之説指縱横家用來獵取功名富貴的虚言浮詞。

［13］此其：指示代詞連用，指上面的話。

［14］是：代詞，指代上文。

［15］皆：範圍副詞。王（wàng）：統一天下。“大”“小”都指外交活動的效果。

［16］責：求。外：這裏指外交活動。内政之有：從内政中取得。有：取。

夫明王治國之政，使其商工游食之民少而名卑，以寡趣本務而趨末作[1]。今近習之請行，則官爵可買[2]；官爵可買，則商工不卑也矣。姦財貨賈得用於市，則商人不少矣[3]。聚斂倍農，而致尊過耕戰之士，則耿介之士寡，而高價之民多矣[4]。

【注釋】

［1］游食之民：指没有定居謀生的人，如商賈、工匠等。趣：通“趨”。“寡”字當爲衍文（依《韓非子纂聞》）。本務：根本的事務，指農業。“趨”當爲“外”（依王先慎説）。外，用如動詞，有“排斥”“疏遠”的意思。末作：不重要的行業，指工商。

［2］近習：指國君左右新近的人。請：指近習的請求。行：實行。

［3］貨賈：指投機的商業活動。用：這裏有“施行”的意思。

［4］聚斂倍農：主語“商人”承前省略，這是説商人聚斂的錢財比農民的收入要多一倍。致尊：指得到社會的尊重。過：超過。耿介：光明正大。高價：應是“商賈”的誤寫。

是故亂國之俗，其學者，則稱先王之道以籍仁義，盛容服而飾辯説，以疑當世之法，而貳人主之心[1]。其言古者，爲設詐稱，借於外力，以成其私，而遺社稷之利[2]。其帶劍者，聚徒屬立節操以顯其名，而犯五官之禁。其患御者，積於私門，盡貨賂，而用重人之謁，退汗馬之勞[3]。其商工之民，修治苦窳之器，聚沸靡之財，蓄積待時，而侔農夫之利[4]。此五者，邦之蠹也。人主不除此五蠹之民，不養耿介之士，則海内雖有破亡之國，削滅之朝，亦勿怪矣。

【注釋】

［1］籍仁義：指憑藉仁義進行説教。籍，通“藉”，憑藉。盛容服：指講究容貌服裝。盛，整。飾辯説：修飾辭令。疑：惑亂。貳：不專一，使動用法。

［2］古：當爲“談”字誤寫。爲設：虚構事實。爲，後寫作“僞”。詐稱：説謊弄假。

［3］徒屬：黨徒。五官之禁：泛指國家的禁令。五官，指司徒、司馬、司空、司士、司寇。患御：等於説近習。私門：指貴族世卿之門。盡：用作動詞，指收刮盡。用：指採用、接受。重人：指有權勢的重要人物。謁：請托。汗馬之勞：指戰功。

［4］苦：粗劣。窳：有毛病。沸靡：奢侈揮霍。蓄積待時：囤積貨物，等待時機。侔：通“牟”，謀取。

非攻（《墨子》）

【介紹】墨子，名翟，魯國人，大約生於公元前 480 年，卒於公元前 420 年。是戰國初期的哲學家，墨家學派的創始人。

墨子認爲，百姓“不得富而得貧”，國家“不得治而得亂”的根本原因是執政者不能“尚賢事能”，因而他主張“尚賢”。他認爲天下“亂之所自起”，源於“不相愛”，只要“天下兼相愛”則天下大治，因而他提倡“兼愛”。他認爲攻打别的國家是爭有餘的土地，棄不足的百姓，是百姓的最大災難，因而主張“非攻”。他反對王公大人的奢侈浪費，倡導學習古聖王“不致遠國珍怪異物”，主張“節用”。他認爲“厚葬靡財而貧民”，主張“節葬”。墨子的這些觀點，今天看來，仍有進步的意義。但因時代的局限，墨子相信鬼神，他的迷信思想是反科學的，不可取。

《墨子》一書現存五十三篇，是墨子的門徒根據墨子的遺教而編。注本有孫詒讓的《墨子閒詁》，是目前較爲通行的注本。

【説明】《墨子・非攻》分上、中、下三篇，本篇是上篇。“非攻”就是反對攻打别的國家，即反對侵略戰爭。作者在本文中斥責了那些對“攻國”“從而譽之，謂之義”的“君子”們的不辨是非，指出了“君子”們分辨“義與不義”標準的混亂。

今有一人，入人園圃，竊其桃李，衆聞則非之，上爲政者得則罰之[1]。此何也？以虧人自利也[2]。至攘人犬豕雞豚者，其不義又甚入人園圃竊桃李[3]。是何故也？以虧人愈多，其不仁兹甚，罪益厚[4]。至入人欄廐，取人馬牛者，其不義又甚攘人犬豕雞豚[5]。此何故也？以其虧人愈多。苟虧人愈多，其不仁兹甚，罪益厚[6]。至殺不辜人也，扡其衣裘，取戈劍者，其不義又甚入人欄廐，取人馬牛[7]。此何故也？以其虧人愈多。苟虧人愈多，其不仁兹甚矣，罪益厚。當此，天下之君子皆知而非之，謂之不義[8]。今至大爲攻國，則弗知非，從而譽之，謂之義[9]。此可謂知義與不義之别乎？

【注釋】

[1] 今：現在，引爲“如果，假如”。園圃（pǔ）：偏義複詞，這裏義在“園”。園指菓園，圃指菜園。衆：百姓。非之：説他不對。非，責難。上爲政者：指上面執政的人。上，在上。得：得知。

［2］以：介詞，表原因。自利：對自己有利。

［3］至：至於。攘（rǎng）人犬豕雞豚者：偷竊別人狗豬雞的人。攘，偷盗、竊取。豕，豬。豚，小豬。不義：不正當。

［4］是：代詞，此，這。其不仁兹甚：指他的不仁就更嚴重。其，他的，指代“攘人犬豕雞豚者”。兹，通“滋”，更加。益厚：更嚴重。益，更。厚，重。

［5］欄厩（jiù）：牛馬圈。欄，本指圈牛馬的圈，無棚。厩，有棚的馬圈。

［6］苟：如果，假如。

［7］不辜人：無罪的人。辜，罪。扡：同“拖”，這裏指扯奪下來。劒：同“劍”。

［8］當此：對這種情形。當，對。天下：古人稱周朝統治的地區（包括各諸侯國）爲天下。

［9］爲攻國：做攻打别的國家的不義之事。爲，做、幹，動詞。弗：不。從而譽之：指就（這件事情）來稱讚他。從，追隨。譽，稱讚。

殺一人謂之不義，必有一死罪矣[1]。若以此説往，殺十人，十重不義，必有十死罪矣[2]；殺百人，百重不義，必有百死罪矣。當此，天下之君子皆知而非之，謂之不義。今至大爲不義，攻國，則弗知非，從而譽之，謂之義。情不知其不義也，故書其言以遺後世[3]；若知其不義也，夫奚説書其不義以遺後世哉[4]？

【注釋】

［1］一死罪：指一重死罪。一，一重（chóng）。

［2］以：介詞，表憑藉。此説：指這種道理。往：向前行，這裏指類推、説開來之意。十重：十倍。下文“百重”即“百倍”。

［3］情：實在。其言：指君子的錯誤言論。遺：留。

［4］奚説：怎麼解釋。

今有人於此，少見黑曰黑，多見黑曰白，則必以此人爲不知白黑之辯矣[1]。少嘗苦曰苦，多嘗苦曰甘，則必以此人爲不知甘苦之辯矣。今小爲非，則知而非之[2]；大爲非攻國，則不知非，從而譽之，謂之義，此可謂知義與不義之辯乎？是以知天下之君子也，辯義與不義之亂也[3]。

【注釋】

［1］今：如果，假如，下文同此。辯：通“辨”，分别。下文同此。

［2］小爲非：做小的不義的事。非，這裏指不義的事。

［3］是以知：即“以是知”，因此知道。辯義與不義之亂也：指分辨“義”與“不義”的標準混亂。

軍爭（《孫子》）

【介紹】孫子，名武，又稱孫武子，春秋末期齊國人，具體生卒年月不詳。孫子是我國古代傑出的軍事家。據《史記·孫子吴起列傳》記載，孫子"以兵法見於吴王闔盧"，"闔盧知孫子能用兵，卒爲將。西破强楚，入郢，北威齊晉，顯名諸侯，孫子與有力焉"。

《孫子》一書，傳世十三篇，是我國現存最早的一部完整的古代軍事著作。書中以樸素的唯物主義思想，辯證地分析了戰爭的勝敗與政治、外交、戰爭的謀劃、戰場指揮、戰術思想、天時、地利等之間的内在關係；對戰爭過程中的具體戰術更是進行了系統的論述。《孫子》一書被我國歷代的軍事家所看重，在現代社會中，這部書仍具有十分重要的價值。

歷代爲《孫子》作注的很多，現較爲通行的有三國魏曹操，南朝梁孟氏，唐李筌、杜牧，宋張預等人的《孫子十家注》。

【説明】軍爭，指敵我兩軍均爭相先行控制對方。本篇主要闡述敵我雙方在交戰之前爭相佔領有利地形，以便利用地利上的優勢，奪取勝利。本篇也涉及了行軍、瞭解地理環境和用好嚮導方面的問題。

孫子曰：凡用兵之法，將受命於君，合軍聚衆，交和而舍，莫難於軍爭[1]。軍爭之難者，以迂爲直，以患爲利[2]。故迂其途，而誘之以利，後人發，先人至，此知迂直之計者也[3]。故軍爭爲利，軍爭爲危[4]。舉軍而爭利，則不及[5]；委軍而爭利，則輜重捐[6]。是故卷甲而趨，日夜不處，倍道兼行，百里而爭利，則擒三將軍，勁者先，疲者後，其法十一而至[7]；五十里而爭利，則蹶上將軍，其法半至[8]；三十里而爭利，則三分之二至。是故軍無輜重則亡，無糧食則亡，無委積則亡[9]。

【注釋】

[1] 用兵之法：指用兵的規律。將：主將。合軍聚衆：指發動民衆，組織軍隊。合軍：整合軍隊。交和：兩軍對壘。舍：駐扎。莫：否定性無定代詞，没有什麼。於：介詞，介入比較的對象，相當於"比"。

[2] 以迂爲直：指把迂迴的遠路作爲直路。意思是避開敵人的防禦和不暴露意圖，雖走遠路，没有障礙，就如同走最直的路一樣。迂，形容詞。以患爲利：指把不利的條件變成有利的條件。患，憂患，這裏指困難。

[3] 本句的意思是雖然走繞遠的路，但只要能讓出小的有利條件，後行動也能先

佔領戰略要地，這是知道迂迴和直路的策略的人。迂其途：指走那些迂迴的路途。迂，用如動詞，迂迴着走。“後人發，先人至”指後於敵人出發，先於敵人到達。計：計謀，策略。

［4］本句意謂所以軍爭雖然能先行佔有有利條件，但也有危險的一面。

［5］舉軍：指帶着全軍輜重。不及：達不到目的。

［6］委軍：丢棄輜重去爭利。委，放棄。捐：損失。

［7］卷甲而趨：收起盔甲輕裝急行。處：居處，引申爲停留。倍道：義同“兼行”，指一日行兩日的路程。百里：行軍百里。擒三將軍：意思是三軍的主帥被擒。春秋時大國有的設立上、中、下三軍，有的設立左、中、右三軍，因此説“三軍”。先：用如動詞，先到。後：用如動詞，後到。其法：指“百里而爭利”的做法。十一：十分之一。

［8］蹶上將軍：使……上將軍蹶。蹶，挫敗、挫折。半至：只有一半人馬能到達目的地。

［9］亡：失敗。委：義同“積”，積聚、儲備。

故不知諸侯之謀者，不能豫交[1]；不知山林、險阻、沮澤之形者，不能行軍[2]；不用鄉導者，不能得地利。

【注釋】

［1］諸侯之謀：指各諸侯國的策略、政治意圖。豫交：與之結交。豫，通“與”。

［2］沮（jù）澤：生有水草的沼澤地。沮，有水草之地。

故兵以詐立，以利動，以分合爲變者也[1]。故其疾如風，其徐如林，侵掠如火，不動如山，難知如陰，動如雷震[2]。掠鄉分衆，廓地分利，懸權而動[3]。先知迂直之計者勝，此軍爭之法也。

【注釋】

［1］兵以詐立：是説用兵之術要出其不意，奇異多變，這是取勝之術。立，站住脚。以利動：指要依據有利的原則才能行動。以分合爲變者：指戰術的變换是依靠兵力的分散和集中。分合，分散和集中。

［2］其：代詞，指代“軍隊”。徐如林：指行動舒緩時如同森林一樣平穩。侵掠：這裏指進攻。火：用如動詞，烈火燃燒。陰：隱避，這裏是説像被隱避起來一樣不知動嚮。

［3］掠鄉分衆：一説是奪取財物分給兵衆。鄉：行政區劃名。周制：一萬二千五百家爲鄉，這裏指打仗涉及的村鎮。一説，依《通典》《御覽》“掠”作“指”，照此

説，“鄉”應作“嚮”解，本句釋爲“旌旗之所指嚮，則分離其衆”。廓地：即擴地，擴張土地。因避南宋寧宗趙擴諱，刊書時將“擴”改爲“廓”。懸權：權衡利弊得失。

《軍政》曰：“言不相聞，故爲金鼓[1]；視不相見，故爲旌旗[2]。”夫金鼓旌旗者，所以一人之耳目也[3]。人既專一，則勇者不得獨進，怯者不得獨退，此用衆之法也[4]。故夜戰多火鼓，晝戰多旌旗，所以變人之耳目也[5]。

【注釋】

［1］《軍政》指古代論述治軍的書，已亡佚。《左傳》中有“《軍政》：‘不戒而備。’”爲：設置。金：這裏指鑼一類的金屬之器。

［2］旌旗：旗幟的通稱。《周禮·春官·司常》：“凡軍事，建旌旗。”旌，用牦牛尾和彩色鳥羽裝飾的旗桿的通稱。

［3］所以：用來……的工具（手段）。一：用作動詞，統一。

［4］專一：指打仗中人的視聽專一、一致。此用衆之法也：判斷句。

［5］所以變人之耳目：意思是（這些指揮信號），是用來統一變換兵衆的視聽（而使他們行動一致的）。

故三軍可奪氣，將軍可奪心[1]。是故朝氣鋭，晝氣惰，暮氣歸[2]。故善用兵者，避其鋭氣，擊其惰歸，此治氣者也[3]。以治待亂，以静待嘩，此治心者也[4]。以近待遠，以佚待勞，以飽待飢，此治力者也[5]。無邀正正之旗，勿擊堂堂之陣，此治變者也[6]。故用兵之法，高陵勿嚮，背丘勿逆，佯北勿從，鋭卒勿攻，餌兵勿食，歸師勿遏，圍師遺闕，窮寇勿迫，此用兵之法也[7]。

【注釋】

［1］奪氣：喪失膽氣。將軍可奪心：意思是干擾敵軍將軍的判斷，使他指揮不力。奪心：擾亂内心。對於敵軍能夠使它的士氣衰落，對敵方的將軍可以把他的心攪亂。

［2］惰：松懶、怠惰。歸：死曰歸，這裏指没有生氣，即衰竭。本句是用一天的早、午、晚三個時段的不同情景比喻軍隊作戰時的三個階段士氣的不同。用朝氣比喻軍隊剛參戰時的鋭氣；用晝氣比喻軍隊出動時間稍久，士氣下降；用暮氣比喻軍隊出動時間長了之後士氣的衰落。

［3］擊其惰歸：指在敵人士氣衰落時攻打。惰歸：指士氣鬆懈衰落。此治氣者：這就是依據敵軍的士氣指揮軍隊進退的方法。

［4］嘩：人聲嘈雜，喧鬧。以我軍的嚴整有序，等待敵方出現混亂，以我軍的沉著冷靜，等待敵方出現嘈雜不安，這就是用心理戰術支配敵人。

［5］佚：通“逸”。此治力者：這就是增強我方戰鬥力而削弱敵方戰鬥力的方法。

［6］無：通“毋”。邀：在路上攔截。正正：整齊的樣子。堂堂：陣容或力量强大的樣子。不要攔擊旗幟整齊行軍在路上的敵人，不要去攻打力量强大陣容嚴整的敵軍。這就是在變化當中掌握軍隊主動權的辦法。

［7］高陵勿嚮：指扼據高地的敵人不要去强攻。背丘勿逆：指背依高地的敵人不要去迎擊。陵、丘：均指高出平地的高地。北：敗，敗北。從：追趕、追擊。銳卒：指敵人的精銳部隊。餌兵：用以引誘我軍的部隊。歸師：退逃回國的軍隊。遏：阻止，這裏指阻擊。圍師遺闕：指包圍敵人要留出口子（以便在敵人突圍時消滅它）。遺闕，留出空隙。窮寇勿迫：指走投無路的敵人不要去追趕。窮，走投無路。

貴公（《呂氏春秋》）

【介紹】《史記·呂不韋列傳》："當是時，魏有信陵君，楚有春申君，趙有平原君，齊有孟嘗君，皆下士喜賓客以相傾。呂不韋以秦之彊，羞不如，亦招致士，厚遇之，至食客三千人。是時諸侯多辯士，如荀卿之徒，著書布天下。呂不韋乃使其客人人著所聞，集論以爲《八覽》《六論》《十二紀》二十餘萬言，以爲備天地萬物古今之事，號曰《呂氏春秋》，布咸陽市門，懸千金其上，延諸侯游士賓客有能增損一字者予千金。"司馬遷這段記敘説明了《呂氏春秋》的產生過程，大概内容及其著作質量。《呂氏春秋》作於秦統一全國前夕，其思想内容吸收了先秦諸子百家的許多精華，而編排於一個統一的系統之中。它的各篇寫作特色也多承襲先秦諸子，喜歡用生動的寓言和真實的故事來説明觀點。因此文章多生動易懂，可讀性很强。《呂氏春秋》最早的注本有漢高誘注，現在比較好的注本有許維遹《呂氏春秋集釋》和陳奇猷《呂氏春秋校釋》等。

【説明】《貴公》選自《呂氏春秋·孟春紀》，"貴公"就是以公爲貴，就是珍貴"公"這一美德。此"公"就是"天下爲公"之"公"，與"私"相對而言。本文提出了"昔先聖王之治天下也，必先公，公則天下平矣"，"天下非一人之天下也，天下之天下也"。這是非常重要的觀點，是戰國民本思想的繼承和發揚。

昔先聖王之治天下也，必先公，公則天下平矣[1]。平得於公[2]。嘗試觀於上志，有得天下者衆矣，其得之以公，其失之必以偏[3]。凡主之立也，生於公[4]。故《鴻範》曰："無偏無黨，王道蕩蕩。無偏無頗，遵王之義。無或作好，遵王之道。無或作惡，遵王之路。[5]"

【注釋】

[1] 公：公私之公，天下爲公之公。不是公正之公。平：安定、太平。

[2] 平得於公：由於公而獲得太平。

[3] 嘗：曾經。試：嘗試。上志：上古之記載。志，後寫作"誌"，記。以公、以偏之"以"，介詞，介入原因。偏：私。

[4] 凡：凡是。主之立：立君主。生：產生。

[5] 鴻範：《尚書》中的一篇，又作"洪範"。偏：偏斜，引申爲偏袒、偏私。黨：偏私。蕩蕩：形容道路廣闊平坦。頗：頭偏爲頗，引申爲偏斜，再引申爲偏袒。

義：讀爲“儀”，法。無或：無有。好：指和好。

天下非一人之天下也，天下之天下也[1]。陰陽之和，不長一類[2]；甘露時雨，不私一物[3]；萬民之主，不阿一人[4]。伯禽將行，請所以治魯[5]。周公曰：“利而勿利也。[6]”荆人有遺弓者，而不肯索，曰：“荆人遺之，荆人得之，又何索焉？[7]”孔子聞之，曰：“去其‘荆’而可矣。”老聃聞之，曰：“去其‘人’而可矣。”故老聃則至公矣[8]。天地大矣，生而弗子，成而弗有，萬物皆被其澤，得其利，而莫知其所由始，此三皇五帝之德也[9]。

【注釋】

[1] 天下之天下也：意謂天下人的天下。

[2] 陰陽：陰陽是古代哲學術語，指自然界和人類社會中的一切對立統一的事物，如天地、上下、男女、君臣、大小等，這裏指氣候的冷暖。和：調和。長：動詞，使……生長。

[3] 時：及時。私：偏私。

[4] 阿：偏私、偏袒。

[5] 伯禽：周公之子，封於魯。所以：……方法。

[6] 利而勿利也：陳奇猷《呂氏春秋校釋》云：“蓋循乎道法而利之，勿以愛惡而利之，即是‘利而勿利’。”

[7] 荆：楚國。遺：遺失。何索：索何。索，求索，尋找。

[8] 至公：最高境界的公，即大公。陳奇猷《呂氏春秋校釋》云：“老子之意，蓋謂得之失之皆在天地之中，無所謂得與失。”

[9] 生而弗子：天地生育人類，而不把人類當作自己私子。子，用爲動詞，把……當作子。成而弗有：成長了萬物卻不把它們當作私有財產。成，動詞，成長，哺育。被：動詞，承受。澤：恩澤。其：指天地，下面兩個“其”字用法与此相同。莫：没有誰。所由始：從哪裏開始，即從什麼地方產生。由，從。三皇五帝：傳說中的遠古帝王。一般的説法是：三皇指伏羲、神農、燧人，五帝指黄帝、顓頊、帝嚳、堯、舜。但據顧頡剛、劉起釪研究，三皇五帝的傳説到了戰國末期才出現，而且何爲三皇何爲五帝，分歧很多，到魏晉才基本定形，實屬後代所創造，不是實有其人。

管仲有病，桓公往問之[1]。曰：“仲父之疾病矣。漬甚，國人弗諱，寡人將誰屬國？”[2]管仲對曰：“昔者臣盡力竭智，猶未足以知之。今病在於朝夕之中，臣奚能言？[3]”桓公曰：“此大事也，願仲父之教寡人也。”管仲敬諾，曰：“公誰欲相？[4]”公曰：“鮑叔牙可乎？[5]”管仲對曰：“不可。夷吾善鮑叔牙[6]。鮑叔牙之爲人也，清廉潔直[7]；視不己若者，不比於人[8]；一聞人之過，終身不忘。”“勿已，則隰朋其可乎？[9]”“隰朋之爲人也，上志而下求，醜不若黃帝，而哀不己若者[10]。其於國也，有不聞也；其於物也，有不知也；其於人也，有不見也[11]。勿已乎，則隰朋可也。”夫相，大官也[12]。處大官者，不欲小察，不欲小智，故曰：大匠不斲，大庖不豆，大勇不鬭，大兵不寇[13]。桓公行公去私惡，用管子而爲五伯長；行私阿所愛，用豎刀而蟲出於户[14]。

【注釋】

[1] 管仲：名夷吾，字仲，後世稱“管子”，齊桓公尊稱其爲仲父。

[2] 疾病：一般疾病稱疾，病重稱病。漬：病（據高誘注）。國人弗諱：指一國之人不避諱談其死。誰屬國：即“屬誰國”。屬，後寫作“囑”。誰，賓語前置。

[3] 未足：没有能力（做到）。病在於朝夕之中：病危於朝夕之間。奚能言：即“能言奚”。“奚”爲疑問代詞，作“言”的前置賓語。

[4] 公誰欲相：公要把誰任命爲相。相，動詞，任命……爲相。誰，賓語前置。

[5] 鮑叔牙：齊國大夫，管仲的好友，以知人著稱。管仲是由鮑叔牙推薦給齊桓公的。

[6] 善：與……友善，在此引申爲知道、瞭解。

[7] 清廉潔直：“清”與“潔”同義，清白潔淨。“廉”與“直”同義，正直之義。

[8] 不己若：不若己，己，賓語前置。不若，不如。比：親近。

[9] 勿已：不止，謂没有别的辦法。其：表示委婉的語氣副詞。

[10] 上志而下求：嚮上記識比自己強的人（而效法之），嚮下尋求不如自己的人（某些長處）。醜：意動用法，把……當作可恥。哀：憐。

[11] 聞：通“問”。

[12] 官：官職、官位。

[13] 小察：在小處苛求。小智：在小處聰明。斲：砍。庖：廚師。不豆：不設置豆類器物。豆，古代食器。此處活用爲動詞，指置豆。大勇不鬥：有大勇的人不必親自去搏鬥。

[14] 五伯：春秋戰國文獻多寫作“五霸”，“伯”爲本字，“霸”爲借字。指春秋時勢力強大稱雄一時的五個諸侯首領。通行的説法指：齊桓公、晉文公、秦穆公、宋襄公、楚莊王。而本書《當染》篇則是把齊桓公、晉文公、楚莊王、吴王闔廬、越王句踐列為春秋五霸。豎刀（diāo）：齊桓公的近侍。“刀”後寫作“刁”。《呂氏春秋·知接》：“明年，公有病，常之巫從中出曰：‘公將以某日薨。’易牙、豎刀、常

之巫相與作亂，塞宮門，築高牆，不通人，矯以公令。有一婦人踰垣入，至公所。公曰：‘我欲食。’婦人曰：‘吾無所得。’公又曰：‘我欲飲。’婦人曰：‘吾無所得。’……（桓公）蒙衣袂而絕乎壽宮。蟲流出於户，上蓋以楊門之扇，三月不葬。”

人之少也愚，其長也智，故智而用私，不若愚而用公。日醉而飾服，私利而立公，貪戾而求王，舜弗能爲[1]。

【注釋】

［1］日醉而飾服：飾，一般認爲通“飭”，整理之義，但于省吾《諸子新證》中認爲言醉者之衣服不整潔，如果説日醉而飭服，是不可能的。貪戾：貪婪暴戾。求王：求得做王。舜弗能爲：舜這樣的人都不能做到，更何況一般人。

通　論

第二十三節　古漢語句式

一、古漢語判斷句

古代漢語判斷句是由名詞或名詞性短語直接作謂語，對主語作出判斷，表示主語所代表的人或事物是什麼或不是什麼的句子。狹義地説，古漢語的判斷句是用名詞或名詞性短語作謂語，表示某種事物是什麼、某種事物屬於什麼的句子。古漢語判斷句与現代漢語判斷句不同，主語和謂語之間大多不用判斷詞“是”，有時在謂語後面加語氣詞“也”幫助表判斷。例如：

（1）張騫，漢中人也。(《漢書·張騫傳》)

（2）晏嬰，齊之習辭者也。(《晏子春秋·内篇雜下》)

（3）南陽劉子驥，高尚士也。(陶潛《桃花源記》)

（一）古漢語判斷句的基本形式

1. 主語+者+謂語+也

這是古漢語判斷句最常見的形式之一。主語後用代詞“者”複指主語，謂語後用語氣詞“也”加強判斷。例如：

（4）亞父者，范增也。(《史記·項羽本紀》)

（5）廉頗者，趙之良將也。(《史記·廉頗藺相如列傳》)

（6）南冥者，天池也。(《莊子·逍遙遊》)

2. 主語+謂語+也

不用“者”，只在句末用語氣詞“也”幫助表判斷，這也是古漢語判斷句最常見的形式之一。例如：

（7）我，子瑜友也。(《資治通鑑》)

（8）伯夷、叔齊，孤竹君之二子也。(《史記·伯夷列傳》)

（9）楚，天下之強國也。(《戰國策·楚策》)

（10）是社稷之臣也。(《論語·季氏》)

3. 主語+謂語

（11）今秦，萬乘之國。(《戰國策·趙策》)

（12）荀卿，趙人。(《史記·孟子荀卿列傳》)

（13）劉備，天下梟雄。(《資治通鑑》)

（14）農，天下之本。(《史記·孝文本紀》)

4. 主語+者+謂語

（15）天下者，高祖天下。（《史記·魏其武安侯列傳》）

（16）陳軫者，遊説之士。（《史記·張儀列傳》）

5. 主語+副詞+謂語+（也）

判斷句的謂語可由副词“即”“乃”“皆”“亦”“必”等修飾，并借助它們來加强判斷。

（17）梁父即楚將項燕。（《史記·項羽本紀》）

（18）吕公女，乃吕后也。（《史記·高帝本紀》）

（19）子誠齊人也。（《孟子·公孫丑上》）

（20）君，實亂世之英雄，治世之奸賊。（《世説新語·識鑒》）

（21）天下非一人之天下也。（《吕氏春秋·貴公》）

（二）特殊判斷句

判斷句的主語和謂語一般都構成邏輯上的判斷關係。但是也有一些判斷句，主語和謂語之間没有邏輯上的判斷關係，而是用判斷句的形式表示比喻，解釋原因，或表示主語和謂語之間其他的複雜關係。例如：

（22）夫戰，勇氣也。（《左傳·莊公十年》）

（23）君者，舟也；庶人者，水也。（《荀子·王制》）

（24）孟嘗君爲相數十年，無纖介之禍者，馮諼之計也。（《戰國策·齊策》）

（25）良庖歲更刀，割也；族庖月更刀，折也。（《莊子·養生主》）

例（22）中主語“戰”和名詞謂語“勇氣”在邏輯上不能構成判斷，但是主語和謂語之間具有某種邏輯上的聯繫；例（23）的主語“君”“庶人”同謂語之間是比喻關係；例（24）的謂語“馮諼之計”是説明主語中所述事件的原因；例（25）是兩個並列複句，“割也”“折也”均爲表示原因的分句，省略了主語“此”。表示原因的判斷句一般都是由謂詞性成分充當謂語的，對於以上這些主謂關係特殊的判斷句，應當根據上下文來翻譯出確切的含義來。

判斷句的主語有時根本不出現，有時承上文省略。在這種情況下，句末的“也”字一般不可缺少。例如：

（26）明日，子路行，以告。子曰：“隱者也。”（《論語·微子》）

（27）項王按劍而跽曰：“客何爲者？”張良曰：“沛公之參乘樊噲者也。”（《史記·高祖本紀》）

（三）判斷句的否定形式

在名詞謂語前加否定副詞“非”就能構成否定判斷。

（28）楚雖大，非吾族也。（《左傳·成公四年》）

（29）耕漁與陶，非舜官也。（《韓非子・難一》）

二、古漢語被動句

主語是謂語動詞所表示動作的接受者（或稱受事者）的句子叫被動句。

（一）語義上表示被動的句子

在古漢語中，有相當一部分句子的主語和謂語動詞之間的被動句關係没有形式上的標誌，而必須從意義上去理解。例如：

（1）蔓草猶不可除，况君之寵弟乎？（《左傳・隱公元年》）

（2）彼竊鉤者誅。（《莊子・胠篋》）

（3）人固不易知，知人亦未易也。（《史記・范雎蔡澤列傳》）

（4）蓋文王拘而演《周易》，仲尼厄而作《春秋》。（司馬遷《報任安書》）

（二）古漢語被動句式的類型

古漢語的被動句式指的是從句子結構本身就能看出主語的被動性質的句式。常見的類型主要有以下四種：

1. 謂語動詞+於+行爲的主動者

在謂語動詞後面加介詞“於”，組成介詞結構，用以引進動作行爲的主動者，這是古漢語中比較常見的一種被動句式。例如：

（5）故有備則制人，無備則制於人。（《鹽鐵論・險固》）

（6）燕小弱，數困於兵。（《史記・刺客列傳》）

（7）孟嘗君逐於齊而復反。（《戰國策・齊策》）

（8）勞心者治人，勞力者治於人。（《孟子・滕文公上》）

（9）郤克傷於矢，流血及屨。（《左傳・成公二年》）

2. 爲+行爲主動者+謂語動詞

古漢語中另一種常見的被動句式，是在名詞前加介詞“爲”組成介詞結構，引進動作行爲的主動者。例如：

（10）吾屬今爲沛公虜矣。（《漢書・高帝紀》）

（11）多多益善，何爲爲我禽。（《史記・淮陰侯列傳》）

（12）戰而不克。爲諸侯笑。（《左傳・襄公十年》）

有時在上下文已經交代清楚的前提下，介詞“爲”後的主動者可以不出現。例如：

（13）自今無有代其君任患者，有一於此，將爲戮乎？（《左傳・成公二年》）

（14）若信者亦已爲禽矣。（《史記・淮陰侯列傳》）

用“爲”的被動句式後來又進一步發展，不僅用介詞“爲”引進行爲的主動者，而且在動詞前面加上“所”字，構成“爲……所”句式，使被動的作用更加明顯。例如：

（15）申徒狄諫而不聽，負石自投於河，爲魚鱉所食。（《莊子·盜跖》）

（16）今足下雖自以爲與漢王爲金石交，然終爲漢王所禽矣。（《漢書·韓信傳》）

（17）夫直議者，不爲人所容。（《韓非子·外儲説左下》）

“爲……所”式有時也可以省略施事成分。例如：

（18）其射猛獸，亦數爲所傷云。（《史記·李將軍列傳》）

（19）不者，若屬皆且爲所虜。（《史記·項羽本紀》）

3. 見+及物動詞

在及物動詞前加表被動的助詞“見”，構成被動句式。

（20）（信）自度無罪，欲謁上，恐見禽。（《史記·淮陰侯列傳》）

（21）欲予秦，秦城恐不可得，徒見欺。（《史記·廉頗藺相如列傳》）

“見”雖表示被動，但它不同於“於”和“爲”，不能引進動作行爲的主動者，當句子需要明確表達出施事者的時候，就必須在動詞後面加上由“於”組成的介詞結構，構成“見+動詞+於+動作行爲主動者”。例如：

（22）吾長見笑於大方之家。（《莊子·秋水》）

（23）吾嘗三仕三見逐於君。（《史記·管晏列傳》）

（24）臣誠恐見欺於王而負趙。（《史記·廉頗藺相如列傳》）

4. 被+謂語動詞

（25）信而見疑，忠而被謗，能無怨乎？（《史記·屈原賈生列傳》）

（26）五人者，蓋當蓼州周公之被逮，激於義而死焉者也。（張溥《五人墓碑記》）

以“被”字爲標誌的被動式可引進施事者，構成“被+施事者+動詞”的格式。例如：

（27）禰衡被魏武謫爲鼓吏。（《世説新語·言語》）

（28）吾被皇太后徵，不知所爲。（《三國志·魏書·高貴鄉公傳》）

“被”字句在現代漢語中仍在使用。

三、古漢語賓語前置句

賓語在謂語動詞後，這是古今漢語的一般語序。但是在古漢語裏的某些特定語法條件下，賓語可以放在動詞之前，這種語言現象就是賓語前置。

（一）否定句中代詞作賓語，賓語前置

這種情況主要見於含有否定副詞“不”“未”“無（毋）”或含有否定性無定代詞“莫”的句子中。例如：

（1）居則曰：“不吾知也！”（《論語・先進》）

（2）蓋有之矣，我未之見也。（《論語・里仁》）

（3）我無爾詐，爾無我虞。（《左傳・宣公十五年》）

（4）雖使五尺之童適市，莫之或欺。（《孟子・滕文公上》）

用否定副詞“弗”的否定句，一般是不帶賓語的，因此不存在賓語前置的問題。偶然也有帶賓語的，如果這個賓語是代詞，同樣也要放在動詞前。例如：

（5）今大臣執柄獨斷，而上弗之收，是人主不明也。（《韓非子・孤憤》）

（6）故作事不以禮，弗之敬矣。（《禮記・禮器》）

否定句中代詞賓語前置並非絕對嚴格。在先秦古籍中，也有很多否定句中代詞賓語不前置的例子。例如：

（7）有事而不告我。（《左傳・襄公二十八年》）

（8）不知我者，谓我何求？（《詩經・王風・黍離》）

（二）疑問句中疑問代詞作賓語，賓語前置

在古漢語中，疑問代詞作動詞賓語，該賓語一般要前置。例如：

（9）臣實不才，又誰敢怨？（《左傳・成公三年》）

（10）吾誰欺，欺天乎？（《論語・子罕》）

（11）使子擇焉，子將何乘？（《墨子・魯問》）

（12）沛公安在？（《史記・項羽本紀》）

（13）許子冠乎？曰：冠。曰：奚冠？曰：冠素。（《孟子・滕文公上》）

疑問代詞作介詞賓語時，也要前置。例如：

（14）即不幸有方二三千里之旱，國胡以相恤？（賈誼《論積貯疏》）

（15）子歸，何以報我？（《左傳・成公三年》）

（16）吾誰與爲親？（《莊子・齊物論》）

（17）君子去仁，惡乎成名？（《論語・里仁》）

（18）何由知吾可也？（《孟子・梁惠王上》）

（19）微斯人，吾誰與歸？（范仲淹《岳陽樓記》）

（三）用代詞“之”或“是”複指賓語，賓語前置

爲了強調賓語，將該賓語提到動詞前，且在賓語和動詞之間插入“是”或“之”字複指提前的賓語。例如：

（20）秉國之均，四方是維。（《詩經・小雅・節南山》）

（21）將虢是滅，何愛于虞？（《左傳・僖公五年》）

（22）姜氏何厭之有？（《左傳・隱公元年》）

（23）諺所謂“輔車相依，脣亡齒寒”者，其虞虢之謂也。（《左傳・僖公三年》）

還可以在前置的賓語前再加上語氣副詞“惟（唯、維）”表強調，構成“惟……是……”或“惟……之……”的格式。例如

（24）余雖與晉出入，余唯利是視。（《左傳・成公十三年》）

（25）今商王受，惟婦言是用。（《尚書・牧誓》）

（26）當臣臨河持竿時，心無雜慮，唯魚之念。（《列子・湯問》）

（27）父母惟其疾之憂。（《論語・爲政》）

有時前置的賓語本身也可以是代詞，這時複指的代詞一般只用“之”。例如：

（28）古者民有三疾，今也或是之亡也。（《論語・陽貨》）

（29）是之謂政令行。（《荀子・王霸》）

（30）吾聞之，禹稱善人，不善人遠，此之謂也夫。（《左傳・宣公十六年》）

此外，介詞“以”的賓語爲了表示強調也往往置於“以”的前面。例如：

（31）江漢以濯之，秋陽以暴之，皓皓乎不可尚已。（《孟子・滕文公上》）

（32）君若以力，楚國方城以爲城，漢水以爲池。（《左傳・僖公四年》）

（33）楚戰士無不一以當十。（《史記・項羽本紀》）

四、古漢語雙賓語句

謂語動詞後面帶有兩個賓語的句子叫雙賓語句。其中離謂語動詞近的叫近賓語，也叫間接賓語；離謂語動詞遠的叫遠賓語，也叫直接賓語。近賓語往往指人，遠賓語往往指事物。

古漢語中具有“給予”義的動詞“賜”“予”“遺”“饋”“貽”“與”等可帶雙賓語。

（1）公賜之食。（《左傳・隱公元年》）

（2）夫人使饋之錦與馬。（《左傳・襄公二十六年》）

（3）貽我彤管。（《詩經・邶風・靜女》）

古漢語中具有告知、教示義的動詞“語”“告”“教”“問”“示”等可帶雙賓語。

（4）公語之故，且告之悔。（《左傳・隱公元年》）

（5）后稷教民稼穡，樹藝五穀。（《孟子·滕文公上》）

古漢語中表示作爲類的“爲”“立”等，可帶雙賓語，古漢語中“爲”帶雙賓語的情況在現代漢語中已經消失。例如：

（6）天生民而立之君。（《左傳·襄公十四年》）

（7）姜氏何厭之有？不如早爲之所。（《左傳·隱公元年》）

（8）覆杯水於坳堂之上，則芥爲之舟。（《莊子·逍遙遊》）

（9）赤也爲之小，孰能爲之大？（《論語·先進》）

古漢語中有不少能帶雙賓語的動詞，到了現代漢語中也不能帶雙賓語了。例如下面加點的名詞：

（10）晉饑，秦輸之粟；秦饑，晉閉之糴。（《左傳·僖公十五年》）

（11）紾兄之臂而奪之食。（《孟子·告子下》）

（12）欲見賢人而不以其道，猶欲其入而閉之門也。（《左傳·隱公元年》）

五、古漢語中的省略句

古漢語在一定的語言環境中，爲了使語言簡潔、精煉，在不影響句子意思的情況下，往往省去某些句子成分，這種省去了某些句子成分的句子叫做省略句。省略的成分常見的有主語、謂語、賓語、介詞。省略的部分一般都可以根據語意補出。

（一）主語的省略

主語的省略有承前省略、蒙後省略、當前省略。主語承前省略是指主語在前面的句子中已經出現過，後面句子中的主語一般承前文省略；主語蒙後省略是指主語在後面句子中出現，與前面句子中應出現的主語相同，可蒙後文省略；當前省略，一般是指對話時的省略。例如（用［　］表示省略）：

（1）［　］愛共叔段，欲立之。（《左傳·隱公元年》）

（2）七月［　］在野，八月［　］在宇，九月［　］在戶，十月蟋蟀入我牀下。（《詩經·豳風·七月》）

（3）“許子冠乎？”［　］曰：“冠。”［　］曰：“奚冠？”［　］曰：“冠素。”［　］曰：“自織之與？”［　］曰：“否，以粟易之。”［　］曰：“許子奚爲不自織？”［　］曰：“害於耕。”（《孟子·滕文公上》）

（二）謂語的省略

在現代漢語中謂語一般是不能省略的，但在古代漢語的一些特殊的表述中，動詞謂語卻可以省略。具體情況也可分爲承前省略、蒙後省略、當前省略。例如：

(4) 夫戰，勇氣也。一鼓作氣，再 [ ] 而衰，三 [ ] 而竭。彼竭我盈，故克之。(《左傳·莊公十年》)

(5) 非夫人之爲慟而誰爲 [ ]？(《論語·先進》)

(6) 楊子之鄰人亡羊，既率其黨 [ ]，又請楊子之豎追之。(《列子·説符》)

(7) 陳軫曰："異貴于此者何也？"曰："唯令尹 [ ] 耳。"(《戰國策·齊策》)

（三）賓語的省略

文言中無論是動詞賓語還是介詞賓語都可以省略，有時省略的賓語可以用代詞"之"替代，具體情况如下：

(8) 夫幕仁義而弱亂者，三晉也；不幕 [ ] 而治彊者，秦也。(《韓非子·外儲説左上》)

(9) 尉劍挺，廣起，奪 [ ] 而殺尉。(《史記·陳涉世家》)

(10) 明日，子路行，以告 [ ]。子曰："隱者也。"(《論語·微子》)

(11) 途中兩狼，綴行甚遠，投 [ ] 以骨。(蒲松齡《聊齋志異·狼》)

(12) 賊二人得我，我幸皆殺之矣。願以 [ ] 聞於官。(柳宗元《童區寄傳》)

(13) 既濟而未成列，又以 [ ] 告。(《左傳·僖公二十二年》)

(14) 向察衆人之議，專欲誤將軍，不足與 [ ] 圖大事。(《資治通鑑》)

（四）介詞的省略

現代漢語中介詞一般不能省略，古漢語中是可以省略的。例如：

(15) 武丁朝諸侯，有天下，猶運 [ ] 掌也。(《孟子·公孫丑上》)

(16) 死馬且買之 [ ] 五百金，况生馬乎？(《戰國策·燕策》)

(17) 信亡 [ ] 楚歸漢。(《漢書·韓信傳》)

思考與練習六

一、解釋下列句子中加點詞的意義。

1. 本荒而用侈，則天不能使之富。
2. 君子啜菽飲水。
3. 工文學者非所用，用之則亂法。
4. 魯人從君戰，三戰三北。
5. 拔城者受爵禄，而信廉愛之説。

6. 衆聞則非之。
7. 至攘人犬豕雞豚者。
8. 合軍聚衆，交和而舍。
9. 莫難於軍爭。
10. 委軍而爭利，則輜重捐。
11. 是故軍無輜重則亡。
12. 歸師勿遏，圍師遺闕。
13. 則舉圖而委，效璽而請兵矣。

二、指出下列句子劃綫部分的語法特點。

1. 怪之可也，而畏之非也。
2. 孰與物畜而制之！
3. 因物而多之，孰與騁能而化之！
4. 夫離法者罪，而諸先生以文學取。
5. 以疑當世之法，而貳人主之心。
6. 是境内之民，其言談者必軌於法。
7. 其患御者，積於私門，盡貨賂。
8. 其帶劍者，聚徒屬立節操以顯其名。
9. 五十里而爭利，則蹶上將軍，其法半至。
10. 斬敵者受賞，而高慈惠之行。

三、辨析下列各句屬於哪種句式。

1. 夫六國與秦皆諸侯。（蘇洵《六國論》）
2. 子將何以待吾君？（《戰國策・趙策》）
3. 吾嘗三仕三見逐於君。（《史記・管晏列傳》）
4. 賜我先君履。（《左傳・僖公四年》）
5. 是非君子之道。（《孟子・滕文公下》）
6. 大月氏王已爲胡所殺。（《漢書・張騫傳》）
7. 重爲之禮而歸之。（《左傳・僖公三十二年》）
8. 多予之重器。（《戰國策・趙策》）
9. 臣之所好者，道也。（《莊子・養生主》）
10. 不患人之不己知，患其不能也。（《論語・憲問》）
11. 諫而不入，則莫之繼也。（《左傳・宣公二年》）
12. 昭王南征而不復，寡人是問。（《左傳・僖公四年》）
13. 子誠齊人也。（《孟子・公孫丑上》）
14. 魏惠王兵數破於齊秦。（《史記・商君列傳》）

15. 爲之簞食與肉。(《左傳·宣公二年》)
16. 此非君子之言，齊東野人之語也。(《孟子·萬章上》)
17. 先發制人，後發制於人。(《漢書·項羽傳》)
18. 將虢是滅，何愛於虞。(《左傳·僖公五年》)
19. 貽我彤管。(《詩經·邶風·靜女》)
20. 身非木石。(司馬遷《報任安書》)

四、補出下列句子中省略的成分。

1. 郤夏曰："射其御者，君子也。"(《左傳·成公二年》)
2. 季文子三思而後行，子聞之，曰："再，斯可矣。"(《論語·公冶長》)
3. 國人莫敢言，道路以目。(《國語·周語》)
4. 蹇叔之子與師，哭而送之。(《左傳·僖公三十二年》)
5. 請京，使居之。(《左傳·隱公元年》)
6. 豎子，不足與謀。(《史記·項羽本紀》)
7. 人皆有兄弟，我獨亡。(《論語·顏淵》)
8. 王不待大，湯以七十里，文王以百里。(《孟子·公孫丑上》)
9. 君爲我呼入，吾得兄事之。(《史記·項羽本紀》)
10. 權以示羣下，莫不響震失色。(《資治通鑑》)

第七單元

文　選

魏公子列傳（《史記》）

【介紹】司馬遷（前145—前90年左右），字子長，西漢夏陽（今陝西省韓城南）人，我國古代偉大的歷史學家和文學家。司馬遷出生於一個世代爲史官的家庭，自幼受父親司馬談的影響，刻苦學習。二十歲起，多次出遊，足跡幾乎遍於中國，積累了豐富的史料，後繼父職任太史令，著手整理史料。太初元年（前104），正式開始寫作《史記》。天漢二年（前99），因李陵事件而觸怒了漢武帝，被捕入獄，遭受宮刑。出獄不久，任中書令，繼續《史記》的寫作。大約在征和二年（前91）完成了這部巨著。

《史記》是我國第一部紀傳體通史。它的記事，上起於軒轅，下至漢武帝太初年間，記載了大約三千年的政治、經濟、文化等多方面的歷史，保存了大量的珍貴史料。《史記》包括十二本紀、十表、八書、三十世家、七十列傳，共計一百三十篇，五十二萬多字（其中有幾篇是西漢褚少孫增補的）。《史記》既是一部偉大的史學著作，又是一部文學名著，在中國文學史上佔有重要地位，對後世文學的發展影響巨大。

《史記》通行的注本有：南朝宋裴駰的《集解》，唐司馬貞《索隱》，張守節《正義》。

【説明】《魏公子列傳》選自《史記》卷七十七，魏公子即魏無忌（？—前243），魏昭王少子，魏安釐王的異母弟，戰國時期魏國著名的軍事家。因封於信陵（今河南省寧陵），所以後世稱其爲信陵君，他與楚國的春申君黄歇、齊國的孟嘗君田文和趙國的平原君趙勝並稱爲“戰國四公子”。本傳詳細地叙述了信陵君從保存魏國的目的出發，屈尊求賢不恥下交的一系列活動。著重描寫了他在這些“隱者”的鼎力相助下，“竊符救趙”和“卻秦存魏”的歷史事實。歌頌了信陵君心繫魏國、禮賢下士、救人於危難的思想品質。反映了司馬遷的進步歷史觀。

魏公子無忌者，魏昭王少子而魏安釐王異母弟也[1]。昭王薨，安釐王即位，封公子爲信陵君。是時范睢亡魏相秦，以怨魏齊故，秦兵圍大梁，破魏華陽下軍，走芒卯[2]。魏王及公子患之[3]。

【注釋】

[1] 魏昭王：名遬，魏國第五位國君，在位十九年。魏安釐王，名圉，魏國第六位國君，在位三十四年。

[2] 范睢：原魏人，因事被打將死，後逃到秦國，改名張祿，秦昭王拜他爲相。亡魏：從魏國逃亡。魏齊：當時魏相。魏齊曾屈打范睢，使其幾乎死去。華陽：地名，在今河南省密縣境内。走芒卯：使芒卯戰敗而逃。芒卯，魏將。

[3] 患之：以之爲患。

公子爲人仁而下士，士無賢不肖皆謙而禮交之，不敢以其富貴驕士[1]。士以此方數千里爭往歸之，致食客三千人[2]。當是時，諸侯以公子賢，多客，不敢加兵謀魏十餘年[3]。

【注釋】

[1] 仁而下士：仁厚并且待士謙虚。無賢不肖：無論賢還是不賢。皆：範圍副詞，都。禮：名詞作狀語，按禮。

[2] 以：介詞，因。食客：指投靠勢力强大的宗族，并爲其服務以謀取衣食的人。

[3] 是：這。

公子與魏王博，而北境傳舉烽，言“趙寇至，且入界”[1]。魏王釋博，欲召大臣謀[2]。公子止王曰：“趙王田獵耳，非爲寇也。[3]”復博如故。王恐，心不在博。居頃復從北方來傳言曰：“趙王獵耳，非爲寇也。”魏王大驚，曰：“公子何以知之[4]？”公子曰：“臣之客有能深得趙王陰事者，趙王所爲，客輒以報臣，臣以此知之。[5]”是後魏王畏公子之賢能，不敢任公子以國政。

【注釋】

[1] 博：古代的一種棋類游戲。下棋。舉烽：發出警報。古代戍守邊境，遇到緊

急情況時即在烽火臺上燃燒薪火以示報警，稱爲“舉烽”。烽，烽火。且：副詞，將要、就要。

［2］釋：放下。謀：商量。

［3］田獵：打獵。田，後寫作“畋”。

［4］何以：即“以何”。

［5］陰事：秘密的事情。

魏有隱士曰侯嬴，年七十，家貧，爲大梁夷門監者[1]。公子聞之，往請，欲厚遺之[2]。不肯受，曰：“臣脩身絜行數十年，終不以監門困故而受公子財[3]。”公子於是乃置酒大會賓客。坐定，公子從車騎，虚左，自迎夷門侯生[4]。侯生攝敝衣冠，直上載公子上坐，不讓，欲以觀公子[5]。公子執轡愈恭[6]。侯生又謂公子曰：“臣有客在市屠中，願枉車騎過之[7]。”公子引車入市，侯生下見其客朱亥，俾倪，故久立與其客語，微察公子[8]。公子顔色愈和。當是時，魏將相宗室賓客滿堂，待公子舉酒[9]。市人皆觀公子執轡。從騎皆竊罵侯生[10]。侯生視公子色終不變，乃謝客就車[11]。至家，公子引侯生坐上坐，徧贊賓客，賓客皆驚[12]。酒酣，公子起，爲壽侯生前。侯生因謂公子曰：“今日嬴之爲公子亦足矣[13]。嬴乃夷門抱關者也，而公子親枉車騎，自迎嬴於衆人廣坐之中，不宜有所過，今公子故過之[14]。然嬴欲就公子之名，故久立公子車騎市中，過客以觀公子，公子愈恭[15]。市人皆以嬴爲小人，而以公子爲長者能下士也。”於是罷酒，侯生遂爲上客。侯生謂公子曰：“臣所過屠者朱亥，此子賢者，世莫能知，故隱屠閒耳。”公子往數請之，朱亥故不復謝，公子怪之[16]。

【注釋】

［1］夷門：魏都大梁城東門名。監者：看守城門的人。

［2］請：拜見。遺：贈送、送給。

［3］脩：通“修”。絜行：清白的操行。絜，後寫作“潔”，今簡化爲“洁”。

［4］從：使……跟隨，帶着。虚左：空出左方的座位。古代乘車以左位爲尊位。侯生：即侯嬴。生，“先生”的省稱。

［5］攝：整理。敝：破舊。載：乘坐。

［6］執轡：握着馬韁繩。愈：副詞，更加。

［7］屠：指宰牲畜的地方。枉：委屈，謙詞。過：拜訪、探望。

[8] 俾倪：同“睥睨”，眼睛斜着看，含有高傲之意。故：故意。微：暗暗地。

[9] 舉酒：即舉酒開宴之意。

[10] 從騎：指隨從人員。

[11] 謝：告辭。

[12] 徧：通“遍”。

[13] 爲：爲難，使公子爲難。

[14] 抱關：抱門栓。有所過：有拜訪朋友的事，指拜訪朱亥。

[15] 故：竟然。一説“故意”。立：使……立。

[16] 數：多次、屢次。復謝：答謝。

魏安釐王二十年，秦昭王已破趙長平軍，又進兵圍邯鄲[1]。公子姊爲趙惠文王弟平原君夫人，數遺魏王及公子書，請救於魏[2]。魏王使將軍晉鄙將十萬衆救趙。秦王使使者告魏王曰：“吾攻趙旦暮且下，而諸侯敢救者，已拔趙，必移兵先擊之。”魏王恐，使人止晉鄙，留軍壁鄴，名爲救趙，實持兩端以觀望[3]。平原君使者冠蓋相屬於魏，讓魏公子曰：“勝所以自附爲婚姻者，以公子之高義，爲能急人之困[4]。今邯鄲旦暮降秦而魏救不至，安在公子能急人之困也！且公子縱輕勝，棄之降秦，獨不憐公子姊邪？[5]”公子患之，數請魏王，及賓客辯士説王萬端[6]。魏王畏秦，終不聽公子。公子自度終不能得之於王，計不獨生而令趙亡，乃請賓客，約車騎百餘乘，欲以客往赴秦軍，與趙俱死[7]。

【注釋】

[1] 魏安釐王二十年：即公元前 257 年。秦昭王已破趙長平軍：指公元前 260 年秦將白起在長平圍攻趙軍，射殺趙將趙括，趙兵四十萬人投降，盡被坑殺。

[2] 平原君：即趙公子趙勝。數：多次。

[3] 壁：這裏指駐扎。持兩端：採取動摇不定的兩面倒策略。

[4] 冠蓋相屬：形容使臣連續不斷地到來。冠蓋，古時官員的冠服和他們車的篷蓋。屬，連續。自附：自願依託。

[5] 縱：即使。

[6] 説：説服。萬端：各個方面、各種辦法。

[7] 度：揣度、估計。計：決計。俱：副詞，一起。

行過夷門，見侯生，具告所以欲死秦軍狀。辭決而行[1]。侯生曰：“公子勉之矣，老臣不能從。”公子行數里，心不快，曰：“吾所以待侯生者備矣，天下莫不聞，今吾且死而侯生曾無一言半辭送我，我豈有所失哉？[2]”復引車還，問侯生。侯生笑曰：“臣固知公子之還也。”曰：“公子喜士，名聞天下。今有難，無他端而欲赴秦軍，譬若以肉投餒虎，何功之有哉？尚安事客？然公子遇臣厚，公子往而臣不送，以是知公子恨之復返也。[3]”公子再拜，因問。侯生乃屏人閒語[4]。曰：“嬴聞晉鄙之兵符常在王臥内，而如姬最幸，出入王臥内，力能竊之[5]。嬴聞如姬父爲人所殺，如姬資之三年，自王以下欲求報其父仇，莫能得[6]。如姬爲公子泣，公子使客斬其仇頭，敬進如姬[7]。如姬之欲爲公子死，無所辭，顧未有路耳[8]。公子誠一開口請如姬，如姬必許諾，則得虎符奪晉鄙軍，北救趙而西卻秦，此五霸之伐也[9]。”公子從其計，請如姬。如姬果盜晉鄙兵符與公子。

【注釋】

[1] 辭決：告辭訣别。決：同“訣”，多指不易再見的離别。

[2] 備：完備、周到。莫：無定代詞，没有誰。曾：竟然。

[3] 他端：其他辦法。餒虎：飢餓的老虎。何功之有：即“有何功”。尚安事客：還要賓客幹什麼用。尚：還。

[4] 屏人：讓旁人離開。屏，使退避。閒語：秘密地談話。閒，私。

[5] 兵符：古代傳達命令或調撥軍隊的憑證。用銅鑄成虎形，背有銘文，剖爲兩半，右半留中央，左半授予統兵將帥，調兵時由使臣持符驗合後生效，稱銅虎符。臥：内臥室。幸：受寵愛。力：盡力。

[6] 資：蓄積。

[7] 爲：介詞，對、向。敬：表敬副詞。

[8] 無所辭：没有可推辭的，意思是不會推辭。顧：只是。路：指行動的機會。

[9] 西：方位名詞作狀語。五霸：指春秋時在諸侯中勢力强大稱霸一時的五個諸侯盟主。其説不一，通行的説法指的是齊桓公、晉文公、秦穆公、宋襄公、楚莊王。伐：功業。

公子行，侯生曰：“將在外，主令有所不受，以便國家[1]。公子即合符，而晉鄙不授公子兵而復請之，事必危矣[2]。臣客屠者朱亥可與俱，此人力士。晉鄙聽，大善；不聽，可使擊之。”於是公子泣。侯生曰：“公子畏死邪？何泣也？”公子曰：“晉鄙，嚄唶宿將[3]。往恐不聽，必當殺之，是以泣耳，豈畏死哉？”於是公子請朱亥。朱亥笑曰："臣乃市井鼓刀屠者，而公子親數存之，所以不報謝者，以爲小禮無所用[4]。今公子有急，此乃臣效命之秋也[5]。"遂與公子俱。公子過謝侯生[6]。侯生曰："臣宜從，老不能。請數公子行日，以至晉鄙軍之日，北鄉自剄，以送公子。[7]"公子遂行。

【注釋】

[1] 該句是指將領統兵作戰時，有機斷處置的權力，不是一切都要請示國君。見於《孫子兵法·九變篇》："凡用兵之法，將受命於君，合軍聚衆……塗有所不由，軍有所不擊，城有所不攻，地有所不爭，君命有所不受。"便：便利、有利。

[2] 即：即使。復請之：再向魏王請示。

[3] 嚄（huò）唶（zé）宿將：指勇猛强悍富有經驗的老將。張守節《正義》引《聲類》："嚄：大笑。唶：大呼。"

[4] 市井：市場。鼓刀：屠宰牲畜時擊刀作聲，稱爲"鼓刀"。數：多次。存：問候。

[5] 效命之秋：指貢獻生命的時候。

[6] 過謝：公子去向侯生告辭。過，去。

[7] 數：計算。北鄉：面嚮北方。鄉，通"嚮"，面嚮。剄：用刀割脖子。送：致答謝的意思。

至鄴，矯魏王令代晉鄙[1]。晉鄙合符，疑之，舉手視公子曰："今吾擁十萬之衆，屯於境上，國之重任，今單車來代之，何如哉？[2]"欲無聽。朱亥袖四十斤鐵椎，椎殺晉鄙，公子遂將晉鄙軍[3]。勒兵，下令軍中曰："父子俱在軍中，父歸；兄弟俱在軍中，兄歸；獨子無兄弟，歸養。"[4]得選兵八萬人，進兵擊秦軍[5]。秦軍解去，遂救邯鄲，存趙。趙王及平原君自迎公子於界，平原君負韊矢爲公子先引[6]。趙王再拜曰："自古賢人未有及公子者也。"當此之時，平原君不敢自比於人。公子與侯生決，至軍，侯生果北鄉自剄。

【注釋】

[1] 矯：假傳命令。

[2] 單車：指只有所乘車輛，而無隨護的兵車。

[3] 袖：名詞用如動詞，藏在袖中。椎殺：用椎殺。椎，名詞作狀語。

[4] 勒：約束、整頓。歸養：回家奉養父母。

［5］選兵：指選出的精兵。

［6］負韊（lán）矢：背着盛滿箭支的箭袋。韊，盛箭的袋子。

魏王之怒公子之盜其兵符，矯殺晉鄙，公子亦自知也。已卻秦存趙，使將將其軍歸魏[1]，而公子獨與客留趙。趙孝成王德公子之矯奪晉鄙兵而存趙，乃與平原君計，以五城封公子。[2]公子聞之，意驕矜而有自功之色。[3]客有説公子曰："物有不可忘，或有不可不忘。夫人有德於公子，公子不可忘也；公子有德於人，願公子忘之也。且矯魏王令，奪晉鄙兵以救趙，於趙則有功矣，於魏則未爲忠臣也。公子乃自驕而功之，竊爲公子不取也。"於是公子立自責，似若無所容者。趙王埽除自迎，執主人之禮，引公子就西階。[4]公子側行辭讓從東階上[5]。自言辠過，以負於魏，無功於趙。趙王侍酒至暮，口不忍獻五城，以公子退讓也。公子竟留趙。趙王以鄗爲公子湯沐邑[6]，魏亦復以信陵奉公子。公子留趙。

【注釋】

［1］使將將其軍：前一"將"，名詞，將官。後一"將"，動詞，率領。

［2］德：感激。計：商計。

［3］驕矜：驕傲自大。自功：自己認爲有功。

［4］埽：同"掃"。引公子就西階：指古代迎賓升堂的禮節，規定主人從東階上，賓客從西階上，以示對客人的尊敬。賓客若自謙，降低身分則與主人同從東階升堂。就，靠近。

［5］側行：側着身子走。表示謙讓。

［6］湯沐邑：指古代天子賜給諸侯的封邑，邑内的收入供諸侯來朝時，齋戒自潔之用。這裏是指供養生活取用的地方。

公子聞趙有處士毛公藏於博徒，薛公藏於賣漿家，公子欲見兩人，兩人自匿不肯見公子。[1]公子聞所在乃閒步往從此兩人游，甚歡[2]。平原君聞之，謂其夫人曰："始吾聞夫人弟公子天下無雙，今吾聞之，乃妄從博徒賣漿者游，公子妄人耳。[3]"夫人以告公子。公子乃謝夫人去，曰："始吾聞平原君賢，故負魏王而救趙，以稱平原君[4]。平原君之游，徒豪舉耳，不求士也。無忌自在大梁時，常聞此兩人賢，至趙，恐不得見。以無忌從之游，尚恐其不我欲也[5]，今平原君乃以爲羞，其不足從游。”乃裝爲去[6]。夫人具以語平原君。平原君乃免冠謝，固留公子[7]。平原君門下聞之，半去平原君歸公子，天下士復往歸公子，公子傾平原君客。

【注釋】

[1] 處士：指有才學隱居不仕的人。博徒：聚賭的人。賣漿家：賣酒漿的店家。自匿：隱藏自己，指主動地隱藏起來。

[2] 閒步：悄悄地步行。游：交游、交往。甚：副詞，非常。

[3] 妄：胡亂。妄人：無知妄爲的人。

[4] 稱：符合、滿足。

[5] 不我欲：即“不欲我”，不要我。

[6] 乃裝爲去：於是整理行裝，準備離去。

[7] 免冠謝：脱帽，謝罪。固：堅持、堅決。

公子留趙十年不歸。秦聞公子在趙，日夜出兵東伐魏。魏王患之，使使往請公子。公子恐其怒之，乃誡門下：“有敢爲魏王使通者，死。”[1]賓客皆背魏之趙，莫敢勸公子歸[2]。毛公、薛公兩人往見公子曰：“公子所以重於趙，名聞諸侯者，徒以有魏也。今秦攻魏，魏急而公子不恤[3]，使秦破大梁而夷先王之宗廟，公子當何面目立天下乎？”語未及卒，公子立變色，告車趣駕歸救魏[4]。

【注釋】

[1] 恐其怒之：指恐怕魏王對自己以前竊符殺將的事懷恨在心。通：通報、傳話。

[2] 之：往、到。

[3] 恤：體恤、顧念。

[4] 告車趣駕：指囑咐車夫趕快套車。趣，通“促”。

魏王見公子，相與泣，而以上將軍印授公子，公子遂將[1]。魏安釐王三十年[2]，公子使使遍告諸侯。諸侯聞公子將，各遣將將兵救魏。公子率五國之兵破秦軍於河外，走蒙驁。[3]遂乘勝逐秦軍至函谷關，抑秦兵，秦兵不敢出。當是時，公子威振天下，諸侯之客進兵法，公子皆名之，故世俗稱魏公子兵法。[4]

【注釋】

［1］將：指任上將軍之職。

［2］魏安釐王三十年：即公元前 247 年。

［3］五國：指韓、趙、楚、齊、燕。河外：指黄河以南。走：使動用法。蒙驁：秦國將領。

［4］振：通“震”。公子皆名之：信陵君在兵法上都寫上自己的名字。

秦王患之，乃行金萬斤於魏，求晉鄙客[1]。令毀公子於魏王曰：“公子亡在外十年矣，今爲魏將，諸侯將皆屬，諸侯徒聞魏公子，不聞魏王[2]。公子亦欲因此時定南面而王，諸侯畏公子之威，方欲共立之。”秦數使反間，僞賀公子得立爲魏王未也[3]。魏王日聞其毀，不能不信，後果使人代公子將。公子自知再以毀廢，乃謝病不朝，與賓客爲長夜飲，飲醇酒，多近婦女。[4]日夜爲樂飲者四歲，竟病酒而卒[5]。其歲，魏安釐王亦薨。

【注釋】

［1］行：使用。

［2］徒：副詞，只。

［3］未：相當於“否”。

［4］再以毀廢：指再次因譭謗而被廢黜。謝病：托病謝絶。這裏指托病不去朝見。醇酒：厚酒、烈性酒。

［5］病酒：因飲酒過量而病。

秦聞公子死，使蒙驁攻魏，拔二十城，初置東郡。其後秦稍蠶食魏，十八歲而虜魏王，屠大梁。[1]

【注釋】

［1］稍：副詞，漸漸地。十八歲：指無忌死後十八年，即公元前 225 年。魏王：指魏王假（前 227—前 225 年在位），魏景湣王之子。

高祖始微少時[1]，數聞公子賢。及即天子位，每過大梁，常祠公子[2]。高祖十二年，從擊黥布還，爲公子置守塚五家，世世歲以四時奉祠公子。[3]

【注釋】

［1］微少：微賤。指劉邦尚未發跡的時候。

［2］祠：祭祀。

［3］高祖十二年：即公元前 195 年。從擊黥布還：指從擊敗叛將黥布的前綫回來。守塚：看守墳墓。歲以四時：指每年在春夏秋冬四季定期謹祭公子。

太史公曰：吾過大梁之墟[1]，求問其所謂夷門。夷門者，城之東門也。天下諸公子亦有喜士者矣，然信陵君之接巖穴隱者，不恥下交，有以也。[2]名冠諸侯，不虛耳。高祖每過之而令民奉祠不絶也。

【注釋】

［1］墟：廢墟。

［2］巖穴隱者：這裏泛指住在不被人注意的地方的隱士。有以：有道理。以，道理、原因。

報任安書（司馬遷）

【説明】這是司馬遷寫給朋友任安的一封回信。信中司馬遷講述了自己因李陵事件的牽連而遭受宫刑的經歷，以及發憤著書，忍辱負重完成《史記》的原由，抒發了自己内心強烈的悲憤與痛苦，提出了“人固有一死，或重於泰山，或輕於鴻毛”的生死觀。全文感情真摯，行文跌宕，極富感染力。

太史公牛馬走司馬遷再拜言[1]。少卿足下，曩者辱賜書，教以慎於接物，推賢進士爲務[2]。意氣勤勤懇懇，若望僕不相師，而用流俗人之言[3]。僕非敢如此也。僕雖罷駑，亦嘗側聞長者之遺風矣[4]。顧自以爲身殘處穢，動而見尤，欲益反損，是以獨鬱悒而誰與語[5]。諺曰：“誰爲爲之？孰令聽之[6]？”蓋鍾子期死，伯牙終身不復鼓琴[7]。何則？士爲知己者用，女爲説己者容。若僕大質已虧缺矣，雖才懷隨和，行若由夷，終不可以爲榮，適足以見笑而自點耳[8]。書辭宜答，會東從上來，又迫賤事，相見日淺，卒卒無須臾之閒，得竭指意[9]。今少卿抱不測之罪，涉旬月，迫季冬，僕又薄從上雍，恐卒然不可爲諱，是僕終已不得舒憤懣以曉左右，則是長逝者魂魄私恨無窮[10]。請略陳固陋[11]。闕然久不報，幸勿爲過[12]！

【注釋】

［1］太史公：漢代史官太史令，此處是司馬遷自指。牛馬走：像牛馬般被驅使的僕人，這裏是司馬遷自謙。再：數詞，兩次。

［2］少卿：任安的字。任安曾任大將軍衛青舍人，經衛青推薦，任郎中，後來遷益州刺史。征和二年，戾太子發兵殺江充等，當時任安任北軍使者護軍（監理京城禁衛軍北軍的官員），太子命令任安發兵，任安雖然接受了命令，但閉門不出。太子事平，任安以“持兩端”被判腰斬。曩（nǎng）：從前。接物：待人接物。務：事。

［3］勤勤懇懇：誠懇的樣子。望：怨。師：效法。

［4］罷：通“疲”，疲弱。駑：劣馬。側聞：在旁邊聽到，謙辭。

［5］顧：只是。身殘：指遭受宫刑。尤：過錯，指責。鬱悒（yì）：愁悶。誰與：即“與誰”。

［6］誰爲：即“爲誰”。第一個爲讀 wèi，第二個爲讀 wéi。孰令：即“令孰”。

［7］伯牙：春秋時楚國人，善於彈琴，鍾子期最會欣賞他的琴音，二人成爲知己。鍾子期死後，伯牙認爲世無知音，便破琴絶弦，從此不再彈琴。

［8］大質：身體。隨和：指隨侯珠與和氏璧。隨，春秋時國名，傳説隨侯曾救過

一條受了傷的大蛇，後來這條蛇銜來一顆明珠來報答他，後世就稱之爲隨侯珠。由夷：許由和伯夷。點：玷污。

[9] 會東從上來：指跟隨漢武帝自甘泉宫嚮東回到長安。會，恰遇上。卒（cù）卒：同“猝猝”，匆忙急促的樣子。指意：心意。

[10] 不測之罪：隱晦的説法，這裏指任安將被處腰斬。不測，指深。涉旬月：過一個月。旬月：滿月。迫：接近、靠近。季冬：十二月。漢代法律：十二月處决犯人。薄：迫近。雍：地名，在今陝西省鳳翔南。當時這裏設有祭五帝的壇，漢武帝常到這裏來祭祀。卒（cù）然：突然。不可爲諱：委婉説法，指任安將被處死刑。左右：指任安。不直稱對方，而説奉書於對方左右的人，表示尊敬。長逝者：死的人，這裏指任安。

[11] 固陋：固塞鄙陋的見解，謙辭。

[12] 報：答、答復。

僕聞之，修身者，智之符也[1]；愛施者，仁之端也；取與者，義之表也[2]；恥辱者，勇之決也；立名者，行之極也[3]。士有此五者，然後可以託於世，而列于君子之林矣。故禍莫憯於欲利，悲莫痛於傷心，行莫醜於辱先，詬莫大於宫刑[4]。刑餘之人，無所比數，非一世也，所從來遠矣。昔衛靈公與雍渠同載，孔子適陳[5]；商鞅因景監見，趙良寒心[6]；同子參乘，袁絲變色，自古而恥之[7]。夫以中才之人，事有關於宦豎，莫不傷氣，而況於慷慨之士乎[8]？如今朝庭雖乏人，奈何令刀鋸之餘，薦天下豪俊哉[9]？僕賴先人緒業，得待罪輦轂下，二十餘年矣[10]。所以自惟，上之不能納忠效信，有奇策才力之譽，自結明主[11]；次之又不能拾遺補闕，招賢進能，顯巖穴之士[12]；外之又不能備行伍，攻城野戰，有斬將搴旗之功[13]；下之不能積日累勞，取尊官厚禄，以爲宗族交游光寵[14]。四者無一遂，苟合取容，無所短長之效，可見於此矣。嚮者僕常廁下大夫之列，陪外廷末議，不以此時引綱維，盡思慮，今已虧形爲掃除之隸，在闒茸之中，乃欲仰首伸眉，論列是非，不亦輕朝廷，羞當世之士邪[15]？嗟乎！嗟乎！如僕尚何言哉！尚何言哉！

【注釋】

[1] 符：信，此處是憑證的意思。

[2] 表：標誌、表現。

[3] 行（xìng）：品行。極：最高準則。

［4］莫：無定代詞，没有什麼，下同此。憯（cǎn）：通“慘”。欲：貪欲。詬（gòu）：恥辱。

［5］衛靈公：衛國國君，前534年至前493年在位。他和夫人同車出遊，讓宦官雍渠坐在旁邊，讓孔子爲次乘，孔子感到很恥辱，於是便離開衛國到陳國去。

［6］商鞅因景監見，趙良寒心：商鞅是靠着秦孝公寵幸的宦官景監的引見而做官的。趙良：秦孝公時的賢士，曾勸商鞅引退。寒心：這裏指感到恐怖。

［7］同子：指漢文帝時的宦官趙談，司馬遷因父親司馬談與趙談同名，爲避父諱，稱他爲同子。袁絲：袁盎，字絲，漢文帝時官至太常。文帝外出時，曾讓趙談參乘，袁絲見到後，認爲不成體統，就伏在車前直言諫阻漢文帝。恥之：以之爲恥。

［8］宦豎：指宦官。豎，宫廷中供役使的小臣。莫：無定代詞，没有誰。

［9］刀鋸之餘：指受過刑的自己。薦：推薦。

［10］緒業：餘業，先人未完成的事業。待罪：即做官，謙詞。輦轂下：指皇帝所在京城的代稱。輦轂，皇帝的車駕。

［11］效：獻出。

［12］拾遺補闕：指拾人君之所遺忘的，補人君之所闕失的。這裏指進諫。顯巖穴之士：使巖穴之士顯，意即舉薦隱士。巖穴之士指隱士。

［13］備行伍：参加軍隊。行伍，古代軍隊的編制，五人爲伍，二十五人爲行。野：名詞作狀語，在野外。搴：拔取。

［14］交游：指朋友。

［15］廁：夾雜於，置身於，謙辭。下大夫：周代太史公屬下大夫，漢代沿用古例。外廷：外朝。漢朝官員分外朝官與中朝官。太史令屬外朝官。綱維：指國家的法令。埽除之隸：打掃的賤役，指地位低下的人，謙詞。闒（tà）茸：卑賤。

且事本末未易明也。僕少負不羈之才，長無鄉曲之譽[1]。主上幸以先人之故，使得奏薄技，出入周衛之中[2]。僕以爲戴盆何以望天[3]？故絶賓客之知，忘室家之業，日夜思竭其不肖之才力，務一心營職，以求親媚於主上。而事乃有大謬不然者。夫僕與李陵俱居門下，素非能相善也[4]。趣舍異路，未嘗銜杯酒，接殷勤之餘歡[5]。然僕觀其爲人，自守奇士，事親孝，與士信，臨財廉，取與義，分别有讓，恭儉下人，常思奮不顧身，以徇國家之急[6]。其素所蓄積也，僕以爲有國士之風。夫人臣出萬死不顧一生之計，赴公家之難，斯已奇矣。今舉事一不當，而全軀保妻子之臣，隨而媒孽其短，僕誠私心痛之[7]。且李陵提步卒不滿五千，深踐戎馬之地，足曆王庭，垂餌虎口，横挑彊胡，仰億萬之師，與單于連戰十有餘日，所殺過當，虜救死扶傷不給[8]。旃裘之君長咸震怖，乃悉徵其左右賢王，舉引弓之人，一國共攻而圍之[9]。轉鬭千里，矢盡道窮，救兵不至，士卒死傷如積。然陵一呼勞軍，士無不起，躬自流涕，沬血飲泣，更張空弮，冒白刃，北嚮爭死敵者[10]。陵未没時，使有來報，漢公卿王侯皆奉觴上壽[11]。後數日，陵敗書聞，主上爲之食不甘味，聽朝不怡，大臣憂懼，不知所出。僕竊不自料其卑賤，見主上慘愴怛悼，誠欲效其款款之愚[12]。以爲李陵素與士大夫絶甘分少，能得人死力，雖古之名將，不能過也[13]。身雖陷敗，彼觀其意，且欲得其當而報於漢[14]。事已無可奈何，其所摧敗，功亦足以暴於天下矣[15]。僕懷欲陳之，而未有路，適會召問，即以此指，推言陵之功，欲以廣主上之意，塞睚眦之辭[16]。未能盡明，明主不曉，以爲僕沮貳師，而爲李陵游説，遂下於理[17]。拳拳之忠，終不能自列，因爲誣上，卒從吏議[18]。家貧，貨賂不足以自贖，交游莫救[19]；左右親近不爲一言。身非木石，獨與法吏爲伍，深幽囹圄之中，誰可告愬者[20]！此真少卿所親見，僕行事豈不然乎？李陵既生降，隤其家聲，而僕又佴之蠶室，重爲天下觀笑[21]。悲夫！悲夫！事未易一二爲俗人言也。

【注釋】

［1］負：恃，懷抱。不羈：指才華高遠不可羈束。鄉曲：鄉里。

［2］奏：貢獻。周：環繞。衛：宿衛。周衛：嚴密防衛的地方，指宫禁之中。

［3］本句意謂戴着盆子和望天，兩者不可得兼，意謂自己一心營職，不能顧及私事。

［4］李陵：漢朝名將李廣的孫子，漢武帝時的將領，善騎射。曾率兵與匈奴交戰，矢盡援絶，投降匈奴，事見《史記·李將軍列傳》及《漢書·李廣蘇建傳》。李陵曾任侍中，與太史令都是能出入宫門的官，所以説“俱居門下”。門下：宫門内。

［5］趣舍：進退。趣，嚮前走。舍，止。嘗：副詞，曾經。

［6］事：服侍。親：本指父母，這裏指李陵的母親。分别：指能分别尊卑長幼。

［7］全：形容詞用作動詞，使動用法，使……全。媒孽（niè）：即酒麴，這裏作動詞用，釀。指把李陵的過失構陷成大罪。誠：副词，的确。

［8］王庭：匈奴君主所居之地。有：通“又”。不給：來不及。

［9］旃（zhān）裘：匈奴人用的毛氈、皮裘，這裏代指匈奴。旃，通“氈”。悉：範圍副詞。徵：得。左右賢王：左賢王與右賢王，匈奴君主單于下面的最高官位，各統率一萬餘兵。舉：尽，動词。引弓：拉弓。

［10］沬（huì）：洗臉。沬血，以血洗臉，即血流滿面。張：舉。弮（quān）：

弩弓。

［11］皆：範圍副詞，都。奉：後寫作“捧”。觴：酒器。上壽：敬獻祝賀之詞。

［12］慘愴（chuàng）怛（dá）悼：都是悲傷的意思。效：獻上。

［13］素：副詞，平素、平常。士大夫：這裏指李陵的部下將領。絶甘：甘美的東西自己不吃。分少：把僅有的少量的物品分給別人。雖：連詞，即使。過：超過。

［14］得其當：顔師古説：“欲於匈奴立功，而歸以當其破敗之罪。”當，指足以抵罪的功勞。報：回報。

［15］暴（pù）：暴露、顯示。

［16］推言：闡述。塞：堵住。睚眦之辭：“睚眦”義爲怒目而視，這裏指詆毀構陷李陵的言辭。

［17］沮：毁謗。貳師：指貳師將軍李廣利。他妹妹是漢武帝的寵妃李夫人。貳師本是漢代西域大宛國的一個地名，漢武帝曾派李廣利帶兵攻打貳師，搶奪良馬，所以用貳師作爲李廣利的號。天漢二年，武帝派李廣利率軍征匈奴，以李陵爲輔助。李陵被圍，李廣利未及時救援。司馬遷爲李陵辯護，漢武帝認爲他存心詆毀李廣利。理：即大理，即廷尉，掌管訴訟刑獄之事。

［18］列：列舉，陳説。從：聽從。

［19］貨賂：財貨。自贖：漢代法律規定，可以用錢贖罪。

［20］囹圄（líng yǔ）：監獄。愬：同“訴”。

［21］隤（tuí）：敗壞，使動用法。佴（èr）：編次，排列。蠶室：剛受過宫刑的人怕風寒，必須住在嚴密、温暖的屋子裏，這樣的屋子像養蠶的房子一樣，所以稱爲蠶室。重（zhòng）：深深地。

僕之先非有剖符丹書之功，文史星曆，近乎卜祝之間，固主上所戲弄，倡優畜之，流俗之所輕也[1]。假令僕伏法受誅，若九牛亡一毛，與螻蟻何以異？而世又不與能死節者比，特以爲智窮罪極，不能自免，卒就死耳。何也？素所自樹立使然也。人固有一死，或重於泰山，或輕於鴻毛，用之所趨異也[2]。太上不辱先，其次不辱身，其次不辱理色，其次不辱辭令，其次詘體受辱，其次易服受辱，其次關木索、被箠楚受辱，其次剔毛髮、嬰金鐵受辱，其次毁肌膚、斷肢體受辱，最下腐刑極矣[3]！傳曰：“刑不上大夫[4]。”此言士節不可不勉勵也。猛虎在深山，百獸震恐，及在檻穽之中，摇尾而求食，積威約之漸也[5]。故士有畫地爲牢，勢不可入，削木爲吏，議不可對，定計於鮮也。今交手足，受木索，暴肌膚，受榜箠，幽於圜牆之中[6]。當此之時，見獄吏則頭槍地，視徒隸則心惕息[7]。何者？積威約之勢也。及以至是，言不辱者，所謂强顔耳，曷足貴乎？

且西伯，伯也，拘於羑里[8]；李斯，相也，具於五刑[9]；淮陰，王也，受械于陳[10]；彭越、張敖，南面稱孤，繫獄抵罪[11]；絳侯誅諸呂，權傾五伯，囚于請室[12]；魏其，大將也，衣赭衣，關三木[13]；季布爲朱家鉗奴[14]；灌夫受辱於居室[15]。此人皆身至王侯將相，聲聞鄰國，及罪至罔加，不能引決自裁，在塵埃之中[16]。古今一體，安在其不辱也？由此言之，勇怯，勢也；强弱，形也。審矣！何足怪乎？夫人不能早自裁繩墨之外，以稍陵遲，至於鞭箠之間，乃欲引節，斯不亦遠乎[17]！古人所以重施刑于大夫者，殆爲此也[18]。夫人情莫不貪生惡死，念父母，顧妻子。至激于義理者不然，乃有所不得已也。今僕不幸，早失父母，無兄弟之親，獨身孤立，少卿視僕於妻子何如哉？且勇者不必死節，怯夫慕義，何處不勉焉？僕雖怯懦，欲苟活，亦頗識去就之分矣，何至自沈溺縲紲之辱哉[19]！且夫臧獲婢妾，猶能引決，况僕之不得已乎[20]？所以隱忍苟活，幽於糞土之中而不辭者，恨私心有所不盡，鄙陋没世，而文采不表於後也。

【注釋】

[1] 剖符：剖分開的信符。古代符分作兩塊，君臣各執其一，作爲憑證，以示信守。丹書：又稱丹書鐵券，在鐵券上用朱砂寫上誓詞，作爲後世子孫免罪的憑證。剖符、丹書都是朝廷發給有功之臣的。文史星曆：都是太史令掌管的事務。星，天文。曆，曆法。卜：這裏指負責占卜的官。祝：這裏指祭祀時負責祭禮的人。倡優：名詞性結構作狀語，像倡優一樣。古代的倡優都被視爲下等人。倡，樂人。優，戲人。畜：後寫作“蓄”，養。

[2] 或：無定代詞，有的人。

[3] 理色：泛指臉面。詘體：指被綁縛。詘，通“屈”。易服：换上（罪犯的）衣服。關：戴上。木索：刑具，木枷和繩索。箠楚：指用來打犯人的棍棒。箠，杖。楚，荆條。剔毛髮：即髡（kūn）刑，剃去頭髮。剔，通“剃”。嬰金鐵：即鉗（qián）刑，脖子上套著鐵圈。嬰，纏繞。腐刑：即宫刑。

[4] 語見《禮記·曲記上》。

[5] 檻：囚獸的籠子。穽：爲捕捉野獸而挖的陷坑。約：約束，束縛。漸：浸漬，這裏是逐步形成的意思。

[6] 圜（huán）牆：牢獄。

[7] 槍：通“搶”，觸。心惕息：膽戰心驚。

[8] 西伯：即周文王姬昌。他曾被殷紂王囚禁在一個叫羑（yǒu）里的地方。

伯，方伯，一方諸侯之長。周文王曾爲西方諸侯之長。

［9］具於五刑：指先後受五種刑罰，即黥（qíng）劓（yì）（在臉上刺字，割鼻子）、刖（yuè，斬左右趾）、笞殺（打死）、梟首（斬首）、菹（zū，剁成肉醬）。具，具備。

［10］淮陰：指漢高祖劉邦的大將淮陰侯韓信。械（xiè）：拘束手足的手銬腳鐐一類的刑具。

［11］彭越：劉邦的功臣，最初跟隨項羽，後降劉邦，屢立戰功，被封爲梁王。後因被人告發謀反，被夷三族。張敖：劉邦的功臣張耳之子，張耳死後，他繼嗣爲趙王，因被告發謀反而入獄。

［12］絳侯：劉邦的功臣周勃。諸呂：劉邦之妻呂后的親族。請室：官署名，皇帝外出時請室令在前清道。請室有特設的監獄。周勃曾因有人誣告謀反，被囚於請室。

［13］魏其：漢景帝時的大將軍魏其侯竇嬰。衣（yì）：動詞，穿。赭衣：囚犯所穿的赭色衣服。三木：在頸、手、足三處所加的刑具。

［14］季布：項羽的將領，數窘劉邦。項羽失敗後，劉邦用重金購求季布，季布便髡鉗爲奴，賣身於當時魯國的大俠朱家爲奴以避禍。後得赦免，官至河東太守。

［15］灌夫：漢景帝時爲中郎將，漢武帝時爲太僕，使酒罵座，得罪丞相田蚡，被囚居室。居室：官署名。

［16］罔：通“網”，羅網。

［17］繩墨：指法律。斯：代詞，這。

［18］重：不輕易。殆：大概。

［19］去就：捨生就義。縲紲（léi xiè）：捆縛囚犯的繩索。

［20］臧獲：古時對奴婢的賤稱。

古者富貴而名摩滅，不可勝記，唯倜儻非常之人稱焉[1]。蓋文王拘而演《周易》[2]；仲尼厄而作《春秋》[3]；屈原放逐，乃賦《離騷》；左丘失明，厥有《國語》[4]；孫子臏腳，兵法脩列[5]；不韋遷蜀，世傳《呂覽》[6]；韓非囚秦，《説難》《孤憤》[7]；《詩》三百篇，大底聖賢發憤之所爲作也[8]。此人皆意有所鬱結，不得通其道，故述往事，思來者[9]。乃如左丘無目，孫子斷足，終不可用，退而論書策，以舒其憤，思垂空文以自見[10]。僕竊不遜，近自託於無能之辭，網羅天下放失舊聞，略考其行事，綜其終始，稽其成敗興壞之紀[11]，上計軒轅，下至於兹，爲十表，本紀十二，書八章，世家三十，列傳七十，凡百三十篇。亦欲以究天人之際，通古今之變，成一家之言。草創未就，會遭此禍，惜其不成，是以就極刑而無愠色。僕誠以著此書，藏之名山，傳之其人，通邑大都，則僕償前辱之責，雖萬被戮，豈有悔哉[12]？然此可爲智者道，難爲俗人言也。

【注釋】

[1] 摩：通“磨”。倜儻：卓越、突出。稱：稱頌，爲人所知。

[2] 演：推演。相傳周文王被拘羑里時，將《易》的八卦推演爲六十四卦。

[3] 厄：困厄。孔子周遊列國，受到圍攻、絶糧等困厄。

[4] 左丘：即左丘明，相傳《國語》是他所作，此事未有定論。《國語》，西周末至春秋時期周、魯、齊、晉、鄭、楚、吴、越八國的國别史。厥：句首語氣詞。

[5] 孫子：指孫臏，戰國時著名軍事家，他的同學龐涓嫉妒他的才能，把他騙到魏國遭受臏刑。臏：挖去膝蓋骨。

[6] 不韋：秦始皇的相國吕不韋。秦始皇十年，吕不韋因罪免職，後來又奉命遷蜀，在途中自殺。《吕覽》：吕不韋爲丞相時，命他的門客著書，書名爲《吕氏春秋》，又稱《吕覽》，作於吕不韋遷蜀之前。

[7] 韓非：韓國的公子，戰國時法家的代表人物，後到秦國，爲李斯所陷害，下獄而死。《説難》《孤憤》：都是《韓非子》中的篇名，作於韓非到秦國去之前。

[8]《詩》：《詩經》，在漢前只稱爲《詩》，或《詩三百》，漢代把《詩》奉爲經典，才稱爲《詩經》。大底：大抵。

[9] 思來者：指想讓將來的人知道自己的志向。

[10] 乃如：至於。垂：流傳。空文：相對於實際的功業而言。

[11] 稽：考察。紀：綱紀，這裏指道理、規律。

[12] 其人：李善認爲“其人，謂與己同志者”。責：後寫作“債”。

且負下未易居，下流多謗議[1]。僕以口語遇遭此禍，重爲鄉黨所笑，以污辱先人，亦何面目復上父母之丘墓乎？雖累百世，垢彌甚耳！是以腸一日而九回，居則忽忽若有所亡，出則不知其所往[2]。每念斯恥，汗未嘗不發背沾衣也！身直爲閨閤之臣，寧得自引深藏於巖穴邪[3]？故且從俗浮沉，與時俯仰，以通其狂惑[4]。今少卿乃教以推賢進士，無乃與私心剌謬乎[5]？今雖欲自雕琢，曼辭以自飾，無益，於俗不信，適足取辱耳。要之，死日然後是非乃定。書不能悉意，略陳固陋。謹再拜。

【注釋】

[1] 負：負罪之下。下流：水的下游，這裏比喻卑下的受污辱的處境。

[2] 忽忽：即神情恍惚之意。

[3] 自引：自己引身而退。深藏於巖穴：即隱居。

[4] 通：抒發。狂惑：指內心的悲憤和矛盾。

[5] 剌（là）謬：違背，不合。

霍光傳（《漢書》）

【介紹】《漢書》為班固所撰。班固（32—92），字孟堅，東漢扶風安陵（今陝西省咸陽東）人。出身於漢代勛貴家族，自幼受到良好的家庭教育，博覽羣書，九流百家之言，無不窮究。在其父所著《太史公後傳》的基礎上，潛精積思二十餘年，修成我國第一部斷代史《漢書》班固死後，其妹班昭續修定稿。

《漢書》，又名《前漢書》，是中國第一部紀傳體斷代史。沿用《史記》的體例而略有變更，改“書”爲“志”，改“列傳”爲“傳”，改“本紀”爲“紀”，無“世家”。全書共百篇，包括十二帝紀、八表、十志、七十傳，記載了上自漢高祖六年，下至王莽地皇四年，共二百三十年歷史。

《漢書》在文學上產生了深遠影響。它的文字典雅富麗、規範整飭。在敘事上有條不紊、要言不煩；在人物描寫上既能畫龍點睛地揭示人物本質，又能濃墨重彩地塑造豐滿的人物形象。《漢書》的語言莊嚴工整，多用排偶，遣辭造句典雅遠奥，與《史記》平暢的口語化文字形成鮮明對照。

《史記》首創的紀傳體是中國歷史學成熟的標誌。《漢書》繼《史記》而起，對《史記》體例上的粗疏之處作了技術性改進，對紀、表、志、傳諸部分都作了改造、補充，在記述形式與内容的統一方面爲後世樹立了榜樣。

《漢書》中蘊藏着豐富的歷史智慧，爲歷代統治者提供了切實可行的治國方略。《漢書》具有珍貴的史料價值，爲歷代學者所“共行鑽仰”（司馬貞《史記索隱後序》）。《漢書》中史料搜羅廣泛，史實考訂認真，歷史記載翔實可信。至今仍是研究西漢歷史最可靠的第一手材料，成爲傳統史學的範本，在古代史學中享有尊崇的地位。

【説明】本篇節選自《漢書・霍光金日磾傳》。該文通過三件事（輔佐昭帝、廢昌邑王、立宣帝）刻畫了霍光的形象。傳記把他放入這些矛盾衝突之中，經過複雜而又尖鋭的鬬爭，成功地表現了霍光“沈静詳審”的性格特徵。作者極力稱讚霍光對漢王朝的忠誠，但也暗示了他黨親連體、盤踞朝廷最終覆滅的結局。

霍光字子孟，票騎將軍去病弟也[1]。父中孺，河東平陽人也，以縣吏給事平陽侯家，與侍者衛少兒私通而生去病[2]。中孺吏畢歸家，娶婦生光，因絶不相聞。久之，少兒女弟子夫得幸於武帝，立爲皇后，去病以皇后姊子貴幸[3]。既壯大，乃自知父爲霍中孺，未及求問。會爲票騎將軍，擊匈奴，道出河東，河東太守郊迎，負弩矢先驅，至平陽傳舍，遣吏迎霍中孺[4]。中孺趨入拜謁，將軍迎拜，因跪曰："去病不早自知爲大人遺體也。[5]"中孺扶服叩頭[6]，曰："老臣得托命將軍，此天力也。"去病大爲中孺買田宅奴婢而去。還，復過焉，乃將光西至長安，時年十餘歲，任光爲郎，稍遷諸曹侍中[7]。去病死後，光爲奉車都尉、光祿大夫，出則奉車，入侍左右，出入禁闥二十餘年，小心謹慎，未嘗有過，甚見親信[8]。

【注釋】

[1] 票騎將軍：官名，主兵權，地位僅次於丞相。爲霍去病而始置。去病：即霍去病，西漢名將，曾六次出擊匈奴，立了很多戰功，拜票騎將軍，封冠軍侯。票騎：又寫作"驃騎"。

[2] 中孺："中"通"仲"。河東：郡名，今山西省境内黄河以東。平陽：縣名，故城在今山西省臨汾境内。給事：供事，侍候奔走。平陽侯：名叫曹壽，是曹參的後人。

[3] 子夫：衛子夫（？—前91），原本是平陽公主家的歌女，侍宴時被漢武帝看中，入宫，生戾太子，立爲皇后。弟衛青官至大司馬大將軍。後因戾太子事爲武帝所廢，自殺。

[4] 傳舍：古代的旅舍。

[5] 遺體：意思是子女是父母留在世上的身體。

[6] 扶服（púfú）：同"匍匐"，伏地而行。

[7] 將：攜、領。任：保舉。據漢制，俸禄在二千石以上、做滿三年的官吏，能夠保舉弟或子弟一人爲郎。郎：指帝王侍從官，帝王出則衛護陪從，入則備顧問或差遣。諸曹侍中：官名，多侍從皇帝左右，出入宫廷。

[8] 奉車都尉：官名，掌管皇帝的車駕，皇帝出行時，伴隨皇帝左右。光祿大夫：官名，是皇帝的顧問。

征和二年，衛太子爲江充所敗，而燕王旦、廣陵王胥皆多過失[1]。是時上年老，寵姬鉤弋趙倢伃有男，上心欲以爲嗣[2]，命大臣輔之。察羣臣唯光任大重，可屬社稷[3]。上乃使黄門畫者畫周公負成王朝諸侯以賜光[4]。後元二年春，上游五柞宫，病篤[5]。光涕泣問曰："如有不諱，誰當嗣者[6]？"上曰："君未諭前畫意邪？立少子，君行周公之事。"光頓首讓曰："臣不如金日磾。"[7]日磾亦曰："臣外國人，不如光。"上以光爲大司馬大將軍，日磾爲車騎將軍，及太僕上官桀爲左將軍，搜粟都尉桑弘羊爲御史大夫，皆拜臥内牀下，受遺詔輔少主[8]。明日，武帝崩，太子襲尊號，是爲孝昭皇帝。帝年八歲，政事壹決於光。

【注釋】

［1］征和二年：公元前 91 年。征和，是漢武帝的年號。衛太子：名據，衛皇后所生，故稱衛太子。漢武帝末年被江充誣陷，舉兵誅殺江充，兵敗自殺。燕王旦：武帝第三子，因衛太子兵敗後，急謀太子之位，又藏匿亡命，被武帝所嫌惡。廣陵王胥：武帝第四子，不遵法度。

［2］鉤弋（yì）：漢宫名，時趙婕妤所居。趙倢伃（yú）：漢昭帝的母親。倢伃：又作“婕妤”，嬪妃的稱號。有男：有了兒子，即漢昭帝劉弗陵。嗣：君位的繼承人。

［3］大：意即大事。重：意指重要的任務。屬：後寫作“囑”，囑托。社稷：本指土神和穀神。借指國家。

［4］黄門：官署名，負責在宫内服務，侍候皇帝的專門機構。周公負成王：指周武王死後，其子成王繼位，因成王年少，由武王之弟周公旦輔政。這裏指以圖畫形式表達周公輔少主政的内容。

［5］後元二年：公元前 87 年。五柞（zuò）宫：漢武帝所造行宫，在今陝西省周至東南，有五棵三人合抱的柞樹，故名。

［6］不諱：不可避諱的事，這裏指死。

［7］金日（mì）磾（dī）：字翁叔，原是匈奴休屠王太子，後被擄入漢朝，封爲秺侯。

［8］大司馬：是冠於將軍之上的加銜，無印綬、官屬。這裏的目的是爲了讓霍光輔佐朝政。車騎：將軍的名號。太僕：掌輿馬的官。上官桀：字少叔，隴西上邽（今甘肅省天水）人。封安陽侯。左將軍：官名，位次於上卿，掌管征伐之事。搜粟都尉：官名，負責催討軍糧。桑弘羊：西漢洛陽（今河南省洛陽東）人，武帝時製訂、推行鹽鐵酒類的官營政策，抑止富商巨賈的勢力。御史大夫：掌監察、執法、文書圖籍。秦漢時與丞相（大司徒）、太尉（大司馬）合稱三公，後改稱大司空。

先是，後元元年，侍中僕射莽何羅與弟重合侯通謀爲逆，時光與金日磾、上官桀等共誅之，功未錄[1]。武帝病，封璽書曰：“帝崩，發書以從事”[2]。遺詔封金日磾爲秺侯，上官桀爲安陽侯，光爲博陸侯[3]。皆以前捕反者功封。時衛尉王莽子男忽侍中[4]，揚語曰：“帝病，忽常在左右，安得遺詔封三子事！羣兒自相貴耳。”光聞之，切讓王莽，莽酖殺忽[5]。

光爲人沈静詳審，長財七尺三寸，白皙，疏眉目，美須髯[6]。

每出入下殿門，止進有常處[7]。郎僕射竊識視之，不失尺寸，其資性端正如此。初輔幼主，政自己出，天下想聞其風采[8]。殿中嘗有怪，一夜羣臣相驚，光召尚符璽郎[9]，郎不肯授光。光欲奪之，郎按劍曰："臣頭可得，璽不可得也！"光甚誼之[10]。明日，詔增此郎秩二等[11]。衆庶莫不多光[12]。

【注釋】

[1] 後元元年：即公元前 88 年。侍中僕射（yè）：官名，侍中的領導者。莽何羅：人名，本名馬何羅，因其是漢明帝皇后的先人，馬后嫌其有謀反之罪，因改其名爲莽何羅。重合：地名，故城在今山東省樂陵西，馬通曾被封在此地。功未錄：功勞没有登記在册，意思是説没有論功行賞。

[2] 璽書：封口處蓋有皇帝璽印的詔書。璽：印，自秦以後專指皇帝的印。

[3] 秺（dù）：地名，故城在今山東省成武西北。安陽：地名，故城在今河南省安陽西南。博陸：地名，故城在今北京市密雲東南。

[4] 衛尉：官名，九卿之一，負責保衛南宫城。王莽：字稚升，天水人，與篡漢建立新朝的王莽同名，但非一人。忽：人名，王莽之子。

[5] 切：深刻地。讓：責備。酖（zhèn）：通"鴆"，指用鴆鳥羽毛泡製的毒酒。

[6] 沈靜：稳重。詳審：仔細而又謹慎。財：通"才"。七尺三寸：一说 1.68 米；一说 1.81 米。鬌：两頰的鬍子。

[7] 常處：固定的地點。

[8] 想：想望、希望。聞：意思是獲知。

[9] 尚符璽郎：官名，負責掌管帝王符節、玉璽。據王先謙説，此句下應補"欲收取璽"四字才能通順。

[10] 誼：通"義"，這裏是意動用法。

[11] 秩：官吏的俸禄，引申爲職位、品級。

[12] 衆庶：百姓。多：這裏用如動詞，是讚頌、讚美的意思。

光與左將軍桀結婚相親，光長女爲桀子安妻，有女年與帝相配，桀因帝姊鄂邑蓋主，内安女后宫爲倢伃，數月立爲皇后[1]。父安爲票騎將軍，封桑樂侯。光時休沐出，桀輒入代光決事[2]。桀父子既尊盛，而德長公主[3]。公主内行不修，近幸河間丁外人[4]。桀、安欲爲外人求封，幸依國家故事以列侯尚公主者，光不許[5]。又爲外人求光禄大夫，欲令得召見，又不許。長主大以是怨光。而桀、安數爲外人求官爵弗能得，亦慚。自先帝時，桀已爲九卿，位在光右[6]。及父子並爲將軍，有椒房中宫之重，皇后親安女，光乃其外祖，而顧專制朝事，繇是與光爭權[7]。

【注釋】

[1] 結婚：這裏指結爲兒女親家，雙方的父母互稱爲婚姻。有女：指上官安之女，即霍光的外孫女。在漢昭帝十一歲時立爲皇后，年方六歲。鄂邑蓋主：武帝長女，昭帝之姐，丈夫姓王，封爲蓋侯，故稱爲蓋主。漢昭帝是她撫養長大的。内：後寫作“納”。

[2] 休沐：休息沐浴，指規定的假日。按漢制，中朝官每五天可以回家休沐一次。輒：就。

[3] 德：恩德，這裏用作動詞。

[4] 内行：意思是私生活。不修：不檢點。丁外人：人名，大概是函谷關以外的人。

[5] 幸：希望。故事：舊例。尚：與公主結婚。

[6] 九卿：秦漢以奉常、郎中令、衛尉、太僕、廷尉、典客、宗正、治粟内史、少府爲九卿。武帝時上官桀曾爲太僕，而霍光只是一個奉車都尉，位在九卿之下。位在光右：意思是上官桀在武帝時地位比霍光高。

[7] 椒房：借指皇后所居之處，因皇后所居之處是用椒和泥塗壁，取其性温，有香，多子的含義。中宫：也指皇后所居之處。親安女：意思是上官安的親生女。繇：通“由”，因此。

燕王旦自以昭帝兄，常懷怨望[1]。及御史大夫桑弘羊建造酒榷鹽鐵，爲國興利，伐其功，欲爲子弟得官，亦怨恨光[2]。於是蓋主、上官桀、安及弘羊皆與燕王旦通謀，詐令人爲燕王上書，言：“光出都肄郎羽林，道上稱蹕，太官先置[3]。又引蘇武前使匈奴，拘留二十年不降，還乃爲典屬國，而大將軍長史敞亡功爲搜粟都尉，又擅調益莫府校尉[4]。光專權自恣，疑有非常。臣旦願歸符璽，入宿衛，察姦臣變[5]。”候司光出沐日奏之[6]。桀欲從中下其事[7]，桑弘羊當與諸大臣共執退光。書奏，帝不肯下。

【注釋】

[1] 望：恨。這句意思是説燕王旦自以爲是昭帝之兄，理應爲帝。

[2] 酒榷鹽鐵：意思是説朝廷對酒業、鹽業、鐵業的專營專賣。伐：自我誇耀的意思。

[3] 都：這裏是匯聚、統領的意思。肄：練習。羽林：指漢代保護皇宫、皇帝的

羽林軍。長官有羽林中郎將和羽林郎。蹕：帝王出行之前的警戒，斷絶行人的來往。這裏是指責霍光有僭越的行爲。太官：官名，掌管皇帝飲食的官員，隸屬少府。

［4］蘇武：西漢杜陵（今陝西省西安東南）人，公元前100年（天漢元年），出使匈奴被扣，堅持十九年不屈。説“二十年”是舉其整數。典屬國：掌管異族投降者的官。長史：漢代丞相、太尉、御史大夫、將軍、邊郡太守的屬官。敞：即楊敞。原本在大將軍幕府爲軍司馬，經霍光累次遷升，最後做到丞相。莫府：即幕府，是軍隊出征時住的帳篷，因此將軍府也叫幕府。校尉：武官名，位略次於將軍。

［5］宿衛：值宿護衛。

［6］司：後寫作“伺”。

［7］下：移交給負責機關去處理。

明旦，光聞之，止畫室中不入[1]。上問：“大將軍安在？”左將軍桀對曰：“以燕王告其罪，故不敢入。”有詔召大將軍。光入，免冠頓首謝，上曰：“將軍冠。朕知是書詐也，將軍亡罪。”光曰：“陛下何以知之？”上曰：“將軍之廣明都郎屬耳[2]。調校尉以來未能十日，燕王何以得知之？且將軍爲非，不須校尉。”是時帝年十四，尚書左右皆驚[3]，而上書者果亡，捕之甚急。桀等懼，白上小事不足遂[4]。上不聽。後桀黨與有譖光者，上輒怒曰：“大將軍忠臣，先帝所屬以輔朕身，敢有毁者坐之！”自是桀等不敢復言，乃謀令長公主置酒請光，伏兵格殺之，因廢帝，迎立燕王爲天子。事發覺，光盡誅桀、安、弘羊、外人宗族。燕王、蓋主皆自殺。光威震海内。昭帝既冠，遂委任光，訖十三年，百姓充實，四夷賓服[5]。

元平元年[6]，昭帝崩，亡嗣。武帝六男獨有廣陵王胥在，羣臣議所立，咸持廣陵王[7]。王本以行失道，先帝所不用。光内不自安。郎有上書言：“周太王廢太伯立王季，文王舍伯邑考立武王，唯在所宜，雖廢長立少，可也[8]。廣陵王不可以承宗廟。”言合光意。光以其書視丞相敞等，擢郎爲九江太守，即日承皇太后詔，遣行大鴻臚事少府樂成、宗正德、光禄大夫吉、中郎將利漢迎昌邑王賀[9]。

【注釋】

［1］畫室：指近臣入朝時暫住的屋子，因墻上有古帝王畫像而得名。

［2］之：動詞，到。廣明：亭名，在長安城東東都門外。

［3］尚書：官名，在皇帝左右掌管文書章奏的官員。

［4］遂：竟，窮究。

［5］賓：服。

［6］元平元年：即公元前74年。

［7］武帝六男：指長子戾太子據、次子齊懷王閎、三子燕剌王旦、四子廣陵王胥、五子昌邑王髆、六子昭帝弗陵。

［8］周太王：即周文王的祖父古公亶父。古公亶父廢棄不從父命的長子太伯而立周文王父王季（季曆）。伯邑考：周文王長子。

［9］視：通“示”，給……看。九江：郡名，今安徽省淮河以南、巢湖以北地區。皇太后：即昭帝的上官皇后。當時年約十五六歲。行：兼職的意思。大鴻臚：官名，武帝時改典客爲大鴻臚，屬九卿之一，掌管與外國的交往。少府：官名，掌握山海池澤的稅利，以供宮廷之用，九卿之一。樂成：人名，姓史。宗正：官名，掌管皇室親屬事務，九卿之一。德：人名，劉德，劉向的父親。吉：人名，丙吉。中郎將：武官名，統領皇帝侍衛。利漢：人名。

賀者，武帝孫，昌邑哀王子也[1]。既至，即位，行淫亂。光憂懣，獨以問所親故吏大司農田延年[2]。延年曰：“將軍爲國柱石，審此人不可，何不建白太后，更選賢而立之？”光曰：“今欲如是，於古嘗有此否？”延年曰：“伊尹相殷，廢太甲以安宗廟，後世稱其忠[3]。將軍若能行此，亦漢之伊尹也。”光乃引延年給事中，陰與車騎將軍張安世圖計，遂召丞相、御史、將軍、列侯、中二千石、大夫、博士會議未央宮[4]。光曰：“昌邑王行昏亂，恐危社稷，如何？”羣臣皆驚鄂失色，莫敢發言，但唯唯而已[5]。田延年前，離席按劍，曰：“先帝屬將軍以幼孤，寄將軍以天下，以將軍忠賢能安劉氏也。今羣下鼎沸，社稷將傾，且漢之傳謚常爲孝者，以長有天下，令宗廟血食也[6]。如令漢家絶祀，將軍雖死，何面目見先帝於地下乎？今日之議，不得旋踵[7]。羣臣後應者，臣請劍斬之。”光謝曰：“九卿責光是也。天下匈匈不安，光當受難。”於是議者皆叩頭，曰：“萬姓之命在於將軍，唯大將軍令[8]。”

【注釋】

［1］昌邑哀王：即漢武帝五子劉髆。

［2］故吏：這裏指舊日的屬下。大司農：官名，武帝時改治粟内史爲大司農，九卿之一，掌管錢穀鹽鐵和國家的財政收支。田延年：字子賓，很受霍光的器重。

［3］伊尹：名摯，成湯用爲相，滅夏桀，是商初重臣。太甲：成湯長孫，即位後恣意妄爲，被伊尹流放於桐宫，之後改過自新，又重新執政。

［4］給事中：加官名，給將軍、列侯、九卿以至黄門郎等的加官，給事於殿中，備顧問應對，討論政事。相當於皇帝的顧問。張安世：字子孺，昭帝時封富平侯。中二千石：漢代九卿的俸禄都是中二千石。博士：官名，隸屬於太常，掌管書籍文典、通曉史事。未央宫：漢高祖七年（前 200）蕭何所造，遺址在今陝西省西安西北漢長安故城内西南隅。

［5］鄂：通“愕”，驚訝。唯唯：恭敬地應答聲。

［6］謚常爲孝：漢代自漢惠帝以下，除漢光武帝外，謚號中都加一個“孝”字。血食：是指殺牲而祭。

［7］旋踵：脚跟向後轉，這裏指後退。

［8］唯大將軍令：是“唯大將軍令是從”的省略。

光即與羣臣俱見白太后，具陳昌邑王不可以承宗廟狀。皇太后乃車駕幸未央承明殿[1]，詔諸禁門毋内昌邑羣臣。王入朝太后還，乘輦欲歸温室[2]，中黄門宦者各持門扇，王入，門閉，昌邑羣臣不得入。王曰：“何爲？”大將軍跪曰：“有皇太后詔，毋内昌邑羣臣。”王曰：“徐之，何乃驚人如是！”光使盡驅出昌邑羣臣，置金馬門外[3]。車騎將軍安世將羽林騎收縛二百餘人，皆送廷尉、詔獄[4]。令故昭帝侍中中臣侍守王。光敕左右：“謹宿衛，卒有物故自裁，令我負天下，有殺主名。”[5]王尚未自知當廢，謂左右：“我故羣臣從官安得罪而大將軍盡繫之乎？”頃之，有太后詔召王。王聞召，意恐，乃曰：“我安得罪而召我哉！”太后被珠襦，盛服坐武帳中，侍御數百人皆持兵，期門武士陛戟，陳列殿下[6]。羣臣以次上殿，召昌邑王伏前聽詔。光與羣臣連名奏王，尚書令讀奏曰：

【注釋】

［1］承明殿：未央宫中殿名，是皇帝召見儒生學士的地方。

［2］温室：即温室殿，在未央宫内，武帝時建，冬天很温暖。

［3］金馬門：未央宫前有銅馬，是漢代臣屬待詔之處，所以未央宫門又叫金馬門。

［4］廷尉：掌管刑獄的官。詔獄：皇家特設的監獄。

［5］敕：告誡。卒：後寫作“猝”，倉促。物故：即死亡。自裁：自殺。

［6］武帳：置有兵器架和五種兵器的帷帳，漢代天子在宫殿中接見臣下時專用。期門：官名，手執兵器護衛皇帝的人。陛：名詞作狀語，在陛階下。戟：用如動詞，

執戟。

丞相臣敞、大司馬大將軍臣光、車騎將軍臣安世、度遼將軍臣明友、前將軍臣增、後將軍臣充國、御史大夫臣誼、宜春侯臣譚、當塗侯臣聖、隨桃侯臣昌樂、杜侯臣屠耆堂、太僕臣延年、太常臣昌、大司農臣延年、宗正臣德、少府臣樂成、廷尉臣光、執金吾臣延壽、大鴻臚臣賢、左馮翊臣廣明、右扶風臣德、長信少府臣嘉、典屬國臣武、京輔都尉臣廣漢、司隸校尉臣辟兵、諸吏文學光禄大夫臣遷、臣畸、臣吉、臣賜、臣管、臣勝、臣梁、臣長幸、臣夏侯勝、太中大夫臣德、臣卬昧死言皇太后陛下[1]：臣敞等頓首死罪。天子所以永保宗廟總壹海内者，以慈孝、禮誼、賞罰爲本。孝昭皇帝早棄天下，亡嗣，臣敞等議，禮曰：‘爲人後者爲之子也。’昌邑王宜嗣後，遣宗正、大鴻臚、光禄大夫奉節使徵昌邑王典喪[2]。服斬縗，亡悲哀之心[3]。廢禮誼，居道上不素食，使從官略女子載衣車，内所居傳舍。始至謁見，立爲皇太子，常私買雞豚以食。受皇帝信璽、行璽大行前，就次發璽不封[4]。從官更持節，引内昌邑從官騶宰官奴二百餘人，常與居禁闥内敖戲[5]。自之符璽取節十六，朝暮臨，令從官更持節從[6]。爲書曰：‘皇帝問侍中君卿：使中御府令高昌奉黄金千斤，賜君卿取十妻[7]。’大行在前殿，發樂府樂器，引内昌邑樂人，擊鼓歌吹作俳倡。會下還，上前殿，擊鐘磬，召内泰壹宗廟樂人輦道牟首，鼓吹歌舞，悉奏衆樂[8]。發長安廚三太牢具祠閣室中，祀已，與從官飲啗[9]。駕法駕，皮軒鸞旗，驅馳北宫、桂宫，弄彘鬬虎[10]。召皇太后御小馬車，使官奴騎乘，游戲掖庭中[11]。與孝昭皇帝宫人蒙等淫亂，詔掖庭令敢泄言要斬[12]。

太后曰：“止！爲人臣子當悖亂如是邪！”王離席伏。

【注釋】

[1] 明友：范明友，霍光的女婿，因擊氐及烏桓有功，拜爲度遼將軍。增：韓增，昭帝時拜爲前將軍（位居上卿，主管征伐）。充國：趙充國，因破匈奴有功，拜爲後將軍。誼：蔡誼。譚：王譚，襲父爵。聖：魏聖，襲父爵。昌樂：趙昌樂，襲父爵。屠耆堂：本是胡人，後降漢而有軍功。延年：杜延年，因揭發上官桀的謀反有功，封建平侯。昌：蘇昌，是太常（主管宗廟禮儀）。延年：田延年。德：劉德。樂

成：史樂成。光：李光。延壽：李延壽時任執金吾（負責京師治安）。賢：韋賢，精通《詩》《禮》《尚書》。廣明：田廣明，是左馮翊（與京兆尹、右扶風共同治理長安城）。德：周德。嘉：不知其姓，是長信少府（掌管皇太后宫）。武：蘇武。廣漢：趙廣漢。辟兵：不知其姓，是司隸校尉（負責巡察京師及近郊，既察舉百官又監督犯法者）。遷：王遷。畸：安畸。吉：丙吉。賜、管、勝、梁、長幸，皆不知其姓。夏侯勝：字長公，以精通《尚書》而聞名於世。德：不知其姓。卬：趙充國之子。

[2] 典喪：主持喪事，即作爲喪主。

[3] 斬縗（cuī）：喪服之一，是用最粗的生麻布做成的上衣，衣的下邊不用綫縫，是喪服中最重的。亡：通"無"。

[4] 信璽、行璽：皇帝三璽之二，存放在符節臺（掌管符節印璽的官府），天子之璽由皇帝自帶。大行：指昭帝的靈柩。

[5] 更：輪流更替。騶宰：管理馬廄的人。

[6] 臨：哭奠死者，這裏指昌邑王到昭帝靈前去哭。

[7] 問：問候。卿：人名，是昌邑王府中的侍中。御府令：官名，掌管皇家衣服珍寶財物，隸屬於少府。如是宦官做此官，則稱作中御府令。高昌：人名。

[8] 下：指昭帝的靈柩下葬。泰壹：神名，亦作"太一"。牟首：池名，在上林苑中。這句話是説召集原來祭祀泰壹、宗廟的樂工在輦道或牟首中鼓吹歌舞。

[9] 長安厨：官府名。太牢：牛羊豕三牲。啗：同"啖"，吃。

[10] 法駕：皇帝所乘的車輛。皮軒：用虎皮作帳的車。鸞旗：繪有鸞鳳的旗。據漢制，這些東西只有在祭天和郊祀社稷時才能使用。北宫、桂宫：都是漢代的宫名，在未央宫以北。

[11] 掖庭：宫殿中的旁舍，這裏指後宫。

[12] 蒙：宫人的名字。要：後來寫作"腰"。

尚書令復讀曰："取諸侯王列侯二千石綬及墨綬黄綬以并佩昌邑郎官者免奴[1]。變易節上黄旄以赤。發御府金錢刀劍玉器采繒，賞賜所與游戲者。與從官官奴夜飲，湛沔於酒[2]。詔太官上乘輿食如故[3]。食監奏未釋服未可御故食，復詔太官趣具，無關食監[4]。太官不敢具，即使從官出買雞豚，詔殿門内，以爲常。獨夜設九賓温室，延見姊夫昌邑關内侯。祖宗廟祠未舉，爲璽書使使者持節，以三太牢祠昌邑哀王園廟，稱嗣子皇帝[5]。受璽以來二十七日，使者旁午，持節詔諸官署徵發，凡千一百二十七事[6]。文學光禄大夫夏侯勝等及侍中傅嘉數進諫以過失，使人簿責勝，縛嘉繫獄。荒淫迷惑，失帝王禮儀，亂漢制度。臣敞等數進諫，不變更，日以益甚，恐危社稷，天下不安。

“臣敞等謹與博士臣霸、臣雋舍、臣德、臣虞舍、臣射、臣倉議，[7]皆曰：高皇帝建功業爲漢太祖，孝文皇帝慈仁節儉爲太宗，今陛下嗣孝昭皇帝後，行淫辟不軌。《詩》云：‘籍曰未知，亦既抱子[8]。’五辟之屬，莫大不孝[9]。周襄王不能事母，《春秋》曰：‘天王出居於鄭[10]。’繇不孝出之，絶之於天下也。宗廟重於君，陛下未見命高廟，不可以承天序，奉祖宗廟，子萬姓，當廢。臣請有司御史大夫臣誼、宗正臣德、太常臣昌與太祝以一太牢具[11]，告祠高廟。臣敞等昧死以聞。”

【注釋】

[1] 諸侯王：據漢制，皇子封爲王，總稱爲諸侯王，佩金印綠綬，列侯金印紫綬，二千石銀印青綬，秩比六百石以上銅印墨綬，比二百石以上銅印黄綬。免奴：被赦免爲良人的奴隸。

[2] 湛沔：亦作“湛湎”，沉湎，沉迷。

[3] 乘輿：這裏代指皇帝。

[4] 食監：監管皇帝飲食的部門。趣：通“促”，趕快。關：通過、經過。

[5] 舉：舉行。按漢制，新君即位，須在安葬故君三十六日以後才能祭祀祖先的宗廟，昌邑王即位僅十多天，還没有舉行過祭祀宗廟的儀式。昌邑哀王園廟，是指昌邑哀王的陵廟。這裏是説昌邑王不該既做昭帝的嗣子，又對昌邑哀王稱“嗣子皇帝”，這是違反禮法的。

[6] 旁午：一縱一横爲旁午，意思是説縱横交錯。徵發：指徵發的物資。

[7] 霸：孔霸。德：劉德。射：不知其姓。倉：后倉。

[8] 引詩出自《詩經·大雅·抑》，意思是説：即使你無知無識，但已經抱着孩子了，即年紀已經不小了。

[9] 五辟：五刑。

[10] 引文見於《春秋·僖公二十四年》，意思是：爲什麽孔子要寫作“出”呢，是因爲孔子認爲襄王的出奔是因其不孝的緣故。

[11] 太祝：官名，掌管祭祀宗廟，隸屬太常。

皇太后詔曰：“可。”光令王拜受詔，王曰：“聞天子有爭臣七人，雖無道不失天下[1]。”光曰：“皇太后詔廢，安得天子！”乃即持其手，解脱其璽組，奉上太后，扶王下殿，出金馬門，羣臣隨送。王西面拜，曰：“愚戇不任漢事[2]。”起就乘輿副車。大將軍光送至昌邑邸，光謝曰：“王行自絶於天，臣等駑怯[3]，不能殺身報德。臣寧負王，不敢負社稷。願王自愛，臣長不復見左右。”光涕泣而去。羣臣奏言：“古者廢放之人屏於遠方，不及以政，請徙王賀漢中房陵縣[4]。”太后詔歸賀昌邑，賜湯沐邑二千户[5]。昌邑羣臣坐無輔導之誼，陷王於惡，光悉誅殺二百餘人。出死，號呼市中曰：“當斷不斷，反受其亂。”

光坐庭中，會丞相以下議定所立[6]。廣陵王已前不用，及燕刺王反誅，其子不在議中。近親唯有衛太子孫號皇曾孫在民間，咸稱述焉[7]。光遂復與丞相敞等上奏曰：“《禮》曰：‘人道親親故尊祖，尊祖故敬宗[8]。’大宗亡嗣，擇支子孫賢者爲嗣。孝武皇帝曾孫病已，武帝時有詔掖庭養視，至今年十八，師受《詩》《論語》《孝經》，躬行節儉，慈仁愛人，可以嗣孝昭皇帝後，奉承祖宗廟，子萬姓。臣昧死以聞。”皇太后詔曰：“可。”光遣宗正劉德至曾孫家尚冠里，洗沐賜御衣[9]。太僕以軨獵車迎曾孫就齋宗正府，入未央宫見皇太后，封爲陽武侯[10]。已而光奉上皇帝璽綬，謁於高廟，是爲孝宣皇帝。

【注釋】

［1］天子有爭臣七人，雖無道不失天下：語出《孝經·諫諍章》，意思是責備霍光早些時候不曾勸諫。爭：通“諍”，諫。

［2］西面拜：昌邑在今山東省巨野西南，長安在其西，即遙拜長安宗廟。戇（zhuàng）：愚。

［3］駑：劣馬，這裏是説無能。

［4］屏：棄。不及以政：即“不以政及”，是説不得參與政事。房陵縣：在今湖北省房縣。

［5］湯沐邑：古代帝王賜給諸侯或皇室成員收取賦税的私邑。

［6］庭：這裏指掖庭。

［7］皇曾孫：這裏指漢武帝曾孫，名病已，即位後改名劉詢。

［8］人道親親故尊祖，尊祖故敬宗：語出《禮記·大傳》。意謂因為親愛雙親，因此也就尊崇祖先了；尊崇祖先，自然也就尊敬宗族了。

［9］尚冠里：地名，在長安城南。御衣：即御府衣，宫内府庫中的衣服。

［10］軨（líng）獵車：一種輕便的小車，供出獵時使用。齋：齋戒。陽武：地名，故城在今河南省陽武東南。按照禮制，不能立一個庶人爲帝，所以先封他爲陽武侯。

明年，下詔曰：“夫襃有德，賞元功，古今通誼也。大司馬大將軍光宿衛忠正，宣德明恩，守節秉誼，以安宗廟。其以河北、東武陽益封光萬七千户[1]。”與故所食凡二萬户。賞賜前後黄金七千斤，錢六千萬，雜繒三萬匹，奴婢百七十人，馬二千匹，甲第一區[2]。

自昭帝時，光子禹及兄孫雲皆中郎將，雲弟山奉車都尉侍中，領胡越兵[3]。光兩女婿爲東西宫衛尉，昆弟、諸婿、外孫皆奉朝請，爲諸曹大夫，騎都尉、給事中[4]。黨親連體，根據於朝廷[5]。光自後元秉持萬機[6]，及上即位，乃歸政。上謙讓不受，諸事皆先關白光，然後奏御天子[7]。光每朝見，上虚己斂容，禮下之已甚。

光秉政前後二十年。地節二年春病篤[8]，車駕自臨問光病，上爲之涕泣。光上書謝恩曰：“願分國邑三千户，以封兄孫奉車都尉山爲列侯，奉兄票騎將軍去病祀。”事下丞相御史，即日拜光子禹爲右將軍。

光薨，上及皇太后親臨光喪。太中大夫任宣與侍御史五人持節護喪事[9]。中二千石治莫府冢上[10]。賜金錢、繒絮、繡被百領，衣五十篋，璧珠璣玉衣，梓宫、便房、黄腸題湊各一具，樅木外臧椁十五具[11]。東園温明，皆如乘輿制度。載光尸柩以轀輬車，黄屋左纛，發材官輕車北軍五校士軍陳至茂陵，以送其葬[12]。謚曰宣成侯。發三河卒穿復土，起冢祠堂。置園邑三百家，長丞奉守如舊法[13]。

【注釋】

［1］河北：古縣名，故城在今山西省芮城西。《水經注·河水》：“在河之北，故曰河北縣也。”東武陽：古縣名，故城在今山東省莘縣朝城鎮西。

［2］甲第：最好的府第。一區：一處。

［3］胡越兵：指少數民族歸附後的軍隊。

［4］衛尉：掌管宫門警衛的官，九卿之一。昆弟：兄弟輩的人。奉朝請：定期朝見皇帝。古以春季朝見爲“朝”，秋季朝見爲“請”。騎都尉：官名，統領羽林軍騎兵。

［5］黨親：族黨親戚。

［6］後元：指武帝死、昭帝立的後元二年，即公元前 87 年。

［7］關白：禀告、請示。

［8］地節二年：即公元前 68 年。地節：漢宣帝年號。

［9］侍御史：官名，隸屬於御史大夫。

［10］治莫府：莫府，通“幕府”。設立臨時辦公機關。

［11］梓宫：用梓木做成的棺材。便房：用楩木做成的椁（外棺）。黄腸題湊：用黄心的柏木累疊在棺外，柏木的頭嚮内，所以稱黄腸題湊。

［12］東園：官府名，負責製作供喪葬用的器物，隸屬少府。温明：代指温明密器，形狀像方桶，把鏡子放在裏面，倒懸在屍體上，大殮時放入棺内。輼輬車：四周密封的車，旁有小窗，打開就很涼爽，關上就很温暖，因而得名，本來是供人休息的車，後因用來載喪，就變成了喪車。黄屋：用黄繒做裏子的車蓋。左纛：在車轅左方插上飾有羽毛的大旗。按制度黄屋左纛是皇帝乘輿的規制。材官：高級武官手下的武弁。輕車：漢代的兵種之一，多爲衝鋒陷陣的勇士。北軍：漢代禁衛軍之一，共五營。五校：即五營。這些士兵參與出殯，也用的是皇帝喪葬的制度。茂陵：漢武帝的墓地，霍光墓在其東。

［13］三河：指河内郡（今河南省黄河以北地區）、河東郡、河南郡（今河南省黄河以南地區）。卒：指服勞役的隸卒。穿：指穿壙，即挖掘墓穴。起冢：堆起墳頭。園邑：看守陵園的一個邑。長丞：守護陵園的官吏。

班超傳（節錄）（《後漢書》）

【介紹】范曄（398—445），字蔚宗，南朝宋順陽（今河南省淅川東南）人，歷任尚書吏部郎、宣城太守、左衛將軍、太子詹事等職。因受統治集團内部鬥爭牽連而被殺。其所著《後漢書》主要依據東漢官修的《東觀漢記》，兼採魏晉時謝承（吴）的《後漢書》、薛瑩（晉）的《後漢紀》、司馬彪（晉）的《續漢書》等七八種史書材料。後因被殺，“志”未能完成。宋仁宗乾興（1022—1031）初年，孫奭將司馬彪《續漢書》中的“志”抽出補入曄書。

《後漢書》包括本紀十卷、列傳八十卷、志三十卷，是繼《漢書》後記載自東漢光武帝劉秀至獻帝劉協近二百年史事的重要史書。史料翔實豐富，文筆流暢生動，其獨創《列女傳》《文苑列傳》《逸民傳》《黨錮傳》等類别，爲後世紀傳體史書所沿用，所以具有很高的史學價值和文學價值。

《後漢書》紀傳部分有唐李賢等注，“志”有南朝梁劉昭注。清代王先謙的《後漢書集解》也是重要注本。

【説明】本篇節選自《後漢書·班梁列傳》。《班梁列傳》是班超和梁慎的合傳，其中班超傳部分生動記叙了他在西域三十多年的政治經營活動，通過大量事例表現了他的遠大抱負、過人膽識和傑出的外交、軍事才能。原文較長，這裹只節選了班超初出西域和平定于窴（闐）、疏勒的史事。他自始至終致力於爭取多數勢力，分化、瓦解和驅逐少數匈奴勢力，不僅維護了國家的安全，而且加强了與西域各族的聯繫，爲我國多民族國家的形成、鞏固和發展，作出了卓越貢獻。

班超，字仲升，扶風平陵人，徐令彪之少子也[1]。爲人有大志，不修細節，然内孝謹，居家常執勤苦，不恥勞辱[2]。有口辯，而涉獵書傳[3]。永平五年，兄固被召詣校書郎，超與母隨至洛陽[4]。家貧，常爲官傭書以供養，久勞苦[5]。嘗輟業投筆歎曰：“大丈夫無它志略，猶當效傅介子、張騫，立功異域，以取封侯，安能久事筆研閒乎[6]？”左右皆笑之。超曰：“小子安知壯士志哉？”其後行詣相者，曰：“祭酒，布衣諸生耳，而當封侯萬里之外[7]。”超問其狀。相者指曰：“生燕頷虎頸，飛而食肉，此萬里侯相也[8]。”久之，顯宗問固：“卿弟安在[9]？”固對：“爲官寫書，受直以養老母[10]。”帝乃除超爲蘭臺令史[11]。後坐事免官[12]。

【注釋】

［1］扶風：郡名。漢時爲右扶風，三國魏改名扶風。郡治在今陝西省興平。平陵：縣名，故城在今陝西省咸陽西北。徐令彪：徐縣縣令班彪。徐縣在當時屬臨淮郡，在今安徽省泗縣南。彪：班彪，班固和班超的父親，史學家。

［2］孝謹：對父母孝敬，待人恭謹。居家常執勤苦：平時在家裏常堅持辛勤勞苦過生活。不恥勞辱：不以活計又髒又累爲恥。恥：意動用法。辱：污，指活兒髒。

［3］口辯：口才。書傳：經典及傳述性著作。

［4］永平五年：公元62年。永平：東漢明帝劉莊的年號（58—75）。固：班固。詣：往……去。校書郎：官名，負責點校藏書。洛陽：東漢都城。在今河南省洛陽。

［5］爲官傭書：受官府雇用鈔寫東西。

［6］輟業：停止做事。傅介子：漢義渠人，年幼好學，昭帝時奉命出使西域，因樓蘭幫助匈奴反對漢朝，殺樓蘭王而還，被封爲義陽侯。張騫：西漢漢中人，曾應募出使月氏，經匈奴時被留居十餘年，逃歸後拜大中大夫，隨大將軍衛青擊匈奴，封博望侯。久事筆研閒：指長久從事抄寫工作。研，後寫作“硯”，硯台。閒，同“間”，之間。

［7］行詣相者：走到看相算命的人那裏去。祭酒：原是官名，在這裏是對班超的尊稱，猶言先生。古代酹酒祭神，每由坐中尊長率先舉酒以祭，後遂稱位尊或年長者爲祭酒。布衣：本是平民穿的麻布衣服，用作平民代稱。諸生：衆書生，一般讀書人。

［8］燕頷虎頸：指像燕子的下巴，像老虎的脖子。飛而食肉：遠飛像燕而吃肉像虎。

［9］久之：過了很長時間。之，無義，起補足音節作用。顯宗：是東漢明帝的廟號，這裏指東漢明帝。漢代皇帝有在謚號外另加廟號的，如明帝全稱是“顯宗孝明皇帝”，其中“顯宗”是廟號，“孝明皇帝”是謚號。

［10］受直：接受傭金。直，報酬、工錢，這個意義後寫作“值”。

［11］除：任命。蘭臺：皇室收藏珍秘圖書的地方。令史：官名，掌管宫廷書奏的官。

［12］坐事：因某事而犯罪。

十六年，奉車都尉竇固出擊匈奴，以超爲假司馬，將兵别擊伊吾[1]。戰於蒲類海，多斬首虜而還[2]。固以爲能，遣與從事郭恂俱使西域[3]。超到鄯善，鄯善王廣奉超禮敬甚備，後忽更疏懈[4]。超謂其官屬曰：“寧覺廣禮意薄乎[5]？此必有北虜使來，狐疑未知所從故也[6]。明者覩未萌，況已著耶[7]？”乃召侍胡，詐之曰：“匈奴使來數日，今安在乎？”侍胡惶恐，具服其狀[8]。超乃閉侍胡，悉會其吏士三十六人，與共飲[9]。酒酣，因激怒之曰：“卿曹與我俱在絶域，欲立大功以求富貴[10]。今虜使到裁數日，而王廣禮敬即廢[11]；如令鄯善收吾屬送匈奴，骸骨長爲豺狼食矣[12]。爲之奈何?”官屬皆曰:“今在危亡之地，死生從司馬。”超曰:“不入虎穴，不得虎子。當今之計，獨有因夜以火攻虜，使彼不知我多少，必大震怖，可殄盡也[13]。滅此虜，則鄯善破膽，功成事立矣。”衆曰:“當與從事議之。”超怒曰:“吉凶決於今日。從事文俗吏，聞此必恐而謀泄[14]。死無所名，非壯士也[15]。”衆曰:“善!”初夜，遂將吏士往奔虜營。會天大風，超令十人持鼓藏虜舍後。約曰:“見火然，皆當鳴鼓大呼[16]。”餘人悉持兵弩夾門而伏[17]。超乃順風縱火，前後鼓噪，虜衆驚亂[18]。超手格殺三人，吏兵斬其使及從士三十餘級，餘衆百許人悉燒死[19]。明日乃還告郭恂。恂大驚，既而色動[20]。超知其意，舉手曰:“掾雖不行，班超何心獨擅之乎[21]?”恂乃悦。超於是召鄯善王廣，以虜使首示之，一國震怖。超曉告撫慰，遂納子爲質[22]。還奏於竇固。固大喜，具上超功效，并求更選使使西域[23]。帝壯超節，詔固曰:“吏如班超，何故不遣而更選乎?今以超爲軍司馬，令遂前功”[24]。超復受使，固欲益其兵[25]。超曰:“願將本所從三十餘人足矣。如有不虞，多益爲累[26]。”

【注釋】

[1] 十六年：指永平十六年，即公元 73 年。奉車都尉：官名，掌管皇帝所乘車馬。竇固：東漢平陵縣（今陝西省咸陽西北）人，字孟孫，中元初封顯親侯，明帝時拜奉車都尉。假司馬：代理司马。司馬：官名，是漢代將軍的屬官，管理軍中事務。别：另外。伊吾：西域地名，故址在今新疆維吾爾自治區哈密一帶，是漢通西域的要道，當時是北匈奴呼衍王的領地。

[2] 蒲類海：古湖泊名。即今新疆維吾爾自治區巴裏坤湖。首虜：首級。

[3] 從事：官名，州刺史的僚屬，由州刺史自行任免。

[4] 鄯善：西域國名，在今新疆維吾爾自治區婼羌東北。原爲“樓蘭”，昭帝元鳳四年（前 77）改稱鄯善。忽更疏懈：忽然變成疏遠怠慢。

[5] 寧：副詞，或許、是否。常表示反問語氣，這裏表示揣度而傾向肯定的語氣。

[6] 北虜：指匈奴。狐疑：猶豫不決。

[7] 這句意思是：眼力好的人能看到尚未萌芽的事物，何况情况已經很明顯了呢？覩：同“睹”。

[8] 侍胡：服侍漢使的胡人。胡，我國古代對西北部民族的統稱，這裏指鄯善。

具服其狀：全部承認班超所説的情况。服，通“伏”，有“伏罪”之意。狀，情况。

［9］閉：禁閉，關押。悉：全部。

［10］卿曹：你們。卿，對人的敬稱。曹，輩。絶域：離中原極遠的地域。

［11］裁：通“纔”，僅僅。

［12］長：永遠。

［13］因：介詞，趁着。震怖：震驚恐怖。殄：滅絶。

［14］文俗吏：平庸的文官。

［15］死無所名：死後不能成名。

［16］會：正趕上。然：此義後寫作“燃”。

［17］弩：用機關放射的弓。這裏泛指弓箭。

［18］鼓噪：敲鼓、吶喊。

［19］手格殺：親自擊殺。手，名詞作狀語：親手。格，擊、打。級：首級。

［20］色動：臉色變動，指表現出不高興的臉色。

［21］掾（yuàn）：古代官府屬員的通稱，這裏指從事。何心：怎麽忍心。

［22］曉告：明白地告知。納子爲質：指（鄯善王）交納兒子作爲人質。納，派遣。

［23］具上：完全地奏報。功效：功績成果。更：副詞，再，重新。

［24］壯：形容詞用爲意動。以……爲雄壯。可直譯爲稱讚，嘉許。節：氣節，此指爲人行事。軍司馬：漢代大將軍下屬部將，俸一千石。遂：完成。前功：指通西域。

［25］益其兵：增加他的兵員。益，動詞，增加。

［26］本：原本，原先的。不虞：出乎意料的情况。虞，預料。益：副詞，更加。累：累贅。

是時于窴王廣德新攻破莎車，遂雄張南道，而匈奴遣使監護其國[1]。超既西，先至于窴，廣德禮意甚疏，且其俗信巫，巫言：“神怒，何故欲向漢？漢使有騧馬，急求取以祠我”[2]。廣德乃遣使就超請馬。超密知其狀，報許之，而令巫自來取馬。有頃，巫至，超即斬其首以送廣德，因辭讓之[3]。廣德素聞超在鄯善誅滅虜使，大惶恐，即攻殺匈奴使者而降超。超重賜其王以下，因鎮撫焉[4]。

時龜兹王建爲匈奴所立，倚恃虜威，據有北道，攻破疏勒，殺其王，而立龜兹人兜題爲疏勒王[5]。明年春，超從閒道至疏勒，去兜題所居槃橐城九十里，逆遣吏田慮先往降之[6]。勑慮曰：“兜題本非疏勒種，國人必不用命，若不即降，便可執之[7]。”慮既到，兜題見慮輕弱，殊無降意[8]。慮因其無備，遂前劫縛兜題[9]。左右出其不意，皆驚懼奔走。慮馳報超，超即赴之，悉召疏勒將吏，説以龜兹無道之狀，因立其故王兄子忠爲王，國人大悦。忠及官屬皆請殺兜題，超不聽，欲示以威信，釋而遣之[10]。疏勒由是與龜兹結怨。

十八年，帝崩[11]。焉耆以中國大喪，遂攻没都護陳睦[12]。超孤立無援，而龜兹、姑墨數發兵攻疏勒[13]。超守槃橐城，與忠爲首尾，士吏單少，拒守歲餘。肅宗初即位，以陳睦新没，恐超單危，不能自立，下詔徵超[14]。超發還，疏勒舉國憂恐，其都尉黎弇曰："漢使棄我，我必復爲龜兹所滅耳，誠不忍見漢使去"[15]。因以刀自剄[16]。超還至于窴，王侯以下皆號泣曰："依漢使如父母，誠不可去。"互抱超馬腳，不得行[17]。超恐于窴終不聽其東，又欲遂本志，乃更還疏勒[18]。疏勒兩城自超去後復降龜兹，而與尉頭連兵[19]。超捕斬反者，擊破尉頭，殺六百餘人，疏勒復安。

【注釋】

［1］于窴：即于闐，西域國名，在今新疆維吾爾自治區和田。于窴國在鄯善國以西、當時較强大，有十三個小國服從它。其北是大沙漠，不易行走。莎車：西域國名，在今新疆維吾爾自治區莎車。雄張：稱雄稱霸，謂聲威大振。南道：漢代出陽關、玉門關通西域的路綫有南北兩條，南道是經樓蘭（今新疆維吾爾自治區羅布泊西）沿昆崙山北麓西行至和田的路綫。

［2］巫：爲人祈禱求神的人。騧（guā）馬：黑嘴的黄马。祠我：祭祀我。

［3］因辭讓之：於是責備他。辭讓，責難、責備。

［4］鎮撫：鎮定安撫。

［5］龜兹：西域國名，故地在今新疆維吾爾自治區庫車、沙雅之間。虜：指匈奴。北道：經車師（今新疆維吾爾自治區吐魯番）沿天山南麓西行到疏勒的路綫。疏勒：西域國名，在今新疆維吾爾自治區疏勒。

［6］明年：指永平十七年（74）。閒道：小道。去：離。槃橐（tuó）：西域城名，其址未詳。逆：預先。降：使降、招降。

［7］勑（chì）：告誡。用命：執行命令。

［8］輕弱：薄弱，指人員、兵力很少。殊：副詞，很，非常。

［9］因：乘，趁着。劫縛：劫持綁縛。

［10］威信：威望和信譽。釋：釋放。

［11］帝：指東漢明帝劉莊。

［12］焉耆（qí）：西域國名，位於龜兹以東，故地在今新疆維吾爾自治區焉耆。

没：滅。都護：即西域都護。漢朝駐西域負責監督保護西域各國和南北道的最高行政和軍事長官。陳睦：陳睦爲都護時，郭恂爲副校尉，睦駐地被攻陷，戰死；恂亦被殺。

［13］姑墨：西域國名，故地在今新疆維吾爾自治區拜城。數（shuò）：屢次。

［14］肅宗：東漢章帝劉炟（dá）的廟號。徵：調。

［15］都尉：官名，掌管郡國的軍事。黎弇（yǎn）：人名。

［16］自剄：自殺。剄，用刀割脖子。

［17］互：副詞，交互、交雜。

［18］聽：聽任，讓。東：用如動詞，向東行。遂本志：實現原來的志願。更：副詞，再。

［19］尉頭：西域國名，故地在今新疆維吾爾自治區烏什西。

明年，復遣假司馬和恭等四人將兵八百詣超，超因發疏勒、于寘兵擊莎車[1]。莎車陰通使疏勒王忠，啖以重利[2]。忠遂反從之，西保烏即城[3]。超乃更立其府丞成大爲疏勒王，悉發其不反者以攻忠。積半歲而康居遣精兵救之，超不能下[4]。是時月氏新與康居婚，相親[5]。超乃使使多齎錦帛遺月氏王，令曉示康居王[6]。康居王乃罷兵，執忠以歸其國，烏即城遂降於超。後三年，忠説康居王，借兵還據損中，密與龜兹謀，遣使詐降於超[7]。超内知其姦，而外僞許之。忠大喜，即從輕騎詣超[8]。超密勒兵待之，爲供張設樂[9]。酒行，乃叱吏縛忠斬之，因擊破其衆，殺七百餘人[10]。南道於是遂通。

明年，超發于寘諸國兵二萬五千人，復擊莎車，而龜兹王遣左將軍發温宿、姑墨、尉頭合五萬人救之[11]。超召將校及于寘王議曰："今兵少不敵，其計莫若各散去[12]。于寘從是而東，長史亦於此西歸[13]。可須夜鼓聲而發[14]。陰緩所得生口[15]。龜兹王聞之大喜，自以萬騎於西界遮超，温宿王將八千騎於東界徼于寘[16]。超知二虜已出，密召諸部勒兵，雞鳴馳赴莎車營。胡大驚亂奔走，追斬五千餘級，大獲其馬畜財物。莎車遂降。龜兹等因各退散。自是威震西域。

【注釋】

［1］明年：第二年。指東漢章帝元和元年（84）。復：副詞，再。在此前已經派

遣假司馬徐干領兵千人前往西域增援班超。詣：到……去。

［2］陰：暗中。啖：此指引誘。

［3］烏即：西域城名，地址不詳。

［4］康居（qú）：西域國名，在今哈薩克斯坦和烏兹别克斯坦共和國境内。

［5］月氏（zhī）：西域國名，在今塔吉克斯坦共和國和阿富汗境内。

［6］齎（jī）：贈送物品。遺（wèi）：送給。曉示：告知并開導。

［7］損中：當作“楨中”（據清人吳棟考證），疏勒城名。

［8］從：使……跟隨。輕騎：輕裝的騎兵。

［9］勒兵：部署軍隊。爲供張設樂：爲他提供帳幕，安排音樂。張（zhàng）：這個意義後來寫作“帳”。

［10］酒行：依次斟酒勸飲。叱：呵斥，這裏是大聲命令的意思。

［11］温宿：西域國名，在今新疆維吾爾自治區阿克蘇一帶。

［12］莫：無定代詞，没有哪種計策。散去：解散離去。

［13］長史：班超自稱，因這時他的官職是將兵長史。

［14］須：等到。

［15］本句意謂暗中釋放所捕獲的俘虜。緩：放開。

［16］以萬騎：率領一萬騎兵。以，介詞，等於説率領。界：邊界。遮：阻止。徼（yāo）：通“邀”，攔截。

超自以久在絶域，年老思土。十二年，上疏曰[1]：“臣聞太公封齊，五世葬周[2]。狐死首丘，代馬依風[3]。夫周齊同在中土千里之閒，況於遠處絶域，小臣能無依風首丘之思哉？蠻夷之俗，畏壯侮老[4]。臣超犬馬齒殲，常恐年衰，奄忽僵仆，孤魂棄捐[5]。昔蘇武留匈奴中尚十九年，今臣幸得奉節帶金銀護西域，如自以壽終屯部，誠無所恨[6]；然恐後世或名臣爲没西域[7]。臣不敢望到酒泉郡，但願生入玉門關[8]！”……書奏，帝感其言，乃徵超還。超在西域三十一歲。十四年八月至洛陽，拜爲射聲校尉[9]。超素有匈脅疾，既至，病遂加。帝遣中黄門問疾，賜醫藥[10]。其年九月卒，年七十一。朝廷愍惜焉，使者弔祭，贈賵甚厚[11]。子雄嗣[12]。

【注釋】

［1］十二年：指東漢和帝永元十二年（100）。疏：一種議事的奏章。

［2］這句話意思是：我聽説姜太公封於齊國，而他以後五代死後都返葬於周。

［3］這句話意思是：狐狸臨死還將頭朝向有自己洞穴的山丘，代郡的馬到了南方也還依戀北風。首：用如動詞，頭朝着。代：代郡，在今山西省大同以北，盛産馬。

［4］畏壯侮老：敬畏年輕健壯者，欺侮年老的人。

［5］犬馬：班超自謙之詞。齒殲：牙齒落盡，指代歲數大。奄忽：忽然。僵仆(pū)：死了倒下。孤魂：孤獨的魂靈。因班超在異族地區，所以這樣説。捐：拋棄。

［6］奉節：擎着符節。節，國家所派使臣的信物。金銀：指金印和銀印。班超已在幾年前被封爲定遠侯，所以賜給了他金印、銀印。自以壽終屯部：指自然地按壽數死在駐守的地方。

［7］或：無定代詞，有的人。名：稱説。没：覆没，兵敗死亡。

［8］酒泉郡：在今甘肅省酒泉。玉門關：古代由内地通往西域的交通門户，故址在今甘肅省敦煌西北。

［9］射聲校尉：官名，漢武帝所置八大校尉之一，東漢沿用此制。屬掌管特種軍隊的將領，秩二千石。

［10］匈脅疾：胸部和兩側的疾病。匈，後寫作“胸”。加：加重。中黄門：在宫廷中侍奉的宦官。

［11］贈賵（fèng）：饋贈送葬物品。

［12］子雄嗣：指班超的兒子班雄繼承了侯位。嗣，繼承。班超於永和帝永元六年（94）被封爲定遠侯。

通　論

第二十四節　音韻學常識

在漫長的歷史演進過程中，漢語的語音也與語法、詞彙一樣，發生了種種變化，古今語音存在着明顯的差别，在語言的歷史演變過程中，語音變化最爲複雜。古今語音的變化是以漸變的形式進行的，但這種漸變並不排斥語音發展變化的階段性，根據某些突出的語音特點，大致將漢語語音發展的歷史分爲四個時期：上古音、中古音、近古音和現代音。上古音是指先秦兩漢的語音，以《詩經》音系爲代表；中古音是指六朝到唐宋的語音，以《切韻》音系爲代表；近古音是指元明清時期的語音，以《中原音韻》音系爲代表；現代語音以普通話音系即北京音系爲代表。

音韻學，也叫聲韻學，是指分析、研究漢字的字音和它的歷史變化的一門科學。

古代没有標音的音標，也没有現代語音學的科學知識和方法，古人分析漢語語音靠的是一套特殊的術語。要了解古代的語音，必須要掌握這套術語。

一、反切

反切是一種注音方法，是用兩個漢字注出另一個漢字的讀音。如："都，東姑切。""東"表示聲母，"姑"表示韻母和聲調。即：[tuŋ] + [ku] —— [tu]。

反切最初也叫"反""翻""切""反言""反音""反語"。反切由何人所創？前人都是根據《顔氏家訓》的記載，認爲是東漢末年的孫炎。《顔氏家訓·音辭篇》説："孫叔然創《爾雅音義》，是漢末人獨知反語。至於魏世，此事大行。"孫炎所著《爾雅音義》今已亡佚，現在只有數十條切語保留在唐陸德明所撰集的《經典釋文》裏面。

但後人對這個説法有不同意見，認爲在孫炎之前就有反切。章太炎説王肅的《周易音》裏，"用反語者十餘條"。章氏又説："《漢書·地理志》遼東郡沓氏下，應劭注：沓，水也。音長答反。"王肅、應劭都是孫炎以前的人。據此我們可以得出結論：反切的注音方法創始於東漢後期，而創作者并非一人。

反切大約產生在這一時期，并非偶然，據推斷它的產生是受當時佛教傳入中國的影響，印度的教義是用梵文書寫的，梵文是一種拼音文字，漢人學習佛經時，要懂得梵文，印度高僧與教徒來到中國，要翻譯佛經也要學習漢語。在這種文化的交流中，有些人在梵文拼音方法的啟發和影響下，創造了反切法。

最初稱爲某某反，某某翻。大概從唐代宗大歷之後，即八世紀中葉之後，統治者害怕造反，因而忌諱“反”字，而改用“切”字。“反”與“切”意義相同，都是反復切摩的意思。清李汝珍的《李氏音譜》説：“反者，復也。切者，摩也。所謂反切者，蓋反復切摩而成音之義也。”

反切的基本原理就是反切上字與被切字聲母相同，反切下字與被切字韻母和聲調相同。構成反切的兩個字，由於舊書款式是直行書寫，習慣上把前一個字稱爲反切上字或簡稱上字，後一個字稱爲反切下字或簡稱下字；被注音的字稱爲被切字。拼切之時，上字去掉韻母，下字去掉聲母。如：

灘　吐丹切　即［t‘u］+［tan］——［t‘an］

在古籍的注音中，反切一般都寫成這樣的形式：“灘，吐丹翻；檀，徒丹反；旦，得按切。”在反切下字之後的“翻”“反”“切”是必不可少的。這是因爲用來注音的也是兩個漢字，如果不用這個“切”字，這兩個用來注音的漢字就很容易跟别的漢字混在一起。如“檀徒丹反木名”，古代刻字没有標點，如果把這個“反”字去掉，就變成了“檀徒丹木名”。乍看之下，不容易瞭解“徒丹”兩個字是注音用的。

在反切發明之前，給漢字注音一般用譬况法，也就是打比方的辦法。例如，《淮南子·地形訓》：“其地宜黍，多旄犀。”漢高誘注：“旄，讀綢繆之繆，急氣言乃得之。”這是拿“繆”來替“旄”的讀音打比方、作比較。意思是把“繆”這個字音“急氣”讀就會得出“旄”的尾音來。這種譬况法當然談不上精確，比如“急氣”這個術語就很難體會。

還有一種讀若法。就是用與被注字讀音近似的字來説明被注字的讀音，也不排斥使用同音字。《説文》讀若法用得較多。如：“唊，妄語也。从口，夾聲，讀若莢。”這種注音方法顯然也是不準確的。

還有一種直音法，就是用同音的一個漢字給另一個漢字注音。例如：“恚音慧。櫟音歷。”直音法的優點是簡單明瞭，但是，這種注音方法也有局限性，因爲不是每個音節都有同音字的，“無同音之字，則其法窮，或有同音之字而隱僻難識，則其法又窮”(《切韻考》)。

反切就是在這三種注音方法都存在重大缺陷而需要另尋方法的情况下被創造出來的。

但是，反切的注音方法也不是完美無缺的，也有它的局限性。

首先，反切是用上下兩個字來構成一個字音的，上字只取其聲，下字只取其韻，上字的韻和下字的聲都是多餘的東西，在拼合時往往會影響到拼切的準確性。如：“遣，去演切。”一不留神就可能拼成“犬”。這就是反切上字的韻母在作怪。

其次，反切的上字、下字各家用得很不統一，同是一個聲母，它可以用很多字來表示。如［t］音就有都、德、東等許多字來表示。就《廣韻》的反切而言，上字有四百多，下字有一千多，使人很難記住。這是因爲人們取反切上下字時，信手拈來，漫無標準。

再次，有一些古代的反切，由於古今語音的發展變化，用後代的語音去切，切不出正確的音來。如：雞，古奚切。［ku］+［ɕi］——［ki］就不對了，現在普通話没有這個音節。這是因爲“古”與“雞”的聲母原來都是［k］，後來發生分化，“古”是合口呼，聲母不變，仍是［k］，“雞”是齊齒呼，聲母變成了［tɕ］。

因此，從宋代開始，就不斷有人對反切進行改良。著名的有明代吕坤的《交泰韻》，清代潘耒的《類音》，清代李光地的《音韻闡微》。其中以李光地的改良爲最好。他繼承了吕坤和潘耒的基本原則而加以變通，即反切上字與被切字同呼，反切下字用零聲母字，以減少拼切時的障礙。如：“團，吐丸切。”比起《廣韻》的“度官切”要順當得多。因此，舊《辭海》《辭源》上用的反切基本是李光地的改良反切。

但是，用漢字表音，無論如何改進，總有一定的局限性。舉例來説，韻母爲［ɿ］［ʅ］的字，就不可能找到零聲母的，這一類的反切下字仍然不能不以輔音開頭。如：資，則私切；雌，此斯切；思，塞兹切。

要擺脱這些局限，就只能採用拼音字母。從清末產生的切音字運動，到民國初年的注音字母，再到解放後的拼音字母，是越來越科學了。

二、聲母

聲母和韻母是近代注音字母產生以後所習用的名稱。在傳統音韻學上，聲母又稱爲“字母”，也叫“音紐”或簡稱爲“紐”。“紐”就是樞紐的意思。

（一）三十六字母

中國自從有了反切，人們就可以從反切上字歸納出一個聲母系統，從反切下字歸納出一個韻母系統。韻母系統因爲跟詩賦有關，所以很早就有人編出韻書來。至於聲母歸納成系統，就比較晚一些。

直到唐代末年，才有人受到梵文的啟發，給漢語創製了字母。二十世紀初在敦煌發現的這類材料有兩份：一是《歸三十字母例》，一是守溫和尚《韻學殘卷》中的三十字母，二者内容基本相同。這三十字母就代表了當時漢語的三十個聲母。《歸三十字母例》現藏於英國倫敦不列顛博物院，守溫《韻學殘卷》藏於法國巴黎國家圖書館。二十年代劉復先生到法國留學時將後者抄錄回來，收在《敦煌掇瑣》裏。

守溫《韻學殘卷》中三十字母，已經按五音來編排了。即：

唇音　不芳並明
舌音　端透定泥（舌頭音）
　　　知徹澄日（舌上音）
牙音　見溪羣來疑
齒音　精清從　（齒頭音）
　　　審穿禪照（正齒音）
喉音　心邪曉　（喉中音清）
　　　匣喻影　（喉中音濁）

大約到了宋代，又有人增加了六個字母“非敷奉微娘牀”。而且順序也作了調整，這就是傳統音韻學上的三十六字母。從三十字母到三十六字母，基本上反映了唐宋之間的漢語聲母系統。三十六字母表如下：

三十六字母表

發音部位	發音方法			
	全清	次清	全濁	次濁
重唇音	幫［p］	滂［p‘］	並［b］	明［m］
清唇音	非［f］	敷［f‘］	奉［v］	微［ɱ］
舌頭音	端［t］	透［t‘］	定［d］	泥［n］
舌上音	知［ȶ］	徹［ȶ‘］	澄［ȡ］	娘［ȵ］
齒頭音	精［ts］	清［ts‘］	從［dz］	
	心［s］		邪［z］	
正齒音	照［tɕ］	穿［tɕ‘］	牀［dʑ］	
	審［ɕ］		禪［ʑ］	
牙音	見［k］	溪［k‘］	羣［g］	疑［ŋ］
喉音	影［ø］	曉［x］	匣［ɣ］	喻［j］
半舌音				來［l］
半齒音				日［ȵʑ］

（二）五音、七音、九音

首先從發音部位來看，最早有五音的説法。就是把三十六個字母按發音部位分爲唇音、舌音、齒音、牙音、喉音五類。梁代顧野王所作的《玉篇》，卷末附有“五音聲論”(不知何人所附)，就是這種分類法。

五音的分法，到了宋人手裏便增爲七音。鄭樵便大力主張漢語的聲母必須分爲七音，他的《七音略》就是以此命名的。這七音是在五音的基礎上再分出一個半舌音和一個半齒音。宋元時代出現的等韻圖如《韻鏡》《七音略》等大都以七音爲聲母分類。

後來，《切韻指掌圖》又有九音的説法。九音就是把唇音再分爲重唇音和輕唇音兩類，把舌音再分爲舌頭音和舌上音兩類，把齒音再分爲齒頭音和正齒音兩類，把半舌音和半齒音合併在一起，稱爲舌齒音。

用現代語音學的眼光來看：

牙音就是舌根音，是舌根與軟腭接觸所發的音。舌根的位置緊靠着大牙(最盡頭的牙)，古人没有察覺出來，錯把舌根和軟腭所發的音當做它們的近鄰大牙所發的音了，所以就把舌根音叫做牙音。

舌頭音就是舌尖中音，是由舌尖中部與硬腭形成阻礙而發的音。

重唇音即雙唇音。

輕唇音即唇齒音。

齒頭音即舌尖前音，是由舌尖前部與上齒齦形成阻礙而發的音。

正齒音即舌面前音，是由舌面前部與硬腭形成阻礙而發的音。正齒音與舌上音的發音部位是一致的。

喉音包括舌根音、半元音和零聲母。曉母［x］、匣母［ɣ］是舌根音，喻母［j］是半元音，影母是零聲母。

半舌音就是舌尖中邊音，是由舌尖中部與硬腭形成阻礙而發的音。半舌音與舌尖音的發音部位是一致的，只不過是發音方法不同。發這個邊音時，舌尖中部和硬腭接觸很松，所以古人誤以爲只用了舌頭的一半，故稱之爲半舌音。

半齒音就是舌面鼻音加摩擦，即［ȵʑ］。這是瑞典漢學家高本漢在《中國音韻學研究》一書中擬定的，王力先生在他的《漢語音韻學》和《漢語史稿》中也採用了這個看法。

這些發音部位的舊名雖然不怎麼科學，但是因爲它們在音韻學上時常被使用，而且在説明古音時有其便利之處，所以我們應該記住它們。

(三) 清濁

從發音方法來看，三十六字母還有清濁之分。從現代語音學來看，清就是發音時聲帶不顫動，即不帶音；濁就是發音時聲帶顫動，也就是帶音。

古人在分析聲母清濁時，又把清分爲全清和次清兩類，把濁分爲全濁與次濁兩類。從現代語音學看：全清就是不送氣的塞音、擦音和塞擦音；次清就是送氣的塞音、擦音和塞擦音；它們之間的區别只在於送氣與不送氣。全濁就是塞音、擦音、塞擦音的濁聲母；次濁就是鼻音、邊音和半元音。次濁又叫清濁、不清不濁或半清半濁。

三、韻母

（一）概念辨析

分析漢語的韻母首先要分清"韻母""韻""韻類""韻部""韻攝""韻目"等概念。

1. 韻母

指漢字字音中聲母後面的音素。包括三部分：韻頭、韻腹、韻尾。

2. 韻

指韻腹、韻尾，不包括韻頭。兩個字只要韻腹、韻尾相同、聲調相同就是同韻的字，可以在一起押韻，同韻的字不一定是同韻母的字。韻的概念外延要比韻母大，因爲它不計韻頭。如杜甫的《清明》：

朝來新火起新煙，湖色春光淨客船。
繡羽銜花他自得，紅顔騎竹我無緣。
胡童結束還難有，楚女腰肢亦可憐。
不見定王城舊處，長懷賈傅井亦然。
虚沾周舉爲寒食，實藉嚴君賣卜錢。
鐘鼎山林各天性，濁醪粗飯任吾年。

這首七言律詩是杜甫從嶽州到潭州時寫的，從韻律來看，這首詩是首句入韻的，第一、二、四、六、八、十、十二句的最末一字都是韻腳：煙、船、緣、憐、然、錢、年。實際上有四個韻母，即［an］［ian］［yan］［uan］。這四個韻母的韻腹、韻尾相同。可見詩歌的押韻只要求韻腹、韻尾相同，不管韻頭的有無或者是否相同。也就是説韻只要求韻腹、韻尾相同，而韻母還要區别韻頭，韻的概念外延要比韻母大。同一韻的七個字在普通話裏就能分成四個韻母。但是韻和韻母的區别還有一點就是韻還要區别聲調，而韻母是不要求區别聲調的。

3. 韻類

韻類是指韻書中反切下字的分類。在韻書中，每個韻下都列了許多反切下字，那些反切下字表示每一個韻裏面的不同韻母。如東韻裏有兩個韻類，一個有介音，即［iuŋ］，一個没有，即［uŋ］。同時韻類還區别聲調。可見韻類是關於韻的外延最小的概念。

4. 韻部

只要韻腹、韻尾相同就可以歸入一個韻部。韻部是比韻母和韻的概念的外延還要大的概念。魏晉以後出現了很多韻書，這些韻書按一定的讀音把衆多的漢字加以組織、排列，將同韻的字歸併在一起，而形成一個個韻部。

5. 韻攝

比韻部的概念外延更大，只要韻尾相同或同類，韻腹相近，就可以歸爲一攝。例如：山攝就包括了“元寒桓刪山先仙”七個韻（包括平上去），它們的韻腹相近，韻尾相同。

6. 韻目

韻目就是韻書裏韻的標目，也就是韻的代表字。比如《平水韻》裏的平聲“先”韻，它包括現代讀［an］［ian］［yan］［uan］等韻母中的許多字，如先、天、千、煙、年、賢、玄、淵等。這些同韻中的任何一個都可以拿來作爲這個韻的代表字，而傳統韻書上習慣了用“先”字，把這些同韻的字稱作“先韻”，“先”就是一個“韻目”。《廣韻》206韻，就用了206個代表字作韻目，那206個韻的代表字就叫“韻目”。所以“韻目”實際上和韻是一致的。

這幾個概念的比較從下面的表上可以看得更清楚。

	韻頭	韻腹	韻尾	聲調
韻母	同	同	同	
韻		同	同	同
韻類	同	同	同	同
韻部		同	同	
韻攝		近	相同或同類	
韻目	韻的代表字			

（二）四呼

現代語音學從韻頭的有無與類別來分析漢語的音韻結構時，把韻母分爲開口呼（没有韻頭）、齊齒呼（韻頭是［i］，或韻腹是［i］）、合口呼（韻頭是［u］，或韻腹是［u］）、撮口呼（韻頭是［ü］，或韻腹是［ü］）。

古代音韻學家根據韻頭的不同，把韻母分爲“開口”和“合口”兩大類（古代只分開、合口）。它們的區别是凡韻頭是［u］或者是以［u］作主要元音的，就叫做合口呼，反之，凡韻頭不是［u］或者不以［u］作爲主要元音的，就叫做開口呼。

對漢語的韻母結構，還可以從韻頭是否是高位前元音［i］［y］來分析。有高位前元音［i］［y］的叫“細音”，没有高位前元音［i］［y］的叫“洪音”。

如果把“洪音”“細音”“開口”“合口”與現代漢語的“四呼”比較，可據下表：

四呼	韻頭	開、合口	洪細
開口呼		開口	洪音
齊齒呼	［i］	開口	細音
合口呼	［u］	合口	洪音
撮口呼	［y］	合口	細音

（三）陰聲韻、陽聲韻、入聲韻

這是傳統音韻學對韻尾的分析。普通話的韻尾可以分爲三類：

（1）把没有韻尾的叫作開韻尾，如：［ɿ］［ʅ］［i］［u］［y］［a］［o］［ɤ］等。

（2）用元音［i］［u］作韻尾的叫作元音韻尾，如：［ei］［ai］［ou］［iou］［uei］［au］［iau］等。

（3）把鼻輔音［n］［ŋ］作韻尾的叫鼻音韻尾，如：［an］［in］［aŋ］［əŋ］［uŋ］等。

古代音韻學家按照韻尾的不同把古韻分爲三大類：

1. 開韻尾的和元音韻尾的合在一起叫做陰聲韻。

2. 把鼻音韻尾的叫做陽聲韻。不過在古代鼻音韻尾有三種，除了普通話中已有的［n］［ŋ］之外，還有一個［m］尾。現在粤方言中還保存着陽聲韻的三種完整的韻尾。如：

普通話	廣州	漢口	太原
因	［an］	［in］	［iŋ］
音	［am］	［in］	［iŋ］
英	［iŋ］	［in］	［iŋ］

通過上面的比較，可以看到：廣州三種鼻韻尾都有，陽聲韻完整。漢口只剩一個［n］尾，太原只剩一個［ŋ］尾，陽聲韻不完整了。

3. 古代還有一種塞音韻尾，即以清輔音［p］［t］［k］結尾的，叫做入聲韻。現代普通話没有塞音韻尾，只有粵方言、客家方言、閩南方言還完整地保存着古代的三種塞音韻尾。

北京	廣州	梅縣	厦門	南昌
一	[jat]	[jit]	[øit]	[øit]
六	[luk]	[liuk]	[lak]	[liuk]
十	[ʃap]	[səp]	[sip]	[sət]

從比較中可以看到，廣州、梅縣、厦門還完整地保存着古代的三種塞音韻尾，而南昌方言則只剩下 [t] [k] 兩種塞音韻尾，不完整了。

這裏需要説明一點，這裏的陰聲韻、陽聲韻與聲調的陰陽毫無關係，這是就韻尾説的。

（四）陰陽對轉，旁轉

在語音的歷史發展過程中，陰聲韻可以轉變爲陽聲韻，陽聲韻可以轉變爲陰聲韻；同樣，入聲韻也可以轉變爲陰聲韻或陽聲韻，陰聲韻或陽聲韻也可以轉變爲入聲韻。古人把這種轉變叫做陰陽對轉（當時没有定出陰入對轉或陽入對轉的名稱，是因爲古人把入聲韻看做是陰聲韻一類）。

但是這種對轉不是隨意的，而是有條件的。這種條件就是只有同類才能對轉，也就是韻腹必須相同。轉變的方式是：主要元音不變，韻尾變爲同一發音部位的另一個韻尾或者失去尾音；如果本來没有尾音，就在主要元音後面加一個尾音。例如：

上古的韻部中，有主要元音相同的這樣三個韻部：之部 [ə]、職部 [ək]、蒸部 [əŋ]。在造字時代，“寺”“特”“等”三個字都從“之”得聲，它們的讀音應該是相同或相近的，應該是在同一個韻部中。段玉裁説：“同諧聲者必同部。”這個道理在造字時代是完全對的。因此“寺”“等”“特”三個字應該同屬於“之”部 [ə]。但到了《詩經》時代（《詩經》時代距造字時代比現代要近），“寺”仍屬“之”部，“特”入了“職”部，主要元音没變，多了一個韻尾 [k]，這是從陰聲韻轉到了入聲韻；而“等”字入了“蒸”部，多了一個韻尾 [ŋ]，讀 [təŋ]，這是從陰聲韻轉到了陽聲韻。到現代普通話中，“特”字的塞音韻尾 [k] 消失了，“特”字又從入聲韻轉到了陰聲韻。

此外，還有所謂旁轉。就是從某一個陰聲韻轉到另一個陰聲韻，或從某一個陽聲韻轉到另一個陽聲韻，入聲韻也是如此。旁轉的條件是主要元音相近，轉變的方式是韻尾不變，主要元音向鄰近的元音轉移。例如：

陰聲韻的 [a]，舌位稍稍上移就變成了 [ɛ]，像普通話的“夜”字就是由中古的 [ia] 旁轉成爲 [iɛ] 的。現在的吴語仍保存 [ia] 的讀音。

四、聲調

聲調就是一個字音（音節）的高低升降（或稱音高曲綫形式）。在漢藏語系諸語言中，聲調是字音（音節）的要素之一。它的重要性不亞於聲母和韻母。因爲它有區分詞義的作用。例如：媽［ma^{55}］麻［ma^{35}］馬［ma^{214}］駡［ma^{51}］四個字的區别，既不是聲母不同，也不是韻母不同。四個字的區别在於聲調不同。

古人對四聲的區分和認識也是經歷了較長時間的摸索過程的，從《詩經》用韻中同聲調相押的情况推斷，在周秦時期，人們已經能夠區分出漢語調類的差别。但是現在還没有發現那時人們對聲調的正面論述。齊梁時期，隨着形式之風的盛行，文人在寫文章時有意運用漢語聲調的差别，造成文章抑揚的韻律。沈約等人始判漢語聲調爲平上去入四聲。他們不但區分了當時的漢語調類，而且還提出了四個聲調的代表字，比較了平上去入四聲的差别。自此，漢語四聲始爲人們所共識。

聲調主要表現在語音的高低升降上，也有若干音長的因素。如廣東話的聲調有上陰入˥，下陰入˧之分，上陰入往往是短元音，下陰入往往是長元音。如：恰［xap］˥ 55（上陰入）；呷［xaː］˧ 33（下陰入）。

入聲和非入聲的區别，大多是短元音和長元音的區别。如：巴［pa］，筆［pat］，都是5度，音高一樣，只是音長不同。

至於對調值的認識，更是很晚的事情，直至明代，真空和尚在描寫四聲時説："平聲平道莫低昂，上聲高呼猛烈強，去聲分明哀道遠，入聲短促急收藏。"這種描寫可在一定程度上揭示四聲的音值。至於具體調值如何，卻不清楚。因爲調類相同，調值不一定相同。例如：同是陰陽上去四類，北京與天津就不同：

	天	田	舔	掭
北京	55	35	214	51
天津	11	55	24	42

因此，我們也無法用現代漢語普通話或方言的調值去推測古代四聲的調值。

平仄。平仄是古人在詩賦韻文寫作中利用聲調的變化造成音律和諧時，對聲調的一種分類。人們注意到，漢語四聲中，平聲調式平舒，而上、去、入三聲調式或曲折起伏，或短促急迫，不太適宜延長吟誦，於是把它們分成兩類，平聲爲"平"，上、去、入三聲爲"仄"，仄就是不平的意思。我國詩歌創作正是利用漢語聲調上的這種差别，造成古詩音律上的和諧抑揚。

例如：

白日依山盡，黄河入海流。
仄仄平平仄　平平仄仄平
欲窮千里目，更上一層樓。
仄平平仄仄　仄仄仄平平

第二十五節　中古音韻

一、《廣韻》概况

（一）韻書

對中古語音系統的分析離不開韻書。南北朝分裂時期，不同國度編的韻書有自己的語音特點，稱之爲“各有土風”。隋文帝開皇元年（581）有影響的文人討論統一編一部新韻書。蕭該、顏之推、盧思道、劉臻、魏彦淵、薛道衡、辛德源、李巖八人在陸法言家議論各家韻書的優缺點，感到有重編韻書的必要。陸法言記錄了討論的概要，公元601年，在概要的基礎上又參考别的韻書編成了《切韻》，書中提出“論南北是非，古今通塞”的原則，成書後影響很大。到了唐代後《切韻》仍發揮着作用。唐天寶年間，孫緬增補了《切韻》，稱之爲《唐韻》。北宋真宗大中祥符元年（1008），陳彭年、邱雍等奉敕重修《切韻》，改名爲《大宋重修廣韻》，簡稱《廣韻》。

《切韻》收字12 158個，《唐韻》增加了3 500字，到《廣韻》共收26 194字，由於宋代印刷術的發展，《廣韻》得以留傳。《廣韻》問世後，宋仁宗在1037年下令增修《廣韻》，改名爲《集韻》。《集韻》中的反切變動很大，反映了宋代的語音變化。《集韻》共收字53 525個，它同時也是部字典。

（二）《廣韻》體例

《廣韻》是按韻編排的工具書。韻是要區别聲調的，所以《廣韻》首先按聲調分卷，平上去入分爲五卷，由於平聲字多，平聲分爲上平聲、下平聲兩卷。上平聲28韻，下平聲29韻，平聲共57韻，上聲55韻，去聲60韻，入聲34韻。

韻目前邊用數字標明次第。如：一東二冬三鐘四江五支六脂……每卷數目自爲起訖。韻目下所轄的字爲同韻字，即主要元音和韻尾相同的字。

每韻的下面又按聲母和介音的不同分開排列。同音的字爲一組，用小圓圈隔開，唐人把這個同音字組叫做小韻。每一個韻目下小韻的數目也不同：一東34個小韻，五支57個小韻，下平聲二十九凡韻只有2個小韻。據統計，《廣韻》全書共有3 890個小韻。

(三)《廣韻》的版本

《廣韻》的版本有兩種,一種詳本,一種略本。詳本最流行的是澤存堂本,另外還有古逸叢書本。略本有元泰定本,明内府本。目前最好的本子是周祖謨先生的《廣韻校本》,是在澤存堂本基礎上參考各種本子加以校勘的。

向來研究音韻學的人,大多把《切韻》系統作爲中古語音的代表。

陸法言《切韻·序》中説:"欲廣文路,自可清濁皆通,若賞知音,即須輕重有異。"陸氏的目的是賞知音,而不是廣文路,因而審音精細。正音的標準,據《顔氏家訓·音辭篇》,是:"共以帝王都邑,參校方俗,考核古今,爲之折衷,搉而量之,獨金陵與洛下耳。"可見《切韻》的性質應該是:以洛陽都下的方言爲基礎,吸收了南北方言和古語的特點。

由於《切韻》兼顧了方言與古音,分韻精細,因而它跟現代各地方言都有對應關係,用它來調查各地方言,尋找古今語音的對應關係,有很多方便之處。因此中國社會科學院語言研究所的《方言調查字表》採用了一套《切韻》音系所代表的古音系統。此外,上古没有韻書,研究先秦兩漢的語音也要用《切韻》作基礎。許多古韻的研究成果,是在《切韻》分韻的基礎上得到啟發的。可見,《切韻》是語音史上一部承上啟下的重要著作。

《廣韻》與《切韻》基本一致。《廣韻》雖成書於十一世紀初,但它所反映的語音系統却是五到七世紀的漢語音系,即中古音系或者説是隋唐音系。它們統稱爲《切韻》系韻書。體例基本相同,傳統音韻學一般是用《廣韻》的語音系統作爲中古語音發展的代表。所以中古音聲韻調系統,主要介紹《廣韻》的聲母、韻部、聲調系統。

二、《廣韻》的聲母

要想求得《廣韻》的聲母,首先要找出《廣韻》的聲類。聲類就是反切上字的分類。第一個明確地根據《廣韻》的反切歸納《廣韻》聲類的是清末的音韻學家陳澧。他在《切韻考》中把《廣韻》的全部反切作了分析,使用的方法叫系聯法。

他首先確定了系聯《廣韻》反切上字的三項條例。

1. 基本條例。他説:"切語上字與所切之字爲雙聲,則切語上字同用者、互用者、遞用者,聲必同類也。"例如:冬,都宗切;當,都郎切;都,當孤切。"都"分别被用作"冬"與"當"的反切上字,也就是説"冬"與"當"都用"都"字作爲反切上字,這叫"同用",那麽"冬"與"當"聲母必爲同類。"當"用"都"爲反切上字,而"都"又用"當"爲反切上字,這叫做"互用",那麽"當"與"都"的聲母必爲同類。"冬"用"都"爲反切上字，而“都”又用“當”爲反切上字，這叫“遞用”，那麼“冬”與“都”的聲母必爲同類。

陳澧就是用這種方法把絕大多數的反切上字系聯在一起的。

2. 分析條例。他説：“其兩切語下字同類者，則上字必不同類。”例如：

冬，都宗切；彤，徒冬切。

“冬”與“宗”韻母相同，都是冬韻合口一等字，所以反切上字“都”與“徒”必不同類。“都”是端母字，“徒”是定母字。

3. 補充條例。他説：“切語上字既系聯爲同類矣，然有實同類而不能系聯者，以其切語上字兩兩互用故也。……今考《廣韻》一字兩音者互注切語，其同一音之兩切語上字，聲必同類。……今於切語上字不系聯而實同類者，據此以定之。”例如：多，得和切；得，多則切；都，當孤切；當，都郎切。這四個字只是兩兩互用，本没有系聯的可能。然而：

○東　德红切……凍　又都貢切……

○送……凍　多貢切又音東。

由此可見，“多”與“都”是同類。而“多”“德”“都”“當”有此綫索可尋，也就可以證明爲同類了。

陳澧用上述條例，把《廣韻》的四百多個反切上字系聯出 40 個聲類。這 40 個聲類是：見溪羣疑，端透定泥，帮滂並明，非敷奉，知徹澄娘，精清從心邪，照穿牀審禪，莊初神山，影曉匣喻于，來日。

這個結論有一定的科學性，因爲陳澧採用的方法是科學的。但是他並没有完全遵守自己所定的條例，特别是補充條例，運用得很不一致。用基本條例繫聯不起來的，有的用補充條例歸納起來，有的就不用補充條例去歸納。很明顯的就是“帮滂並”和“非敷奉”，他没有用補充條例去歸納，而把它們分爲兩類；“明”和“微”，他就用補充條例歸納在一起。

《廣韻》中有 2 500 多字有又音，佔十分之一左右，可以互見的又音 1 700 多個。陳澧對這些字，有的使用了補充條例，有的就没有用。這説明他在運用這些條例的時候，可能有一些主觀成分在裏面。很多學者並不滿意陳澧 40 個聲類的説法，如黄侃和錢玄同首先就不同意明微的合併。

聲類還不等於聲母。聲類只是反切上字的分類，這個分類與韻類和韻母有密切聯繫，不同的反切上字和它相拼，主要是求得聲母的和諧。具體來説就是與一二四等韻相拼的反切上字爲一類，與三等韻相拼的反切上字爲一類。如果不考慮反切下字的要求，將反映同一聲母的聲類加以合併，那麼《廣韻》的實際聲母只有 35 個。與 36 個字母來比照就是：

脣音：幫（非）滂（敷）並（奉）明（微）

舌音：端透定泥（娘）來
　　　知徹澄
齒音：精清從心邪
　　　莊初崇生
　　　章昌船書禪日
牙音：見溪羣疑
喉音：影曉匣（于）喻（以）

從比較可以看出《廣韻》35 聲母不同於傳統 36 字母的有以下幾點：

脣音只有一類，不分重脣音與輕脣音；泥娘合爲一個聲母；齒音有三類；喻母分兩類，一類歸匣，一類獨立。

從《廣韻》35 個聲母到現代 22 個聲母，顯著的變化有五個。

1. 全濁聲母的清音化。全濁聲母有：並定從邪澄船崇禪羣匣，共 10 個。這 10 個全濁聲母可以分爲三類：並定羣一類，爲塞音；從澄船崇一類，是塞擦音；邪禪匣一類，是擦音。

塞音全濁聲母的清音化：平聲的全濁聲母字變爲相應的送氣清聲母的平聲字；仄聲的全濁聲母字變爲相應的不送氣清聲母的仄聲字。如：

並母［b］ 平聲——［pʻ］龐（平）
　　　　　仄聲——［p］棒（去）傍（去）薄（入）

這裏的平聲仄聲是指古代的聲調，不是指現代聲調。如“薄”，現在讀陽平，但它的聲母不是［pʻ］，因爲它在古代是入聲字，屬仄聲，所以它的聲母應該是［p］。

塞擦音全濁聲母的清音化：塞擦音的清化規律基本和塞音相同。也是平聲字變爲送氣的清聲母字。如：

從母［dz］ 平聲——［tsʻ］才　存　蠶
　　　　　仄聲——［ts］在　座　自
崇母［dʒ］ 平聲——［tʂʻ］鋤
　　　　　仄聲——［tʂ］助
船母［dʑ］ 平聲——［tʂʻ］乘［ʂ］蛇
　　　　　仄聲——［ʂ］實
澄母［ȡ］ 平聲——［tʂʻ］茶
　　　　　仄聲——［tʂ］柱

和塞音清化不同的地方有兩點：一是崇船澄三母不但發音方法有變化（從濁到清），而且發音部位也有變化。崇母由舌葉音［dʒ］變爲舌尖後音［tʂ］；船母由舌面前音［dʑ］變爲舌尖後音［tʂ］。二是船母的仄聲不是變成［tʂ］，而是變成擦音［ʂ］；而平聲又變爲［tʂʻ］［ʂ］兩類，其界限并不清楚。

擦音全濁聲母的清音化：它的變化比較簡單，不分平仄，也不分送氣與否，一律變爲相應的清聲母。如：

邪母［z］——［s］隨

匣母［ɣ］——［x］華

只有禪母的變化比較復雜，這裏不贅述。

全濁聲母的清音化不是突然發生的，有一個變化的過程，大約開始於唐末宋初，完成於十四世紀。

2. 從重唇音中分化出輕唇音，即從幫滂並明中分化出非敷奉微。其分化的條件是重唇音中的合口三等字變成了輕唇，其他的仍保持重唇音的讀法。如：

幫母［p］{合口三等——［f］飛；其他——［p］兵}

滂母［pʻ］{合口三等——［f］芳；其他——［pʻ］普}

并母［b］{合口三等——［f］肥；其他——［pʻ］龐（平聲）［p］傍（仄聲）}

明母［m］{合口三等——［ø］無；其他——［m］門}

合口三等韻共有：東鍾微虞廢文元陽凡九個韻。

需要説明的是：第一，從並母中分化出的奉母字開始時讀作［v］，後來與幫滂兩組分化出的［f］合流，也讀作［f］；而其他的並母字則開始了全濁聲母清音化的過程。

第二，從明母中分化出來的微母字，開始時的讀音是［ɱ］，後來才變爲零聲母。

第三，明母的合口三等字中，只有東韻没有變爲輕唇，仍然讀作重唇［m］。

上述唇音的分化過程大約開始於晚唐。

3. 精、見二組分化出新的舌面音［tɕ］［tɕʻ］［ɕ］。如：

精［tz］{今開合——［ts］曾；今齊撮——［tɕ］精}

見［k］{今開合——［k］庚；今齊撮——［tɕ］經}

現代的［tɕ］［tɕʻ］［ɕ］有兩個來源，一個來自於古代的見溪羣曉匣五母，一個來自古代的精清從心邪五母。這個變化只限於和［i］［y］相拼的那一部分，說明這個變化是受［i］［y］的影響產生的。［ts］等發音時，舌尖抵住齒背，舌的部位最前；［i］［y］發音時，舌面前部對硬腭，舌的部位較後；［k］等發音時，舌根接觸軟腭，舌的部位最後；［tɕ］等發音時，舌面前部接觸硬腭，舌的部位和［i］［y］相同。［ts］等受［i］［y］的影響，舌的部位後移，［k］等受［i］［y］的影響，舌的部位前移，結果就變成了和［i］［y］同部位的［tɕ］。這就是語音學上所謂的同化作用。

我國有些方言把見組分化出來的“經”“輕”“興”念作［tɕiŋ］［tɕʻiŋ］［ɕiŋ］，而把從精組分化出的“精”“清”“星”仍然念作［tsiŋ］［tsʻiŋ］［siŋ］。這個分別就是尖團音的分別。從見組分化出來的叫團音，從精組分化出來有些方言仍然保持原來讀法的叫尖音，尖團音的分別在普通話中已不存在。

就目前掌握的資料來看，這種分化不會晚於十八世紀。

4. 知、章、莊三組合流爲卷舌聲母［tʂ］［tʂʻ］［ʂ］。從歷史來看，三組的合流不是同時進行的。從三十字母和三十六字母來看，都没有“章”和“莊”的分別，這很可能是“章”與“莊”首先合流爲［ʧ］然後再與“知”合流爲［tʂ］。即：

知［ʈ］ ⎫
章［tɕ］⎫ ［ʧ］⎬ ［tʂ］
莊［ʧ］⎭

這三組的合流大約完成在南宋，即十三世紀。

5. 零聲母的字大量增加。在 35 個聲母中只有影母是零聲母，喻母還是個半元音［j］。可是到了普通話裏，喻（以）變成了零聲母，喻（于）也從匣母中分出變爲零聲母，微母也從明母中分出變爲零聲母，疑母也變爲零聲母（也有少數變爲聲母［n］的，如“牛”“逆”）。

這樣分化的結果是：在普通話裏，微（明）威（影）不分了，于（影）於（匣）不分了，移（喻以）宜（疑）不分了，未（明）畏（影）胃（匣）魏（疑）不分了。

三、《廣韻》的韻母

《廣韻》中的反切下字反映了韻母的情況，陳澧對《廣韻》全部反切進行了分析，運用系聯法求出了反切下字所反映出的韻類。

1. 基本條例：“切語下字與所切之字爲疊韻，則切語下字同用者、互用者、遞用者，韻必同類也。”例如：

東，德紅切；公，古紅切（同用）

公，古紅切；紅，户公切（互用）

東，德紅切；紅，户公切（遞用）

用這個辦法，把每一個韻的反切下字系聯起來。通過系聯東韻的反切下字，結果是：

（1）紅，户公切；公，古紅切；東，德紅切……

（2）弓，居戎切；戎，如融切；融，以戎切；中，陟弓切……

第（1）與第（2）類之間系聯不起來，所以東韻分爲兩類。

2. 分析條例：簡單地説，就是上字同類者，下字必不同類。如果下字同類，上字亦同類，那就是同音字，又何必分爲兩個反切呢？例如：東韻的"瞢，莫中切；蒙，莫紅切"，都用"莫"作反切上字，它們的反切下字，必不同類。

3. 補充條例：根據四聲相承的道理，陳澧説："切語下字既系聯爲同類矣，然亦有實同類而不能系聯者，以其切語下字兩兩互用故也。如'朱俱無夫'四字，韻本同類。朱，章俱切；俱，舉朱切；無，武夫切；夫，甫無切。朱與俱，無與夫，兩兩互用，遂不能四字系聯矣。今考平上去入四韻相承者，其每韻分類，亦多相承。切語下字既不系聯，而相承之韻又分類，乃據以定其分類。否則雖不系聯，實同類耳。"例如：

平聲	上聲	去聲
虞	麌	遇
俱無		
朱夫		

這裏，去聲只有一類，上聲也是一類，而平聲却分爲兩類，根據四聲相承的道理，我們就大可懷疑虞韻的兩類實即一類（實際上也確爲一類）。

用這個系聯法，陳澧分析了《廣韻》206 韻的一千多個反切下字，共分出了 311 個韻類。最少的一個韻只有一類，最多的一個韻分四類。

後來的學者在陳澧分析的基礎上，又繼續進行研究，最後得出了 292 個韻類的研究結果。但韻類還不是韻母，要得出韻母，就要把 292 個韻類分成平上去和入兩部分，分别加以歸并。平上去不計聲調可以歸併出 91 個韻母，入聲 51 個韻母，加在一起是 142 個韻母，這就是《廣韻》的韻母系統。每個韻的各個韻類之間的區别到底在什麽地方呢？這個問題的解決必須參考《等韻圖》。《等韻圖》是等韻學的中心問題，而《等韻圖》就是一個聲韻調配合表。

《等韻圖》的左邊用《廣韻》的 206 個韻目來表示韻母，兼表聲調。《等韻圖》的上邊用三十六字母表示聲母，或者用發音部位和發音方法的術語表示聲母。不過用韻目來代表韻母是有矛盾的，韻目不區分韻頭，而韻母則要區分韻頭。《等韻圖》的作者爲了解決這個矛盾，就創立一些概念來區分它們。他們用有沒有 u 介音來區分開口合口，開合口各立一圖。《等韻圖》在區分開口合口的基礎上，又進一步用等來區分韻母。“等”是等韻學的基本概念。“等”的不同，就是韻類的不同。如東韻的反切下字分爲兩類，“紅公東”爲一類，“弓戎中”爲一類。請看《韻鏡》内轉第一合。

《韻鏡》舉例（内轉第一合）

	音齒舌 清 清 濁 濁	音 喉 清 次 濁濁清清	音 齒 次 濁清濁清清	音 牙 清 次 濁濁清清	音舌 清次 濁濁清清	音脣 清次 濁濁清清
東	○ 籠 ○ ○ 戎 隆 ○ ○	○洪烘翁 ○○○○ 雄○○ 融○○○	○ 叢匆 ○○崇○○ ○○○充終 ○嵩○○○	○空公 ○○○○ 窮穹弓 ○○○○	○同通東 ○○○○ ○蟲忡中 ○○○○	蒙蓬○○ ○○○○ 瞢馮豐風 ○○○○
董	○ ○ ○ ○○○ ○ ○	○ 蓊 ○○○○ ○○○○ ○○○○	○ ○○總 ○○○○○ ○○○○○ ○○○○○	○○孔○ ○○○○ ○○○○ ○○○○	動桶董 ○○○○ ○○○○ ○○○○	蠓 ○ ○○○○ ○○○○ ○○○○
送	○ 弄 ○ ○ ○ ○ ○ ○	○ 烘瓮 ○○○○ ○○ ○ ○○○○	○送 ○○ ○○ ○○○銃粜 ○○○ ○	○○控貢 ○○○○ ○○ ○ ○○○○	○洞痛湅 ○○○○ ○仲○中 ○○○○	夢 ○○ ○○○○ 鳳 諷 ○○○○
屋	○ 祿 ○ ○ 肉 六 ○ ○	○ 屋 ○○○○ 囿○畜鬱 育○○○	○速族 鏃 ○縮 塾叔 粥 ○肅 蹙	○○哭谷 ○○○○ 麴菊 ○○○○	○獨禿 ○○○○ 逐蓄竹 ○○○○	木暴撲卜 ○○○○ 目伏蝮福 ○○○○

以“紅”類爲反切下字的字排在東韻第一行，以“弓”類爲反切下字的字排在東韻第三行，即一等和三等。東韻兩類反切下字的區别就在“等”的不同。同一個韻，就是韻尾和主要元音相同，東韻又是合口呼，那麽兩類反切下字的區别就只能是有没有 i 介音。據此，我們可以擬音爲：一等［uŋ］，三等［ĭuŋ］。同樣，“屋”韻可以擬爲：一等［uk］，三等［ĭuk］。

《廣韻》韻母 142 個，現代普通話韻母與之比較起來，是大大地簡化了，無論從韻頭、韻腹還是從韻尾來看，總的趨勢是合流的。

1. 主要元音方面。現代普通話不像《廣韻》那樣依靠元音的細微差別來區分詞義。因此合流的主要特點是相鄰近的元音合并。例如："效"攝有：豪［ɑu］肴［au］宵［ĭɛu］蕭［ieu］四個韻母，到現代普通話合并爲［au］［iau］兩個韻母了。"山"攝有：寒［ɑn］桓［ɑn］删［an］［wan］山［æn］［wæn］先［ien］［iwen］仙［ĭɛn］［ĭwɛn］10個韻母，到現代普通話合并爲［an］［ian］［uan］［yan］4個韻母了。

從總體上來看，是合流的。主要元音的合流意味着每個攝裏的韻減少了。簡化的結果，韻攝實際上就變成韻部了。攝的概念在現代漢語中就没有它存在的必要了。《廣韻》的16個韻攝、206個韻、142個韻母、61個韻部（加入聲是95個韻部），現代普通話就合流爲39個韻母，18個韻部了。這18個韻部就是現代詩韻：麻歌波齊之兒魚模微皆咍豪侯寒痕唐庚東。

實際上的詩歌押韻没有這麼嚴格，其中"歌""波"可以通押，"齊""之""兒""魚"可以通押，"庚""東"可以通押。如果再把通押之處加以合併，就只有13部，即戲曲通押的標準——十三轍。只不過名稱有所不同。十三轍的名稱是：發花（麻）梭波（歌波）乜斜（皆）姑蘇（模）衣期（齊之兒魚）懷來（咍）灰堆（微）遙迢（豪）由求（侯）言前（寒）人辰（痕）江陽（唐）中東（庚東）。

2. 韻尾的合流。《廣韻》的韻尾有下列三類：元音韻尾-i-u，鼻音韻尾-m-n-ŋ，塞音韻尾-p-t-k。現代普通話没有塞音韻尾，也没有收-m的鼻音韻尾。

塞音韻尾的消失，最早見於邵雍的《皇極經世聲音唱和圖》。在這個圖裏把收-t-k尾的字和原來没有韻尾的字放到了一起，但收-p尾的字仍然獨立，説明在邵雍時的語音系統裏，-t尾和-k尾已經消失，而-p尾還没有消失。

稍晚在《四聲等子》和《切韻指掌圖》兩部書裏，把-p尾的字和没有輔音韻尾的字放在了一塊。説明那時-p尾已經失去了。到《中原音韻》時期，北方話的塞音韻尾全部失去了。

《廣韻》中的-m尾是和-n尾合併了。其中咸攝（覃談鹽添咸銜嚴凡）并入山攝，深攝（侵）并入臻攝痕韻。這種合併在方言裏相當早，西南地區的方言大約在唐末就合併了。現代西南地區的某些方言裏，甚至連-n-ŋ尾也不分了。

直到十四世紀初年，北方話裏的-m和-n尾仍然是分而不混的，因爲在《中原音韻》裏，古代-m尾的字和-n尾的字仍然分屬不同的韻。

北方話的-m尾並入-n尾直到十七世紀初才見於文獻，就是明徐孝的《重訂司馬溫公等韻圖經》。這本書的韻表把-m 尾和-n 尾的字作爲同韻字混排在一起，可見當時-m 尾已經不存在了。

3. 介音的合流。《廣韻》的 8 個介音（即：ĭ、i、u、w、ĭu、ĭw、iu、iw）合流爲現代普通話的 3 個介音。具體地説就是：ĭ 和 i 合爲 i；w 和 u 合爲 u；雙介音 ĭu、ĭw、iu、iw 合爲 y。

《廣韻》韻目表

上平聲 28 韻	上聲 55 韻	去聲 60 韻	入聲 34 韻
一東	一董	一送	一屋
二冬		二宋	二沃
三鍾	二腫	三用	三燭
四江	三講	四絳	四覺
五支	四紙	五寘	
六脂	五旨	六至	
七之	六止	七志	
八微	七尾	八未	
九魚	八語	九御	
十虞	九麌	十遇	
十一模	十姥	十一暮	
十二齊	十一薺	十二霽	
		十三祭	
		十四泰	
十三佳	十二蟹	十五卦	
十四皆	十三駭	十六怪	
		十七夬	
十五灰	十四賄	十八隊	
十六咍	十五海	十九代	
		二十廢	
十七真	十六軫	二十一震	五質

續表

十八諄	十七准	二十二稕	六術
十九臻			七櫛
二十文	十八吻	二十三問	八物
二十一欣	十九隱	二十四焮	九迄
二十二元	二十阮	二十五願	十月
二十三魂	二十一混	二十六慁	十一没
二十四痕	二十二很	二十七恨	
二十五寒	二十三旱	二十八翰	十二曷
二十六桓	二十四緩	二十九換	十三末
二十七刪	二十五潸	三十諫	十四鎋
二十八山	二十六産	三十一襇	十五黠
下平聲 29 韻			
一先	二十七銑	三十二霰	十六屑
二仙	二十八狝	三十三綫	十七薛
三蕭	二十九篠	三十四嘯	
四宵	三十小	三十五笑	
五肴	三十一巧	三十六效	
六豪	三十二皓	三十七號	
七歌	三十三哿	三十八箇	
八戈	三十四果	三十九過	
九麻	三十五馬	四十禡	
十陽	三十六養	四十一漾	十八藥
十一唐	三十七蕩	四十二宕	十九鐸
十二庚	三十八梗	四十三映	二十陌
十三耕	三十九耿	四十四諍	二十一麥
十四清	四十靜	四十五勁	二十二昔

續表

十五青	四十一迥	四十六徑	二十三錫
十六蒸	四十二拯	四十七證	二十四職
十七登	四十三等	四十八嶝	二十五德
十八尤	四十四有	四十九宥	
十九侯	四十五厚	五十候	
二十幽	四十六黝	五十一幼	
二十一侵	四十七寑	五十二沁	二十六緝
二十二覃	四十八感	五十三勘	二十七合
二十三談	四十九敢	五十四闞	二十八盍
二十四鹽	五十琰	五十五豔	二十九葉
二十五添	五十一忝	五十六㮇	三十帖
二十六咸	五十二豏	五十七陷	三十一洽
二十七銜	五十三檻	五十八鑑	三十二狎
二十八嚴	五十四儼	五十九釅	三十三業
二十九凡	五十五範	六十梵	三十四乏

四、《廣韻》的聲調

《切韻》《廣韻》等韻書首先按聲調分卷，將中古漢語聲調明確分爲四類，即：平、上、去、入，這四個字是四個聲調的代表字，平聲卷中的字與“平”字的聲調相同，其他三卷的字分别與“上”“去”“入”的調值相同。今天我們只能知道中古《切韻》《廣韻》音系聲調分爲四個調類，至於它們當時的具體調值、調型却很難考察了。中古時期存在着許多方言，各方言中聲調的讀法也不會完全相同，陸法言《切韻序》所言“秦隴則去聲爲入，梁則平聲似去”，應即指這種情況。

漢語的聲調從中古到現代又有了一些變化，各調類内和調類間産生了一系列分化和合流現象，表現在以下三方面：

1. 平分陰陽

《廣韻》的平聲字到現代漢語中分爲陰平、陽平兩個調類。這個現象不僅在普通話中存在，各地方言也普遍地平分陰陽，只有個別地區平聲不分陰陽。其分化的條件爲看聲母的清濁，即：

漢字聲母原是清聲母的，平聲變爲陰平；漢字聲母原是濁聲母的，平聲變爲陽平（清包括全清、次清；濁包括全濁、次濁）。

如：邦（幫）方（非）當（端）張（知）相（心）莊（莊）章（章）商（書）香（曉）央（影），這些都是全清聲母平聲字，它們在現代漢語普通話中都讀陰平。滂（滂）芳（敷）湯（透）倉（清）昌（昌）康（溪），這些都是次清聲母平聲字，它們在現代普通話中也都讀陰平。

再如：旁（並）房（奉）堂（定）腸（澄）藏（從）常（禪）彊（羣）航（匣），這些都是全濁聲母平聲字，它們在現代普通話中都讀陽平。忙（明）囊（泥）郎（來）瓤（日）昂（疑）羊（喻四），這些都是次濁聲母平聲字，它們在現代普通話中也都讀陽平。

這種分化出現於唐代，公元 880 年，日本和尚安然曾提到日本所借的漢字字音，平聲讀起來“有輕有重”，顯然那時平聲已經有分化爲兩調的方言。元周德清《中原音韻》將之明確分爲陰平、陽平。

2. 濁上變去

在《廣韻》中聲調是上聲，而且聲母是全濁的變爲去聲（全濁包括並、定、澄、從、邪、崇、船、禪、羣、匣母）。

例如：古代九（見）舅（羣）有（喻三）三字同屬上聲“有”韻，但只有“舅”字變成了去聲，因爲它是全濁聲母的上聲字。

再如：部　並母　現在讀去聲（51 調）
父　奉母　現在讀去聲（51 調）
柱　澄母　現在讀去聲（51 調）

分化開始於唐代，元周德清《中原音韻》將之明確。

3. 入派四聲

《廣韻》的入聲字，到現代漢語中除了個別方言區外，都已經消失。入聲字轉到普通話的四個調類裏，分爲兩個步驟。元代時入聲派入三聲——陽平、上、去聲，没有派入陰平的。古入聲字聲母是全濁的派入陽平，聲母是次濁的派入去聲，聲母是清聲母（包括全清和次清）的派入上聲。

例如：白（並）讀（定）轍（澄）舌（船）絶（從）鋤（崇）轄（匣）掘（羣）邪（邪），這些入聲字都是全濁聲母，因此都派入了陽平。納（泥）辣（來）滅（明）熱（日）孽（疑）越（喻三）悦（喻四），這些入聲字都是次濁聲母，因此都派入了去聲。筆（幫）北（幫）尺（昌）赤（昌）德（端）得（端）質（章）七（清）匹（滂）室（書）失（書），這些入聲字都是全清或次清聲母，因此都派入了上聲。

到現代普通話中，全濁聲母的入聲字仍讀陽平，次濁聲母的入聲字仍讀去聲，和《中原音韻》的時代基本一致，只有個别的調整。

清聲母入聲字讀上聲的變化很大。在普通話中有的仍讀上聲，如“筆（幫）”“尺（昌）”；有的讀陰平，如“失（書）”“七（清）”；有的讀陽平，如“德（端）”“得（端）”；有的讀去聲，如“赤（昌）”“質（章）”。没有什麼規律可循。

對於北方方言區没有入聲語音的人來説，要掌握古代的入聲字是比較困難的，因爲它幾乎没有規律可循，尤其是清聲母的入聲字。現在我們來談談怎樣通過普通話的讀音掌握古入聲字。

1. 聲母是不送氣的塞音、塞擦音而讀陽平的字，大多數來自古代的入聲。如：白、拔、薄、達、奪、迭、革、國、疾、及、傑、局、覺、雜、則、哲、直、燭等。

因爲在普通話中，讀陽平的字有兩個來源：一個來自古代平聲，一個來自古代入聲，由古平聲來的都是濁聲母字，而且讀送氣音，那麼不送氣的只能來源於入聲。

2. 普通話讀［ye］韻母的字都來自古代入聲。如：略、決、確、學、月、約、厥、雀、穴、血、雪等。

原因就是普通話讀［ye］韻母的字皆來自中古的覺、鐸、藥、没、術、物、薛、月、屑這九個韻，這九個韻都是入聲韻。

3. 普通話［uo］韻母和卷舌聲母相拼的字來自古代入聲。如：桌、卓、説、濁、捉、斫、琢、啜、碩等。

普通話［uo］韻母有兩個來源：一是來自陰聲韻（歌戈），一是來自入聲韻。但來自陰聲韻的没有和卷舌聲母相拼的字，那麼能和卷舌聲母相拼的字當然就是來自入聲。

4. 普通話［ə］韻母和端精二組聲母［t、t‘、n、l、ts、ts‘、s］相拼的字來自古入聲。如：德、特、訥、勒、樂、則、澤、責、側、策、色、瑟等。

因爲［ə］韻母的字有兩個來源：一個來自中古陰聲韻（歌戈麻），一個來自中古入聲韻。來自陰聲韻的没有和端精二組相拼的，那麼和端精二組相拼的就都是來自入聲韻。

5. 普通話［ie］韻母和幫端二組聲母［p、p‘、m、t、t‘、n、l］相拼的字來自古入聲。如：憋、别、撇、滅、蔑、跌、迭、貼、聶、列、劣等。

［ie］韻母有兩個來源：一個來自陰聲韻的假蟹二攝（麻皆佳夬），這組只跟［tɕ］［tɕ‘］［ɕ］相拼；另一個來自咸攝入聲（葉叢貼）和山攝入聲

（薛月屑），這組可以和幫端二組聲母相拼。

6. 普通話［a］韻母和［f、ts‘、tʂ、ts、s］相拼的字來自古入聲。如：發、法、乏、扎、雜、撒、擦等。

［a］韻母有兩個來源：一個來自陰聲韻（歌、戈、麻、皆、佳、夬），一個來自入聲韻（合、盍、洽、狎、乏、曷、鎋、黠、薛、月、屑）。來自陰聲韻的不和［f、ts‘、s］相拼，那麼和［f、ts‘、s］相拼的就都是來自入聲韻的了。

從另一方面看，可以排除許多非入聲字，因爲它們是從止攝的支脂之三韻的精組字來的，没有一個來自入聲韻。

陽聲（即收-n和-ŋ尾的）肯定不是入聲字。

韻母是［ɿ］的，肯定不是入聲字，因爲它們是從止攝的支脂之三韻的精組字來的，没有一個來自入聲韻。

韻母是［uai］［uei］的字都不是入聲字。因爲［uai］［uei］韻母的字只來自古代的止蟹二攝。

此外，還可以用文字的諧聲偏旁來類推入聲字。如：知道“合”是收-p尾的入聲字，那麼“盒”“答”“鴿”“塔”就都是入聲字而且收-p尾。

第二十六節　上古音韻

一、上古音的韻部

上古音指韻書產生以前的先秦、兩漢時代的古音。上古音的研究是從上古韻文，主要是以《詩經》的入韻字開始的。《詩經》僅有305篇，所使用的字數本來就不多，入韻字的數量就更加有限了。因此，當時所有的字就不可能從《詩經》的用韻上全部反映出來。而要求得這些字在上古應歸屬於哪一個韻部，就還需要利用漢字的諧聲系統。清代的段玉裁利用諧聲字考求先秦韻部，得出了“同諧聲者必同部”的著名論斷，從而使人們“視其偏旁以何字爲聲”就可以“知其音在某部”。

漢代開始，人們讀先秦韻文時，感到有許多地方不押韻，讀起來聲音不和諧。這種情況在南北朝時期就引起了人們的注意。如梁代末年沈重的《毛詩音》，在《邶風·燕燕》第三章“燕燕于飛，下上其音。之子于歸，遠送于南。瞻望弗及，實勞我心”的“南”字下加注：“協句，南乃林反。”意思是“南”字本讀［nam］，爲了和“音”“心”押韻而改讀成［nin］。這就是沈重的“協句説”。南宋的朱熹繼承了沈重的“協句説”，提出了“叶音”的説法，而且擴大了影響。在他的《詩集傳》和《楚辭集注》中都大量地使用了

"叶音"的辦法。直到明代，陳第在其所著的《毛詩古音考序》中才提到"時有古今，地有南北，字有變革，音有轉移"的發展的語音觀。他證明了"協句""叶音"説是錯誤的。陳第的古音成就，爲古音學奠定了科學的理論基礎。

明末清初的顧炎武首先把古音研究引上了系統的科學的道路。他的《音學五書》接受了陳第的歷史觀點，認識到古人用韻與今人不同，即古今語音不同。因此，他在材料選擇上，只取先秦韻文，不及其他，而且以《詩經》爲主；在研究方法上，注意客觀歸納，并與《廣韻》相比較，分古音爲十類。

古音學家可以分爲考古和審音兩大派。考古派把古韻分爲陰陽兩類，把入聲韻看作是陰聲一類，分韻達 23 部，他們純然依照先秦韻文來作客觀歸納。這一派主要有顧炎武（10）、段玉裁（17）、孔廣森（18）、王念孫（21）、江有浩（21）、夏炘（22）、章炳麟（23）、王力（23）（括號内爲各人主張分韻的數目）。

審音派把古韻分爲陰陽入三類，把入聲韻獨立出來，他們是在歸納先秦韻文的基礎上，再進行語音方面的考察。審音派分韻，最多的達到 30 部。這一派主要是江永（13）、戴震（25）、黄侃（28）。王力先生（29）（30）説他自己早年是考古派，晚年是審音派。

王力的上古韻部 11 類 30 部如下：

甲類	之［ə］	支［e］	魚［a］	侯［ɔ］	宵［o］	幽［u］	陰
	職［ək］	錫［ek］	鐸［ak］	屋［ɔk］	藥［ok］	覺［uk］	入
	蒸［əŋ］	耕［eŋ］	陽［aŋ］	東［ɔŋ］		冬［uŋ］	陽
乙類	微［əi］	脂［ei］	歌［ai］				陰
	物［ət］	質［et］	月［at］				入
	文［ən］	真［en］	元［an］				陽
丙類							
	緝［əp］		盍［ap］				入
	侵［əm］		談［am］				陽

從主要元音角度看這三十部，同一類、同豎行的三個韻部主要元音相同，同一横行相鄰的韻部，主要元音相近。

這三十韻部只是《詩經》等韻文押韻的部類，所以它不等於《詩經》等韻文所反映語音的韻母系統。

二、上古音的聲母

對上古聲母的研究起步較晚，清代方開始，語言學家在唐人三十六字母的基礎上，利用先秦文獻中的異文、漢字的諧聲系統、古聲訓、古反切上字、現代某些地區的方言、鄰語借音等資料進行比較，從中找出異同，總結出上古聲母的某些特點：

古無輕唇音。由錢大昕提出。如《詩經·邶風·谷風》："凡民有喪，匍匐救之。"《禮記·檀弓》引作"扶服救之"，《孔子家語》引作"扶伏救之"。從異文中可知"匍匐""扶服""扶伏"在當時同音，現在分析"匍"是並母字，爲重唇音；"扶"是奉母字，爲輕唇音。可見當時不分輕唇、重唇音。

古無舌上音。也是由錢大昕首先提出的。如《詩經·鄘風·柏舟》："髧役兩髦，實爲我特。"《韓詩》引作"髧役兩髦，實爲我直"，這說明在當時"特""直"同音，所以可見舌上音、舌頭音不分。再如：

堂：瞠（"堂"爲舌頭音，"瞠"爲舌上音）。

中古娘日二紐，上古歸泥。由章炳麟提出。如《左傳·隱公元年》："不義不昵，厚將崩。"《説文》引作"不義不暱"。"昵"是泥母，"暱"是日母。"昵""暱"爲異文，説明上古"昵""日"不分。漢字諧聲系統中有很多這類互諧的例子。

入—内（"入"爲日母，"内"爲泥母）。

女—汝（"女"爲娘母，"汝"爲日母）。

現代方言中，有的地方仍是只有"泥"母，而没有"娘""日"二紐，也可證明上古只有"泥"母。

中古喻母中的三等字，上古并入匣紐，四等字并入定母。由曾運乾提出的。如《韓非子·五蠹》："自營爲私。"《説文》引作"自環爲私"。"營"，喻三，"環"，匣母。"營""環"異文，説明它們的聲音相近，上古聲母相同。又《左傳·僖公元年》："刑遷於夷儀。"《公羊傳》作"刑遷于陳儀"。"陳"是定母，"夷"是以母。"陳""夷"異文説明二字聲音相同。

王力提出了上古聲母有 32 個的説法。這 32 個聲母如下：

幫（非）滂（敷）並（奉）明（微）

端（知）透（徹）喻四定（澄）泥（娘）來

精清從心邪

莊初崇生

章昌船書禪日

見溪羣疑

曉匣（喻三）影（零）

這 32 個聲母與《廣韻》35 個聲母比較，只是少了知徹澄 3 母，音值有些變化。

三、上古音的聲調

初期，一般人認爲上古漢語没有聲調。如明陳第説：“四聲之辨，古人未有。”又説：“四聲之分，起自江左。”江左，指吴方言區。因爲南朝在江左建都，所以“起自江左”即起自南北朝時代，起自沈約等人。

據歷史記載，四聲的名稱，確實起自南北朝。但只能説這個時候發現了四聲，而不能説是發明了四聲。因爲任何一個語言要素都不是突然發生的，更不是出自個人的創造。聲韻調是漢語的基本特徵，漢藏語系的語言絶大部分都有聲調，只有藏語安多方言没有聲調。另外，在《詩經》的押韻中，基本上是同調相押。因此，上古漢語有聲調的説法無論從理論上還是實際上都是講得通的。

古音學家一般認爲上古漢語是有聲調的，至於聲高的具體情況怎麼樣，則有不同的看法。

清代學者夏炘説：“四聲出於天籟，豈有古無四聲之理，觀三百篇中，平自韻平，仄自韻仄，劃然不紊。其不合者，古人所讀之四聲有與今人不同者也。”又説：“大抵後人多以《唐韻》四聲求古人，故多不合，因其不合，遂疑古無四聲，非通論也。”

王力在《漢語史稿》中，第一次提出了他關於上古聲調的主張：上古聲調首先分平入兩大類，每類又分舒促兩種，或叫長短兩種。王力認爲長平爲後來的平聲，短平爲後來的上聲；長入爲後來的去聲，短入爲後來的入聲。

思考與練習七

一、解釋下列句子中加點詞的意義。

1. 公子聞之，往請，欲厚遺之。
2. 已卻秦存趙，使將將其軍歸魏。
3. 侯生視公子色終不變，乃謝客就車。
4. 侯生攝敝衣冠，直上載公子上坐。
5. 若望僕不相師，而用流俗人之言。
6. 上之不能納忠效信，有奇策才力之譽。
7. 人固有一死，或重於泰山，或輕於鴻毛。

8. 稽其成敗興壞之紀。
9. 光聞之，切讓王莽。
10. 將軍之廣明都郎屬耳。
11. 光敕左右。
12. 帝乃除超爲蘭臺令史。
13. 會天大風，超令十人持鼓藏虜舍後。
14. 臣超犬馬齒殲，常恐年衰。

二、指出下列句子劃綫部分的語法特點。

1. 魏王及公子患之。
2. 公子何以知之？
3. 士無賢不肖皆謙而禮交之。
4. 朱亥袖四十斤鐵椎。
5. 今舉事一不當，而全軀保妻子之臣。
6. 倡優畜之，流俗之所輕也。
7. 光甚誼之。
8. 衆庶莫不多光。
9. 桀父子既尊盛，而德長公主。
10. 光以其書視丞相敞等。
11. 期門武士陛戟，陳列殿下。
12. 帝壯超節，詔固曰："吏如班超，何故不遣而更選乎？"
13. 忠大喜，即從輕騎詣超。
14. 超恐于窴終不聽其東。
15. 臣聞太公封齊，五世葬周。狐死首丘，代馬依風。

三、解釋下列名詞。

音韻學；反切；聲母、字母、紐；五音、七音、九音；全清、次清、全濁、次濁；韻母、韻類、韻目、韻攝、兩呼、四呼、陰聲韻、陽聲韻、入聲韻、陰陽對轉、旁轉。

四、默寫"三十六字母表"。

五、《廣韻》的性質是什麼？試述《廣韻》在語音史上的地位。

六、試述古今韻尾的差異。

七、試述《廣韻》35 個聲母與傳統 36 字母的不同。

八、簡述全濁聲母清音化的規律。

九、試述上古聲母的特點。

第八單元

文　選

齊晉鞌之戰（《左傳》）

［晉］杜預注　［唐］孔穎達疏　［唐］陸德明音義

癸酉師陳於鞌邴夏御齊侯逢丑父爲右晉解張御郤克鄭丘緩爲右齊侯曰余姑翦滅此而朝食姑且也翦盡也○陳直覲反邴音丙又彼命反夏户雅反解音蟹張如字一音直亮反不介馬而馳之介甲也郤克傷於矢流血及屨未絶鼓音中軍將自執旗鼓故雖傷而擊鼓不息○將子匠反下將在左同【疏】注中軍至不息○正義曰以郤克爲中軍之將言己之傷而未絶鼓音明是法當自執旗鼓也周禮大僕軍旅田役贊王鼓鄭玄云王通鼓佐擊其餘面上云齊侯親鼓則天子諸侯自將兵者亦親執旗鼓以令衆曰余病矣張侯曰自始合而矢貫余手及肘余折以御左輪朱殷豈敢言病吾子忍之張侯解張也朱血色血色久則殷殷音近煙今人謂赤黑爲殷色言血多汙車輪御猶不敢息○貫古亂反下注同肘竹九反折之設反殷於閑反徐於辰反注同近附近之近污汙穢之汙字林一故反緩曰自始合苟有險余必下推車子豈識之然子病矣以其不識已推車○推昌誰反又他回反注及下推車同張侯曰師之耳目在吾旗鼓進退從之此車一人殿之可以集事殿鎮也集成也○殿多練反注同若之何其以病○絶句敗君之大事也【疏】若之至事也○正義曰郤克云余病矣言己不堪擊鼓欲有退軍之意。故責之云如之何其以身病之故欲喪敗君之大事也擐甲執兵固即死也擐貫也即就也○擐音患病未及死吾子勉之左并轡右援枹而鼓馬逸不能止師從之晉師從郤克車○并必政反援音爰枹音浮鼓槌也亦作桴【疏】援桴而鼓○正義曰説文云援引也枹擊鼓杖也援枹而鼓謂引杖以擊之齊師敗績逐之三周華不注華不注山名○華如字又户化反注之住反

燕王噲既立（《戰國策》）

［宋］鮑彪原注　［元］吴師道補正

燕王噲既立蘇秦死於齊蘇秦之在燕也與其相子之爲婚而蘇代與子之交及蘇秦死而齊宣元作宣下并同【正】曰通鑑大事記赧王二年齊湣王元年齊伐燕子之子噲死在赧王元年正宣王時事策與孟子合甚明辨見秦策王復用蘇代燕噲三年與楚三晉攻秦不勝而還子之相燕貴重主斷蘇代爲齊使於燕燕王問之曰齊宣衍宣字王何如對曰必不霸燕王曰何也對曰不信其臣蘇代欲以激燕王以厚任子之也於是燕王大信子之子之因遺蘇代百金聽其所使鹿毛壽鹿蓋鉅鹿壽之所居【補】曰徐廣云一作厝毛甘陵縣本名厝昔音索隱云春後語亦作厝韓子作潘壽謂燕王曰不如以國讓子之人謂堯賢者以其讓天下於許由由必不受有讓天下之名實不失天下今王以國讓相子之子之必不敢受是王與堯同行也燕王因舉國屬屬獨紂與子之子之大重或曰禹授益而以啓人爲吏以啓臣爲益吏及老而以啓爲不足任天下傳之益也啓與支黨攻益而奪之天下是禹名傳天下於益【補】曰姚本支黨其實令啓自取之今王言屬國子之而吏無非太子人者是名屬子之而太子用事王因收印自三百石吏而效之子之【補】曰大事記以石記禄始見與此子之南面行王事而噲老以老自休不聽政顧爲臣國事皆決子之子之三年燕國大亂百姓恫怨將軍市被太子平謀將攻子之儲子見離婁下【正】曰何以知即此人謂齊閔王因而仆之破燕必矣王因令人謂太子平曰寡人聞太子之義將廢私而立公飭飭成也猶正君臣之義正父子之位寡人之國小不足先後【補】曰正義云先後并去聲雖然則唯太子所以令之太子因數黨聚衆將軍市被圍公宫攻子之不克將軍市被及百姓乃反攻太子平將軍市被死已殉國構難數月死者數萬衆燕人恫怨怨作恐【補】曰姚本作怨百姓離意孟軻謂齊宣王曰今伐燕此文武之時不可失也【補】曰此當時所謂孟子勸齊伐燕者也使無孟子之書則人將此言之信乎而要之聖賢決無是事也推此則凡後世之誣罔聖賢無徵者可知王因令章子將五都之兵都大邑【補】曰索隱云五都即齊也臨淄是五都之一以因北地齊之北近燕之衆以伐燕士卒不戰城門不閉燕王噲死齊大勝燕子之亡二年燕人立公元作公【補】曰當作太史有子平是爲燕昭王記三年有彪謂王噲七國之愚主也惑蘇代之淺説貪堯之名惡禹之實自令身死國破蓋無足算齊閔所以請太子者近於興滅繼絶矣而天下不以其言信其心蓋名實者天下之公器也豈可以虛稱矯舉而得哉故齊閔之勝适足以動天下之兵而速臨淄之敗也【補】曰當作太史有

【正】曰 大事記云子噲安知所謂堯舜者哉彼子之之徒借足名以篡國子噲特爲説客所愚耳方子之未得國也則説以堯讓許由由不受有讓天下之名實不失天下噲於是乎以燕讓及子之既得國也則又說以禹不如堯薦益而以啓人爲吏已而攻益奪其國噲於是乎收三百石吏以上而効之其愚至此尚足論乎後世因此遂有不可慕虚名受實禍之論是論肆行則利禄之外無非虚名妨吾利禄者無非實禍人紀滅矣此君子之所懼也欲不惑者其唯知實理乎

君子無所爭（《論語》）

［魏］何晏集解　［宋］邢昺疏

子曰君子無所爭必也射乎孔曰言於射而後有爭揖讓而升下而飲王曰射於堂升及下皆揖讓而相飲其爭也君子馬曰多筭飲少筭君子之所爭【疏】子曰至君子○正義曰此章言射禮有君子之風也君子無所爭者言君子之人謙卑自牧無所競爭也必也射乎者君子雖於他事無爭其或有爭必也於射禮乎言於射而後有爭也揖讓而升下而飲者射禮於堂將射升堂及射畢而下勝飲不勝其耦皆以禮相揖讓也其爭也君子者射者爭中正鵠而已不同小人厲色援臂故曰其爭也君子○註孔曰言於射而後有爭○正義曰鄭註射義云飲射爵者亦揖讓而升降勝者袒決遂執張弓不勝者襲説決拾卻左手右加弛弓於其上而升飲君子恥之是以射則爭中是於射而後有爭○註王曰至相飲○正義曰云射於堂升及下皆揖讓而相飲者儀禮大射云耦進上射在左並行當階北面揖及階揖升堂揖皆當其物北面揖及物揖射畢北面揖揖如升射是射時升降揖讓也大射又云飲射爵之時勝者皆袒決遂執張弓不勝者皆襲説決拾卻左手右加弛弓於其上遂以執弣揖如始升射及階勝者先升升堂少右不勝者進北面坐取豐上之觶立卒觶坐奠於豐下興揖不勝者先降是飲射爵之時揖讓升降也○註馬曰多至所爭○正義曰云多筭飲少筭者筭籌也鄉射記曰箭籌八十長尺有握握素是也多筭謂勝者少筭謂不勝者勝飲不勝而相揖讓故曰君子之所爭也

桀紂之失天下（《孟子》）

［漢］趙岐註　［宋］孫奭疏

孟子曰桀紂之失天下也失其民也失其民者失其心也失其民之心則天下畔之簞食壺漿以迎武王之師是也得天下有道得其民斯得天下矣得其民有道得其心斯得民矣得其心有道所欲與之聚之所惡勿施爾也欲得民心聚其所欲而與之爾近也勿施行其所惡使民近則民心可得矣民之歸仁也猶水之就下獸之走壙也故爲淵敺魚者獺也爲叢敺爵者鸇也爲湯武敺民者桀與紂也今天下之君有好仁者則諸侯皆爲之敺矣雖欲無王不可得已民之思明君猶水樂就下獸樂廣野敺之則歸其所樂獺獱也鸇，土鸇也故云諸侯好爲仁者敺民若此也湯武行之矣如有則之者雖欲不王得也今之欲王者猶七年之病求三年之艾也苟爲不畜終身不得苟不志於仁終身憂辱以陷於死亡今之諸侯欲行王道而不積其德如至七年病而却求三年時艾當畜之乃可得以三年時不畜藏之至七年欲卒求之何可得乎艾可以爲灸人病乾久益善故以爲喻志仁者久行之不行則憂辱以陷死亡桀紂是也詩云其何能淑載胥及溺此之謂也詩大雅桑柔之篇淑善也載辭也胥相也刺時君臣何能爲善乎但相與爲沈溺之道也【疏】孟子曰桀紂至此之謂也○正義曰此章言水性趨下民樂歸仁桀紂敺使就其君三年之艾畜而可得一時欲仁猶將沈溺所以明鑒戒也孟子曰桀紂之失天下也至心也者孟子言桀紂失亡天下是失其民失其民乃是失其民之心也得天下有道至勿施爾也者言人君所以得天下有其道也得其民斯爲得天下矣所以得其民有道者得其民之心斯爲得民矣所以得其心有道在民欲而與之聚之民之所惡而勿施於民則近得其民心矣民之歸仁也至不可得已者言民之歸親於仁人之君如水之歸就於下獸之樂趨於廣野矣故爲淵而敺聚其魚而歸之淵者是獺爲之敺矣爲叢木而敺聚其爵而歸之叢者是鷹鸇爲之敺也爲湯王武王而敺聚其民而歸之湯武者是桀與紂也今夫天下爲之君者有能好行其仁政則天下之諸侯皆爲敺聚其民而歸之亦如獺爲淵敺魚鸇爲叢爵者而歸之矣如此雖欲不爲王不可得而不爲耳今之欲王者猶七年之病至於死亡者言今之國君欲爲王者如七年之病欲卒而求討三年之艾草也苟爲已前不積雖終身而死亦不得此三年之艾也若苟不志仁於久雖終一身憂辱亦以陷於死亡之地矣詩云其何能淑載胥及溺此之謂也蓋詩之大雅桑柔之篇文也蓋言何能爲之善乎但相與及其沈溺於患難也孟子所以言此者欲時君在於久行其仁不但欲爲之王然後乃行之耳○註獺獱也鸇土鸇也○正義曰案釋名云獺形如猫居水食魚者也獱獺之屬也鸇鷂之屬也能食鳥雀○詩大雅桑柔之篇○正義曰此詩蓋芮伯刺厲王之詩也

孟子曰自暴者不可與有言也自棄者不可與有爲也言非禮義謂之自暴也吾身不能居仁由義謂之自棄也言人尚自暴自棄何可與有言有爲仁人之安宅也義人之正路也曠安宅而弗居舍正路而不由哀哉曠空舍縱哀傷也弗由居是者是可哀傷也【疏】孟子曰至哀哉正義曰此章言曠仁舍禮自暴棄之道也孟子曰自暴者不可與有言自棄者不可與有爲也者孟子言人之有爲自暴者不可與之言議也有爲自棄者不可與之有所爲也言非禮義謂之自暴也吾身不能居仁由義謂之自棄也者此蓋孟子自解自暴自棄之言也仁人之安宅也至哀哉者孟子言仁道乃人之所安之宅舍也義乃爲人之正路也今有空曠其此宅而不安居之捨去此正路而不行之者是可得而哀傷之者也此孟子所以有是而言於當世也

至樂（《莊子》）

［晉］郭象註　［唐］成玄英疏

天下有至樂無有哉有可以活身者無有哉忘歡而後樂足樂足而後身存將以爲有樂耶而至樂無歡將以爲無樂耶而身以存而無憂○音樂洛【疏】此假問之辭也至極也樂歡也言環宇之中頗有至極歡樂可以養活身命者無有哉今奚爲奚據奚避奚處奚就奚去奚樂奚惡擇此八者莫足以活身唯無擇而任其所遇乃全耳○奚惡烏路反【疏】奚何也今欲行至樂之道以活身者當何所爲造何所依據何所避諱何所安處何所從就何所舍去何所歡樂何所嫌惡而合至樂之道乎此假設疑問下自曠顯夫天下之所尊者富貴壽善也所樂者身安厚味美服好色音聲也【疏】天下所尊重者無過富足財寶貴盛榮華壽命遐長善名令譽所歡樂者滋味爽口麗服榮身玄黄悦目宫商娱耳若得之者則爲據處就樂所下者貧賤夭惡也【疏】貧窮卑賤夭折惡名世間以爲下也所苦者身不得安逸口不得厚味形不得美服目不得好色耳不得音聲若不得者則大憂以懼其爲形也亦愚哉凡此失之無傷於形而得之有損於性今反以不得爲憂故愚【疏】凡此上事無益於人而流俗以不得爲苦既不適情遂憂愁懼慮如此修爲形體豈不甚愚痴夫富者苦身疾作多積財而不得盡用其爲形也亦外矣内其形者知足而已【疏】夫富豪之家勞神苦思馳騁身力多聚錢財積而不散用何能盡内其形者豈其如斯也夫貴者夜以繼日思慮善否其爲形也亦疏矣故親其形者自得於身中而已【疏】夫位高慮遠禄重憂深是以晝夜思量獻可替否勞形怵心無時暫息其爲形也不亦疏乎人之生也與憂俱生壽者惛惛久憂不死何苦也其爲形也亦遠矣夫遺生然後能忘憂忘憂而後生可樂生可樂而後形是我有富是我物貴是我榮也○惛音昏又音門【疏】夫稟氣頑痴生而憂戚雖復壽考而精神惛暗久憂不死翻成苦哉如此爲形豈非疏遠其于至樂不亦謬乎烈士爲天下見善矣未足以活身吾未知善之誠善邪誠不善邪若以爲善矣不足活身以爲不善矣足以活人善則適當故不周濟【疏】誠實也夫忠烈之士忘身循節名傳今古見善世間然未知此善是虚實善若實也不足以活身命善必虚也不應養活蒼生賴諫諍而太平此足以活人也爲忠烈而被戮此不足以活身也故曰忠諫不聽蹲循勿爭唯中庸之德爲然○蹲七旬反郭音存又趣允反循音旬又音脣爭爭鬭諍【疏】蹲循猶順從也夫爲臣之法君若無道宜以忠誠之心匡諫君若不聽即須蹲循休止若逆鱗强諍必遭刑戮也

蹇叔哭师（《左傳》）

冬晉文公卒庚辰將殯于曲沃出絳柩有聲如牛卜偃使大夫拜曰君命大事將有西師過軼我擊之必大捷焉杞子自鄭使告于秦曰鄭人使我掌其北門之管若潛師以來國可得也穆公訪諸蹇叔蹇叔曰勞師以襲遠非所聞也師勞力竭遠主備之無乃不可乎師之所爲鄭必知之勤而無所必有悖心且行千里其誰不知公辭焉召孟明西乞白乙使出師于東門之外蹇叔哭之曰孟子吾見師之出而不見其入也公使謂之曰爾何知中壽爾墓之木拱矣蹇叔之子與師哭而送之曰晉人禦師必於殽殽有二陵焉其南陵夏后皋之墓也其北陵文王之所辟風雨也必死是間余收爾骨焉秦師遂東

王孫圉論國之寶（《國語》）

王孫圉聘於晉定公饗之趙簡子鳴玉以相問於王孫圉曰楚之白珩猶在乎對曰然簡子曰其爲寶也幾何矣曰未嘗爲寶楚之所寶者曰觀射父能作訓辭以行事於諸侯使無以寡君爲口實又有左史倚相能道訓典以敘百物以朝夕獻善敗於寡君使寡君無忘先王之業又能上下説於鬼神順道其欲惡使神無有怨痛於楚國又有藪曰雲連徒洲金木竹箭之所生也龜珠角齒皮革羽毛所以備賦以戒不虞者也所以共幣帛以賓享於諸侯者也若諸侯之好幣具而導之以訓辭有不虞之備而皇神相之寡君其可以免罪於諸侯而國民保焉此楚國之寶也若夫白珩先王之玩也何寶之焉圉聞國之寶六而已明王聖人能制議百物以輔相國家則寶之玉足以庇蔭嘉穀使無水旱之災則寶之龜足以憲臧否則寶之珠足以禦火災則寶之金足以禦兵亂則寶之山林藪澤足以備財用則寶之若夫譁囂之美楚雖蠻夷不能寶也

通　論

第二十七節　訓詁學基礎

一、訓詁學有關術語

（一）訓詁

訓，就是解釋，就是把前代文獻中的字、詞、句等方面的不懂之處加以解釋。“訓”就是順，即把不通之處解釋通了。詁，就是解釋古代的語言，即解釋古書中的字、詞、句。“詁”就是古、故，即解釋古言、故言之義。“訓”的意思是著重使字、詞、句解釋通順，“詁”的意思是著重解釋古代書面語言的難詞難句；二者實際是相同的，都是解釋古代書面語言中的人們不易理解的字、詞、句，使當代人能讀懂讀通讀準確，因此古書注釋術語中“訓詁”二字經常連用。二字連用最早稱爲“故訓”，如漢毛亨《毛詩故訓傳》。其他漢代注釋著作多稱“訓故”。古、故、詁三字古代通用，因爲是指解釋語言，所以後代加言字旁成爲“詁”，但漢代注釋著作中很少見“詁”字。因此可知，解釋文獻中難懂的字、詞、句就叫訓詁。簡而言之，訓詁就是今天的注釋，古代叫訓詁，今天多叫注釋。“訓詁”二字後來變爲完全同義詞，不必分開解釋，它已變爲一個固定的術語，要當作一個不可分的概念理解。

（二）訓詁學

訓詁學可分爲古代的訓詁學和現代的訓詁學。古代的訓詁學，不是一個有理論有系統的學科，不是專門講理論的，而是非常具體的訓詁工作或注釋工作，它著重的是對某書、某字、某詞、某句的解釋與研究。現代的訓詁學，主要是指研究、探討、介紹、概述古代訓詁工作的規律和方法，如研究訓詁學的產生、發展，研究古代訓詁學著作、研究古代訓詁學家，總之它注重的是訓詁學理論的研究與介紹。現代學者注釋古書，是古代訓詁工作的繼承和發揚，不能完全代表現代訓詁學特色。我們初學者，首先要掌握的是概念性的訓詁學知識，多讀現代的訓詁學通論、概論一類的著作，最終目的是爲了讀懂古代的訓詁學著作，做好訓詁學工作的研究和發展。現代一般意義上講的訓詁、訓詁學，二者用法是相同的，都是指古代的訓詁工作及其相關知識。

（三）訓詁學與小學、語言文字學、文獻學的關係

小學在古代包括文字、訓詁、音韻三部分內容。學習經典文獻，必須識字（文字學）、斷義（訓詁學）、讀音（音韻學），相對經學來説，它處於次要地位，是學習經學的必備知識，因此稱爲小學。它在古代目錄學分類上（如把古書分爲經、史、子、集四大類），小學没有獨立的地位，而是附在經學之後，因此被稱爲經學的附庸。訓詁學只是小學的一部分内容，注重的是詞語的考證與解釋。

語言文字學，是近代西方科學文化特别是語言學理論傳入中國之後才産生的新名詞。語言文字學包括詞彙學、音韻學、文字學、語法學等。詞彙學、詞義學和語義學注重的是對現代語言資料的研究，與訓詁學有很大的不同。訓詁學的重點仍然是具體的訓詁實踐工作，是對古書中具體的一字一詞的考釋，這與高度理論化的詞彙學、詞義學、語義學有很大的差别。因此，現代的訓詁學仍然是古代的訓詁學，與現代的語言文字學不是一回事，它是一門與現代語言文字學有密切關係的獨立的學科。

文獻學是對目録學、版本學、校勘學、古書的流傳與真僞、古代典章制度等的考證，也包括小學方面的考證工作。訓詁學既可以算是文獻學的一部分，也可以與之並列。

二、訓詁的表現形式

訓詁的表現形式分爲兩種，一種是隨文注疏的訓詁著作，如《毛詩故訓傳》、《史記》三家注、顔師古《漢書注》、李賢《後漢書注》、楊倞《荀子注》、焦循《孟子章句》、朱熹《楚辭集注》等；二是訓詁學專著，如《爾雅》《方言》《釋名》《廣雅疏證》《説文通訓定聲》等。

三、訓詁的内容

訓詁的主要内容是解釋詞語，其次是考證典章制度、文字異同、譯寫句子等。隨文注疏的訓詁著作，如《十三經注疏》《皇清經解》《續皇清經解》等，都是根據上下文中詞的用法作出的解釋。隨文注疏的訓詁内容最主要的是對疑難字詞、語句的解釋，而且主要解釋實詞，其次是給字注音。

校勘也是訓詁工作的一個重要内容，一本書流傳久了，會出現多種版本，不同的版本有的地方的文字會有不同之處，特别是先秦兩漢文獻多是如此，這就需要判斷誰是誰非，這就是校勘。這種校勘需要訓詁學知識，因爲不同之處的形成原因，或者是一字異體，或者是同義詞互訓，或者是古今字對釋，或者是音近通假，或者是手抄訛誤。

解釋句意，譯寫句子，這也是訓詁的重要内容之一，但主要出現在清代訓詁著作中，如孫星衍《尚書今古文注疏》，對《尚書》中疑難句子用淺易的話翻譯一遍。

此外，説一段、一章、一節、一篇的大意，也是訓詁學的主要内容。但解釋詞的含義是最主要的内容。

四、訓詁方法

因爲釋詞是訓詁的重要内容，因此這裏講的訓詁方法主要是解釋詞義的訓詁方法。字詞無外乎形、音、義三個方面，因此，訓詁方法也就是形訓、義訓、聲訓。

（一）形訓

通過分析字形結構來解釋詞義的方法叫形訓，如《説文》："理：治玉也，从玉，里聲。"段玉裁注："《戰國策》：'鄭人謂玉之未理者爲璞。'是理爲剖析也。玉雖至堅，而治之得其鰓理以成器不難，謂之理。凡天下一事一物，必推其情至於無憾而後即安，是謂之天理，是謂之善理，此引申之義也。戴先生《孟子字義疏證》曰：'理者，在物之質曰肌理，曰腠理，曰文理；得其分則有條而不紊，謂之條理。'"

（二）義訓

直接解釋詞義的方法叫義訓。

1. 用同義詞、近義詞解釋詞義。如：

《詩經·大雅·雲漢》："倬彼雲漢，昭回於天。"鄭箋："昭，光也。"

《詩經·小雅·鹿鳴》："我有嘉賓，德音孔昭。"鄭箋："昭，明也。"

《詩經·大雅·文王》："文王在上，於昭於天。"毛箋："昭，見。"

2. 用下定義的方法解釋詞義。如：

《説文》："口，人所以言食也。"

《爾雅·釋鳥》："二足而羽謂之禽，四足而毛謂之獸。"

《詩經·王風·丘中有麻》："彼留之子，貽我佩玖。"毛傳："玖，石之次玉者。"陸德明《經典釋文》："玖，石之次玉黑色者。"

（三）聲訓

聲訓是通過詞與詞之間的聲韻關係推求詞義的方法，也叫音訓。這是訓詁中的重要方法，其主要作用是推求語源特别是名物制度的來源，另一個重要作用是通過音近音通的關係推求本字，闡明通假字。如：

《説文》："天，顛也。""顛，頂也。"

《釋名》："水，水波曰淪，倫，水文相次有倫理也。""倉，藏也，藏穀物也。"

以上是推求語源。

《詩經·豳風·七月》："七月食瓜，八月斷壺。"毛傳："壺，瓠也。"

《詩經・鄘風・蝃蝀》:"崇朝其雨。"毛傳:"崇,終也。"

以上是闡明假借,推求本字。

五、訓詁術語

(一)曰、爲、謂之

這三個術語用法相同,用來辨析意義相同、相近的詞,或表達同類事物詞義之間的區別,一般被解釋的詞位於該類術語後。如:

《論語・學而》:"有朋自遠方來,不亦樂乎?"鄭玄注:"同門曰朋,同志曰友。"

《爾雅・釋天》:"日出而風爲暴,風而雨土爲霾,陰而風爲曀。"

《爾雅・釋草》:"木謂之華,草謂之榮,不榮而實者謂之秀,榮皃不實者謂之英。"

"謂之"也寫作"爲之",也寫作"之謂"。

(二)謂

這個術語主要是用在以狹義釋廣義,以具體釋抽象等情況,一般被解釋的詞位於該術語前。

《論語・子罕》:"後生可畏。"何晏注:"後生,謂少年。"

《楚辭・離騷》:"恐美人之遲暮。"王逸注:"美人,謂懷王也。"

注意:"謂"與"謂之"的作用不同。

(三)言

該術語主要用來串講文意。如:

《詩經・小雅・采薇》:"憂心烈烈,載飢載渴。"鄭玄箋:"則飢則渴,言其苦也。"

"謂"釋詞義、字義,"言"釋文義、句義、章義。

(四)猶

"猶"的用法較多,主要有:

1. 解釋同義詞、近義詞。如:

《詩經・魏風・伐檀》:"置之河之側兮。"毛傳:"側,猶崖也。"

2. 解釋引申義。如:

《孟子・梁惠王上》:"老吾老以及人之老,幼吾幼以及人之幼。"趙岐注:"老,猶敬也;幼,猶愛也。"

3. 用來解釋古語。如:

《楚辭・九歌・雲中君》:"聊遨遊兮周章。"王逸注:"周章,猶周流也。"

4. 解釋借字、不常用字。如：

枚乘《七發》："浩唐之心。"李善注："唐，猶蕩也。"

（五）之言、之爲言

這兩個訓語一般用作聲訓、推求語源。如：

《孟子·盡心下》："征之爲言正也。"

《禮記·内則》："庸之言用也。"

有時也用來推求本字。如：

《詩經·召南·甘棠》："蔽芾甘裳，勿剪勿拜。"鄭箋："拜之言拔也。"

（六）讀爲、讀曰

這兩個術語主要用來説明通假，"讀爲"有時也用來説明讀音。如：

《詩經·衛風·氓》："隰則有泮。"鄭玄箋："泮讀爲畔。"

《漢書·高帝紀》："公巨能入乎？"顏師古注："巨讀曰詎，詎猶豈也。"

（七）讀若、讀如

這兩個術語主要用於注明讀音。如：

《説文》："噲，咽也。从口會聲。或讀若快。"

《禮記·少儀》："祭祀之美，各各皇皇。"鄭玄注："皇，讀如'歸往'之'往'。"

（八）貌、之貌

這兩個術語是用來解釋形容詞的。如：

《詩經·邶風·谷風》："行道遲遲，心中有違。"毛傳："遲遲，舒行貌。"

（九）辭、詞、語助、語詞

這幾個術語主要用來解釋虚詞。如：

《詩經·周南·漢廣》："漢之廣矣，不可泳思。"毛傳："思，辭也。"

思考與練習八

一、解釋下列句子中加點詞的意義。

1. 癸酉師陳於鞌。
2. 郤克傷於矢，流血及屨。
3. 曰余病矣。
4. 豈敢言病，吾子忍之。
5. 自始合，苟有險，余必下推車。
6. 此車一人殿之，可以集事。

7. 擐甲執兵，固即死也。

8. 左并轡，右援枹而鼓。

9. 蘇秦之在燕也與其相子之爲婚。

10. 子之因遺蘇代百金。

11. 子之南面行王事，而噲老不聽政。

12. 不介馬而馳之。

13. 王因收印，自三百石吏而效之子之。

二、依據古注將《齊晉鞌之戰》《燕王噲既立》《君子無所爭》《桀紂之失天下》《至樂》五篇譯成現代漢語。

三、熟讀文選白文《蹇叔哭师》《王孫圉論國之寶》两篇，并爲其加上標點。

四、認真熟讀下列古文，並翻譯成現代漢語。用自己的語言概括其論述的道理。解釋單列出來的詞。

古文一：

上古之世，人民少而禽獸衆，人民不勝禽獸蟲蛇。有聖人作，構木爲巢以避羣害，而民説之，使王天下，號之曰有巢氏。民食果蓏蚌蛤，腥臊惡臭而傷害腹胃，民多疾病。有聖人作，鑽燧取火以化腥臊，而民説之，使王天下，號之曰燧人氏。中古之世，天下大水，而鯀禹決瀆。近古之世，桀紂暴亂，而湯武征伐。今有構木鑽燧於夏后氏之世者，必爲鯀禹笑矣；有決瀆於殷周之世者，必爲湯武笑矣。然則今有美堯、舜、湯、武、禹之道於當今之世者，必爲新聖笑矣。是以聖人不期脩古，不法常可，論世之事，因爲之備。

——選自《韓非子·五蠹》

（1）作：

（2）王：

（3）臭：

（4）説：

（5）后：

（6）爲：

（7）美：

（8）期：

（9）脩：

（10）常可：

（11）論：

古文二：

堯之王天下也，茅茨不翦，采椽不斫，糲粢之食，藜藿之羹；冬日麑裘，夏日葛衣；雖監門之服養不虧於此矣。禹之王天下也，身執耒臿以爲民先，股無胈，脛不生毛，雖臣虜之勞不苦於此矣。以是言之，夫古之讓天子者是去監門之養而離臣虜之勞也，故傳天下而不足多也。今之縣令，一日身死，子孫累世絜駕，故人重之。是以人之於讓也，輕辭古之天子，難去今之縣令者，薄厚之實異也。夫山居而谷汲者，膢臘而相遺以水；澤居苦水者，買庸而決竇。故饑歲之春，幼弟不饟；穰歲之秋，疏客必食。非疏骨肉愛過客也，多少之心異也。是以古之易財，非仁也，財多也；今之爭奪，非鄙也，財寡也。輕辭天子，非高也，勢薄也；重爭土橐，非下也，權重也。故聖人議多少、論薄厚爲之政。故罰薄不爲慈，誅嚴不爲戾，稱俗而行也。故事因於世，而備適於事。

——選自《韓非子·五蠹》

（1）翦：

（2）采：

（3）糲粢：

（4）麑：

（5）葛：

（6）臿：

（7）胈：

（8）以是：

（9）多：

（10）一日：

（11）累世：

（12）絜：

（13）辭：

（14）實：

（15）山居：

（16）谷汲：

（17）膢臘：

（18）遺：

（19）饟：

（20）穰歲：

（21）易財：

（22）勢：

（23）士：
（24）橐：
（25）議：
（26）論：
（27）戾：
（28）稱：
（29）因：

第九單元

文　選

毛穎傳（韓愈）

【介紹】韓愈（768—824），字退之，唐朝鄧州南陽（今河南省修武）人。因昌黎（今河北省昌黎）韓氏爲望族，常自稱“昌黎韓愈”，所以後世又稱之爲“韓昌黎”。二十五歲（唐德宗八年）中進士，二十九歲被宣武節度使董晉徵爲判官，開始做官。貞元十九年（803）任監察御史時，因上書請求緩徵關中災區的徭役賦税，得罪京兆尹李實，被貶爲陽山（今廣東省陽山）令。唐憲宗時被召回朝廷。元和十四年（819）任刑部侍郎時，因諫迎佛骨，觸怒憲宗，貶爲潮州（今廣東省潮州）刺史，再移袁州（今江西省宜春）刺史。唐穆宗時累官至吏部侍郎。卒謚“文”，世稱“韓文公”。韓愈是唐代著名的文學家，是“古文運動”的倡導者，“唐宋八大家”之首。他主張繼承先秦兩漢樸質流暢的散文傳統，反對六朝以來的駢儷文風。他的文章氣勢雄勁，條理暢達，語言精練。他是司馬遷以後文學史上傑出的散文家，對當時文壇和後世散文的發展都有巨大影響。其作品現存《韓昌黎集》四十卷，由宋廖瑩中輯注，明徐世泰整理。

【説明】本篇選自《韓昌黎文集校注》。毛穎，即毛筆。作者韓愈爲毛筆立傳，並鄭重其事地將它當成歷史人物來寫，採用史家筆調，考證其世系，歷述其生平，並借用《史記》“太史公曰”的論贊方式加以評價，構思奇特，寓莊於諧，語言詼諧幽默。

毛穎者，中山人也[1]。其先明眎，佐禹治東方土，養萬物有功，因封於卯地，死爲十二神[2]。嘗曰：“吾子孫神明之後，不可與物同，當吐而生[3]。”已而果然。明眎八世孫𩡧，世傳當殷時居中山，得神仙之術，能匿光使物[4]，竊姮娥，騎蟾蜍入月，其後代遂隱不仕云[5]。居東郭者曰㕙，狡而善走，與韓盧爭能，盧不及，盧怒，與宋鵲謀而殺之，醢其家[6]。

【注釋】

［1］毛穎：這裏喻指毛筆。毛，兔毛。穎，尖端。古時以兔子的毫毛製筆，筆端尖細，有鋒穎，故作者以“毛穎”作毛筆的姓名，用擬人化手法爲之作傳。中山：山名，又名獨山，在今江蘇省溧水。唐時溧水屬宣州（治所在今安徽省宣州）。《元和郡縣志》：“江南道宣州溧水縣中山，在縣東南一十五里，出兔毫，爲筆精妙。”明李詡《戒庵漫筆·筆墨》：“中山非晉，乃唐宣州中山也。宣州自唐來多擅名筆。”一説爲戰國時國名，在今河北省定縣，後爲趙國所滅。此地所出的兔毫最宜製筆。

［2］明眎（shì）：原爲古代祭宗廟所用兔的特稱，後用爲兔的别名。《禮記·曲禮下》：“凡祭宗廟之禮，……兔曰明眎。”孔穎達疏：“兔曰明視者，兔肥則目開而視明也。”眎，同“視”。“佐禹”四句：古代有以十二地支與十二生肖相配的説法，兔與十二地支相配爲“卯”，故曰“封於卯地”。以十二地支配方位，卯配東方，故曰“佐禹治東方土”。四季中，春的位置在東方，春生萬物，故曰“養萬物有功”。古代又有神化十二生肖所屬十二種動物的説法，故曰“死爲十二神”。

［3］吐而生：古代傳説兔子是從口中生出來的。《論衡·奇怪》：“兔吮毫而懷子，及其子生，從口而出。”

［4］䨲（nòu）：兔子。《廣雅·釋獸》：“䨲，兔子。”匿光：隱身於陽光之下，使人不得而見，指隱形之類的障眼法。使物：指把丹沙化爲黄金的神仙術。《史記·封禪書》記載李少君“能使物，卻老”，“少君言上（指漢武帝）曰：‘祠竈則致物，致物而丹沙可化爲黄金，黄金稱以爲飲食器則益壽。’”

［5］“竊姮（héng）娥”二句：姮娥，亦作“嫦娥”，羿之妻。《淮南子·冥覽訓》：“羿請不死之藥於西王母，姮娥竊以奔月。”屈原《天問》和《淮南子·説林訓》中載有蟾蜍和兔的神話故事。該二句似爲在上述神話故事基礎上的虚構想像之辭。

［6］“居東郭”句：西漢劉向《新序·雜事》云：“昔者齊有良兔曰東郭㕙，蓋一旦而走五百里。”東郭：東城外。郭：外城。㕙（jùn）：兔名。狡：健捷。韓盧：古代韓國良犬名，又名韓子盧、韓國盧。張華《博物志》卷四：“韓國有黑犬名盧。”《戰國策·齊策三》云：“韓子盧者，天下之疾術也。東郭者，海内之狡兔也。韓子盧逐東郭㕙，環山者三，騰山者五，兔極於前，犬廢於後。”宋鵲：古代宋國良犬名。《禮記·少儀》鄭玄注：“若韓盧、宋鵲之屬。”醢（hǎi）其家：把㕙一家剁成醬。醢，剁成肉醬。

秦始皇時，蒙將軍恬南伐楚，次中山，將大獵以懼楚，召左右庶長與軍尉，以《連山》筮之，得天與人文之兆[1]。筮者賀曰："今日之獲，不角不牙，衣褐之徒，缺口而長鬚，八竅而趺居，獨取其髦，簡牘是資[2]。天下其同書，秦其遂兼諸侯乎！"遂獵，圍毛氏之族，拔其豪，載穎而歸，獻俘於章臺宫，聚其族而加束縛焉[3]。秦皇帝使恬賜之湯沐，而封諸管城，號曰管城子，日見親寵任事[4]。

【注釋】

［1］蒙將軍恬：即蒙恬，秦國大將，相傳他是毛筆的發明者。《博物志》："蒙恬造筆。"次：駐紮。"將大獵"句：謂要通過大規模的狩獵來製造聲勢，藉以威脅楚國。"召左右"句：左右庶長，爵位名。秦爵位共二十級，左庶長爲第十級，右庶長爲第十一級。軍尉：秦國軍官名。《連山》：古代講占卦的書。相傳夏代有《連山》，商代有《歸藏》，周代有《周易》，共稱《三易》。筮（shì）：用蓍草占卦。"得天"句：得到自然與人事的徵兆。

［2］衣褐（hè）之徒：穿粗麻布衣服的普通百姓。兔子身上有短毛，故云"衣褐之徒"。褐，用粗麻布做成的衣服，古時平民所穿。八竅：兔身只有八個孔。趺（fū）居：盤足蹲坐，兔子坐時的姿勢。趺，同"跗"，脚背，此指脚。居，同"踞"，蹲。髦（máo）：毛中之長毫，又指人中之俊傑之士，是雙關語。《爾雅・釋言》注："士中之俊如毛中之髦。"

［3］拔：攻取，此指俘虜，又語意雙關，作"拔取"解。豪：豪帥，頭目。又通"毫"，指兔子身上長而尖硬的毫毛。束縛：雙關語，既指管束，又指將兔毫捆束起來製成毛筆。

［4］湯沐：雙關語，既指沐浴，又指用熱水洗淨毫毛，再製成筆。管城：周文王子管叔封地，在今河南省鄭州。又指用毫毛製成筆頭後，再插入用竹筒做的筆桿，即成毛筆，也是雙關語。

穎爲人，强記而便敏，自結繩之代以及秦事，無不纂錄。陰陽、卜筮、占相、醫方、族氏、山經、地志、字書、圖畫、九流、百家、天人之書，及至浮屠、老子、外國之説，皆所詳悉[1]。又通於當代之務，官府簿書、市井貸錢注記，惟上所使。自秦皇帝及太子扶蘇、胡亥、丞相斯、中車府令高，下及國人，無不愛重。又善隨人意，正直、邪曲、巧拙，一隨其人；雖見廢棄，終默不泄[2]。惟不喜武士，然見請亦時往。累拜中書令，與上益狎，上嘗呼爲"中書君"[3]。上親決事，以衡石自程[4]，雖官人不得立左右，獨穎與執燭者常侍。上休方罷，穎與絳人陳玄、弘農陶泓及會稽褚先生友善，相推致，其出處必偕[5]。上召穎，三人者，不待詔輒俱往，上未嘗怪焉。

【注釋】

［1］陰陽：研究陰陽變化、曆法方面的書。占相：指占卦和相面的書。九流：指九個學術流派，據《漢書·藝文志》所載爲儒家、道教、陰陽家、法家、名家、墨家、縱橫家、雜家、農家。一説九流指各種學術流派，九指多數。浮屠："佛"的另一音譯，此指佛教經典。老子：道家的創始人，此指道教經典。

［2］廢棄：雙關語，既指廢退不再任用，又指毛筆秃了被棄去。

［3］累拜：依次升官。中書令：官名，主管文書奏章，後掌機密，並代皇帝草擬詔書。此亦爲雙關語，實指適宜於書寫。狎（xiá）：親近而不莊重。

［4］衡石自程：每天批閲公文的重量以一百二十斤爲指標，不滿此指標不休息。《史記·秦始皇本紀》："天下之事無大小，皆決於上，上至以衡石量書，日夜有呈，不中呈不得休息。"衡，秤，此處指用秤來稱重量。石，古代的重量單位，以一百二十斤爲一石。程：限度，此指重量指標。

［5］絳人陳玄：指墨。唐代絳州（今山西省新絳）產墨，故稱"絳人"。墨以陳久者爲佳，玄指黑色，故稱"陳玄"。弘農陶泓：這裏指硯。唐代虢州弘農郡（今河南省靈寶）產瓦硯，故稱"弘農"。硯燒陶土製成，泓指水深貌，硯能容水，故稱"陶泓"。會稽褚（chǔ）先生：這裏指紙。唐代會稽（今浙江省紹興）盛產紙，故稱"會稽"。古時以楮樹皮造紙，"楮"諧音褚，故稱"褚先生"。相推致：互相推許引薦。出處：雙關語，既指出仕或退隱，又實指筆、墨、硯、紙的被用或不被用。必偕：必定在一起。

後因進見，上將有任使，拂拭之，因免冠謝[1]。上見其髮秃，又所摹畫不能稱上意，上嘻笑曰："中書君，老而秃，不任吾用。吾嘗謂君中書，君今不中書邪[2]？"對曰："臣所謂盡心者[3]。"因不復召，歸封邑，終於管城。其子孫甚多，散處中國夷狄，皆冒管城；惟居中山者，能繼父祖業。

太史公曰[4]：毛氏有兩族：其一姬姓，文王之子，封於毛，所謂魯衛毛聃者也，戰國時有毛公、毛遂[5]；獨中山之族不知其本所出，子孫最爲蕃昌。《春秋》之成，見絶於孔子，而非其罪[6]。及蒙將軍拔中山之豪，始皇封諸管城，世遂有名，而姬姓之毛無聞。穎始以俘見，卒見任使，秦之滅諸侯，穎與有功，賞不酬勞，以老見疏，秦真少恩哉！

【注釋】

［1］免冠謝：雙關語，既指脱帽謝罪，又實指脱去筆帽。

［2］髮秃：既指年老頭髮脱落，又實指毛筆用久筆毛磨秃。中書：雙關語，既指官名，又作“適宜書寫”解。

［3］盡心：雙關語，既指竭盡心力，又指筆心用盡。

［4］太史公曰：司馬遷自稱“太史公”，在《史記》人物傳記的篇末通過“太史公曰”對人物進行評論，這裏仿效《史記》的體例。

［5］文王之子封於毛：指周文王的第八個兒子名鄭的封於毛。毛，周初所封諸侯國名，故址在今河南省宜陽。毛公：趙人，信陵君的門客，秦兵攻魏時，曾與薛公共勸信陵君歸魏國救援，擊敗秦兵，事見《史記・魏公子列傳》。毛遂：趙人，平原君的門客，秦圍邯鄲，平原君到楚求救，他自薦同往，説服楚王出兵救趙，事見《史記・平原君虞卿列傳》。

［6］“《春秋》”三句：謂《春秋》寫成之後，毛筆被孔子廢絶不用，並不是筆的過錯。孔子作《春秋》，杜預説“《春秋》絶筆於獲麟”，此事發生在魯哀公十四年，故云。

鈷鉧潭西小丘記（柳宗元）

【介紹】柳宗元（773—819），字子厚，唐代傑出的文學家和著名的思想家。因他祖籍河東（今山西省永濟），所以後人稱他“柳河東”；又因他晚年曾任柳州刺史，所以又稱“柳柳州”。貞元九年（793）中進士。貞元十九年由藍田尉拜監察御史，永貞元年（805）升任禮部員外郎。他當時參加了主張革新政治的王叔文集團，并且是該集團的重要成員。不久唐憲宗即位，革新運動失敗，王叔文被殺，柳宗元被貶爲永州（今湖南省零陵）司馬。十年後調任柳州刺史。四年後病逝於柳州。柳宗元是古文運動的倡導者之一。由於遭到沉重的政治迫害，長期過着貶謫生活，這使他有機會深入社會，接觸下層人民，因而寫出了許多揭露政治黑暗、反映民衆疾苦的作品。柳宗元的文章有很高的藝術性。他的山水遊記清新流暢；寓言小品精巧辛辣；説理散文結構謹嚴，氣勢雄渾；詩歌作品格調清朗，感情真摯，具有獨特風格。

柳宗元的作品由劉禹錫編成集子。後世較流行的有宋廖瑩中編注的《柳河東集》和蔣之翹輯注的《柳河東集》。

【説明】本篇選自《柳河東集》。本文寫於永和四年（809），是作者被貶永州時期所作的系列山水遊記——“永州八記”之一。文中記述了作者遊覽鈷姆潭西小山的情景。作者用形象化的手法寫出了小丘的奇麗景色，“漱滌萬物，牢籠百態”，更在對小丘地處深山無人問津的感慨中，寄寓作者懷才不遇、被貶蠻荒的抑鬱不平。

得西山後八日，尋山口西北道二百步，又得鈷鉧潭[1]。潭西二十五步，當湍而浚者爲魚梁[2]。梁之上有丘焉，生竹樹。其石之突怒偃蹇負土而出爭爲奇狀者，殆不可數[3]。其嶔然相累而下者，若牛馬之飲於溪[4]；其衝然角列而上者，若熊羆之登於山[5]。

【注釋】

［1］得：尋得，發現。西山：在永州城（今湖南省零陵）西。據柳宗元《始得西山宴遊記》，永和四年（809）九月二十八日，柳宗元發現了景色奇特的西山。尋：沿着。道：動詞，指行走。步：古代五尺爲一步。鈷鉧（gǔmǔ）潭：潭名。鈷鉧，熨斗，潭的形狀像熨斗，故名。

［2］湍（tuān）：指水流很急。浚（jùn）：指水很深。魚梁：阻水的堰，中間有缺口，用來放置捕魚的工具笱（gǒu），以便捕魚。

［3］突怒：形容石頭突起聳立。偃蹇（yǎnjiǎn）：形容山石盤曲起伏、橫臥直起

之態。負土：背着土，比擬石上有土。殆：幾乎。

[4] 嶔（qīn）然：高聳的樣子。累：疊。下：下伸。

[5] 衝然：向上、向前的樣子。角列：像獸角一樣排列。羆：即棕熊，熊的一種，軀體較大。

丘之小不能一畝，可以籠而有之[1]。問其主，曰："唐氏之棄地，貨而不售[2]。"問其價，曰："止四百[3]。"余憐而售之[4]。李深源、元克己時同遊，皆大喜，出自意外[5]。即更取器用，鏟刈穢草，伐去惡木，烈火而焚之[6]。嘉木立，美竹露，奇石顯。由其中以望，則山之高，雲之浮，溪之流，鳥獸之遨遊，舉熙熙然迴巧獻技，以效兹丘之下[7]。枕席而臥，則清泠之狀與目謀，瀯瀯之聲與耳謀，悠然而虚者與神謀，淵然而静者與心謀[8]。不匝旬而得異地者二，雖古好事之士，或未能至焉[9]。

【注釋】

[1] 不能：不足，不夠。籠：名詞用如動詞，用籠子裝下。

[2] 貨：出賣。售：賣出去。

[3] 止四百：只要四百文錢。省略了貨幣單位"文"。止：衹。

[4] 憐：喜愛。售之：使它賣出去。售：這裏是買下的意思。

[5] 李深源、元克己：皆是柳宗元的朋友，生平不詳。

[6] 更：輪流更替。鏟刈穢草：鏟平割除雜草。刈，割。烈火：燃起烈火。烈，火勢猛烈，使動用法。

[7] 其中：指小丘上。以：連詞，可不譯。山之高：山峰高聳。之，用於主謂之間，取消句子獨立性。下面三個"之"，用法同此。舉：全部。熙熙然：快樂的樣子。迴：運轉、施展。效：呈現。

[8] 枕席：用作動詞，鋪設枕席。清泠（líng）：形容景色清爽、明静。與目謀：同眼睛接觸，即映入眼中。瀯瀯（yíng）：溪水回流的聲音。悠然而虚者與神謀：悠遠而虚無的天空，讓人心曠神怡。神，精神、靈魂。淵然而静者與心謀：幽深寂静的處境與我的心意相合。淵然：幽深的樣子，指小丘在山林深處。心：心意。

[9] 匝旬：滿十天。匝：周、滿。得異地者二：兩次尋得奇異的山水。好事之士：喜歡遊覽之事的人。至焉：達到這種地步。

噫！以兹丘之勝，致之澧、鎬、鄠、杜，則貴游之士爭買者，日增千金而愈不可得[1]。今棄是州也，農夫漁父過而陋之，賈四百，連歲不能售[2]。而我與深源、克己獨喜得之，是其果有遭乎[3]？書於石，所以賀茲丘之遭也。

【注釋】

[1] 勝：秀美的景色。灃、鎬、鄠（hù）、杜：四地都是唐代都城長安郊外官僚貴族居住的地方。灃：通“酆”，周文王的都城，在今陜西省户縣東。鎬：周武王在此建都，在今陜西省西安西南。鄠：縣名，漢代上林苑建於此，在今陜西省户縣。杜：杜陵縣，在今陜西省西安東南。貴游之士爭買者：喜歡遊覽的人士爭搶購買的情況。千金：一千斤金，這裏是形容價格之高。

[2] 漁父：漁翁。陋之：意動用法，以爲醜陋。賈：後寫作“價”，價格。

[3] 是其果有遭乎：這大概是真的有了好機遇吧！其：表推測語氣。遭：遇，指好的遭遇。

與高司諫書（歐陽修）

【介紹】歐陽修（1007—1072），字永叔，號醉翁，晚年自稱六一居士，北宋廬陵（今江西省吉安）人。仁宗天聖八年（1030）中進士，慶曆初任諫官，正直敢言。他站在革新派范仲淹一邊，主張改革時政，減輕人員負擔，受到守舊派呂夷簡等人的排擠和打擊，因此屢遭貶謫。累官至樞密副使、參知政事。晚年趨於保守，反對王安石變法，辭官退隱。卒謚文忠。歐陽修是北宋文學革新運動的領袖，爲文師宗韓愈，提倡"明道""致用"的古文，極力反對當時華而不實的靡麗文風。他積極培養後進，在他的獎掖下，三蘇、曾鞏、王安石此起彼應，推動了文學革新運動的蓬勃發展。歐陽修的散文、詩詞都有很高的成就，尤其是他的散文具有平易暢達、委曲婉轉的獨特風格，對後世影響很大。他的作品很多，現存的有《歐陽文忠公集》《新五代史》《新唐書》(與宋祁合撰)。

【説明】本篇選自《歐陽文忠公集》。北宋仁宗景祐三年（1036），范仲淹因爲多次上書指斥宰相呂夷簡，被貶爲饒州知府。身爲左司諫的高若訥不但不加救護，反而私下詆毀范仲淹。歐陽修怒不可遏，便寫了這封信痛斥高若訥。後來高若訥將此信上奏仁宗，歐陽修因此被貶爲夷陵令。在這封書信中，作者反話正説，邏輯嚴密，條分縷析，將高若訥的虛僞、諂媚揭露無遺，行文靈活多變，措辭犀利，氣盛言宜，痛快淋漓，由此可見作者的勇敢正直。

修頓首再拜白司諫足下[1]。某年十七時，家隨州，見天聖二年進士及第榜，始識足下姓名[2]。是時予年少，未與人接，又居遠方，但聞今宋舍人兄弟與葉道卿、鄭天休數人者，以文學大有名，號稱得人[3]。而足下廁其間，獨無卓卓可道説者，予固疑足下不知何如人也[4]。其後更十一年，予再至京師，足下已爲御史裏行，然猶未暇一識足下之面，但時時於予友尹師魯問足下之賢否，而師魯説足下正直有學問，君子人也，予猶疑之[5]。夫正直者不可屈曲，有學問者必能辨是非，以不可屈之節，有能辨是非之明，又爲言事之官，而俯仰默默，無異衆人，是果賢者耶？此不得使予之不疑也。自足下爲諫官來，始得相識，侃然正色，論前世事，歷歷可聽，褒貶是非，無一謬説[6]。噫！持此辯以示人，孰不愛之？雖予亦疑足下真君子也。是予自聞足下之名及相識，凡十有四年，而三疑之。今者推其實跡而較之，然後決知足下非君子也。

【注釋】

［1］司諫：官名。唐時諫官有拾遺、補闕。宋太宗時改補闕爲司諫。足下：古時同輩相稱的敬詞。

［2］隨州：今湖北省隨縣。天聖二年：1024年。天聖，宋仁宗年號。

［3］宋舍人兄弟：指宋庠、宋祁兄弟，均爲北宋學者。舍人，官名。隋唐時爲撰詔誥的專官，宋仍有中書舍人之名，但實不任職。葉道卿：即葉清臣，曾官翰林學士。鄭天休：名戩，官至樞密副使，節度使，二人皆爲北宋名臣。

［4］廁：置身其中。卓卓：突出的樣子。

［5］御史裏行：官名。裏行，唐宋時官稱，非正官，無定員。尹師魯：尹洙，字師魯。與范仲淹、歐陽修等人爲至友。曾官起居舍人，後貶監唐州酒稅。

［6］侃然：正直、剛毅的樣子。

前日范希文貶官後，與足下相見於安道家，足下詆誚希文爲人[1]。予始聞之，疑是戲言；及見師魯，亦説足下深非希文所爲，然後其疑遂決。希文平生剛正，好學通古今，其立朝有本末，天下所共知，今又以言事觸宰相得罪。足下既不能爲辨其非辜，又畏有識者之責己，遂隨而詆之，以爲當黜[2]。是可怪也。夫人之性，剛果懦軟，稟之於天，不可勉强，雖聖人亦不以不能責人之必能。今足下家有老母，身惜官位，懼飢寒而顧利禄，不敢一忤宰相以近刑禍，此乃庸人之常情，不過作一不才諫官爾。雖朝廷君子，亦將閔足下之不能，而不責以必能也[3]。今乃不然，反昂然自得，了無愧畏，便毁其賢，以爲當黜，庶乎飾己不言之過。夫力所不敢爲，乃愚者之不逮；以智文其過，此君子之賊也[4]。

【注釋】

［1］范希文：范仲淹，字希文。詆誚（dǐqiào）：指責嘲弄，譭謗譏諷。

［2］黜（chù）：降職或罷免。

［3］閔：通“憫”。

［4］以智文其過：用智巧來文飾自己的罪過。此君子之賊也：判斷句。

且希文果不賢邪？自三四年來，從大理寺丞至前行員外郎，作待制日，日備顧問，今班行中無與比者[1]。是天子驟用不賢之人[2]？夫使天子待不賢以爲賢，是聰明有所未盡。足下身爲司諫，乃耳目之官，當其驟用時，何不一爲天子辨其不賢，反默默無一語，待其自敗，然後隨而非之[3]？若果賢邪，則今日天子與宰相以忤意逐賢人，足下不得不言。是則足下以希文爲賢，亦不免責；以爲不賢，亦不免責。大抵罪在默默爾。

昔漢殺蕭望之與王章，計其當時之議，必不肯明言殺賢者也，必以石顯、王鳳爲忠臣，望之與章爲不賢而被罪也。今足下視石顯、王鳳果忠邪，望之與章果不賢邪[4]？當時亦有諫臣，必不肯自言畏禍而不諫，亦必曰當誅而不足諫也。今足下視之，果當誅邪？是直可欺當時之人，而不可欺後世也。今足下又欲欺今人，而不懼後世之不可欺邪？况今之人未可欺也。

【注釋】

［1］大理寺丞：大理寺掌司法，有卿、少卿、丞、評事、主簿等官職。前行員外郎：前行，唐宋時，尚書省六部分爲前行、中行、後行三等，以兵部、吏部爲前行。員外郎，本是正員之外的官職。唐以後，各部均設員外郎，位在郎中之下。待制：宋代於各殿閣皆設待制之官，備顧問之用，位次於直學士。班行：班次，行列。此指同列。

［2］驟用：破格任用。

［3］耳目之官：古代掌管監察、執法、諫議的官吏，是皇帝的耳目，故稱爲耳目之官。非：責難。

［4］昔漢殺蕭望之與王章：蕭望之，字長倩，漢元帝時受宣帝遺詔輔政。他反對宦官干政，請求撤换弘恭、石顯的中書令，結果被宦官弘恭、石顯誣陷，後下獄，飲鴆自殺。王章，字仲卿，漢成帝時爲諫大夫、京兆尹，正直敢言。當時帝舅大將軍王鳳領尚書事，專權用事，王章奏言王鳳專權，以“大逆”罪死於獄中。

伏以今皇帝即位已來，進用諫臣，容納言論。如曹修古、劉越，雖歿猶被褒稱[1]。今希文與孔道輔，皆自諫諍擢用[2]。足下幸生此時，遇納諫之聖主如此，猶不敢一言，何也？前日又聞御史臺榜朝堂，戒百官不得越職言事，是可言者惟諫臣爾[3]。若足下又遂不言，是天下無得言者也。足下在其位而不言，便當去之，無妨他人之堪其任者也。昨日安道貶官，師魯待罪[4]，足下猶能以面目見士大夫，出入朝中稱諫官，是足下不復知人間有羞恥事爾！所可惜者，聖朝有事，諫官不言，而使他人言之。書在史册，他日爲朝廷羞者，足下也。

《春秋》之法，責賢者備[5]。今某區區猶望足下之能一言者[6]，不忍便絶足下，而不以賢者責也。若猶以謂希文不賢而當逐，則予今所言如此，乃是朋邪之人爾。願足下直攜此書於朝，使正予罪而誅之，使天下皆釋然知希文之當逐，亦諫臣之一效也。

前日足下在安道家，召予往論希文之事。時坐有他客，不能盡所懷。故輒布區區，伏惟幸察。不宣。修再拜。

【注釋】

[1] 曹修古：字述之。仁宗時爲殿中侍御史，以“遇事輒言”著稱。劉越：字子長。曾任秘書丞，有能名。

[2] 孔道輔：字原魯。爲左正言（諫官），初命之日，即彈劾曹利用、羅重勳竊弄權柄。遷御史中丞。擢用：提拔任用。

[3] 戒百官不得越職言事：景祐三年（1036），范仲淹遭貶後，御史韓縝上奏，請以范仲淹朋黨榜於朝堂，戒百官有越職言事者，從之。

[4] 安道貶官，師魯待罪：范仲淹落職貶知饒州後，集賢院校理余靖上言：“仲淹以刺譏大臣，重加譴謫，倘其言未合聖慮，在陛下聽與不聽耳。安可以爲罪乎？……陛下自親政以來，屢逐言事者，恐鉗天下口，請改前命。”因被貶爲監筠州酒稅。館閣校勘尹洙上疏曰：“仲淹忠亮有素，臣與之義兼師友，則是仲淹之黨也，臣不可苟免！”亦貶監郢州酒稅。

[5] 春秋之法二句：孔子著《春秋》的義法，對於賢者求其全備。

[6] 區區：懇切、專一的意思。

潮州韓文公廟碑（蘇軾）

【介紹】蘇軾（1037—1101），字子瞻，號東坡居士，眉州眉山（今四川省眉山）人。宋仁宗嘉祐二年（1057）中進士，曾任鳳翔府簽判、開封府推官等職。宋神宗熙寧年間，因與王安石政見不合，出任杭州通判，後歷知密州、徐州、湖州，因作詩有“竊議時政”之語，被彈劾下獄，出獄後貶謫黄州（今湖北省黄岡）團練副使。宋哲宗即位後，司馬光執政，蘇軾累遷翰林學士，官至禮部尚書。宋哲宗紹聖元年（1094），新黨再度執政，蘇軾重被貶謫惠州（今廣東省惠州）、儋州（今海南省儋州）。直到1100年宋徽宗即位，才被赦北還，次年卒於常州，謚文忠。蘇軾是中國文學史上著名的文學家，他在許多方面都有傑出的成就。他的散文縱橫奔放，明白暢達；詩作清新豪健，飄逸不羣。他是豪放詞派的創始人，詞作與辛棄疾齊名。蘇軾也是宋代有名的書畫家，擅長行書、楷書，喜歡畫竹，追求“詩中有畫，畫中有詩”的藝術造詣。他的作品現存有《東坡全集》《東坡志林》等。

【説明】本篇選自《苏軾文集》。韓愈曾被貶潮州刺史，死後謚號“文”，故世稱“韓文公”。韓愈不僅是文章大家，正直品行亦爲後人所稱頌，此文是蘇軾在元祐七年（1092）所作，對韓愈一生的文、道、忠、勇給予極高的評價和熱情的稱頌，文章勁健雄渾。

匹夫而爲百世師，一言而爲天下法[1]。是皆有以參天地之化，關盛衰之運[2]。其生也有自來，其逝也有所爲。故申呂自嶽降，傅説爲列星，古今所傳，不可誣也[3]。孟子曰：“吾善養吾浩然之氣[4]。”是氣也，寓於尋常之中，而塞乎天地之間。卒然遇之，則王、公失其貴，晉、楚失其富，良、平失其智，賁、育失其勇，儀、秦失其辯，是孰使之然哉[5]？其必有不依形而立，不恃力而行，不待生而存，不隨死而亡者矣。故在天爲星辰，在地爲河嶽。幽則爲鬼神，而明則復爲人。此理之常，無足怪者。

【注釋】

［1］匹夫而爲百世師：《孟子·盡心下》：“聖人，百世之師也。”此以聖人比喻韓愈。一言而爲天下法：語出《禮記·中庸》：“是故君子動而世爲天下道，行而世爲天下法，言而世爲天下則。”

［2］參天地之化：可以和天地化育萬物相提並論。《禮記·中庸》：“可以贊天地之化育，則可以與天地參矣。”

［3］申、呂：指申伯和呂侯。申伯，周宣王時功臣。呂侯，輔周穆王有功。嶽：指高大的山。傳説山嶽降神才生出了申伯和呂侯。《詩經・大雅・崧高》有“維嶽降神，生甫及申”的詩句。傳説（yuè）：商王武丁時的大臣。《莊子・大宗師》載傅説“相武丁，奄有天下，乘東維，騎箕尾，而比於列星。”

［4］浩然之氣：這是孟子著作中的一個專門用語。語出《孟子・公孫丑上》。他所謂的這種氣，是一種主觀的精神狀態，是由内心積善所産生的剛正之氣。

［5］卒：通“猝（cù）”，突然。晉、楚：春秋時兩個富强的國家。《孟子・公孫丑下》：“曾子曰：‘晉楚之富，不可及也。’”良、平：指張良、陳平。都是漢初大臣，劉邦的重要謀士。賁、育：指戰國時衛國勇士孟賁和夏育。儀、秦：指戰國時著名的縱横家張儀和蘇秦。

自東漢以來，道喪文弊，異端並起，歷唐貞觀、開元之盛，輔以房、杜、姚、宋而不能救[1]。獨韓文公起布衣，談笑而麾之，天下靡然從公，復歸於正，蓋三百年於此矣[2]。文起八代之衰，而道濟天下之溺，忠犯人主之怒，而勇奪三軍之帥[3]。豈非參天地，關盛衰，浩然而獨存者乎！蓋嘗論天人之辨，以謂人無所不至，惟天不容僞。智可以欺王公，不可以欺豚魚[4]。力可以得天下，不可以得匹夫匹婦之心。故公之精誠，能開衡山之雲，而不能得回憲宗之惑[5]。能馴鱷魚之暴，而不能弭皇甫鎛、李逢吉之謗[6]。能信於南海之民，廟食百世，而不能使其身一日安於朝廷之上。蓋公之所能者，天也。其所不能者，人也。

【注釋】

［1］異端：儒家指斥道家、墨家等不同學派爲異端。《論語・爲政》：“攻乎異端，斯害也已。”房：房玄齡。杜：杜如晦。唐初房杜二人共掌朝政，輔佐唐太宗。姚：姚崇。在武則天、睿宗、玄宗時屢次出任宰相，對“開元之治”起過重大作用。宋：宋璟，唐代政治家，繼姚崇任宰相。

［2］麾：通“揮”，指揮，號召。靡然：傾倒貌。

［3］八代：指東漢、魏、晉、宋、齊、梁、陳、隋。從東漢起文壇上出現了一種形式綺靡而内容空洞的文風。韓愈提倡古文運動，從理論和實踐上努力糾正這種弊病，起了巨大的作用。濟：救助。溺：淹没。這裏指佛、老之道毒害。忠犯人主之怒：指韓愈諫唐憲宗迎佛骨入宫一事。819 年，唐憲宗派人到鳳翔（今屬陝西省）迎佛骨到宫中，韓愈上《諫迎佛骨表》勸諫，反對這種做法，觸怒了憲宗，因此被貶斥到潮州作刺史。勇奪三軍之帥：指韓愈鎮撫鎮州叛亂一事。穆宗時，鎮州軍隊發生叛亂，殺掉原來的將帥，另立新帥。朝廷派韓愈前去鎮撫，很多人爲他擔心，但韓愈運

用了謀略，大義凜然，折服了叛亂將領，平息了這場叛亂。

［4］豚魚：《周易·中孚》曰："信及豚魚。"豚，小猪，這裏泛指猪。古人認爲如果講求誠信的話，就連對這些動物也會講求誠信。

［5］能開衡山之雲：韓愈曾作詩《謁衡嶽遂宿嶽寺題門樓》，寫經過湖南衡山時，正逢秋雨，他潛心默禱一番之後，天就放晴了。憲宗之惑：指唐憲宗癡迷佛教。

［6］能馴鱷魚之暴：指韓愈到潮州後逐惡溪鱷魚一事。弭（mǐ）：止。皇甫鎛（bó）：唐憲宗時的大臣。到處盤剝人民，搜刮財物，並經常詆毁韓愈。李逢吉：唐憲宗時大臣，詭計多端，陷害忠良。

始，潮人未知學，公命進士趙德爲之師。自是，潮之士皆篤於文行，延及齊民。至於今，號稱易治。信乎孔子之言："君子學道則愛人，小人學道則易使也[1]。"潮人之事公也，飲食必祭，水旱疾疫，凡有求必禱焉。而廟在刺史公堂之後，民以出入爲艱。前太守欲請諸朝作新廟，不果。元祐五年，朝散郎王君滌來守是邦，凡所以養士治民者，一以公爲師[2]。民既悦服，則出令曰："願新公廟者聽。"民歡趨之。卜地於州城之南七里，期年而廟成[3]。

【注釋】

［1］引文出自《論語·陽貨》。

［2］朝散郎：文官名，從七品。王滌，人名，事蹟不詳。

［3］期（jī）年：一整年。

或曰："公去國萬里而謫於潮，不能一歲而歸。没而有知，其不眷戀於潮也審矣。"軾曰："不然！公之神在天下者，如水之在地中，無所往而不在也。而潮人獨信之深、思之至，焄蒿悽愴[1]，若或見之，譬如鑿井得泉，而曰水專在是，豈理也哉？"元豐元年，詔拜公昌黎伯，故榜曰："昌黎伯韓文公之廟。"潮人請書其事於石，因作詩以遺之，使歌以祀公[2]。其詞曰：

公昔騎龍白雲鄉，手抉雲漢分天章，天孫爲織雲錦裳[3]。飄然乘風來帝旁，下與濁世掃秕糠，西游咸池略扶桑[4]。草木衣被昭回光，追逐李杜參翱翔，汗流籍湜走且僵[5]。滅没倒影不可望，作書詆佛譏君王，要觀南海窺衡湘。曆舜九疑弔英皇[6]，祝融先驅海若藏，約束蛟鱷如驅羊[7]。鈞天無人帝悲傷，謳吟下招遣巫陽，犦牲雞卜羞我觴[8]。於餐荔丹與蕉黄，公不少留我涕滂，翩然被髪下大荒[9]。

【注釋】

［1］焄（xūn）：香氣。蒿：霧氣蒸發的樣子。悽愴：悲傷的樣子。

［2］遺（wèi）：給，贈送。

［3］雲漢：指銀河。天章：指分佈在天空中的日月星辰等。天孫：即織女。織女是民間神話中巧於織造的仙女，是天帝之孫。雲錦：絲織物品。因圖案華麗，宛如雲彩，故名。

［4］咸池：古代神話中的地名，傳説爲日浴之處。略：巡行。扶桑：神話中的樹木名。

［5］籍湜（shí）：指唐代詩人張籍和文學家黄甫湜。僵：撲倒。

［6］九疑：指九疑山，在今湖南寧遠南。相傳虞舜死後葬於此。英皇：即女英、娥皇。相傳是唐堯的兩個女兒，同嫁給虞舜爲妃。後舜出外巡視，死於蒼梧，她倆尋至南方，一起投湘水而死。

［7］祝融：傳説中的火神。海若：海神。約束蛟鱷如驅羊：指韓愈《祭鱷魚文》。

［8］巫陽：神巫名。《楚辭·招魂》："帝告巫陽曰：'有人在下，我欲輔之。魂魄離散，汝筮予之。'巫陽……乃招曰：'魂兮歸來！'"犦（bào）牲：犎牛，古代祭祀用的犧牲。雞卜：古代占卜法之一。羞：進獻。

［9］荔丹與蕉黄：紅色的荔枝與黄色的香蕉，這裏泛指祭祀供品。韓愈《柳州羅池廟碑》："荔子丹兮蕉黄，雜肴蔬兮進侯堂。"這裏是借用韓愈的話。被髪下大荒：韓愈《雜詩》："翩然下大荒，被髪騎麒麟。"這裏借用韓愈的詩句，表示祝他下來享受祭品。被，通"披"。

通　論

第二十八節　古漢語修辭

修辭是爲了恰當地表情達意，充分發揮語言交際功能，而對語言進行的綜合性藝術加工。古人在寫作中是十分重視修辭的。《論語·憲問》中説：“爲命，裨諶草創之，世叔討論之，行人子羽修飾之，東里子產潤色之。”撰寫一篇政令，要先後經過四個人之手，反復推敲修改，其中子羽、子產兩人還要專門對語言形式進行修飾、加工，這就是有意識的修辭活動。自古至今，漢語的修辭方式是豐富多彩的。有些修辭方式古今都常用，差别不大，如比喻、夸張、排比、雙關、反復等；也有些修辭方式在古籍中較常使用，而在現代漢語中很少使用了，或者古今都常用，但構成的情況古今不盡相同。這些古代特有或古今不盡相同的修辭方式，容易成爲讀古書的障礙。初學古代漢語的人往往不能識别這些修辭方式，不能很好地理解它們所表達的“言外之意”，甚至不知所云。因此在學習古代漢語時瞭解一些古代漢語的修辭知識很有必要。下面，我們僅從培養和提高閲讀古書、欣賞古代作品的能力的角度。選擇部分古代常用而在今天不常用或用法有别的修辭方法，做簡要介紹。

一、用典

用典是古書中十分常見的修辭方法。劉勰《文心雕龍·事類》專門論述了用典。援引前人的事跡或言論來證明自己的觀點，表達自己的思想感情，這就是用典。例如：

(1) 臣聞太公封齊，五世葬周。狐死首丘，代馬依風。夫周齊同在中土千里之間，况於遠處絶域，小臣能無依風、首丘之思哉？(《後漢書·班超傳》)

(2)《書》曰：“滿招損，謙得益。”憂勞可以興國，逸豫可以亡身，自然之理也。(歐陽修《五代史伶官傳序》)

例 (1) 中班超援引姜太公輔佐周武王滅紂封於齊，以後一連五代死後都返葬於周的故事，以及“狐死必首丘，代馬依北風”的傳説，來證明人都依戀故土，自己暮年渴望回到中原來是人之常情。例 (2) “滿招損，謙得益”，是援引《尚書》中的話來證明驕傲自滿，不居安思危，可招致殺身之禍；而謙虚謹慎，憂憤勤勞，可以振興一個國家的道理。兩例的用典用得都很恰當，增强了文章的説服力。

古人很早就懂得援引典故來增强表達效果，在先秦的典籍中，如《左傳》《論語》《孟子》.《荀子》《莊子》《墨子》等書中，都有不少用典的地方。到了漢代，寫文章用典就更常見了。魏晉以後，爲文追求藻麗之風日盛，用典越來越多，以致在駢體文中大量用典竟成了文體的一大特點。如庾信的《哀江南賦序》，全篇不過六百字左右，而用典多達三四十處。駢體文中的用典主要是追求語言的典雅和含蓄。所引經典的範圍，也不斷擴大。先秦用典，主要援引《詩經》《周易》《尚書》的語句和内容；漢代以後，援引的範圍大爲擴大，除了《詩》《易》《書》之外，《論語》《左傳》《老子》《莊子》《韓非子》《管子》都常被引用。時代越後，可引用的著作越多，材料越豐富。

古書中用典的形式也是多種多樣的。我們可以從不同的角度劃分出不同的類型。就所引用的材料看，用典可分爲引事和引言兩種，即《文心雕龍・事類》所謂“略舉人事，以徵義者”和“全引成辭，以明理者”。例如：

(3) 亭以雨名，志喜也。古者有喜，則以名物，示不忘也。周公得禾，以名其書；漢武得鼎，以名其年；叔孫勝敵，以名其子。其喜之大小不齊，其示不忘，一也。(蘇軾《喜雨亭記》)

(4) 人誰無過？過而能改，善莫大焉。《詩》曰：“靡不有初，鮮克有終。”夫如是，則能改過者鮮矣。君能有終，則社稷之固也，豈惟羣臣賴之。又曰：“袞職有闕，惟仲山甫補之。”能補過也。君能補過，袞不廢矣。(《左傳・宣公二年》)

例 (3) 中援引了三件古事：周公得到了好品種的穀子，便寫了一篇名爲《嘉禾》的文章；漢武帝在汾水上發現了寶鼎，便把年號改爲元鼎；春秋時魯國的叔孫得臣打敗了敵人，就用被俘的敵國國君僑如的名字爲兒子命名。作者用這三件古事來證明自己爲新建成的亭子起名爲“喜雨亭”是有根據的。例 (4) 是晉臣士季的一段勸諫晉靈公的話。他先後兩次引用《詩經》中的語句，有力地證明了“君能補過，袞不廢矣”的觀點。

從典故出處的隱顯看，用典可分爲明用和暗用兩種。明確指出典故來源和出處的爲明用，不點明典故來源出處的爲暗用。例如：

(5) 是故學然後知不足，教然後知困。知不足然後能自反也，知困然後能自强也。故曰教學相長也。《兑 (yuè) 命》曰“學 (xiào) 學半”，其此之謂乎？(《禮記・學記》)

(6) 孫策以天下爲三分，衆纔一旅；項籍用江東之子弟，人惟八千。遂乃分裂山河，宰割天下。豈有百萬義師，一朝卷甲，芟夷斬伐，如草木焉？(庾信《哀江南賦序》)

(7) 古之君子，其責己也重以周，其待人也輕以約。重以周，故不怠；

輕以約，故人樂爲善。(韓愈《原毀》)

(8) 暮春三月，江南草長，雜花生樹，羣鶯亂飛。見故國之旗鼓，感平生於疇日，撫弦登陴，豈不愴悢？(丘遲《與陳伯之書》)

例 (5) 和例 (6) 都是明用。例 (5) 指明引用的是《尚書·説命》中的話，意在闡明教與學的辯證關係。例 (6) 指明引用的是孫策和項羽的事跡，意在哀嘆梁衰敗得太快了。例 (7) 和例 (8) 都是暗用。例 (7) 暗用《論語·衛靈公》中的話："子曰：'躬自厚而薄責於人。'"例 (8) 暗用漢末臧洪的故事。臧洪原是袁紹部下，被迫反袁後，在陣前見到袁紹的軍隊，心中十分矛盾痛苦。他在《報袁紹書》中説："每登城勒兵，望主人之旗鼓，感故交之綢繆，撫弦搦矢，不覺涕流之覆面也。"(事見袁宏《漢獻帝春秋》) 陳伯之從梁奔北魏，有類似臧洪的經歷，丘遲便暗引臧洪故事點明陳伯之的矛盾心理。

從用典所表達的意義與典故的原意之間的關係看，用典可分爲直用、化用和反用幾種情況。所謂直用就是直接引用典故的原文原意。例如：

(9) 青青子衿，悠悠我心。但爲君故，沉吟至今。呦呦鹿鳴，食野之蘋。我有嘉賓，鼓瑟吹笙。(曹操《短歌行》)

(10) 故令尹誅而楚姦不上聞，仲尼賞而魯民易降北，上下之利，若是其異也。(《韓非子·五蠹》)

例 (9) 直接引用《詩經·鄭風·子衿》中的詩句"青青子衿，悠悠我心"，和《詩經·小雅·鹿鳴》中的詩句"呦呦鹿鳴，食野之蘋。我有嘉賓，鼓瑟吹笙"，恰當表達了求賢若渴的心情。例 (10) 中引用了兩個典故：官府把一個揭發他父親偷人家羊的人治了罪，從此楚國的壞人壞事再無人揭發了；仲尼舉薦了一個在戰爭中多次逃跑的人，從此魯國人一打仗就容易敗逃。文中引用兩個故事的原意來證明公私的利益互相矛盾的觀點。

所謂化用，是經過一番調整改造後，將前人的語意融化在自己的文句中，而借以表達的意思也不必是原文原意。駢體文中的用典，有不少是這種化用法。例如：

(11) 楚歌非取樂之方，魯酒無忘憂之用。(庾信《哀江南賦序》)

(12) 酌貪泉而覺爽，處涸轍以猶歡。(王勃《滕王閣序》)

例 (11) "楚歌"化用《史記·項羽本紀》中項羽"夜聞漢軍四面皆楚歌"的典故，在此表示一切歌樂都不能使自己快樂；"魯酒"化用《莊子·胠篋》中"魯酒薄而邯鄲圍"的典故，在此表示酒也不能使自己忘記憂愁。例 (12) "酌貪泉而覺爽"化用吴隱之的詩意。《晉書》本傳載：廣州北有貪泉，據説誰喝了那水就會産生無限貪慾。吴隱之到那裏喝了泉水，賦詩説："古人云此水，一歃懷千金。試使夷齊飲，終當不易心。”“處涸轍以猶歡”化用《莊子·外物》所載涸轍之鮒向莊周求助的寓言。此處化用這兩個典故，精煉而生動地表達了作者不受外物玷污、在困境中也要保持樂觀的情懷。

所謂反用即反其意而用，就是用典所表達的是與原文相反的意思。例如：

(13) 荆璧睨柱，受連城而見欺；載書橫階，捧珠盤而不定。（庾信《哀江南賦序》）

這裏反用藺相如完璧歸趙和毛遂脅迫楚王與平原君定合縱之約兩個典故，意思是自己像藺相如和毛遂一樣奉命出使，相如未被騙而自己被西魏所欺，毛遂能訂盟而自己卻未能做到。反用也可以看作是一種特殊的化用，因爲反用也是改變了原文原意。

用典本是一種積極的修辭手段，但有些古書中使用過多，過於生僻，表達過於隱晦難懂，就必然妨礙讀者的理解和欣賞。我們閱讀古書，遇到用典的地方，應當首先找出典故的出處，然後聯繫上下文，仔細體會作者引用的意思。

二、借代

借代是一種藝術的換名。借用相關的事物來代替事物的名稱，這種修辭方法就是借代。借代的類型較多，主要有下面幾種：

1. 借事物的外部特徵來指代該事物。例如：

(1) 左師公曰：“老臣賤息舒祺……願令得補黑衣之數，以衛王宮。”（《戰國策·趙策》）

(2)（韓信）始爲布衣時，貧，無行，不得推擇爲吏。（《史記·淮陰侯列傳》）

(3) 君子不重傷，不禽二毛。（《左傳·僖公二十二年》）

(4) 生孩六月，慈父見背。（李密《陳情表》）

例（1）“黑衣”指代衛士，因當時王宮的衛士穿黑色衣服。古代平民百姓穿粗布衣服。例（2）中的“布衣”指代平民。例（3）“二毛”即花白頭髮，指代老年人。例（4）“孩”本義是“小兒笑”，指代幼兒。

2. 借部分代整體。例如：

(5) 舸艦迷津，青雀黃龍之舳。（王勃《滕王閣序》）

(6) 源其飆流所始，莫不同祖風騷。（沈約《謝靈運傳論》）

(7) 一日不見，如三秋兮。（《詩經·王風·采葛》）

例（5）“舳（zhú）”是船尾持舵之處，這裏指代船。例（6）“風騷”指代《詩經》和《楚辭》。例（7）“秋”是四季之一，這裏指代年，“三秋”即三年。

有時是摘取一篇作品的個别詞語來指代整部作品。例如：

(8) 子建“函京”之作，仲宣“霸岸”之篇，子荆“零雨”之章，正長“朔風”之句，并直舉胸情，非傍詩史。(沈約《謝靈運傳論》)

“函京”指代曹植（子建）詩《贈丁毅、王粲》，其中有句：“從軍度函谷，驅馬過西京。”“灞岸”指代王粲（仲宣）《七哀詩》，詩中有“南登灞陵岸，回道望長安”之句；“零雨”指代孫楚（子荆）詩《征西官屬送於陟陽侯作》，其中有句：“晨風飄歧路，零雨被秋草。”“朔風”指代王瓚（正長）《雜詩》，詩中有“朔風動秋草，邊馬有歸心”之句。這種以個别詞語指代整部作品的借代，同時也是用典，要理解借代之辭的含義，首先應該弄清所摘詞語的出處。

3. 借原料代事物。例如：

(9) 我二十五年矣，又如是而嫁，則就木焉。(《左傳·僖公二十三年》)

(10) 許子以釜甑爨，以鐵耕乎？(《孟子·滕文公上》)

(11) 鏤心鳥迹之中，織辭魚網之上。(劉勰《文心雕龍·情采》)

例 (9)“木”指棺材，例 (10)“鐵”指鐵犁，例 (11)“魚網”是造紙原料，借指紙。

4. 借屬性代事物。例如：

(12) 爲肥甘不足於口與？輕煖不足於體與？(《孟子·梁惠王上》)

(13) 夫被堅執鋭，義不如公；坐而運策，公不如義。(《史記·項羽本紀》)

例 (12)“肥甘”指代香甜的食物，“輕煖（暖）”指代輕巧而又暖和的衣服。例 (13)“堅”指鎧甲，“鋭”指武器。

5. 用相關的具體事物代抽象事物。例如：

(14) 無路請纓，等終軍之弱冠；有懷投筆，慕宗慤之長風。(王勃《滕王閣序》)

(15) 何至自沈溺縲紲之辱哉？(司馬遷《報任安書》)

例 (14)“請纓”是請求賜與長纓的意思，這裹指請求給與殺敵的命令；“長風”原是宗慤（què）在年少時説的一句話“愿乘長風破萬里浪”中的詞語，這裹指代遠大的志向。例 (15)“縲紲”本是綁犯人的繩索，這裹指代刑罰。

6. 借處所、地名指代人。例如：

(16) 猥以微賤，當侍東宫，非臣隕首所能上報。(李密《陳情表》)

(17) 足下昔稱吾於潁川。(嵇康《與山巨源絶交書》)

例 (16)“東宫”指代太子，因東宫是太子的居處。例 (17)“潁川”指曾任潁川太守的山嶔。借做官地點爲人的代稱是古書中常見的表敬方法，如陶淵明做過彭澤令，便用“彭澤”稱陶淵明；謝靈運做過臨川内史，便用“臨川”稱謝靈運；柳宗元做過柳州刺史，便被後世稱爲“柳柳州”。

7. 借古名指代今名。例如：

(18) 梁惠王曰：“晉國，天下莫强焉，叟之所知也。”(《孟子·梁惠王上》)

(19) 臣之辛苦，非獨蜀之人士及二州牧伯所見明知，皇天后土，實所共鑒。(李密《陳情表》)

(20) 燕趙，古稱多感慨悲歌之士。(韓愈《送董邵南序》)

魏國原是春秋時期晉國的一部分，例（18）中梁惠王便用“晉國”稱呼魏。例（19）“牧伯”指刺史。上古一州之長稱爲“牧”，也稱方伯，所以後世以牧伯稱刺史。例（20）“燕趙”指河北地區，因在戰國時期，那裏是屬於燕國和趙國的地方。

8. 割裂式的借代。把古書中的一個文句割裂成兩部分，用其中的一部分來代替另一部分；或者割裂人的姓名，截取其中的一兩個字來稱代人，這就是割裂式的借代。例如：

(21) 今之否（pǐ）隔，友於同憂。(曹植《求通親親表》)

(22) 楊意不逢，撫凌雲而自惜；鍾期既遇，奏流水以何慚。(王勃《滕王閣序》)

例（21）“友於”指代兄弟。《尚書·君陳》：“惟孝友於兄弟。”後人便截取“友於”二字作“兄弟”的代稱。例（22）“楊意”是“楊得意”的截縮，他推薦司馬相如做了官，在這裏指代推薦者；“鍾期”是“鍾子期”的截縮，在這裏指代知音者。東漢之後，人們寫文章好追求典雅、對偶，大量用典，這種割裂式的借代時或可見。應該説，這是修辭中的不良傾向，我們應當批判地對待。如人名的割裂，王逸《九思》：“管束縛兮桎梏，百貿易兮傳賣。”其中“管”指管仲，而百里奚複姓“百里”却被割裂成一個“百”字。《晉書·王濬傳》：“世祖旌賢，建葛亮之胤。”其中“葛亮”是“諸葛亮”的割裂。這種做法是削足適履，是對語言純潔性的破壞，我們應當反對。

三、委婉

不直接瞭當地説出要表達的内容，而是有意識地把話説得婉轉曲折，文雅含蓄，這就是委婉，也稱作婉轉、婉曲、曲折。在古書中，委婉是運用得很普通的一種修辭方式。按其使用的環境、對象等，可把委婉分爲婉言、曲語、謙敬語、避諱語幾種類型。

1. 婉言。在等級森嚴的專制時代，對於君主的過失，臣下不敢直言意見，而是採取一種婉轉、緩和的説法，以免引來災禍。例如：

（1）穆公訪諸蹇叔。蹇叔曰："勞師以襲遠，非所聞也。"（《左傳・僖公三十二年》）

（2）僕懷欲陳之，而未有路，適會召問，即以此指推言陵之功，欲以廣主上之意，塞睚眦之辭。未能盡明，明主不曉，以爲僕沮貳師，而爲李陵游説，遂下於理。（司馬遷《報任安書》）

（3）親小人，遠賢臣，此後漢所以傾頹也。先帝在時，每與臣論此事，未嘗不嘆息痛恨于桓、靈也。（諸葛亮《出師表》）

例（1）蹇叔不敢直言穆公的决策錯誤，而委婉地説："這是我没聽見過的事。"例（2）司馬遷爲李陵事遭受宫刑，滿腹憤怨，但他在《報任安書》中不敢直斥君主的罪惡，而説"自己没有完全説明白，使得聖明的君主未能瞭解我的意思"。例（3）諸葛亮通過對後漢桓帝、靈帝時宦官專權的評論，含蓄地表達了對後主劉禪寵信宦官的批評和不滿。不僅臣下對君上不能直言其過，就是臣子之間在表示批評或不同意見時，也往往採用較和緩的委婉説法。如王安石對司馬光批評改革的意見是堅决反對的，但他在《答司馬諫議書》中説："如曰今日當一切不事事，守前所爲而已，則非某之所敢知也。""非某之所敢知也"即"不是我敢明白的道理"。

2. 曲語。本意想説甲事，却通過説乙事透露出本意，即言此意彼，話中有話，這種委婉形式就是曲語，或稱迂迴語。古人重視外交應對，講究外交語言的文采和禮貌得體，所以外交辭令大量運用曲語。例如：

（4）齊侯使請戰，曰："子以君師辱於敝邑，不腆敝賦，詰朝請見。"對曰："晉與魯、衛，兄弟也。來告曰：'大國朝夕釋憾於敝邑之地。'寡君不忍，使羣臣請於大國，無令輿師淹於君地。能進不能退，君無所辱命。"（《左傳・成公二年》）

（5）孟明稽首曰："君之惠，不以累臣釁鼓，使歸就戮於秦，寡君之以爲戮，死且不朽；若從君惠而免之，三年將拜君賜。"（《左傳・僖公三十三年》）

（6）後朞年，齊王謂孟嘗君曰："寡人不敢以先王之臣爲臣。"（《戰國策・齊策》）

例（4）和例（5）都是外交辭令。從字面上講，齊侯使者説的"辱於敝邑"是"來到我國有辱身份"的意思，"不腆敝賦"是"我國的軍隊不多不精良"的意思；而實際意思分别是"侵入我國""我國已做好戰鬭準備"。晉國將領郤克的回答"使羣臣請於大國"，實際意思是"派我們來同你齊國作戰”；“無令輿師淹於君地”，字面上意思是“不要讓衆多的軍隊滯留在您的國土上”，而言外之意是“速戰速决，一戰打敗你齊軍”；“君無所辱命”字面意思是“您不會有命令落空的事”，言外之意是“我們一定應戰，奉陪到底”。例（5）孟明所説的“三年將拜君賜”，字面上講，“三年之後我來拜謝晉君的恩德”，而言外之意則是“三年之後我將率軍來報仇雪恥”。例（6）齊王的本意是不再任用孟嘗君，却偏説“不敢以先王的大臣做自己的臣下”，似乎很敬畏，話説得很體面。

3. 謙敬語。表示自我謙虛和對人尊敬的叫法叫謙敬語。謙詞表示自我謙退貶抑，也意味着對别人的尊重；敬詞表示對人尊重褒舉，也意味着自我的謙虚，二者同屬一種委婉的表達方式。古人在書信中或交談時，經常使用這種表示謙敬的説法。例如：

（7）太史公牛馬走司馬遷再拜言。少卿足下：曩者辱賜書，教以慎於接物，推賢進士爲務。意氣勤勤懇懇。若望僕不相師，而用流俗人之言，僕非敢如此也。僕雖罷駑，亦嘗側聞長者之遺風矣。（司馬遷《報任安書》）

（8）齊侯曰："豈不穀是爲？先君之好是繼。與不穀同好，如何？”對曰：“君惠徼福於敝邑之社稷，辱收寡君，寡君之願也。”（《左傳·僖公四年》）

例（7）“牛馬走”是“像牛馬一樣奔走的奴僕”，是司馬遷謙卑的自稱。“走”在漢代可單獨用爲謙稱，意思是“奔走的奴僕”，如張衡《東京賦》：“走雖不敏，庶斯達矣。”司馬遷自稱“僕”，説自己資質“罷（疲）駑”，“側聞”長者遺風，都是謙下之詞。而稱任安爲“足下”，説他給自己寫信是“辱賜”書，都是恭敬的説法。例（8）中“不穀”“敝邑”“寡君”都是謙詞；“惠”“辱”是敬詞。

從詞性的角度看，謙敬語主要有謙敬稱和謙敬副詞兩類。謙敬稱屬於名詞或名詞性短語，其作用相當於第一人稱和第二人稱代詞，可看作是人稱代詞的禮貌替代式。古代常用的敬稱有：足下、閣下、殿下、陛下、左右、執事、君、公、卿、子、夫子、吾子、先生等；常用的謙稱有：僕、愚、妾、奴、小人、下臣、下走、不才、不肖、不佞、寡人、不穀、孤等。古人也常用一些副詞來表示對對方行爲的敬重和對自己行爲的貶抑。常見的表敬副詞有：請、敬、謹、幸、辱、枉、惠、蒙等；常見的表謙副詞有：敢、竊、忝、猥、伏等。除了謙敬稱、謙敬副詞外，一些褒貶意義很强的形容詞、動詞、名詞和短語，也常用作謙敬語。如例（7）中的動詞“賜”“教”是敬詞，短語“罷駑”“側聞”是謙詞。

4. 避諱語。對一些不吉利、不光彩或不雅觀，人們不願意聽到見到的事情，不直呼明説，而用别的詞語加以迴避掩飾，這種委婉的表述形式叫避諱語。例如：

(9) 昔者，有王命，有采薪之憂，不能造朝。(《孟子·公孫丑上》)

(10) 不及黄泉，無相見也。(《左傳·隱公元年》)

(11) 一旦山陵崩，長安君何以自託于趙？(《戰國策·趙策》)

(12) 公叔病，有如不可諱，將奈社稷何？(《史記·商君列傳》)

(13) 即上一日宫車晏駕，則噲欲以兵盡誅戚氏趙王如意之屬。(《漢書·樊噲傳》)

(14) 中孺趨入拜謁，將軍迎拜，因跪曰："去病不早自知爲大人遺體也。"(《漢書·霍光傳》)

(15) 行年四歲，舅奪母志。(李密《陳情表》)

例(9)"采薪之憂"，意思是"打柴的辛苦"，古人常用作疾病的代稱。例(10)到例(13)都是"死"的避諱語。"宫車晏駕"專稱帝王的死，宫車本該早晨駕出，現在延遲(晏)駕出，以此表示帝王死亡之意。例(14)漢代大將軍霍去病是霍中孺的私生子，但兩人見面時霍去病不好明説，便用"我的身體是大人留下的"一語做委婉表述。例(15)"奪母志"是"强迫改變了母親守節的志向"，是"母親改嫁"的委婉説法。在封建時代，女子改嫁是不光彩的事，所以李密爲母親諱言改嫁。

古書中另有一種對人名的避諱，是委婉修飾的一種消極現象。封建時代，人們對於君王、尊長(主要是父親)的名不但不能直呼，就連他們的名所用的字也不能隨便使用。當行文中要用該字時，就得想法迴避。迴避的辦法有兩種，一是改用一個近義字或音近字，一是故意寫成缺筆字。

(16) 同子參乘，袁絲變色。(司馬遷《報任安書》)

(17) 因讀吴王夫差時事，僖廢書嘆曰："若是，所謂畫龍不成反爲狗者！"(《後漢書·孔僖傳》)

(18) 誠臣殉主而棄親。(《顔氏家訓·歸心》)

例(16)"同子"應爲"談子"，指漢文帝的宦官趙談，爲避作者父親司馬談的名諱而改"談"爲"同"。例(17)"龍"本爲"虎"，原句是"畫虎不成反爲狗"，是唐代李賢在爲《後漢書》作注時，爲避李淵祖父李虎的名諱而改"虎"爲"龍"。例(18)"誠"應爲"忠"，因作者顔之推自北齊入隋爲官，而隋文帝楊堅之父名忠，所以此處不敢用"忠"字，改用了意義相近的"誠"字。另外有的古書爲了避名諱，故意寫缺筆字。這種迴避人名用字的做法，已經毫無修飾價值，它只能給人們造成閲讀的困難，可以説已經不屬於修飾了。

四、分承

分承也叫合叙、并提，是古書中常見的修辭方式。把原屬平行的兩個語句合并成一個語句叙述，在結構上讓相同的句法成分併列在一起，而在表意上，仍需按兩套平行的組合關係分別相承，這種修辭方法叫分承。例如：

（1）繁啓蕃長於春夏，畜積收臧於秋冬，是又禹、桀之所同也。（《荀子·天論》）

（2）故君父至尊親，送其終也，有時而既。（楊惲《報孫會宗書》）

（3）普施行之，年九十餘，耳目聰明，齒牙完堅。（《三國志·華佗傳》）

例（1）兩個併列的中補結構，其實是由四個併列的中補結構兩兩合并而來："繁啓"於"春"和"蕃長"於"夏"，"畜積"於"秋"和"收臧"於"冬"。例（2）"君父至尊親"由"君至尊"和"父至親"合并而成。例（3）"耳目聰明"即"耳聰目明"，由兩個主謂結構并爲一個主謂結構。

各類平行的句法結構成分，大都可以并舉分承。例如：

（4）勁弩長戟射疏及遠，則匈奴之弓弗能格也。（《漢書·晁錯傳》）

（5）鄭寬中、張禹朝夕入説《尚書》《論語》於金華殿中。（《漢書·叙傳》）

（6）齊、楚遣項它、田巴將兵隨市救魏。（《漢書·魏豹傳》）

（7）陟罰臧否，不宜異同。（諸葛亮《出師表》）

（8）封故御史大夫周苛、周昌孫、子爲列侯。（《漢書·景帝紀》）

（9）掾主吏蕭何、曹參曰："君爲秦吏，今欲背之，帥沛子弟，恐不聽。"（《漢書·高帝紀》）

（10）句讀之不知，惑之不解，或師焉，或不焉；小學而大遺，吾未見其明也。（韓愈《師説》）

（11）況吾與子漁樵于江渚之上，侶魚蝦而友麋鹿。（蘇軾《前赤壁賦》）

例（4）主謂并舉分承，分叙則是"勁弩射疏，長戟及遠"。例（5）主賓并舉分承，分叙則是"鄭寬中入説《尚書》，張禹入説《論語》"。例（6）主謂兼語并舉分承，分叙應是"齊遣項它，楚遣田巴"。例（7）是動賓并舉分承，相當於"陟臧罰否"。例（8）是定中并舉分承。據《史記·孝景本紀》載：封故御史大夫周苛孫平爲繩侯，故御史大夫周昌子左軍爲安陽侯。例（9）是同位成分并舉分承，掾爲曹參職位，主吏爲蕭何職位。例（10）、例（11）是較複雜的分承結構，它們都是複句内組合成分的并舉分承，都前後有三對平行項。例（10）的分承關係是"句讀之不知，或師焉——小學；惑之不解，或不焉——大遺"。很明顯，它是由兩個複句套并而成的，分承關係也不在一個層面上。第一層“小學而大遺”與前面相應成分構成分承，第二層“句讀之不知，惑之不解”與“或師焉，或不焉”構成分承。例（11）也是由兩個複句套并而成，分承關係也有兩個層次。第一層“侶魚蝦而友麋鹿”與前邊的分句所述兩件事“漁樵”分別相承，第二層“漁樵于江渚之上”又是中補結構成分的并舉分承，即“漁于江之上，樵于渚之上”的意思。

分承結構内的語序一般是按前後并舉成分相承順序安排的，即第一組并列項中的一、二項，依次分別與第二組并列項中的一、二項相承接。但也有少數分承結構内語序不一致，如例（9）官名“掾、主吏”與人名“蕭何、曹參”就不是依次對應的，而是曹參爲掾，蕭何爲主吏。分承修辭法可使表達簡練集中，言簡意賅。但古書中有的分承結構容易產生歧義或誤解，如上邊所説的例（9）就容易讓人產生誤解。又如《漢書·景帝紀》：“故封楚、趙傅相内史前死事者四人子。”其中“傅、相、内史”是三個官名，前邊有兩個國名做定語，屬分承結構，但如何分別承接，必須根據史實才能正確理解。據注可知：在七國之亂中，楚相張尚、太傅趙夷吾，趙相建德、内史王悍，此四人各諫其王不要造反而被殺，所以景帝封他們的兒子。可見要正確理解古書中的分承句的内容，不但要瞭解分承這種修辭法，還應結合其他有關資料才能達到目的。

五、互文

互文又稱互文見義、互見、互言、互辭、互體、參互等。利用事物間的内在聯繫，使兩個并列結構中相對應詞語的意義互相隱含，互相補充，互相發明，這種修辭表達方式叫互文。例如：

（1）戰城南，死郭北，野死不葬烏可食。（漢樂府《戰城南》）

（2）悍吏之來吾鄉，叫囂乎東西，隳突乎南北，譁然而駭者，雖雞狗不得寧焉。（柳宗元《捕蛇者説》）

例（1）“戰城南”隱含着“死”，“死郭北”隱含着“戰”，上下兩句互相補充，意義才能完足：在城南城北作戰，死在城南城北。例（2）事理很明顯，凶悍的吏役來到鄉裏，不可能只在“東西”方嚮上“叫囂”，也不可能只在“南北”方嚮上“隳突”，前後文句各述一端，互相補足，意思是東西南北到處叫囂，到處隳突。這樣行文確能收到簡練而完備的表達效果。

互文在古代詩歌散文中都有運用。按構成互文的語句的情况，互文可分爲對句中的互文和本句中的互文兩種。對句中的互文是較普遍的形式。例如：

（3）戎狄是膺，荆舒是懲，則莫我敢承。（《詩經·魯頌·閟宫》）

（4）故君子約言，小人先言。（《禮記·坊記》）

（5）公入而賦：“大隧之中，其樂也融融。”姜出而賦：“大隧之外，其樂

也洩洩。”（《左傳·隱公元年》）

（6）將軍百戰死，壯士十年歸。（佚名《木蘭詩》）

（7）不聞夏殷衰，中自誅褒妲。（杜甫《北征》）

（8）不以物喜，不以己悲。（范仲淹《岳陽樓記》）

例（3）戎、狄和荆、舒分别是西、北方和南方的少數民族，對他們都既要抵禦，又要懲戒。因此這裏的意思是膺戎狄荆舒，懲戎狄荆舒。例（4）鄭玄注：“言人尚德不尚言也。‘約’與‘先’互言爾：君子‘約’，則小人‘多’矣；小人‘先’，則君子‘後’矣。”上下兩句各舉一隅，而意義互相補足，即君子説話簡要，而且先行後言；小人未行先言，而且説得多做得少。例（5）孔穎達引服虔注：“入言公，出言姜，明俱出入，互相見。”意思是莊公和姜氏一起進入大隧，見面後出來，各自賦詩表達歡樂心情。例（6）將軍“百戰”，意味着經歷了多年，壯士“十年”，意味着經歷過許多戰鬬。上下句結合起來意思是將軍和壯士在多年中經歷過無數激烈戰鬬，有的戰死了，有的回來了。例（7）借夏、商、西周的故事評説唐代的安史之亂。夏桀、商紂王、周幽王分别因爲寵愛妹喜、妲己、褒姒而亡國；而當時唐玄宗寵愛楊貴妃，也發生了安史之亂。上句舉“夏殷”，隱含西周；下句舉“褒妲”，隱含妹喜，兩句合起來意思是唐没有像夏、商、西周那樣亡國，是因爲唐玄宗誅殺了像妹喜、妲己、褒姒那樣的女人。例（8）意謂一個人不應因爲環境好壞（物）和個人得失（己）而喜悦或悲傷。

有的互文由本句中相對應的詞語構成，例如：

（9）秦時明月漢時關，萬里長征人未還。（王昌齡《出塞》）

（10）主人下馬客在船，舉酒欲飲無管弦。（白居易《琵琶行》）

（11）煙籠寒水月籠沙，夜泊秦淮近酒家。（杜牧《泊秦淮》）

例（9）字面上説明月屬秦，關屬漢，這自然不合理，大築長城起於秦代，這裏的意思是秦漢時的明月秦漢時的關。例（10）意謂主人和客人都下馬來到船上。例（11）也應合起來理解，謂煙霧和月光籠罩在寒冷的水面和沙灘上。

六、變文

變文也稱變文同義。爲了避免重複，增加文采，突出意趣，在上下文的相應地方變换使用同義詞語，這種修辭方法叫變文。變文在古代的詩歌、散文中都常運用。楊樹達先生在《漢文文言修辭學》中説：“古人綴文，最忌復沓。劉勰之論練字也，戒同字相犯，是其事也。欲逃斯病，恒務變文。”例如：

（1）陟彼崔嵬，我馬虺隤。我姑酌彼金罍，維以不永懷。陟彼高岡，我

馬玄黃。我姑酌彼兕觥，維以不永傷。(《詩經·周南·卷耳》)

(2) 解狐得舉，祁午得位，伯華得官，建一官而三物成，能舉善也。(《左傳·襄公三年》)

(3) 是何故也？以虧人愈多，其不仁兹甚，罪益厚。(《墨子·非攻》)

(4) 秦孝公據崤函之固，擁雍州之地，君臣固守，以窺周室；有席卷天下、包舉宇内、囊括四海之意，并吞八荒之心。(賈誼《過秦論》)

(5) 時維九月，序屬三秋。(王勃《滕王閣序》)

例 (1)“虺隤”“玄黃”是變文。晉郭璞《爾雅·釋詁》注：“虺隤、玄黃，皆人病之通名。”《詩經》裏經常在上下章中使用變文，既避免行文重複，又便於换韻，使詩篇反復詠嘆，又富有變化，形成一種回環美。例 (2) 孔穎達《正義》云：“‘官’‘位’一也，變文相避耳。”例 (3)“愈”“兹”“益”三個副詞都是“更加”“越發”的意思，在三個分句中變换使用，使行文避免呆板。例 (4)“據”“擁”是變文，“意”“心”是變文，“席卷”“包舉”“囊括”“并吞”是變文，“天下”“宇内”“四海”“八荒”也是變文。這裏作者連續運用變文，構成對偶和排比句式，突出表達了秦國要統一天下的意思，而且增强語言氣勢，產生一種勢不可擋的表達效果。例 (5) 上句中的“時”“維”“九月”，分别與下句中的“序”“屬”“三秋”同義，其實兩個語句説的完全是一個意思，這是駢體文中常見的行文方式。

變文多是實詞性詞語變换運用，但同義的虚詞也可以構成變文，例如：

(6) 故謀用是作，而兵由此起。(《禮記·禮運》)

(7) 衛青、霍去病亦以外戚貴幸，然頗用材能自進。(《史記·佞幸列傳》)

(8) 與楚則漢破，與漢而楚破。(《史記·季布欒布列傳》)

(9) 登東臯以舒嘯，臨清流而賦詩。(陶淵明《歸去來兮辭》)

例 (6) 介詞“用”“由”變文同義，表示原因。例 (7) 介詞“以”“用”都表示憑藉。例 (8) 連詞“則”“而”都表示假設條件與結果的關係。例 (9) 連詞“以”“而”表示順承關係。

變文大都運用同義詞構成，但也有的原本并非同義關係，只是在一定上下文中用爲變文才形成了臨時的同義關係。如例 (4) 中“八荒”原是八方最邊遠之地的意思，這裏借指整個天下，與前邊的“天下”等形成變文。再如：

(10) 將軍身披堅執鋭，伐無道，誅暴秦，復立楚國之社稷，功宜爲王。(《史記·陳涉世家》)

例中“伐”與“誅”是同義詞構成變文，而“無道”與“暴秦”不是同義詞，但在這裏所指是相同的，都指秦朝統治者。屬變文修辭。

七、同義連用

把兩個或兩個以上意義相同、相近的詞語臨時組合在一起，其意義互相融合、補充，形成一個整體意義，起的作用相當於一個詞語，這種表達方式叫同義連用。例如：

（1）今爾出於崖涘，觀於大海，乃知爾醜。（《莊子·秋水》）

（2）是以人民衆而貨財寡，事力勞而供養薄，故民爭。（《韓非子·五蠹》）

（3）張儀聞，乃曰："以一儀而當漢中地，臣請往如楚。"（《史記·屈原賈生列傳》）

（4）湖都亭長西至界上，界上亭長戲曰："至府，爲我多謝問趙君。"（《漢書·趙廣漢傳》）

（5）由也爲之，比及三年，可使有勇，且知方也。（《論語·先進》）

（6）荆宣王問羣臣曰："吾聞北方之畏昭奚恤也，果誠何如？"（《戰國策·楚策》）

（7）覽相觀於四極兮，周流乎天余乃下。（《楚辭·離騷》）

（8）僕竊不自料其卑賤，見主上慘愴怛悼，誠欲效其款款之愚。（司馬遷《報任安書》）

例（1）"崖涘"連用，都有"河岸"的意思。例（2）"貨財"也是同義的兩個名詞連用，都指財物。例（3）"往如"連用，與單言"如"同義。例（4）"謝"和"問"都有"問候"的意思。例（5）"比及"是兩個介詞同義連用，意思是"待到"。例（6）"果誠"是兩個副詞同義連用，相當於"果真"。例（7）和例（8）是两個以上同義詞連用的情況，這比較少見。其中例（7）是三個動詞同義連用，"覽相觀"等於說"瀏覽觀看"。例（8）"慘愴怛悼"是四個形容詞連用，形容憂愁淒楚、悲傷痛苦的心情。

古代漢語的詞以單音詞爲主，因而同義連用也多是單音詞同義連用，不過雙音節詞或短語同義連用的情況也不罕見，例如：

（9）摶扶搖羊角而直上者九萬里。（《莊子·逍遥遊》）

（10）及罪至罔加，不能引決自裁。（司馬遷《報任安書》）

（11）夫處窮閭阨巷，困窘織屨，槁項黄馘者，商之所短也。（《莊子·列禦寇》）

（12）燕軍擾亂奔走，齊人追亡逐北。（《史記·田單列傳》）

例（9）"扶搖"和"羊角"都是旋風的名字，連用，指各種大旋風。例（10）"引決"和"自裁"都指自殺。例（11）"窮閭""阨巷"是兩個偏正短語同義連用。單講“窮閭”是“僻巷”，“阨巷”是“小巷”，連用都是指貧苦人所住的里巷。例（12）“追亡”“逐北”是兩個動賓短語同義連用，都是追趕敗逃敵人的意思。

也有單音詞與雙音詞同義連用的情況，例如：

（13）堯舜之抗行兮，瞭杳杳而薄天。（《楚辭·九章·哀郢》）

（14）失期當斬。籍弟令毋斬，而戍死者固十六七。（《史記·陳涉世家》）

例（13）“瞭”通“遼”，“杳杳”是深遠的樣子，二者連用，等於説“高遠無邊”。例（14）“藉”和“弟令”都是表示假設的連詞，二者連用與單用“弟令”同義，是“縱然”“即使”的意思。

同義連用是古代漢語中十分常見的表達方式，他的表達作用和修辭效果是多方面的。它可以突出語意，强化語氣；凑足音節，增强節奏；而且兩個或幾個同義連詞連用，他們的意義相互制約，使多義詞的表義單一化、明確化。如“謝”和“問”有多項意義，但只在“問候”義上是同義詞，“謝問”連用就派出了“謝”和“問”的其他意義，在前邊所舉例（4）文句中讀者就可以明確它的意義了。另外同義連用還可以使同義詞的語法功能互相補充。如前邊所舉例（3）中“往”和“如”都是動詞，但在古代，“往”是不及物動詞，而“如”是及物動詞，“往如”連用，可以帶處所賓語，等於“往”的語法功能得到了補充。正由於同義連用有重要的修辭作用，在古代漢語中使用得十分普遍，因而它也是漢語詞彙複音化的重要途徑，不少複音詞就是經同義連用而逐漸凝固成的。

八、連及

連及也稱連類而及、連文、複合偏義。本來説甲詞所表示的意思，却連帶提及了與甲詞有某種意義聯繫的乙詞，甲乙兩詞連用，乙詞只起陪襯作用，這種修辭方法叫連及。

按連及中的兩個詞的意義關係，連及可分爲類連和反連兩種。類連是因乙詞意義與甲詞相類相關而連及，例如：

（1）鼓之以雷霆，潤之以風雨。（《周易·繫辭上》）

（2）江漢朝宗於海。（《尚書·禹貢》）

（3）禹稷躬稼而有天下。（《論語·憲問》）

（4）禹稷當平世，三過其門而不入。（《孟子·離婁下》）

（5）大夫不得造車馬。（《禮記·玉藻》）

（6）妾誠傷超以壯年竭忠孝於沙漠，疲老則便捐死於曠野，誠可哀憐。

(《後漢書·班超傳》)

(7) 便可白公姥，及時相遣歸。(佚名《孔雀東南飛》)

例 (1) 滋潤萬物的是“雨”，“風”爲連及之詞，在此不表義，只是陪襯作用。例 (2) 清閻若璩《尚書古文疏證》卷八十六説：“古人文多連類而及之，因其一并及其一，《禹貢》亦然，江漢朝宗于海，漢入江，江方入海，因江入海，漢亦同之。”講的就是“江漢”連及的表述方式。例 (3)、例 (4) 是“禹”“稷”兩個人名連及。例 (3) 言“稷”而及“禹”，因“躬稼”的是后稷；而例 (4) 言“禹”而及“稷”，因“三過其門而不入”的是大禹。例 (5)“車”能“造”，“馬”不能“造”，“馬”無義。例 (6) 因言“忠”而及“孝”，班超在西域經營三十多年，只能説是盡“忠”於朝廷，無法談盡“孝”。例 (7) 劉蘭芝要告白的是“姥”(婆婆)，而不是“公”，詩中始終未出現公公，説“姥”而連及“公”。類連多爲名詞。

反連是因乙詞與甲詞意義相對相反而連及。反連多爲動詞和形容詞，例如：

(8) 司馬遷觸天子喜怒。(柳宗元《答韓愈論史官書》)

(9) 多人不能無生得失，生得失則語泄。(《史記·刺客列傳》)

(10) 緩急，人之所時有也。(《史記·遊俠列傳》)

(11) 先帝常與太后不快，幾至成敗。(《後漢書·何進傳》)

(12) 晝夜勤作息，伶俜縈苦辛。(《孔雀東南飛》)

例 (8) 司馬遷因李陵事而觸怒武帝，被處宫刑。句中因説“怒”而連及“喜”。例 (9)“得失”是“失誤”之意，言“失”而及“得”。例 (10)“緩急”指緊急、危難之事。例 (11)“成敗”指“毀敗”。例 (12)“作息”連及，是“勞作”的意思，“息”字無實義。

連及也是古漢語中常用的一種修辭方法。有一些連及 (主要是反連) 的兩個詞經常連在一起使用，逐漸凝固成了一個詞，如“緩急”“利害”“得失”“輕重”“成敗”等，即所謂的偏義複詞。

對待連及這種修辭現象，應注意以下幾點：

第一，連及必須有具體上下文制約，同樣是這兩個意義相關或相反的詞，在此是連及用法，在彼則不是連及用法。例如：

(13) 然農有水旱，商有得失，工有成敗。(《列子·力命》)

例中“得失”是“得利、失利”的意思，“成敗”就是“成功、失敗”，都不是連及之文。

第二，在連及中，是由前邊的詞連及後邊的詞，還是由後邊的詞連及前邊的詞，要依據上下文的内容確定，如前邊例 (3) 和例 (4)，都是“禹稷”

連及，例（3）是言“稷”而及“禹”，例（4）却是言“禹”而及“稷”。再如：

（14）夫擊甕叩缶，彈箏搏髀，而歌呼嗚嗚快耳目者，真秦之聲也。（李斯《諫逐客書》）

（15）是芙蕖也者，無一時一刻不適耳目之觀。（李漁《芙蕖》）

同是“耳目”連及，例（14）是言“耳”而及“目”，例（15）則是言“目”而及“耳”。在反連的語詞中，往往是意在負而連及其正，前邊所舉“喜怒”“得失”“成敗”等都是這樣，但情況也不盡然，如：

（16）兩家子孫各長大，他年窮達勿相忘。（陸游《吴體寄張季良》）

“窮達”意在“達”，做了高官不要忘記對方。

第三，在理解連及之文的意義時，既要抓住意義所在的甲詞，也不能完全忽略所連及的乙詞的陪襯作用。這種作用表現在：乙詞不僅可以湊音足句，協調節奏，也有着兼及連帶的意義。有的反連相當於一個抽象名詞的意義，如上例（8）“喜怒”是“讓人氣惱的心事”的意思，而不簡單是“惱怒”的意思。有的類連可以看成是一種類似於集合名詞的單位，例如上例（3）、例（4）中的“禹稷”，可以看作不是單指禹或稷個人，而是指像他們那樣的神話傳説中的祖先。

第二十九節　古代的文體

一、古代文體研究的概況

文體，是指文章的各種體裁。

我國古代社會對文體的關注與研究，是伴隨文學創作的發展而發展的。在我國古代文獻《禮記》中，曾經有對誄（lěi）、銘等文體的説明，可以看作是我國文體論的濫觴。

魏時曹丕的《典論·論文》是我國文學批評史上出現得最早的一篇文論。一般被認爲是我國文體論的發軔之作。文中有關文體的部分如下：

> 夫文本同而末異，蓋奏議宜雅，書論宜理，銘誄尚實，詩賦欲麗。此四科不同，故能之者偏也；唯通才能備其體。

在這裏，曹丕提到了文學的共性問題，也提到了文學作品的文體差異。他將當時的文學作品粗略概括爲奏議、書論、銘誄、詩賦四科，并用了“雅、理、實、麗”四字分别説明它們的特點。

晉初陸機的《文賦》是我國文學批評史上第一篇系統而完整地討論文學問題的著作。書中也較系統地論述到了文體問題。

以上所述是較早談及文體的著作，但并非文體論的專著。我國歷史上第一部文體論專著，據《隨書·經籍志》記載，是晉摯虞的《文章流別志論》，但并未流傳下來，只是在《太平御覽》《藝文類聚》的引錄中存有《文章流別志論》的一些片段。

到南北朝時期，出現了兩部重要的著作，一部是劉勰的《文心雕龍》，一部是蕭統的《文選》。劉勰的《文心雕龍》是一部規模宏大、體例詳備的文學理論專著，全書一共十卷，分上、下編，每編各包括二十五篇。從卷二“明詩”篇到卷五“書記”篇，共二十篇，談論的都是文體問題。文中所列文體的種類，僅標示篇目的就有三十三類，即詩、樂府、賦、頌、贊、祝、盟、銘、箴、誄、碑、哀、弔、雜文、諧、隱、史傳、諸子、論、説、詔、策、檄、移、封禪、章、表、奏、啓、議、對、書、記，比前代分類詳盡，更爲可貴的是《文心雕龍》爲文體論研究開創了一個周詳的體例，即在論述一種文體時，都遵循着“原始以表末，釋名以章義，選文以定篇，敷理以舉統”四個步驟。

蕭統的《文選》是我國第一部按文體聚類區分的文學選集，收錄周代至六朝梁以前七百多年間一百三十名知名作者的作品和少數不知名作者的作品共七百餘篇，并將這些作品按文體分成三十九類。這是將文體分類理論與實踐相結合的偉大創舉，對後世影響極爲深遠。

此後，模仿《文選》分類選文的作品總集很多，或駢或散，標準不盡同一，也各具特色。也有就一個朝代來選文的，如《唐文粹》《宋文鑒》等。

到明代，出現了兩部值得注意的文體專著，一部是吴訥的《文章辨體》，一部是徐師曾的《文體明辨》。《文章辨體》序中説，作者吴訥有感於《文選》選文欠精，《唐文粹》《宋文鑒》的選文又限於一個朝代，因而著有此書。而《文體明辨》是在《文章辨體》的基礎上增訂而成的。兩書對入選的文體，作了名稱、性質、源流等方面的説明，并且能打破前人成見，反映了作者對文學範圍、文學發展狀況的全面認識。

到清代，值得一提的是姚鼐的《古文辭類纂》。該書選文上自戰國時代，下至清代，文、詩、賦等兼收並蓄，并且做了分類。姚鼐有感於前人文體分類過細，繁複碎雜的狀況，將文體劃分爲十三大類，即論辯類、序跋類、奏議類、書説類、贈序類、詔令類、傳狀類、碑志類、雜記類、箴銘類、頌贊類、辭賦類、哀祭類。

二、古代文體的分類及特點

從前面所述的概況中我們發現，古代文體的研究與劃分，是一個由簡趨繁的過程，文體劃分的細致，對於區分各類文體的特點很有必要，但文體劃分得過繁過細，無疑給學習寫作者帶來了負擔和麻煩。葉聖陶先生説："現存的最古的總集要推蕭統的《文選》，這部書的分類雜亂而瑣碎，不足爲據。近代完善的總集要數姚鼐的《古文辭類纂》，分文字爲十三類。這十三類……標準紛雜，也不能使我們滿意。"（《作文論》）

因此，使用科學的方法、標準去劃分古代文體是我們所面臨的新課題。這裏所做的劃分，是參考了郭錫良主編的《古代漢語》等相關著作做出的，標準不盡合理，只是借這一框架對古代文體做一些簡單地介紹，至於更科學的方法，還有待進一步研究。

從整體上看，古代文體可以分爲無韻的散文、有韻的韻文，以及區别於二者的駢體文。其中韻文包括詩、詞、曲、賦等，本書另有介紹，這裏只就散文和駢體文兩類做一些簡介。

（一）散文

古代的散文相對於韻文、駢體文而言，大致分爲四個大類：

1. 史傳文。史傳文包括歷史散文、文人傳記、行狀等。

（1）歷史散文。按照記叙歷史事件、人物的方法不同，可分爲編年體、紀傳體、紀事本末體三種體裁。

① 編年體。按照時間順序，來記叙歷史事件、歷史人物。最早如《春秋》《左傳》以及後來的《資治通鑑》都屬於這種文體。其特點是將同一時間内的各方面要事給予全方位的展示，但對同一事件的首尾傳承卻無法體現。

② 紀傳體。始於司馬遷的《史記》。以人物爲中心，交代這一人物在不同時間乃至一生中所發生的事情，如《項羽本紀》《李將軍列傳》等。這一體裁對事件的交代也缺乏連貫性。

③ 紀事本末體。是以事件爲中心，圍繞一個歷史事件，按着時間順序，將這一事件交代清楚。這種體例首創於宋代袁樞。他根據《資治通鑑》編寫了《通鑑紀事本末》，共記了"三家分晉"等二百三十九件歷史事件。這種體裁體現了事件的連貫性。

（2）文人傳記。是指史官以外的文人所寫的人物傳記。這種文體源於《史記》的人物傳記。這種文體在唐代較爲突出，如韓愈的《圬者王承福傳》，寫一位泥瓦工的言談事跡。還有如柳宗元的《種樹郭橐駝傳》《童區寄傳》等。他們已將寫作的對象推廣到了庶民百姓，使傳記文學創作的道路更加廣泛。

（3）行狀。"行狀"是指一個人的"德行狀貌"。本是死者（通常是有名望的人）的家屬、門徒、好友等爲向朝廷給死者請示謚號或請求史官爲死者立傳而準備的説明性材料，如姓名、字、號、生卒年、居里、生平事跡等。後來“行狀”更多是指爲寫墓誌文而提供的材料了。因爲這一特殊用途，所以“行狀”一般都叙事詳盡，并且對死者有褒無貶。

2. 論説文

姚鼐《古文辭類纂》將這一類文體稱爲“論辯類”。包括哲學論文、政治論文、史論、文論等。姚鼐《古文辭類纂》稱：“論辨者，蓋源於古之諸子，各以所學著書昭後世。”春秋戰國時期，社會矛盾複雜尖鋭，各種學術思想空前活躍，各家都發表見解，或立己説，或駁他人，或駁他人以立己説，如《莊子》《孟子》《荀子》《韓非子》等，都在論辯方面見長。

古代的論説文分論、説、解、原、辨等體。

① 論：以議論爲主，通過概括一個學説來集中研討一個問題。賈誼的《過秦論》是現存最早的單篇論文，原載於《史記·秦始皇本紀》。全文從多方面探討了秦王朝興亡的道理。另如宋時蘇洵的《六國論》、蘇軾的《留侯論》都是“論”中的名篇。

② 説：重在解釋説明。吴訥《文章辨體》稱：“按説者，釋也，述也，解釋義理而以己意述之也。”如韓愈《師説》，重在説明教師的作用及學習的必要性。

③ 解：是指解釋性的文章。如揚雄的《解嘲》，是解釋人們對他的嘲諷。韓愈的《進學解》，是假設國子先生與學生的對話，指責當時執政者不辨賢愚，大材小用。

④ 原：重在推究本源。徐師曾《文體明辯》中説：“按字書云：‘原者，本也，謂推論其本原也。’自唐韓愈作五‘原’，而後人因之。”其實，早在《淮南子》中就有《原道訓》，《文心雕龍》中也有《原道》等篇。只是韓愈的五“原”（《原道》《原性》《原毁》《原人》《原鬼》）影響較大。所以人們認爲“原”這種體裁創自韓愈。另外，明末清初黄宗羲的《原君》《原臣》也較有影響。

⑤ 辨：是用來辨别事理的是非，或駁斥别人的言論的，作爲一種文體，興起於唐宋之際。辯與辨古代通用，但“辨”重在辨析，辨别，唐以前就有陸機的《辨亡論》，劉孝標的《辨命論》等。而“辯”側重駁斥。如韓愈的《諱辯》是與人辯論避諱問題，柳宗元的《桐葉封弟辯》對《吕氏春秋》和《説苑》中所記的周公封弟史實的真實性提出質疑。

3. 雜記文

雜記文的範圍很廣泛，内容也很複雜，古人對它的分類不是很統一。現在人們根據雜記文的内容和特點，一般將雜記文分爲四類：

① 臺閣名勝記：古人在修築亭臺、樓觀等建築物後，往往撰文記述修築的緣起、過程。或者在遊覽名勝古跡後，撰文叙寫名勝的景色、歷史沿革等。這類記文就屬臺閣名勝記一類。這其中往往融入作者傷今悼古的感慨。這類記文，一般是刻石的，但又與一般的碑誌有區别，碑文重在記事和記德頌功，語言莊重、典雅。而臺閣名勝記文，雖也有記事頌功成分，但重點在於發表議論，文學意味較濃。如歐陽修的《醉翁亭記》、蘇軾的《喜雨亭記》。

② 山水遊記：是古人在遊覽山水後所寫的描繪大自然的美景、抒發個人情懷的作品。如柳宗元的《永州八記》。

③ 書畫雜物記：這是古人專爲記述書畫和其他一些物品而題寫的小文。一般是記述書畫的内容、物品的行狀，及其製作過程、藝術特點等。唐代韓愈的《畫記》是書畫記文中的名篇，出現較早。另如魏學洢的《核舟記》，記一件工藝品，繪物寫人，維妙維肖。

④ 人事雜記：以記人叙事爲主，多數稱“記”，也有稱“誌”或“志”的。唐代劉禹錫的《救沉志》就是一篇記事文。寫一名僧人在洪水中組織人救起了許多人畜，卻堅持不救老虎。文中對洪水的描寫很傳神，也對僧人不拘泥於教條，嚴分善惡的立場表示贊同。另如歸有光的《項脊軒志》、方苞《獄中雜記》等也很有影響。

4. 應用文

應用文是古人處理日常事務時使用的文體。種類繁多，適用面廣，這裏選擇其中的幾類簡介如下：

① 奏議：奏議是封建時代臣子寫給皇帝的書信、報告。但這種文體早在商、周時期就已萌芽，如《尚書》中“商書”的《伊訓》篇，“周書”的《無逸》篇等。到戰國時代稱“書”，如《戰國策》中的《蘇代遺燕昭王書》《樂毅報燕惠王書》等，還有李斯的《諫逐客書》。《文心雕龍·章表》説：“章以謝恩，奏以按劾，表以陳請，議以執異。”可見最初奏議還有不同的用途和名稱，後來分别就不大了。

對策（簡稱策）是奏議的一個附類。應舉時由皇帝出題目，寫在簡上叫做策問；應舉者按題陳述自己的意見，叫做對策。漢代晁錯是對策名家。“對策者百餘人，唯錯爲高第，由是遷中大夫。”（《漢書·晁錯傳》）

② 詔令：是皇帝或朝廷下令給臣屬或告示天下的公文。這類文字最早見於《尚書》，稱爲“命”“誥”“誓命”等。秦代以後就統稱爲“制詔”或“詔令”。漢代又有“策書”“制書”“詔書”“戒書”等名稱。

③ 序跋：序跋是爲介紹一部書或一篇作品而寫的説明性文字。現在的序（敘）一般放在書的前面，稱序言；跋放在書的後面，也稱後序。但在上古時

代的序都是放在後面的，有人認爲《莊子·天下》就是《莊子》的序，而《太史公自序》《漢書·敘傳》《説文解字·敘》等都是放在後面的。到蕭統《文選》等書時，序才移到前面。放在後面的稱爲跋或後序，如文天祥《指南錄後序》。

具有應用文性質的文體還有碑誌、箴銘、頌贊、哀祭等，但從語言形式上看，這些文體大都用韻，應算是韻文，但用韻的情況并不一樣，所以放在這裏集中介紹一下。

④ 碑誌：就是以碑記事的意思。包括碑銘和墓誌銘。碑銘是指刻在碑上的文字。殷周時代，人們將重要事件刻在鐘、鼎等青銅器上，稱作“銘文”，後來刻在石碑上，所謂“以石代金，同乎不朽”（《文心雕龍·誄碑》），目的都是想流傳百世而不朽。碑銘的範圍很廣，有對禪和紀功的銘文，如秦始皇《泰山刻石》，有寺廟等建築物的銘文，如王簡栖《頭陀寺碑文》。另外還有墓碑，是記載死者生前事跡的，後有銘（韻語）。封建時代官階高的人死後的墓碑是樹立在墓前道路上的（稱作神道），所以叫“神道碑”。官階低的不稱碑而稱墓碣。

墓誌銘（墓誌）是記載死者生前事跡的，前有誌，用來記述死者生前功績，後有銘，是用韻語對死者進行贊美。墓誌銘一般刻在石頭上埋於墓壙裏，以防地理形勢變遷，供後人辨認，所以又稱埋銘、壙銘、壙誌等。

在用韻方面，對禪的碑誌刻文是從頭至尾用韻的，紀功的以叙事爲主，不一定完全用韻。到唐代，碑文往往是序長於銘。墓碑和墓志銘的韻文用得更少，一般用大部分篇幅紀事，最後才是幾句銘文。

⑤ 箴銘：是用於規誡、勸勉之類的文章，大多用於誡勉自己。“箴”即古“針”字，古人用箴石治病，所以箴銘就有療救防患的功用。古人箴銘一般有器物銘、山川銘、居室銘、座右銘等幾類。其功用都有提醒、勸誡作用。如衣銘：“桑蠶苦，女工難，得新捐（丟棄）故後必寒。”是告誡人們珍惜衣物的。用韻方面，箴銘是完全的韻文，劉禹錫的《陋室銘》從首至尾，以“名、靈、馨、青、丁、經、形、亭”押韻，只是最後一句不入韻。

⑥ 頌贊：是用於稱頌、贊美的文章。

頌，源於“詩六義”中的“頌”，内容是褒獎頌揚的，如韓愈的《子產不毁鄉校頌》。

贊，來源於上古祭祀或慶典時的贊辭。成文的贊開始於司馬相如的《荆軻贊》。在後世史書中的紀傳文後，常用贊文結束。

用韻方面，頌贊類是完全的韻文。雖然有的頌贊有序（散文），如柳宗元《伊尹五就桀贊》，但就全篇看，仍是韻文佔絶大多數，而韓愈的《子產不毁鄉校頌》則完全是韻文了。

⑦ 哀祭：哀祭包括哀辭和祭文，是用來哀悼死者或祭祀鬼神的文章。一般用韻。

哀辭一般用來哀悼身遭不幸而死或少年夭殤者。祭文一般是在祭奠時朗讀的。格式比較固定，如開篇用“惟……年……月……日”，結尾則用“嗚呼哀哉！尚饗”。祭文也有不用韻的，如韓愈《祭十二郎文》，但寫得感情真摯，哀婉淒絶，被稱爲“祭文中千年絶調”。

（二）駢體文

駢體文，又叫駢偶文、駢文、駢儷文等。

兩馬併駕叫“駢”，二人併列叫“偶”，夫妻成雙叫“儷”，可見駢偶就是兩兩相對的意思。駢偶又叫“對仗”，就是因爲古代儀仗也是兩兩相對的。這些名稱都是對這種文體的比喻説明。

下面簡要介紹一下駢體文的特點。

1. 語句方面，講究駢偶和“四六”

駢體文一般是用平行的兩句話，兩兩配對，直到篇末。例如：

高峰入雲，清流見底。（陶弘景《答謝中書書》）

毛嬙鄣袂，不足程式；西施掩面，比之無色。（宋玉《神女賦》）

駢偶（對仗）的基本要求是句法結構的相互對稱：主謂結構對主謂結構，動賓結構對動賓結構，偏正結構對偏正結構，複句對複句。從句子成分角度看就是主語對主語，謂語對謂語，賓語對賓語，其他成分也是如此。從詞性角度看，就是要求名詞對名詞，動詞對動詞，形容詞對形容詞，副詞、連詞、介詞也要與副詞、連詞、介詞相對等，古時没有這些概念，但事實是這麼做的。例如：

（1）潘岳之文采，始述家風；陸機之辭賦，先陳世德。（庾信《哀江南賦序》）

（2）吞吐百川，寫泄萬壑。（鮑照《登大雷岸與妹書》）

（3）風雲草木之興，魚蟲禽獸之流。（蕭統《文選·序》）

（4）虎豹無文，則鞹同犬羊；犀兕有皮，而色資丹漆。（劉勰《文心雕龍·情采》）

例（1）中，從句法結構看是主謂結構對主謂結構。從句子成分看，主語“潘岳之文采”與“陸機之辭賦”相對（其中定語“潘岳”與“陸機”相對，主語中心語“文采”與“辭賦”相對），狀語“始”與“先”相對，謂語中心語“述”與“陳”相對，賓語“家風”與“世德”相對。從詞性來看，名詞“潘岳”與“陸機”相對，“文采”與“辭賦”相對，“家風”與“世德”

相對，動詞“述”與“陳”相對，助詞“之”與“之”相對。例（2）從句法結構上是動賓結構與動賓結構相對。從成分上看，謂語“吞吐”與“寫泄”相對，賓語“百川”與“萬壑”相對。從詞性上來説，動詞“吞吐”與“寫泄”相對，名詞“川”與“壑”相對，數詞“百”與“萬”相對。例（3）是偏正結構相對。例（4）是複句對複句。

值得注意的是，有些句首句尾的虛詞及共有的句子成分不算在對仗之内。例如：

（5）夫能設謨以位理，擬地以置心。（劉勰《文心雕龍·情采》）

例中的“夫”爲虛詞，是句首發語詞。“能”爲助動詞，爲共用成分，都不在對仗之列。

駢偶除了要求句法結構與詞性相對稱外，更進一步要求對仗工整，即要求分别“事類”。例（1）中的“潘岳”對“陸機”是人名對人名；“始述”對“先陳”，一字扣一字，“家風”對“世德”，“文采”對“辭賦”也是同類事物相對。

數目對和顏色對是對仗工整的典型。例如：

（6）時更七代，數逾千祀。（蕭統《文選序》）

（7）左右青靄，表裏紫霄。（鮑照《登大雷岸與妹書》）

例（6）中的“七”“千”是數目對，例（7）中的“青”“紫”爲顏色對。

駢偶文的對仗要求大抵如上所述。

下面談談“四六”問題。

駢體文一般用四字句和六字句。因爲這個特點，從晚唐起，人們又稱駢體文爲“四六”或“四六文”。如李商隱的文集就叫做《樊南四六甲乙集》。

駢體文“四六”的基本結構有五種，下面結合例子説明：

（8）心非權衡，勢必輕重。（劉勰《文心雕龍·鎔裁》）

（9）鏤心鳥跡之中，織辭魚網之上。（劉勰《文心雕龍·情采》）

（10）張蔡曹王，曾無先覺；潘陸顏謝，去之彌遠。（沈約《謝靈運傳論》）

（11）漁舟唱晚，響窮彭蠡之濱；雁陣驚寒，聲斷衡陽之浦。（王勃《滕王閣序》）

（12）申包胥之頓地，碎之以首；蔡威公之淚盡，加之以血。（庾信《哀江南賦序》）

例（8）的句式結構是四字句對四字句，這種結構爲“四四”；例（9）的句式結構是六字句對六字句，這種結構爲“六六”；例（10）的句式結構是上四下四和上四下四相對爲“四四四四”；例（11）的句式結構是上四下六和上四下六相對爲“四六四六”；例（12）的句式結構是上六下四和上六下四相對爲“六四六四”。

駢體文主要以“四六”句爲主，除“四六”句以外，還有五字句、七字句、八字句和九字句等。不再舉例。

2. 語音方面，講究平仄相對

這裏講的平仄問題，主要是聲調問題。中古有四個聲調：平聲、上聲、去聲、入聲。由於語音的變化，現在的聲調已和中古聲調有所不同，大致的應對關係是：中古的平聲字分化爲現在的陰平、陽平。中古入聲字在普通話中消失，分别歸入平、上、去三聲中。古人所説的“平”，指古平聲，即現在的陰平、陽平。古人所説的“仄”（就是不平）指上聲、去聲、入聲。相當於現在的上聲、去聲。入聲字要注意那些在現代歸入陰平、陽平中的字。

在對仗時，應該以平對仄，以仄對平。但駢體文平仄相對没有近體詩嚴格，運用起來比較自由。例如：

（13）馮 唐 易 老，李 廣 難 封。（王勃《滕王閣序》）

(平) 平 (仄) 仄　(仄) 仄 (平) 平

（14）敢 竭 鄙 懷，恭 疏 短 引。（王勃《滕王閣序》）

(仄) 仄 (平) 平　(平) 平 (仄) 仄

（15）（老當益壯），寧 移 白 首 之 心；（窮且益堅）。（王勃《滕王閣序》）

(平) 平 (仄) 仄 (平) 平

（16）酌 貪 泉 而 覺 爽，處 涸 轍 以 猶 懽。（王勃《滕王閣序》）

(仄) (平) 平 (平) (仄) 仄　(平) 仄 仄 (仄) 平 平

例（13）、例（14）是四字句，四字句的節奏一般是二二，即“馮唐—易老”，“李廣—難封”。而四字句的節奏點在第二字和第四字上。由此可見，四字句的節奏點的平仄最嚴格，其他地方可平可仄（例中 (平) (仄) 就表示該處可平或可仄）。例（15）、例（16）爲六字句的節奏，分爲兩種，一種是二四，如例（15）“寧知—白首之心”，其節奏點爲第二字、第四字和第六字，這幾處平仄嚴格；一種是三三，例如（16）“酌貪泉—而覺爽”，其節奏點爲第三字和第六字，這兩處平仄嚴格。其他情況可依此類推。

3. 用詞方面，講究用典和藻飾

用典只是一種修辭手段，但魏晉以後，駢體文逐漸以數典爲工，滿紙典故，因而成爲駢體文語言表達上的一個特點。例如：

（17）馮唐易老，李廣難封。（王勃《滕王閣序》）

例中“馮唐易老”，用的是西漢馮唐仕宦浮沉的典故，馮唐在文帝時做官，景帝時被免職。到武帝再次想起用時，馮唐已九十多歲，不能再做官了。“李廣難封”用的漢代名將李廣的典故，李廣一生抗擊匈奴，屢建奇功，卻不得封侯。作者在這裏用這兩個典故，目的是想委婉地説明自己不得志、受貶斥的遭遇。可見，用典用得好，不僅含蓄委婉，而且能使讀者聯想到更多的内容。

駢體文用典往往不指明出處，而講剪裁、融化，或裁取古事古語，或將古事古語加以改易，以適合自己的對仗。如前文例（4）中，作者的上半聯出自《論語・顏淵》，原話是：“文猶質也，質猶文也，虎豹之鞟，猶犬羊之鞟。”下半聯出自《左傳・宣公二年》：“使其驂乘謂之曰：‘牛則有皮，犀兕尚多，棄甲則那。’役人曰：‘從其有皮，丹漆若何！’”作者用這兩處典故，目的是想説明“質待文也”的觀點。

用典能夠深化含意，豐富文章的内容，但同時在没有深刻思想或豐富情感的情況下，大量用典，會適得其反，讓人感覺“殆同書鈔”。

崇尚文采，也是駢體文的特色。駢體文中善用大量華麗的辭藻來修飾，使用最多的是顏色、金玉、山水、風月、奇花異草等詞語，這與六朝時期追求的華麗的文風有關。楊炯在《王勃集序》中説：“糅之金玉龍鳳，亂之朱紫青黄。”説的就是這個特點。可以説，用典和藻飾共同構成了駢體文詞彙方面的特點。

第三十節　古書的標點

一、古書標點的意義

古人寫文章不加標點，當時也没有加標點的習慣。人們讀書時只能按照自己的理解在文句旁邊加上一些符號來表示意義、語氣的停頓。古人斷句所使用的符號一般有兩種：一種是“丶”，一種是“𠃊”（楷化爲“乙”）。“丶”，《説文解字》解釋説：“丶（zhǔ），有所絶止，丶而識之也。”大意是説，在需要決斷、停頓的地方，用“丶”去標志一下。楊樹達在《古書句讀釋例・敘例》中認爲，“丶”是句讀的“讀（dòu）”的本字。他的判斷是有道理的。從它們的上古音去考察，會發現它們的上古音很相近，可以認爲有同源關係。“丶”，上古音的聲母屬端紐，韻母屬侯部。“讀”，上古音聲母屬定紐，韻母屬屋部。端紐、定紐屬同一發音部位，都是舌頭音，而侯部、屋部的主要元音又相同（按王力先生的擬音是［ɔ］），能夠構成對轉關係。後來由於語流音變，端紐到中古時又分化出知紐，“丶”在《廣韻》中的反切就是知庾切（zhǔ）了。

另一種符號是“𠄌”，《説文解字》説：“𠄌（jué），鉤識也。”段玉裁進一步解釋説：“鉤識者，用鉤表識其處也。……今人讀書有所鉤勒即此。”徐灝在《説文解字註箋》中説：“鉤識者，𠄌而識之，與丶而識之同意。”那么這個“𠄌”與“句”字有没有聯繫呢？先看《説文解字》的解釋：“句，曲也。”段玉裁解釋説：“凡曲折之物，侈爲倨，斂爲句。……凡地名有句字者，皆謂山川紆曲，如句容、句章、句餘、高句驪，皆是也。凡章句之句亦取稽留可鉤乙（即“𠄌”）之意，古音總如鉤。後人句曲音句（gōu），章句音屨，又改句曲字爲勾，此淺俗分别，不可與道古也。”

由此可知，“句讀”的“句”古音爲鉤（gōu），意思是彎曲。古人讀書，用彎曲的“𠄌”來鉤勒斷句處，後來就將所鉤斷的一部分成爲一“句”（gōu）。人們爲了與彎曲義相區别，將章句的“句”，改讀爲屨（jù）音，將彎曲義的“句”，也改字形爲“勾”。從中也可以看出，“𠄌”“丶”“句”，都與古人讀書斷句密切相關，“𠄌”更突出的是形體，“句”的意義是對這種形式的生動描繪。而且二者上古音也很相近，聲母都是見紐，“𠄌”屬月部韻，“句”屬侯部韻，主要元音發音方法、發音部位都很接近。

因此我們認爲，“𠄌”就是句的停頓，稱作“句”（jù），“丶”是“逗”的停頓，稱作“讀”（dòu）。後來，“𠄌”被小圓圈代替。這樣古人就用“。”和“、”作爲句子結束和句間停頓的標誌，但有的就只使用“。”斷句。

古人極爲重視句讀能力的訓練，因爲這是讀書治經的基本功。《禮記·學記》説：“一年視離經辨志。”這裏的“離經”就是指斷離經文的水平。唐代也有人説：“學識如何觀點書。”（李匡乂《資暇集》引稷下諺）是説從能否給古書正確斷句，就可以看出一個讀書人的學識修養水平。

正確地爲古文斷句，來源於對古文的正確理解。而正確的斷句也傳達給人們正確的文意。如果斷句、標點有誤，就會讓人理解錯，讀不懂。如《韓非子·外儲説左下》記載了魯哀公向孔子問有關“夔一足”的故事：“吾聞夔一足，信乎？”［孔子］曰：“夔，人也，何故一足？彼其無他異，而讀通於聲。堯曰：‘夔一而足矣。’使爲樂正。故君子曰：‘夔有一，足。’非一足也。”大概是魯哀公看到了“君子”記錄堯贊美夔的“夔有一足”的話，但因没有斷句，連在一起讀，難怪他將當“足夠”講的“足”理解成“脚”了。孔子解釋時用“而”將“一”與“足”斷開，就糾正了哀公斷句的錯誤，也澄清了事實。

古人也意識到書無句讀的不良後果，所以在宋代，刻書就有了句讀。但因傳統習慣，有句讀的書只佔少數，大多數古書仍未加句讀。據初步統計，我國傳世的古籍現有近八萬多種。但迄今整理過的也不過四千多種。即使整理過的，加了標點的古籍，有的也存在是非正誤的問題。所以我們今天讀古書也要具備相當的標點古書的能力。

另外，運用較古時句讀先進得多的現代標點符號，爲流傳下來的古代文化典籍斷句標點，將古代文化遺産更好地繼承下來，流傳下去，是我們的責任和義務。

二、標點古書的要求

這裏所説的標點古書，就是指用現代的標點符號爲古書斷句，這與傳統意義上的句讀既有聯繫又有區别：二者的共同之處在於爲古書斷句、標志意義、語氣上的停頓。然而現代意義上的標點符號，能夠更加清晰地表達出句中語氣的停頓，能夠標志一個語義完整的句子的結束，還能夠準確標示出陳述、疑問、感嘆、祈使等語氣。總之，現代標點符號所起的作用遠比句讀要豐富得多。看下面的例子：

晏子對曰："臣愚，不能復活東阿矣！願乞骸骨，避賢者之路。再拜，便僻。"（《漢魏六朝散文選》，中華書局 1962 年版）

句中的"再拜，便僻"是指晏子的行爲動作，并非晏子所説的話，不應在雙引號之内。所以正確的標點是：

晏子對曰："臣愚，不能復活東阿矣！願乞骸骨，避賢者之路。"再拜，便僻。

這是使用標點符號才能發現的問題。如果用句讀法斷句，便很難發現例子的錯誤。

正確使用標點符號標點古書，是一項要求具備多方面知識的綜合性工作，它不僅涉及詞彙、語法、音韻、修辭等方面的知識，還涉及古代文化常識、古代歷史知識等。所以，想要正確使用標點符號標點古書，一定要盡可能多地掌握并綜合運用上述知識。反之，如果掌握、運用不好上述知識，就很難正確標點古書。

下面從幾個方面談談標點古書的要求，也是我們在標點古書時尤其應該注意的問題。

（一）要注重文章的整體關係，字句必須能講通

文章都要表達一定的思想，或記述一個事件。如果標點古書時只局限於一兩句話，忽視文章整體，脱離具體的思想或事件本身，從小範圍看，也許會説得通，而從整體來看卻行不通。例如：

（1）項王出之國，使人徙義帝，……乃使使徙義帝長沙郴縣。趣義帝行，

其羣臣稍稍背叛之，乃陰令衡山、臨江王擊殺之江中。（《史記·項羽本紀》，中州古籍出版社 1994 年版）

如單就這段的標點及文意看，因項羽將義帝遷移到長沙，并催促義帝快走，因而義帝的羣臣由於勢力而漸漸背叛了義帝，於是義帝下令將羣臣殺死在江中。然而從文章整體看，被殺的是義帝，所以正確的標點應是：

項王出之國，使人徙義帝，……乃使使徙義帝長沙郴縣。趣義帝行——其羣臣稍稍背叛之——乃陰令衡山、臨江王擊殺之江中。

（2）子曰："甚矣，吾衰也久矣！吾不復夢見周公！"（《論語·述而》）

如果只看"吾衰也久矣！吾不復夢見周公"，那么可以理解爲"我衰老已經很長時間了，我不能再夢見周公了"。也講得通，但如加上"甚矣"，這種標點就混亂了，解釋不通。正確的標點是：

子曰："甚矣，吾衰也！久矣，吾不復夢見周公。"

（3）已未，或走馬過汝陰王之門，衛士恐。有爲亂者奔入殺王，而以疾聞，上不罪而賞之。（《資治通鑑》4229 頁，中華書局 1956 年版）

汝陰王是南朝宋順帝被廢後的封號。衛士奉高帝之命監守着他。這句是説，當看到有人騎馬經過時，衛士擔心有人謀反、搭救汝陰王，因而奔入王府，將汝陰王殺了，并馬上將此事報告給皇上，皇上没怪罪他，反而獎勵他忠於職守。然而按照例（3）的標點，就很難將這句意思理清。殺汝陰王的人不是衛士，反倒是爲亂者，并且皇上還獎賞了爲亂者，與原義相悖。因此，這句標點應是：

已未，或走馬過汝陰王之門，衛士恐有爲亂者，奔入殺王而以疾聞。上不罪而賞之。

（二）要注意分析語言諸方面因素

語言諸方面因素就是上文提到的詞彙、語法、音韻、修辭等各方面的問題。如果不瞭解詞義或者理解詞義有誤（如以今義釋古義），就會影響斷句的質量。同理，如果缺乏有關古漢語中語法、音韻、修辭等知識，也會給標點古書造成重重障礙。下面分别舉例説明。

（4）洪於大義，不得不死；念諸君無事，空與此禍，可先城未敗，將妻子出。（《資治通鑑》，中華書局 1956 年版）

這段文章寫臧洪鎮守東郡，糧盡援絕。臧洪自己甘願以死殉職，但不想他人受累，因此勸手下及百姓棄城逃命。如此標點，"念諸君無事"，當是"考慮到各位無事可做"的意思。城將陷，又怎能無事可做？這裏的"無事"是"没有必要""犯不上"的意思。因此"念諸君無事空與此禍"，應當連讀，不應斷開。

(5) 其年，(汪) 革遁入行都，廂吏執之以聞，遂下大理獄，具梟於市。(《桯史·汪革謠讖》，中華書局 1981 年版)

這一句中的"具"，有兩種意思，一是"一起""都"的意思，是副詞，另一個意思是"具備""完備"的意思，是動詞。從文中標點看，"具"放在動詞"梟"(斬首) 前，應爲副詞，是"一起"的意思。然從文中可知，殺頭的只有汪革一人，還有誰和他一起被殺頭了呢？文章不通。再看"獄"字，現在是"監牢"的意思，但古漢語更常用的意思是"案件""官司"，本文中是"案件"的意思，標點者理解爲監獄，自然標點有誤，正確的標點是：

其年，革遁入行都，廂吏執之以聞，遂下大理，獄具，梟於市。

"獄具"應當連讀，意思是案件審理已經完備。

(6) 厩焚。子退朝，曰："傷人乎不?"問馬。(《論語·鄉黨》)

厩焚。子退朝，曰："傷人乎?""不。"問馬。

這兩種標點，是根據唐陸德明的觀點"一讀至'不'字絕句"而標點的。但這兩種標點都有問題。在語氣詞後加"不"或"不"單獨成句都是不合先秦語言習慣的。所以，正確的標點應該是：

厩焚。子退朝，曰："傷人乎?"不問馬。

(7) 古今英才貴位，其所生往往出自卑賤非第，無損於其子之賢，而愈形其母之貴。(《不下帶編》卷三，中華書局 1982 年版)

這種標點法，是將"第"理解爲"門第"了，"非第"理解爲"不是高貴的門第"。但這裏的"非第"是兩個副詞連用，相當於"非但""不僅"，與下文"而愈"搭配使用，表示語意的遞進。因此正確的標點應是：

古今英才貴位，其所生往往出自卑賤，非第無損於其子之賢，而愈形其母之貴。

(8) 衛侯貞卜。其繇曰。如魚竀尾。衡流而方羊裔焉。大國滅之。將亡。闔門塞竇，乃自後踰。(《左傳·哀公十七年》)

杜預、孔穎達都以"衡流而方羊裔焉"斷句。顧炎武在《杜解補正》中說："當以'裔焉大國'爲句。言其邊於大國，將見滅而亡。"這是一段繇詞。孔穎達找到了"竇""踰"押韻，却無法將二字與"將亡"押韻，因此說"繇詞之例，未必皆韻"。實際上，"亡"是與"羊"押韻的。"羊""亡"同屬上古陽部，"竇""踰"同屬上古侯部，這是中間换韻的情況，這是孔穎達所不理解的。因此這句正確標點應是：

衛侯貞卜。其繇曰："如魚竀尾，衡流而方羊，裔焉大國，滅之將亡。闔門塞竇，乃自後踰。"

(9) 錢竹汀宮詹云："古人以二字命名者，多取雙聲疊韻，與夷犁、來濤

涂、彌明、彌牟、滅明、由餘、徐姚，皆雙聲也。”(《兩般秋雨盦隨筆·命名雙生疊韻》，上海古籍出版社 1982 年版)

錢竹汀宮詹即清代學者錢大昕。這裏的“與”“夷”均屬餘母字，能構成雙聲，但“犁”是來母字，和“與夷”不同聲。下文“濤涂”二字同屬定母，而“來”屬來母，也不同聲。如此標點，没有體現出文中所説的“古人以二字命名者，多取雙聲疊韻”的意思，很顯然是斷錯了。正確標點是：

……與夷、犁來、濤涂、彌明……

以上所舉例子中，例（4）和例（5）標點錯誤的原因是由於對詞義理解有誤，特别是不瞭解古今漢語詞義的差異，以今義釋古義造成的。例（6）和例（7）是由於對古漢語中一些語法現象，比如一些虚詞的用法不瞭解而造成的錯誤。例（8）和例（9）則是因爲對古代音韻學知識不瞭解而造成的錯誤標點。即使像孔穎達那樣的專家，也會出現錯誤。

（三）要具備相當程度的古代文化常識

古代書籍中涉及很多古代文化常識，比如天文、地理、職官、宗法、稱謂、飲食、服飾、避諱等。如果對這些知識不瞭解或瞭解不多，也會在標點古書時出錯。例如：

(10) 驃騎將軍……太子左右衛、宗衛、内等率，尚書，吏部侍郎……爲正四品。(《隋書·百官下》，中華書局 1973 年版)

在隋代，尚書的品級爲正三品，而按上例的標點，顯然尚書是正四品，與歷史事實不符。這是對古代職官情况不了解造成的。應該將“尚書”與“吏部侍郎”相連，尚書吏部侍郎在隋代是正四品。

(11) 彗星復見西方。十六日，夏太后死。(《史記·秦始皇本紀》，見《史記會註考證》)

按照這樣標點來理解，十六日這天夏太后死了。然而情况并非如此。東漢以前，古人都是用干支紀日的。如《春秋經·莊公十年》：“秋七月丁酉，葬齊襄公。”《左傳·成公二年》：“六月壬申，師至於靡笄之下。”“癸酉，師陳於鞌。”《史記》紀日也是如此，如在《秦始皇本紀》中就有“四年……十月庚寅，蝗蟲從東方來，蔽天”和“三十七年十月癸丑，始皇出游”。這裏“十六”與“日”連用，應該是表示彗星連續出現了十六天，所以“十六日”應連上文，即：

彗星復見西方十六日，夏太后死。

由以上舉例可知，標點古書不僅涉及古代語言的各方面知識，也涉及古代社會的文化常識，是一項綜合性較强的工作，對標點者也提出了較高的要求。楊樹達先生曾説：“句讀之事，視之若淺，而實則難。”這是在古漢語研究中浸潤多年的學者發自肺腑的真實感受。所以，初學者在標點古書時常常出現錯誤是很正常的現象。但我們不能因此畏縮不前，也不能不負責任地亂點一氣。正確的做法應是以嚴謹求實的科學態度，依照循序漸進的原則，有意識地積累有關知識，不斷訓練，逐步提高標點古書、閱讀古書的能力。

三、標點古書的方法

標點古書是一項綜合性較强的工作，没有捷徑可走，只能踏踏實實從基礎做起，學好有關詞彙、語法、音韻等語言知識，練好基本功，經過反複訓練，不斷提高標點古書的能力，同時也就提高了閱讀古書的能力。

這裏所説的方法，只是一些經驗性的總結，供初學者參考。

首先，對一段古文或一篇古文，通常是由字到詞、由詞到句、由句到篇，通篇認真地考慮，就是説先要憑藉日常積累的詞彙、語法等語言知識，對材料進行快速掃讀。其中有很多基本詞彙，古今詞義差異不大，很容易理解。要注意的是古今詞義有差異的詞，尤其是古今詞義差異細微的詞。詞義大略瞭解了，那么句子就容易點斷了，整篇文章也就容易斷句了。再選擇適當的標點加在斷句處。然後再憑藉對文章整體的把握，即瞭解了文章的主要思想，或事件的大體過程，再由篇到句、由句到詞地逐一審查。因爲構成文章的字、詞、句都是爲文章的中心服務的，如脱離了文章的中心，那麼字、詞、句就會帶有較大的隨意性。經過這樣一個由小到大，再由大到小的反復過程，那麼，爲古書加上正確的標點就會很有把握了。

其次，可利用句尾語氣詞斷句。古漢語中有些句子的末尾常使用語氣詞，如也、矣、耳、歟、耶等。如果能識别這些句尾語氣詞，就可以在這些詞語後斷句了。例如：

（12）豈吾相不當侯耶？且固命也？（《史記・李將軍列傳》）

（13）余以爲周之喪久矣，徒建空名於公侯之上耳，得非諸侯之盛强，末大不掉之咎歟？（柳宗元《封建論》）

利用這種方法時，一定要注意區分句中語氣詞“也”“與（歟）”與句尾語氣詞“也”“與（歟）”。如在“且夫水之積也不厚，則其負大舟也無力”（《莊子・逍遥遊》）中“也”字就不能斷。又如在“於予與改是”（《論語・公冶長》）中“與”後也不能斷。

再次，可利用整齊句式斷句。古人寫文章或闡説事理，往往從不同方面反復申述，這就會形成整齊勻稱的句式。我們可以利用這種句式的勻稱整齊來斷句。例如：

（14）臣聞求木之長者，必固其根本；欲流之遠者，必浚其泉源；思國之安者，必積其德義。源不深而望流之遠，根不固而求木之長，德不厚而思國之安，臣雖下愚，知其不可，而况于明哲乎？（魏徵《諫太宗十思疏》）

另外，駢體文的句式相對整齊，斷句相對比較容易。如：

（15）關山難越，誰悲失路之人？（王勃《滕王閣序》）

萍水相逢，盡是他鄉之客。（王勃《滕王閣序》）

除此之外，還可利用韻脚字幫助我們爲韻文（如詩、詞、賦等）斷句。古人的注疏，也爲我們標點古書提供了參考。

第三十一節　古文今譯

一、古文今譯的意義及原則

古文今譯是指按照現代漢語的語法規則準確而通暢地將古代文言文的内容翻譯成現代漢語，使没有古漢語閲讀能力的人也能瞭解和掌握古代文化典籍的内容。

古文今譯與古文標點相比，對古代文化的繼承作用又進了一步。對學習古代漢語的人來説，古文今譯又是手段又是目的。説它是手段，是因爲古文今譯是綜合運用古漢語的基礎知識和基本原理，理解文言文的内容，并運用現代漢語的有關知識將理解的内容用準確的現代漢語表述出來的過程。通過對這一過程的反復實踐，能夠不斷提高學習者閲讀、理解文言文的能力。從另一角度來説，具備了相當程度的古文今譯的能力，能夠將古代文言文用現代漢語表述出來，也是我們學習古代漢語的目的所在。重視古文今譯的練習，不僅可以提高閲讀古文的能力，而且對於提高現代漢語的表達，使之流暢、生動、簡練，也大有好處，可謂一舉多得。有些學習者在經過一段時間的學習後，對古文的字、詞、句、篇都有了比較透徹的瞭解，就認爲可以了，認爲譯不譯成現代漢語并不很重要。但如果真要求他在忠實原文的基礎上將他理解的内容用準確、流暢的現代漢語寫出來，也許他就不會信心百倍了，有時也爲找不到一個恰當的表達詞語而抓耳撓腮。這就是平時缺乏古文今譯的訓練造成的結果。

關於古文今譯原則，現在比較通行的説法是“信、達、雅”。這是嚴復先生在他所翻譯的英文名著《天演論》的敘言中概括出來的翻譯外文的三條原則。現在看來，這三條原則不僅適用於外文中譯，也適用於古文今譯。這三條循序漸進的原則，不僅照顧到了古代漢語、現代漢語的固有風格，而且能統籌兼顧，做到有機聯繫，促成了語言的繼承與發展。

所謂“信”，就是指譯文表達的意思一定要忠實於原文的意思，要求信實、準確；所謂“達”，就是表達要通暢，要符合譯文的表達習慣；所謂

“雅”，就是要譯文的語言典雅，能反映出原文的語言風格。這三條原則中，“信”是基礎，如果譯文不忠實於原著，即使語言再流暢、典雅，也失去了翻譯的價值。當然，一味追求“信”，而譯文的語言滯礙難懂，也没有達到翻譯的目的。因此説，“信、達、雅”三者必須緊密聯繫在一起。

二、古文今譯的要求

古文今譯是一項“古為今用”最爲突出的工作，對翻譯者的要求更高。對古文做出正確的理解只是爲古文今譯打下了基礎，想要按照“信、達、雅”的原則將古文譯成現代漢語，還要克服許多困難。因爲這其中涉及的有關詞彙、語法、修辭、語氣等問題要比古文標點複雜得多，其要求也要嚴格得多。

下面就從幾個方面談談在古文今譯過程中相關的注意事項。

1. 要盡可能地將原文中的詞語落到實處，能對譯的要一一對譯，不要漏譯

古漢語中的實詞在譯文中做到一一對譯還比較容易做到，因爲實詞表意實在、明確，不容易忽視。容易忽視的是一些虚詞的用法，因爲虚詞有時不表義，只起語法作用。下面看一個例子。

(1) 公曰：“不可。微夫人之力不及此。因人之力而敝之，不仁；失其所與，不知；以亂易整，不武。吾其還也。”亦去之。(《左傳・僖公三十年》)

這一段有人這樣翻譯：

> 晉文公説：“不可以這樣做。没有人家的大力相助不行。依仗過人家的力量反而去傷害他，不符合‘仁’的標準；抛棄友好鄰邦，不符合‘智’的標準；用戰亂代替安定局面，不符合‘武’的標準。我們還是回去吧。”也撤離了。

這段譯文大致準確，但其中有如下幾個方面不準確：①“夫人”中的“夫”是指示代詞，應譯爲“那、那個”，譯文中未譯出。②“不及此”一句理解有誤。“此”是指代晉文公今天的境地，晉文公做晉國國君是得到秦穆公大力幫助的，這裏指的是這件事。所以“微夫人之力不及此”應翻譯成“没有那個人（指秦穆公）的幫助，（我）不可能達到今天的地位”。③“亦去之”中的“之”没有對譯出來，這裏是指代鄭國邊境，應該譯出，即翻譯爲：“（晉軍）也撤離了鄭國邊境。”而文中將“吾其還也”中的“其”譯爲“還是”是比較準確的，表達出了表示商量的語氣。

(2) 狡兔有三窟，僅得免其死耳。(《戰國策・齊策四》)

這句如果翻譯成“狡詐的兔子有三個洞穴，也只是得以免除它死亡的境地”，就没有體現出表示限止語氣詞“耳”的作用。“耳”應該翻譯成“罷

了”來體現它的語氣詞作用。

當然，有些虛詞無法用現代漢語對譯，也不必拘泥於一一對譯的要求，否則會適得其反，例如：

(3) 諸將易得耳，至如信者，國士無雙。(《史記·淮陰侯列傳》)

其中的“耳”也表限止語氣，但用在陳述句中，表示限止性的肯定語氣，就不便譯出。如把“諸將易得耳”譯成“諸位將領容易得到罷了”，反倒不通順了。

2. 對古漢語中的特殊的語法現象，應選用適當的現代漢語形式去表達

古今漢語是一脉相承的，很多句子的語序是與現代漢語一致的，直接按照正常語序翻譯就行了。但是由於語言的發展，古漢語中的一些特殊語法現象，如賓語前置、詞類活用、特殊詞組結構等與現代漢語有一定區别。在這種情況下，就要首先識别、弄清古漢語中的特殊語法現象，然後再採用適當的現代漢語表達形式去翻譯。例如：

(4) 之二蟲，又何知？(《莊子·逍遥遊》)

這是一句賓語前置句，所以翻譯時，要將疑問代詞“何”移到動詞“知”後，翻譯成：“這兩個小生物，又知道什么呢？”如果將“何”理解爲“怎么”而將這句翻譯成：“這兩個小生物，又怎么知道呢？”就是没有弄清“何”是前置的賓語，將“何”當做狀語去處理了。

(5) 懷其寶而迷其邦，可謂仁乎？(《論語·陽貨》)

本句中的“迷”是使動用法，這一句應翻譯成：“懷揣着寶物，却使自己國家的政事糊裹糊涂，可以叫做仁嗎？”如果譯成：“懷揣着寶物，却迷惑自己的國家……”是未將使動用法對譯過來。

(6) 晉平公問於叔向曰：“國家之患，孰爲大？”(《新序·雜事》)

這句中的“晉平公問於叔向”應譯成“晉平公向叔向發問”，其中的介賓結構“於叔向”爲動詞“問”的補語。現代漢語中這種結構一般要移到動詞前作狀語。如果譯成“晉平公發問向叔向”，倒是一一對譯了，但不符合現代漢語的習慣。但有時由“于（於）”組成的介賓結構在古漢語中作補語，可以不前移作狀語，直接作補語就可以了。如：“京叛大叔段，段入于鄢。”(《左傳·隱公元年》)其中“段入于鄢”翻譯成“段逃到了鄢地”，就可以了，移作狀語，倒不通順了。這要看具體的語言環境而決定。

(7) 吾知所以距子矣，吾不言。(《墨子·公輸》)

句中“所以”是助詞“所”與介詞“以”結合成的凝固形式，表示“用來……的方法”的意思，不能當成現代漢語的因果連詞。所以這句應譯成：“我知道抵禦您的辦法了。我不説。”

古漢語中的特殊語法現象還有一些，就不再一一舉例。只要能準確識别這些語法現象，選用恰當的方式去對譯，一般來説，問題不大，但一定要細致、認真，不要主觀臆斷。

3. 古漢語中有一些修辭現象比較特殊，翻譯時要靈活處理

古漢語中的一些修辭形式如譬喻、稱代、雙關等，現代漢語中仍在使用，翻譯時盡量體現出修辭的風貌就可以了。但古漢語中有一些修辭現象較爲特殊，要視具體情況來處理。例如：

(8) 生孩六月，慈父見背。(李密《陳情表》)

句中“慈父見背”的字面意思是：慈父將我丟棄了。實際上這是“父親死去”的一種表避諱的委婉修辭方法。所以翻譯時用“父親逝世”比較好。

(9) 今君有區區之薛，不拊愛子其民，因而賈利之。(《戰國策·齊策四》)

句中“不拊愛子其民”是一種共用修辭方法，其中的“不”及“其民”都是“拊愛”與“子”所共用的成分，即“不拊愛其民，不子其民”。應該譯成“不撫愛您的百姓，不把您的百姓當作子女看待”(其中的“子”是意動用法)。如果不瞭解這一特殊情況，這句話就很難翻譯明白。

4. 譯文要盡量保留原文中的語氣和感情色彩

古文中的原有語氣和感情色彩是作者思想感情的生動表現。譯文中應盡量保留原文的語氣和感情色彩。例如：

(10) 將何適而非快？(蘇軾《黄州快哉亭記》)

這句如果譯成：“那麽無論到什么地方都會覺得愉快。”也將句子的意義表達出來了。但如果譯成：“那麽到什么地方去會不快樂呢？”用反問的形式去對譯反問的形式，不僅表意準確，而且語氣也貼近原文，那種“快哉”的心情溢於言表。

(11) 其是之謂乎？(《左傳·隱公元年》)

(12) 昭王之不復，君其問諸水濱。(《左傳·僖公四年》)

以上兩例中的“其”都是語氣詞，但表達的語氣不同，所以應分别對待。例 (11) 的“其”表示推測語氣，可以譯成“大概”。例 (12) 的“其”表示委婉語氣。“君其問諸水濱”應該譯成“您還是到水邊去問問吧”。

5. 對於古漢語中省略的地方，翻譯時要視情況補充完整

古漢語表達簡明，往往於敍述中將一些成分省略。一般是主語、動詞賓語或介詞賓語被承前或蒙後省略。在將這樣的古文譯成現代漢語時，要將被省略的成分盡量補充完整。補充的成分一般加上括號，以示區别。例如：

(13) 楚人爲食，吴人及之，奔，食而從之，敗諸雍澨。(《左傳·定公四

年》）

這一段敘述中，“奔”前蒙上省略主語“楚人”，“食”前省略主語“吴人”，這都是承前省略，翻譯時要補充完整：

楚人做好了飯，吴人趕上了他們，（楚人）逃走了，（吴人）吃了楚人的飯後繼續追擊楚人，（吴人）在雍澨打敗了楚人。

（14）七月在野，八月在宇，九月在户，十月蟋蟀入我牀下。（《詩經·豳風·七月》）

例（14）中，“在野”“在宇”“在户”之前都蒙後句“十月蟋蟀入我牀下”省略了主語“蟋蟀”，翻譯時要補充出來：

七月時（蟋蟀）在曠野，八月時（蟋蟀）在屋宇，九月時（蟋蟀）在門内，十月時（蟋蟀）在我的牀下。

（15）請京，使居之，謂之京城大叔。（《左傳·隱公元年》）

例（15）省略的情況更爲複雜，三個小分句前分别省略了三個不同的主語，必須結合上下文意，將主語補充出來，否則，表達就會混亂。譯文如下：

（姜氏）請求京地（作爲段的封邑），（莊公）讓（段）居住在京地，（人們）稱他爲“京城大叔”。

（16）使子路反見之，至，則行矣。（《論語·微子》）

例（16）省略的情況也比較複雜。補充完整之後譯文應是：

（孔子）派子路返回去拜見丈人，（子路）到了（丈人家），（丈人）原來已經離開外出了。

三、關於直譯和意譯

古文今譯的具體方法一般是直譯和意譯兩種。所謂直譯就是譯文要忠實於原文，字、詞、句做到三落實，句式、語氣也大體和原文一致。這種譯文一般不要求文彩，只求内容上的表達準確。沈玉成先生的《左傳譯文》大體就是這種風格。如隱公元年中的一段：

祭仲　　曰：“都　城　　過　　百　　雉，　國　之
祭仲對莊公説：“凡屬都邑，城垣的周圍超過三百丈，就是國家的
害也。先王之　　制，大　都　不　過　三國　之　一，中
禍害。先王規定的制度：大的都邑不超過國都的三分之一，中等的，不
五之一，　　小　　九　之一。……
超過五分之一，小的，不超過九分之一。……

直譯要注意的是，在忠實原文的情況下，還要考慮現代漢語的表達習慣，如果一味追求直譯而導致譯文不通暢，也是不行的。

所謂意譯，一般是指在直譯無法完成的情況下，通過對原文全面、透徹的理解，用自己的語言再現原文的風貌。一般在翻譯詩、詞、曲等韻文時，採取意譯的方法，有人也稱之爲“再創作”。

下面是董楚平先生《楚辭譯註》（上海古籍出版社 1998 年版）中的兩段譯文：

帝高陽之苗裔兮，
朕皇考曰伯庸；
攝提貞于孟陬兮，
惟庚寅吾以降。
皇覽揆余初度兮，
肇錫余以嘉名；
名余曰正則兮，
字余曰靈均。
（譯文）
天帝高陽氏的遠代子孫，
伯庸是先王輝煌的大名；
寅年的寅月，又巧在寅日，
多美的吉日啊，我從天降臨。
先王監於我初承大任，
通過卜卦賜給我美名；
我的名啊叫做“正則”，
我的字啊就叫“靈均”。

意譯同樣也有個限度問題，毫無限度地自由發揮，與原文表現的意義相去甚遠，同樣是違反古文今譯的原則的。

思考與練習九

一、解釋下列句子中加點詞的意義。

1. 居東郭者曰娩。
2. 蒙將軍恬南伐楚，次中山。
3. 累拜中書令，與上益狎。
4. 尋山口西北道二百步，又得鈷鉧潭。
5. 潭西二十五步，當湍而浚者爲魚梁。
6. 余憐而售之。

7. 不匝旬而得異地者二。
8. 自足下爲諫官來，始得相識，侃然正色。
9. 遂隨而詆之，以爲當黜。
10. 卜地於州城之南七里，期年而廟成。

二、指出下列句子劃綫部分的語法特點。

1. 衣褐之徒，缺口而長鬚，八竅而趺居。
2. 其衝然角列而上者，若熊羆之登於山。
3. 丘之小不能一畝，可以籠而有之。
4. 伐去惡木，烈火而焚之。
5. 山之高，雲之浮，溪之流。
6. 枕席而臥，則清泠之狀與目謀。
7. 農夫漁父過而陋之。
8. 此君子之賊也。
9. 卒然遇之，則王、公失其貴。
10. 公不少留我涕滂，翩然被髮下大荒。

三、簡單談談我國古代散文的分類情況。

四、簡述駢體文有哪些特點。

五、給下面短文加上標點。

故麗詞之體凡有四對言對爲易事對爲難反對爲優正對爲劣言對者雙比空辭者也事對者并舉人驗者也反對者理殊趣合者也正對者事異義同者也長卿[①]上林賦云修容乎禮園翱翔乎書圃此言對之類也宋玉神女賦云毛嬙鄣袂不足程式西施掩面比之無色此事對之類也仲宣[②]登樓云鍾儀幽而楚奏莊舄顯而越吟此反對之類也孟陽[③]七哀云漢祖想枌榆光武思白水此正對之類也凡偶辭胸臆言對所以爲易也征人之學事對所以爲難也幽顯同志反對所以爲優也并貴共心正對所以爲劣也又言對事對各有反正指類而求萬條自昭然也（《文心雕龍·麗辭》）

注釋：① 長卿，即司馬相如。② 仲宣，即王粲。③ 孟陽，即張華。

六、給下列四段文字加上標點。

1. 趙襄主學御於王子期俄而與子期逐三易馬而三後襄主曰子之教我御術未盡也對曰術已盡用之則過也凡御之所貴馬體安於車人心調於馬而後可以進速致遠今君後則欲逮臣先則恐逮於臣夫誘道爭遠非先則後也而先後心在於臣尚何以調於馬此君之所以後也

2. 昔齊人有欲金者清旦衣冠而之市適鬻金者之所因攫其金而去吏捕得之問曰人皆在焉子攫人之金何對曰取金之時不見人徒見金（《列子》）

3. 楚人和氏得玉璞楚山中奉而獻之厲王使玉人相之玉人曰石也王以和爲

誑而刖其左足及厲王薨武王即位和氏又奉其璞而獻之武王武王使玉人相之又曰石也王又以和爲誑而刖其右足武王薨文王即位和乃抱其璞而哭於楚山之下三日三夜泣盡而繼之以血王聞之使人問其故曰天下之刖者多矣子奚哭之悲也和曰吾非悲刖也悲夫寶玉而題之以石貞士而名之以誑此吾所以悲也王乃使玉人理其璞而得寶焉遂命曰和氏之璧（《韓非子·和氏》）

4. 吾本寒家世以清白相承吾性不喜華靡自爲乳兒長者加以金銀華美之服輒羞赧棄去之二十忝科名聞喜宴獨不戴花同年曰君賜不可違也乃簪一花平生衣取蔽寒食取充腹亦不敢服垢弊以矯俗干名但順吾性而已衆人皆以奢靡爲榮吾心獨以儉素爲美人皆嗤吾固陋吾不以爲病應之曰孔子稱與其不遜也寧固又曰以約失之者鮮矣又曰士志於道而耻惡衣惡食者未足與議也古人以儉爲美德今人乃以儉相詬病嘻異哉

七、翻譯下面三段短文。

1. 古者君民間相安無事，故不得無吏，而爲員不多，唐虞建官，厥可稽已，其去民近故也。擇才且賢者，才且賢者又不屑爲。是以上世之士高隱大山深谷，上之人求之，切切然恐不至也。故爲吏者常出不得已，而天下陰受其賜。

後世以所以害民者牧民，而懼其亂，周防不得不至，禁制不得不詳，然後小大之吏布於天下。取民愈廣，害民愈深，才且賢者愈不肯至，天下愈不可爲矣。今一吏，大者至食邑數萬，小者雖無祿養，則亦并緣爲食以代其耕，數十農夫力有不能奉者，使不肖游手往往入於其間。率虎狼牧羊豕，而望其蕃息，豈可得也？天下非甚愚，豈有厭治思亂，憂安樂危者哉？宜若可以常治安矣，乃至有亂與危，何也？夫奪其食不得不怒，竭其力不得不怨。人之亂也，由奪其食，人之危也，由竭其力。而號爲理民者，竭之而使危，奪之而使亂。二帝三王平天下之道，若是然乎？天之生斯民也，爲業不同，皆所以食力也。今之爲民不能自食，以日夜竊人貨殖，摟而取之，不亦盜賊之心乎？盜賊害民，隨起隨仆，不至甚焉者，有避忌故也。吏無避忌，白晝肆行，使天下敢怨而不敢言，敢怒而不敢誅。豈上天不仁，崇淫長奸，使與虎豹蛇虺均爲民害邪！（邓牧《吏道》）

2. 景公之時雨雪三日而不霽，景公披狐白之裘，坐于堂側陛。晏子入見。立有間，公曰："怪哉！雨雪三日而天不寒"晏子對曰："天不寒乎？"公笑。晏子曰："嬰聞：古之賢君，飽而知人之饑，温而知人之寒，逸而知人之勞。今君不知也。"公曰："善，寡人聞命矣。"乃令出裘，發粟，以與饑寒者。（《晏子春秋》）

3. 鍾毓、鍾會少有令譽，年十三，魏文帝聞之，語其父鍾繇曰："可令二子來。”於是敕見。毓面有汗，帝曰卿面何以汗？毓對曰：“戰戰惶惶，汗出如漿。”復問會：“卿何以不汗？”對曰：“戰戰栗栗，汗不敢出。”（《世説新語·言語》）

八、古書中的用典有哪些情況？舉例説明。

九、古書中的借代有哪些常見的類型？舉例説明。

十、什么是婉曲辭格？婉曲包括幾種類型？舉例説明。

十一、什么叫分承？舉例説明。試按句法結構關係給分承分類。

十二、互文是怎樣一種修辭方法？互文與分成有什么區别？

十三、什么是變文？變文與互文有什么區别？

十四、舉例説明同義連用與變文的區别。

十五、什么是連及修辭法？連及與偏義復詞有何區别與聯繫？連及有幾種類型？

十六、請指出下列語句中各運用了什么修辭方法。

1. 非專用耳目之聰明。（王安石《上仁宗皇帝言事書》）

2. 余意甚惡，呼曰：“如傳聞城中緩急，奈何？”（李清照《金石錄後序》）

3. 君若不施大惠，寡人不佞，其不能以諸侯退矣。（《左傳·成公十三年》）

4. 曹操遺權書，曰：“近者奉辭伐罪，旌麾南指，劉琮束手。今治水軍八十萬衆，方與將軍會獵於吴。”權以示羣下，莫不響震失色。（《資治通鑑》卷X）

5. 迢迢牽牛星，皎皎河漢女。（《古詩十九首》）

6. 花徑不曾緣客掃，蓬門今始爲君開。（杜甫《客至》）

7. 北風捲地白草折，胡天八月即飛雪。忽如一夜春風來，千樹萬樹梨花開。散入珠簾濕羅幕，狐裘不暖錦衾薄。將軍角弓不得控，都護鐵衣冷難著。（岑參《白雪歌送武判官歸京》）

8. 至今皆得水利，民人以給足富。（《史記·滑稽列傳》）

9. 雖未能充裕，略頗稍給。（《漢書·王莽傳》）

10. 秦王身問之：“子，孰誰也？”（《戰國策·楚策一》）

11. 世人不問愚智，皆欲識人之多，見事之廣，而不肯讀書，是猶求飽而懶營饌，欲暖而惰裁也。（《顔氏家訓·勉學》）

12. 睢園綠竹，氣凌彭澤之樽；鄴水朱華，光照臨川之筆。（王勃《滕王閣序》）

13. 自非亭午夜分，不見曦月。（《水經注·三峽》）

14. 朝歌夜弦，爲秦宫人。（杜牧《阿房宫賦》）

15. 今之嗣主，忽於至道，皆昏於教，亂於治，迷於言，惑於語，沈於

辯，溺於辭。(《戰國策·秦策一》)

16. 今少卿抱不測之罪，涉旬月，迫季冬，僕又薄從上雍，恐卒然不可爲諱。(司馬遷《報任安書》)

17. 風含翠筱娟娟凈，雨裛紅蕖冉冉香。(杜甫《狂夫》)

18. 既無伯叔，終鮮兄弟。(李密《陳情表》)

19. 當窗理雲鬢，對鏡貼花黄。(《木蘭詩》)

20. 黄髮垂髫，并怡然自樂。(陶淵明《桃花源記》)

21. 無絲竹之亂耳，無案牘之勞形。(劉禹錫《陋室銘》)

22. 雖古竹帛所載，丹青所畫，何以過子卿？(《漢書·蘇武傳》)

23. 音之數不過五，而五音之變不可勝聽也；位之和不過五，而五味之化不可勝嘗也。(《淮南子·原道》)

第十單元

文　選

桃夭（《詩經》）

【介紹】《詩經》是中國最早的詩歌總集。收錄上自西周初期，下至春秋中葉大約五百年的詩歌，共三百零五篇，又稱“詩三百”。从漢朝起儒家將其奉爲經典，因此稱爲《詩經》。《詩經》分爲風、雅、頌三部分。“風”包括周南、召南、邶、鄘、衛、王、鄭、魏、唐、秦、陳、檜、曹、豳等十五國風，共一百六十篇，大部分是出自各地的民歌，这一部分文學成就最高，有對愛情等美好事物的吟唱，也有懷故土、思征人及反壓迫、反欺凌的怨嘆与憤怒。“雅”分大雅、小雅，共一百零五篇。多爲貴族祭祀之詩歌，祈豐年、頌祖德。小雅中也有部分民歌。“頌”有周頌、魯頌、商頌，共四十篇，大部分爲宗廟祭祀之詩。“雅”“頌”中的詩歌，對於我们考察早期歷史、宗教與社會有很大價值。孔子曾概括《詩經》宗旨爲“無邪”，并教育弟子、孩子讀《詩經》以作爲立言、立行的標準。

《詩經》在我國文學史上和漢語言發展史上都有極其重要的地位，它給我們留下了珍貴的古代史料，反映了兩千五百年前文學語言的真實面貌，具有豐富的詞彙，成爲我國上古可靠的史料之一和可貴的文學遺產之一。

《詩經》經秦火以後，至漢代復傳，共有齊（齊人轅固）、魯（魯人申培）、韓（燕人韓嬰）、毛（魯人毛亨）四家給詩作注，各有差異。自東漢鄭玄爲毛傳作箋後，毛詩逐漸流行起來，其餘三家詩漸廢。現今見到的《詩經》就是毛詩。歷代給《詩經》作注的著作很多，比較通行的注本有《毛詩正義》（漢毛亨傳，東漢鄭玄箋，唐孔穎達疏）、《詩集傳》（宋朱熹著）、《詩毛氏傳疏》（清陳奂著）、《毛詩傳箋通釋》（清馬瑞辰著）、《詩經直解》（陳子展撰述）等。

【説明】《桃夭》選自《詩經·周南》。周南，十五國風之一。詩的編輯者將採自江漢流域許多小國的歌詞，連同受“南音”影響的周、召一些地方採來的歌詞，命名爲“周南”。《詩經·國風》中《周南》總計十一篇：關雎、葛覃、卷耳、樛木、螽斯、桃夭、兔罝、芣苢、漢廣、汝墳、麟之趾。

《桃夭》這首詩是女子出嫁時所演唱的歌詩。它唱出了女子出嫁時對婚姻生活的希望和憧憬，用桃樹的枝葉茂盛、果實累累來比喻婚姻生活的幸福美滿。

桃之夭夭，灼灼其華[1]。之子于歸，宜其室家[2]。
桃之夭夭，有蕡其實[3]。之子于歸，宜其家室。
桃之夭夭，其葉蓁蓁[4]。之子于歸，宜其家人。

【注釋】

[1] 這兩句是起興，本篇每章的開頭兩句都是“興”。之：用於主謂之間，取消句子獨立性，下二章同此。夭夭：《毛傳》：“夭夭，其少壯也。”灼灼：《毛傳》：“灼灼，花之盛也。”灼灼其華：主謂倒置，强調謂語，强調事物的性狀，在本文中是强調花開得正燦爛。

[2] 之：指示代詞“這”，作定語。子：女子。於：動詞詞頭。歸：女子出嫁。孔穎達疏：“女人……以夫爲家，故謂嫁曰歸也。”宜：和順。使動用法。室家、家室、家人：均指家庭。

[3] 有蕡其實：謂語前置。有，形容詞詞頭。蕡，果實繁盛貌。依朱熹《集傳》：“蕡，實之盛也。”

[4] 蓁蓁：草木茂盛貌。《説文》：“蓁蓁，至盛貌。”

備注：第一章的韻脚是華、家，在魚部；第二章的韻脚是實、室，在質部；第三章的韻脚是蓁、人，在真部。用韻特點是：隔句押韻，每一章都换韻；韻脚爲偶數句末尾。

北門（《詩經》）

【説明】本篇選自《詩經・邶風》。邶風，十五國風之一。關於《北門》的背景有三種説法：其一爲“忠臣不得其志”。如《毛詩序》云：“《北門》，刺仕不得志也。言衛之忠臣不得其志爾。”鄭玄箋曰：“不得其志者，君不知己志，而遇困苦。”三家詩無異義。朱熹《詩集傳》申論云：“衛之賢者處亂世，事暗君，不得其志，故因出北門而賦以自比。又歎其貧窶，人莫知之，而歸之於天也。”其二爲“安於貧仕”。如方玉潤《詩經原始》則説：“《北門》，賢者安於貧仕也。”其三認爲這是一首小官吏不堪其苦而向人訴怨的詩。如現代學者（如高亨《詩經今注》、程俊英《詩經譯注》等）一般都這樣看。

從詩的語言看，並没有“忠臣不得其志”或“安於貧仕”之意，詩中的小官吏公事繁重苛細，雖辛勤應付，但生活依然清貧。上司非但不體諒他的艱辛，反而一味給他分派任務，使他不堪重負。辛辛苦苦而位卑禄薄，使他牢騷滿腹，家人的責備更使他難堪，他深感仕路崎嶇，人情涼薄，悲憤之餘，只好歸之於天命。

出自北門，憂心殷殷[1]。終窶且貧，莫知我艱[2]。
已焉哉！天實爲之，謂之何哉[3]！
王事適我，政事一埤益我[4]。我入自外，室人交徧讁我[5]。
已焉哉！天實爲之，謂之何哉！
王事敦我，政事一埤遺我[6]。我入自外，室人交徧摧我[7]。
已焉哉！天實爲之，謂之何哉！

【注釋】

[1] 北門：北嚮的門，這裏喻指“背門”，意思是運氣太差。自：介詞，從。殷殷：形容憂慮的樣子。

[2] 終窶且貧：猶言“既窶且貧”。終，相當於“既”。窶，貧陋。莫：没有誰，否定性無定代詞。知：知道，瞭解。艱：古讀如“根”，艱難。

[3] 已焉哉：意思是已經這樣了啊！等於説“罷了”。已，已經。焉，用於副詞之後，相當於“然”“樣子”。哉，表示强烈的感歎語氣。謂：馬瑞辰《通釋》：“按‘謂’猶‘奈’也。‘謂之何哉！’猶云‘奈之何哉！’”

[4] 王事：指有關王室的差事。適：後分化爲“擿”，“擿”同“擲”。“適我”，猶云扔給我。政事：指衛國國内的差事。一：皆，完全，副詞。埤：《説文》：“埤，增也。”段玉裁注：“凡从卑之字，皆取自卑加高之意。”“埤益”是同義聯用，有堆

積、增加的意思。

［5］室人：家人。交：更迭，輪流。徧：同“遍”，有普遍、都、全的意思。讁我：“讁”同“謫”。《説文》：“謫，罰也。从言啻（chì）聲。”指譴責，責備。《廣雅》《集韻》《小爾雅》同此。

［6］敦：在本文中讀duī，迫，逼迫。埤遺：猶“埤益”。《毛傳》：“遺，加也。”

［7］摧：諷刺。《鄭箋》：“摧者，刺譏之言。”

備注：第一章的韻脚是門、殷、貧、艱，在文部；爲、何在歌部；第二章的韻脚是適、益、讁，在錫部，爲、何在歌部；第三章的韻脚是敦（文部）、遺、摧（微部），文微合韻，用韻特點是：從韻脚的位置上看有句尾韻和句中韻，從韻的數量上看有换韻。

靜女（《詩經》）

【説明】本篇選自《詩經·邶風》。这是一首描寫男女幽會的詩歌，極爲傳神地表現了一對戀人初會時的情趣。寫得柔婉細膩，情意綿綿。全詩清新活潑，生動有趣。

靜女其姝，俟我於城隅[1]。愛而不見，搔首踟躕[2]。
靜女其孌，貽我彤管[3]。彤管有煒，説懌女美[4]。
自牧歸荑，洵美且異[5]。匪女之爲美，美人之貽[6]。

【注釋】

[1] 靜：嫻靜，嫻雅。另一種説法認爲“靜”是“靖”的假借字，善。其：形容詞詞頭。下面“靜女其孌”的“其”用法相同。姝：美麗。俟：等待。於：介詞，在。城：城牆。

[2] 愛而不見：就是説靜女約了男子在城頭等她，但到時候卻故意躲起來不見。愛：假借字，通“薆”（ài），隱藏，遮掩。搔首：形容焦急的樣子。踟躕：聯綿詞，走來走去的樣子。

[3] 孌：美好的樣子。貽：贈送。彤管：一説是染成紅色的竹管或筆，一説是紅色管狀的初生草，或即下文的“荑”。

[4] 有：形容詞詞頭。煒：紅而有光的樣子。“有煒”相當於“煒煒”。説：喜愛，後來寫作“悦”。懌：喜悦。女：後寫作“汝”，這裏指代彤管。

[5] 自牧歸荑：指從放牧場處帶回荑來相贈。牧：指放牧的地方。歸：通“饋”，贈送。荑：荑草。洵：實在、確實。

[6] 匪：通“非”。

備注：第一章的韻脚是姝、隅、躕，在侯部。第二章的韻脚是孌、管，在元部；煒，在微部；美，在脂部。荑、美，在脂部；異，在職部；貽，之部，職之合韻。用韻特點：從韻脚的位置來看均是句尾韻；從韻脚相互的距離來看前兩章屬於句句押韻，第三章屬於交韻；从一章中所用的韻數來看第一章是一韻到底（包括同部相押和鄰近的韻互相通押）；第二章是换韻。還有兩處合韻。正如陳第所説：“《毛詩》之韻，不可一律齊也。”其韻律自然，“動乎天機，不費雕刻”，所謂“天籟”也。

哀郢（屈原）

【介紹】屈原（約前339—約前278），名平。戰國時期的楚國詩人、政治家。他曾任楚懷王的左徒，主張對内修明政治，對外聯齊抗秦。但由於佞臣的讒毀，被楚懷王放逐到漢北。後來楚懷王受到秦國的欺騙，死在秦國。頃襄王時，屈原第二次被放逐。頃襄王二十一年（前278），秦將白起率兵攻破郢都，屈原聽到這個消息極度悲憤，不久就自沉於汨羅江。在長期的流放生活中，他瞭解到民間的疾苦，因而對政治的腐敗更加不滿，對國家的命運更加憂慮。他寫下了大量憂國憂民的不朽篇章。主要有《離騷》《天問》《九歌》《九章》等。屈原作品突破了《詩經》以四字句爲主的格局，每句五、六、七、八、九字不等，也有三字、十字句的，句法參差錯落，靈活多變；句中句尾多用“兮”字，以及“之”“於”“乎”“夫”“而”等虚字，用來協調音節，造成起伏回宕、一唱三歎的韻致。

楚辭是一種用楚地方言撰寫的詩歌。是公元前四世紀至公元前三世紀之間由楚國大詩人屈原及其後學在民間歌謡的基礎上加工而成的。它採用了民歌的形式，句法長短不一，完全打破了《詩經》以四言爲主整齊劃一的格局，篇幅也較長。因此，這種比較自由的形式就更能表現豐富複雜的思想感情，爲後代辭賦的出現奠定了基礎。西漢時劉向把屈原等人的作品匯編成集，因其作品都是“書楚語，作楚聲，紀楚地，名楚物”的，具有濃厚的地方色彩，所以題名爲《楚辭》。

現存最早的《楚辭》注本是東漢時王逸的《楚辭章句》。較好的注本還有宋朱熹的《楚辭集注》、清朝王夫之的《楚辭通釋》、清蔣驥的《山帶閣注楚辭》等。

【説明】《哀郢》是《九章》中的一篇。“哀郢”的“郢”是楚國的都城，在今湖北省江陵。詩篇真實地記叙了詩人離别郢都和流亡途中的沉痛心情，抒發了詩人熱愛祖國、思念故鄉、同情百姓的深厚感情，深刻地描寫了不得不流亡而又滿懷依戀不忍離開國都的複雜矛盾的心理活動。在詩中，叙事、抒情、寫景融爲一體，脈絡分明。

皇天之不純命兮，何百姓之震愆[1]？民離散而相失兮，方仲春而東遷[2]。

【注釋】

[1] 皇天：老天。皇，大。不純命：不專一其命，即反乎常道。純，專一，正，

常。震愆（qiān）：指動盪而遭罪。震，震盪，動盪。愆，罪，這裏是遭罪的意思。

［2］方：正當。仲春：春季的第二個月。

去故鄉而就遠兮，遵江夏以流亡[1]。出國門而軫懷兮，甲之鼂吾以行[2]。發郢都而去閭兮，怊荒忽其焉極[3]？楫齊揚以容與兮，哀見君而不再得[4]。望長楸而太息兮，涕淫淫其若霰[5]。過夏首而西浮兮，顧龍門而不見[6]。心嬋媛而傷懷兮，眇不知其所蹠[7]。順風波以從流兮，焉洋洋而爲客[8]。淩陽侯之氾濫兮，忽翺翔之焉薄[9]。心絓結而不解兮，思蹇產而不釋[10]。

【注釋】

［1］去：離開。就：走嚮。遵：沿着。江：長江。夏：夏水。

［2］國：國都。國門：這裏指郢都的城門。軫懷：等於説“傷懷”，心中傷痛。軫，悲痛。甲之鼂：甲日的早晨。鼂，通“朝”。

［3］發郢都：從郢都出發。去閭：意思是離開舊居。閭：本義是里門。後也可以指里巷，這裏指的是屈原在郢都居住的地方。怊（chāo）：遠的樣子。荒忽：聯綿詞，也是遠的意思。在聯綿詞上面加上一個字，構成三字結構，在楚辭中極爲常見。其：句中語氣詞。焉極：極於何處。極，動詞，到盡頭的意思。焉：疑問代詞，在什麼地方。

［4］楫：船槳。齊揚：一起舉起。容與：聯綿詞，意思和“猶豫”相類。“哀見君而不再得”等於説“哀不再得見君”。這兩句是説當船夫們一起舉槳，船慢慢離開郢都時，心裏很哀痛，因爲不能再見到君主了。

［5］長楸（qiū）：高大的梓樹。楸，指梓樹。太息：歎息。淫淫：淚流的樣子。霰：細雪粒。

［6］夏首：指夏水從長江裏分出來的地方。西浮：嚮西浮行。顧：回頭看。龍門：郢都的東門。

［7］嬋媛：聯綿詞。指的是心緒纏綿，有所牽掛。眇：通“渺”，本文指遙遠的樣子。蹠：踏。

［8］從流：順着水流。焉：連詞，於是。洋洋：漂流失所的樣子。客：指離鄉背井客居他鄉的人。

［9］淩：乘着。陽侯：波神，相傳陽侯是古代陵陽國之侯，溺水而死，成爲波神。這裏用“陽侯”代指水波。氾濫：波濤洶湧的樣子。忽：指迅速地。翺翔：飛翔。薄：止，停下來。“焉薄”薄於哪，停在哪，也就是到什麼地方才能停下來。同於上文“焉極”。

［10］絓結：指心中鬱結苦悶。蹇產：聯綿詞。彎曲的意思，指心情不舒暢。釋：解開。

將運舟而下浮兮，上洞庭而下江[1]。去終古之所居兮[2]，今逍遥而來東。

【注釋】

[1] 運舟：行船。下浮：順流而下叫“浮”。“下”是方位名詞作狀語。上洞庭：指由洞庭湖東北入長江。下江：順長江東行。

[2] 終古：永古，即自古以來。逍遥：漂泊的意思。

羌靈魂之欲歸兮，何須臾而忘反[1]。背夏浦而西思兮，哀故都之日遠[2]。登大墳以遠望兮，聊以舒吾憂心[3]。哀州土之平樂兮，悲江介之遺風[4]。

【注釋】

[1] 羌：《楚辭》特有的語氣詞。歸：指歸還故都。須臾：片刻。反：後寫作“返”。

[2] 背：背嚮。夏浦：地名，在今湖北省漢口附近。指夏水流入漢江的地方。浦：水邊，或是有一小河流入一條大河。日遠：一天比一天遠。

[3] 大墳：水邊高堤。聊：暫且。以：介詞，用來。舒：舒散。

[4] 州土：指詩人登高後所見到的江漢平原。平樂：平安快樂。江介：江畔，江邊。遺風：指從祖先遺流下來的楚國風俗。

當陵陽之焉至兮，淼南渡之焉如[1]？曾不知夏之爲丘兮，孰兩東門之可蕪[2]？心不怡之長久兮，憂與愁其相接[3]。惟郢路之遼遠兮，江與夏之不可涉[4]。忽若去不信兮，至今九年而不復[5]。慘鬱鬱而不通兮，蹇侘傺而含戚[6]。

【注釋】

[1] 當陵陽：面對滾滾的波濤。當，面對。陵陽，有不同解釋。一種解釋認爲是地名，未詳，估計是屈原這次流放的終點。另一種解釋認爲是“陵陽侯”的省略，也就是指波神。焉至：到哪里去。淼：大水茫茫望不到邊的樣子。南渡：指南渡長江。焉如：到哪裏去。

[2] 夏：通“厦”。高大的房屋。丘：墟丘。兩東門：指郢都的兩個東門。孰：何，疑問代詞。

[3] 怡：快樂。接：銜接。

[4] 惟：句首語氣詞。郢路：離開郢城的道路。遼遠：遥遠。不可涉：不能

渡過。

［5］忽若去不信：指時間消逝快得難以相信。復：返，被召回。

［6］慘：心情愁慘。鬱鬱：淤結的樣子。不通：指心情不能暢通。蹇：困苦。侘傺（chàchì）：瞠目失神的樣子。

外承歡之汋約兮，諶荏弱而難持[1]。忠湛湛而願進兮，妬被離而鄣之[2]。堯舜之抗行兮，瞭杳杳而薄天[3]。衆讒人之嫉妬兮，被以不慈之僞名[4]。憎愠惀之脩美兮，好夫人之忼慨[5]。衆踥蹀而日進兮，美超遠而逾邁[6]。

【注釋】

［1］外：外表，表面上。承歡：這裏指順着楚王心意，博得歡心。汋（chuò）約：也可以寫作"綽約""淖約"，聯綿詞，柔弱的樣子。諶（chén）：實際上。荏（rěn）弱：軟弱。難持：難以自持，指没有堅定的操守。

［2］忠：指忠貞的人。忠湛湛：中心耿耿。湛湛，本是水積得厚的樣子，這裏引申爲忠厚的樣子。厚進：願意進身爲君主效勞。這一句話説的是他自己。妬：同"妒"，用作名詞，妒嫉的人。被（pī）離：聯綿詞，紛亂的樣子。鄣：通"障"，壅蔽、堵塞。

［3］堯舜：堯帝和舜帝。抗行：高尚的德行。抗，通"亢"，高的意思。瞭杳杳：三字狀語，高遠的樣子，薄天：接近天。薄，通"迫"。

［4］讒人：讒佞之人。被：動詞，披，加上。不慈：不愛其子，因堯未將天下傳給其子。

［5］憎：憎恨、討厭。愠惀之脩美：指那些深思遠慮，不善於阿諛奉承、品質美好的人。愠惀（yùn lǔn），聯綿詞，深憂遠慮的樣子。脩，美。好：喜歡。夫人：那些人。忼慨：指小人們在口頭上裝出慷慨激昂的樣子。

［6］日進：指日益得到君主的寵信。美：指君子、賢臣。超遠：疏遠。逾：通"愈"，更加。邁：遠行。逾邁，越來越疏遠。那些小人奔走鑽營日益得到君主的寵信，賢臣被疏遠，更加遠離。

亂曰：曼余目以流觀兮，冀壹反之何時[1]？鳥飛反故鄉兮，狐死必首丘[2]。信非吾罪而棄逐兮，何日夜而忘之[3]？

【注釋】

［1］亂：古代把樂章的末章叫"亂"，相當於現在所説的"尾聲"。曼余目：放眼看去。曼，引，拉長。目，指目光。流觀：周流觀賞。冀：希望。壹反：返回一次。壹，假借爲"一"。

［2］狐死必首丘：傳説狐狸死時把頭對着生活過的小山。

［3］信非吾罪而棄逐：的確不是由於我的有罪而遭到放逐。何日夜而忘之：換句話説就是時刻不忘。信：誠然，的確。棄逐：被拋棄放逐。何日夜：是指哪一個白天哪一個夜晚。

宣州謝朓樓餞别校書叔雲（李白）

【介紹】李白（701—762），字太白，祖籍隴西成紀（今甘肅省天水附近），先世徙居中亞，李白誕生於中亞碎葉城（今吉爾吉斯斯坦共和國首都比什凱克以東的托克馬克附近）。神龍初年（705）隨父遷居綿州彰明縣（今四川省江油）青蓮鄉，因號“青蓮居士”。二十歲以後，開始在蜀中漫游。天寶元年（742）應詔入長安，經賀知章等舉薦，任翰林院供奉。不久，因蔑視權貴，被排擠出京，再度開始了他的漫游生活，足跡幾乎遍佈全國。安史之亂爆發後，應邀入永王李璘的幕府，後李璘因暗懷爭帝野心而被消滅，李白也因之入獄。出獄後又被流放夜郎（今貴州省桐梓一帶），在途中遇赦，投靠族叔當涂（今安徽省當涂）令李陽冰。寶應元年（762）病死在當涂。

李白是我國古代偉大的浪漫主義詩人。他生活在唐代盛世，創作了大量優秀詩篇。他的詩題材多樣、内容廣泛，風格豪邁奔放，清新飄逸，想像豐富，意境奇妙。李白詩歌的語言，有的清新如同口語，有的不拘聲律，近於散文，但都統一在“清水出芙蓉，天然去雕飾”的自然美之中。他繼承了陳子昂的文學主張，以恢復詩騷傳統爲己任。對當時和後代的詩歌創作産生了重大的影響，有《李太白全集》傳世。通行的本子有：北宋宋敏求增補刻本《李太白文集》三十卷。主要注本有宋人楊齊賢集注的《李翰林集》，清代王琦《李太白詩集注》。

【説明】天寶十二年的秋天，李白來到宣州，他的一位官爲秘書省校書郎的族叔李雲將要離去，爲餞别行人而寫成此詩。謝朓樓，又稱謝公樓，爲南朝詩人謝朓任宣城太守時所建。詩歌借高樓送别抒發詩人懷才不遇的牢騷和憤懣。

棄我去者，昨日之日不可留；亂我心者，今日之日多煩憂。長風萬里送秋雁，對此可以酣高樓[1]。蓬萊文章建安骨，中間小謝又清發[2]。俱懷逸興壯思飛，欲上青天攬明月[3]。抽刀斷水水更流，舉杯消愁愁更愁。人生在世不稱意，明朝散髮弄扁舟[4]。

【注釋】

［1］長風：远風，大風。

［2］蓬萊：此指東漢時藏書之東觀。建安骨：建安風骨，指建安時期以曹操父子和“建安七子”的詩文創作風格爲代表的文學風格。建安，爲漢獻帝的年號。小謝：指謝朓，字玄暉，南朝齊詩人。後人將他和謝靈運並舉，稱爲大謝、小謝。這裏用以

自喻。清發：指清新秀發的詩風。發，秀發，詩文俊逸。

［3］逸興：飄逸豪放的興致，多指山水遊興。

［4］散髮：不束冠，意謂不做官。這裏是形容狂放不羈。古人束髮戴冠，散髮表示閒適。扁舟：小船，這裏指隱逸於江湖之中。

月夜（杜甫）

【介紹】杜甫（712—約770），字子美，祖籍襄陽（今湖北省襄樊）。曾祖父時遷居河南府鞏縣（今河南省鞏縣），因居杜曲，在少陵原之東，故自稱杜陵布衣、少陵野老；曾被任爲左拾遺、檢校工部員外郎，世稱“杜拾遺”“杜工部”。杜甫生在唐代社會由盛轉衰的時期，一生到處流亡，深刻瞭解社會的黑暗和戰亂給人民帶來的痛苦，寫下了大量的反映社會現實的優秀詩篇。因此他的詩被稱爲“詩史”，對中國文學產生了深遠的影響。有《杜工部集》傳世。注本有清仇兆鰲《杜詩詳注》等。

【説明】天寶十五年（756）六月，安史叛軍攻進潼關，杜甫帶着妻小逃到鄜州（今陝西省富縣），寄居羌村。七月，肅宗即位於靈武。杜甫便於八月間離家北上延州，企圖趕到靈武，爲平叛效力。但當時叛軍勢力已膨脹到鄜州以北，他啟程不久，就被叛軍捉住，送到淪陷後的長安。杜甫望月思家，寫下了這首伉儷情深的名作。

今夜鄜州月，閨中只獨看[1]。遥憐小兒女，未解憶長安[2]。
香霧雲鬟濕，清輝玉臂寒[3]。何日倚虚幌，雙照淚痕乾[4]。

【注釋】

［1］鄜州：當時杜甫的家眷在鄜州的羌村，杜甫在長安。這兩句設想妻子在鄜州獨自對月懷人的情景。

［2］憐：愛。未解：尚不懂得。

［3］香霧雲鬟濕，清輝玉臂寒：夜霧本無香，香從妻子的雲鬟中散出；淒清的月光照在妻子的玉臂上，顯得寒涼。濕、寒二字，寫出夜已深而人未寐的情景。

［4］虚幌：輕薄透明的窗帷。

新婚别（杜甫）

【説明】《新婚别》是唐代詩人杜甫所寫的新題樂府組詩“三别”之一，作於唐肅宗乾元二年（759）。詩中描寫了一對新婚夫妻的離别，塑造了一個深明大義的少婦形象。她强忍悲痛鼓勵丈夫參軍，同時堅定地表達至死不渝的愛情誓言。這首詩寫出了當時人民面對戰爭的態度和複雜的心理，深刻地揭示了戰爭帶給人民的巨大不幸。

兔絲附蓬麻，引蔓故不長[1]；嫁女與征夫，不如棄路傍。
結髮爲君妻，席不煖君牀。暮婚晨告别，無乃太匆忙[2]？
君行雖不遠，守邊赴河陽[3]。妾身未分明，何以拜姑嫜[4]？
父母養我時，日夜令我藏。生女有所歸，雞狗亦得將[5]。
君今往死地，沉痛迫中腸。誓欲隨君去，形勢反蒼黄。
勿爲新婚念，努力事戎行。婦人在軍中，兵氣恐不揚。
自嗟貧家女，久致羅襦裳[6]。羅襦不復施，對君洗紅妝。
仰視百鳥飛，大小必雙翔。人事多錯迕，與君永相望[7]。

【注釋】

[1] 菟絲：即菟絲子，一種蔓生的草，依附在其他植物枝幹上生長。比喻女子嫁給征夫，命途多舛。

[2] 無乃：豈不是。

[3] 河陽：今河南省孟縣，當時唐軍與叛軍在此對峙。

[4] 身：身份，這裏指在新家中的名份地位。唐代習俗，嫁後三日，始上墳告廟，才算成婚。僅宿一夜，婚禮尚未完成，故身份不明。姑嫜：婆婆、公公。

[5] 歸：古代女子出嫁稱“歸”。將：帶領，相隨。這兩句即俗語所説的“嫁雞隨雞，嫁狗隨狗”。

[6] 久致：許久才製成。

[7] 錯迕：差錯，不如意。永相望：永遠盼望重聚。

無題（相見時難別亦難）（李商隱）

【介紹】李商隱（813—858），字義山，號玉谿生，唐懷州河内（今河南省沁陽）人。開成二年（837）舉進士。因卷入黨爭，遭到排擠，長期在各藩鎮幕府中作幕僚，鬱鬱不得志，潦倒至死。李商隱作詩長於抒情，富於文采，語言凝練，典麗精工，爲唐代一大家。他的咏史詩和描寫愛情的無題詩對後代影響最大。清馮浩爲其詩文作注，有《樊南文集詳注》八卷，《玉谿生詩詳注》三卷行世。

【説明】《無題》是一首表示兩情至死不渝的愛情詩，表明聚首不易，别離更難之情，感情綿邈，語言多姿，落筆非凡。苦情密意，體貼入微，可謂千回百轉，神情燕婉。詩中以春蠶絳蠟作比，十分精彩，既纏緬沉痛，又堅貞不渝。

相見時難别亦難，東風無力百花殘。
春蠶到死絲方盡，蠟炬成灰淚始乾。
曉鏡但愁雲鬢改，夜吟應覺月光寒。
蓬山此去無多路，青鳥殷勤爲探看[1]。

【注釋】

[1] 蓬山：指海上仙山蓬萊山。這裏指想念對象的住處。青鳥：傳説中西王母的使者，有意爲情人傳遞消息。

和子由澠池懷舊（蘇軾）

【説明】本詩屬“一氣相生旋轉自如之作”，且“言情深至”，“敏妙超脱”。宋仁宗嘉祐元年（1049），蘇軾与蘇轍赴汴京應試，途經澠池，寄宿奉閒僧舍，題詩於舍壁。“雪泥鴻爪”的著名譬喻，表達了他對於飄泊人生的一種理解。

人生到處知何似？應似飛鴻踏雪泥。
泥上偶然留指爪，鴻飛那復計東西？
老僧已死成新塔[1]，壞壁無由見舊題[2]。
往日崎嶇還記否？路長人困蹇驢嘶[3]。

【注釋】

［1］老僧：即指奉閒。據原詩自注：“昔與子瞻應舉，過宿縣中寺舍，題老僧奉閒之壁。”

［2］壞壁：指奉閒僧舍。

［3］蹇驢：跛脚的驢。

蝶戀花·佇倚危樓風細細（柳永）

【介紹】柳永（約987—約1053），初名三變，字耆卿，後改名柳永。崇安（今福建省崇安）人。早年屢次應試不第，遊於汴京、蘇州、杭州等地，出入於歌樓酒館，與教坊的樂工、歌妓等人交往，爲他們填詞。晚年得中進士，做過屯田員外郎，世稱柳屯田。

柳永精於音律，擅長慢詞曲調，對詞的發展作出了貢獻。他擴大了詞的創作題材，既反映了都市繁華景象，也反映了市民階層的生活，尤擅長描寫羈旅行役的生活。他的詞語言通俗，寄情於景，善於表達曲折複雜的感情。著有《樂章集》傳世。

【説明】這是一首懷人詞，概括了一種鍥而不捨的堅毅性格和執著態度。

佇倚危樓風細細，望極春愁，黯黯生天際[1]。草色煙光殘照裏，無言誰會憑闌意。

擬把疏狂圖一醉，對酒當歌，强樂還無味[2]。衣帶漸寬終不悔，爲伊消得人憔悴[3]。

【注釋】

[1] 危樓：高樓。黯黯：迷蒙不明。

[2] 擬把：打算。疏狂：粗疏狂放，不合時宜。强：勉强。强樂，强顔歡笑。

[3] 衣帶漸寬：指人逐漸消瘦。語本《古詩十九首》（行行重行行）：“相去日已遠，衣帶日已緩。”

一剪梅·紅藕香殘玉簟秋（李清照）

【介紹】李清照（1084—約 1151），號易安居士，濟南人，宋代著名的女作家。她前期的詞，反映面比較狹窄，以寫閨情爲主。金兵入侵南渡後，飽嘗戰亂之苦，後期詞作發生很大變化，感念時事，多寫家國之憂，具有一定社會意義。她的詞語言清新，獨具風格，取得了較高的藝術成就。後人有《漱玉詞輯本》，今有徐培均《李清照集箋注》。

【説明】這首詞作於李清照與丈夫趙明誠遠離之後，寄寓着作者不忍離別的一腔深情，是一首工巧的别情詞作。全詞設色清麗，意象蘊藉，刻畫景物，烘托情懷。

紅藕香殘玉簟秋[1]。輕解羅裳，獨上蘭舟[2]。雲中誰寄錦書來[3]？雁字回時，月滿西樓[4]。

花自飄零水自流。一種相思，兩處閑愁。此情無計可消除，纔下眉頭，卻上心頭。

【注釋】

［1］簟：竹席。

［2］蘭舟：木蘭所作之舟，舟之美稱。

［3］錦書：錦字書，多用來指夫妻間表達思念之情的書信。

［4］雁字：雁陣在天空常列成“一”字“人”字隊形。傳説雁能傳書。

通　　論

第三十二節　《詩經》韻例

古代詩歌讀起來朗朗上口，很大程度上是因爲詩歌本身使用了格律。格律表現的主要手段是用韻。漢民族的詩歌從一開始就是有韻的，《詩經》共有三百零五篇，只有七篇没有用韻，其他詩中幾乎篇篇有韻，尤其是在國風、小雅和大雅中。要想徹底瞭解詩歌的内容及欣賞其藝術魅力，就必須明白它的格律，最基本的就是要瞭解它的用韻。

在這裏需要説明的一個問題是，韻和韻母的區别。韻母是指一個音節中除聲母以外其他音素的總和，包括韻頭、韻腹（主要元音）、韻尾三部分。韻只指韻腹和韻尾。韻頭不同的字是可以互相押韻的，如《詩經・魏風・伐檀》中押韻的字有：檀、干、漣、廛、貆、餐，其中漣字有韻頭，但也能和其他字押韻。這些互相押韻的字放在相同的位置上就構成了詩韻。

韻例就是關於用韻的格律，什麼地方用韻，什麼地方不用韻和怎樣用韻。通過前人對整部《詩經》的分析結果來看，《詩經》用韻大約有以下幾個特點：

1. 從韻在句中的位置來看，句尾用韻是《詩經》中最普遍的形式。韻一般用在句尾，這在古今都是一樣的，所以稱作韻脚。如《静女》：

静女其姝，俟我於城隅。愛而不見，搔首踟躕。
静女其孌，貽我彤管。彤管有煒，説懌女美。
自牧歸荑，洵美且異。匪女之爲美，美人之貽。

（△，○的標注都指的是韻脚）

再如《碩鼠》：

碩鼠碩鼠，無食我黍！三歲貫女，莫我肯顧。
逝將去女，適彼樂土。樂土樂土，爰得我所？
碩鼠碩鼠，無食我麥！三歲貫女，莫我肯德。
逝將去女，適彼樂國。樂國樂國，爰得我直？
碩鼠碩鼠，無食我苗！三歲貫女，莫我肯勞。
逝將去女，適彼樂郊。樂郊樂郊，誰之永號？

《詩經》裏也有不少篇章的詩句以代詞或語氣詞收尾，韻往往是在代詞或語氣詞的前面，可以看作是句中韻，也可以看作是變相句韻尾，但無論如何，整首詩的韻脚應是整齊劃一的。如《關雎》和《伐檀》中的詩句。句尾的代詞和語氣詞常用的有“之”“我”“矣”“也”“只”“思”“止”“兮”“猗”等。有的詩中用的代詞或語氣詞完全相同，有的詩中用的不完全相同。就韻脚的分佈情況看，一般來説，在整句的結尾應是有韻脚的地方，而短句的末尾可以有韻，也可以無韻。

2. 從一章中所用的韻數來看，可以分爲一韻到底和换韻兩大類，如《靜女》的第一章是一韻到底，《碩鼠》的第一章也是一韻到底。再如《伐檀》：

坎坎伐檀兮，寘之河之干兮。河水清且漣猗。不稼不穡，胡取禾三百廛兮？不狩不獵，胡瞻爾庭有縣貆兮？彼君子兮，不素餐兮！坎坎伐輻兮，寘之河之側兮。河水清且直猗。不稼不穡，胡取禾三百億兮？不狩不獵，胡瞻爾庭有縣特兮？彼君子兮，不素食兮！坎坎伐輪兮，寘之河之漘兮。河水清且淪猗。不稼不穡，胡取禾三百囷兮？不狩不獵，胡瞻爾庭有縣鶉兮？彼君子兮，不素飧兮！

换韻是指一章内有兩種以上的韻脚的，如《柏舟》：

泛彼柏舟，在彼中河。髧彼兩髦，實維我儀。

之死矢靡它。母也天只！不諒人只！

泛彼柏舟，在彼河側。髧彼兩髦，實維我特。

之死矢靡慝。母也天只！不諒人只！

《柏舟》的韻脚用三種符號標出，意即中間是换了韻。如果是用一種符號標出的，意即一韻到底。

3. 從韻脚間的距離來看，基本上有句句押韻、隔句押韻和交韻三種情況。句句押韻就是每一小短句的句尾都押韻，如《碩鼠》的第一章，鼠、黍、女、顧、女、土、土、所，八句都押韻。隔句押韻一般來説就是奇句不押韻，偶句押韻。這是《詩經》中最常見的押韻方式。如《燕燕》：

燕燕于飛，差池其羽。之子于歸，遠送于野。瞻望弗及，泣涕如雨。

燕燕于飛，頡之頏之。之子于歸，遠于將之。瞻望弗及，佇立以泣。

燕燕于飛，下上其音。之子于歸，遠送于南。瞻望弗及，實勞我心。

仲氏任只，其心塞淵。終温且惠，淑慎其身。先君之思，以勗寡人。

此外，還有一種常見的押韻方式就是首句入韻，第三句以下則是奇句不押韻。《關雎》的一、三章和《靜女》的一章就是典型的例子。交韻就是奇句和奇句押韻，偶句和偶句押韻。如《靜女》三章的第一句和第三句押韻，第二句和第四句押韻。上面提到的《燕燕》，前三章的第一句和第三句押韻，第二句和第四句押韻。

除上列的三種模式外，《詩經》中還有許多其他的押韻方式，而且大多數時候並不是單純的一種押韻方式，而是幾種方式混合在一起，甚至還有許多變化。如《燕燕》，既有句句押韻的情況，也有隔句押韻的情況，還有交韻的情況，分析起來是非常復雜的。這是由《詩經》本身的體裁及内容形式所决定的。《詩經》大多是民歌或者模擬民歌的自由詩體，民歌又是隨口而唱、隨口用韻、隨口轉韻的，這就造成了《詩經》用韻格式的多變性和多樣化。但萬變不離其宗，這種多樣化的根源是兩種基本的格式：一是隔句押韻的句尾韻，一種是首句入韻後的隔句押韻，而這兩種樣式就成了後代詩歌押韻的根本模式。

下面再談一談《詩經》的韻部。韻部就是指押韻字的歸類，互相押韻的字原則上就屬同一個韻部。押韻的詩，讀起來應該是音韻和諧的，聽起來是優美的，但是《詩經》的韻脚用現代的語音去讀，很多地方並不和諧。這是因爲語音是歷時演變的，它會隨着歷史的發展而發展，《詩經》距現在有兩千多年，那時的語音和現在的差别是很大的。這是應該清楚地認識到的。

清代以來，許多學者按照《詩經》用韻的實際情況，歸納概括出當時的韻部來，這就是“古韻”（即上古時代的韻部）。這些學者所運用的方法大致是這樣的：把互相押韻的字收集在一起，通過用現代的語音去擬音，再用系聯的方法而歸納出更多的字，這樣就逐漸形成一個包含有很多同韻字的韻部。在古韻的分部方面，清代的古音學家做了大量的工作，如段玉裁有《六書音均表》，江有誥有《詩經韻讀》，王念孫有《毛詩羣經楚辭古韻譜》，對我們今天參考和瞭解《詩經》用韻很有幫助。綜合各家的意見，可以把古韻分爲三十部，這是上古韻部擬測的普遍公認的結論。每一部舉一個代表字作韻目，它們的名稱是：

1. 之部	2. 職部	3. 蒸部	4. 幽部
5. 覺部	6. 冬部	7. 宵部	8. 藥部
9. 侯部	10. 屋部	11. 東部	12. 魚部
13. 鐸部	14. 陽部	15. 支部	16. 錫部
17. 耕部	18. 脂部	19. 質部	20. 真部
21. 微部	22. 物部	23. 文部	24. 歌部
25. 月部	26. 元部	27. 緝部	28. 侵部
29. 葉部	30. 談部		

《詩經》的用韻情況，基本上與這三十部相合，同部相押，不同部就不相

押。當然任何事情的判定並不是絕對的，《詩經》用韻也是如此。《詩經》中也出現通韻和合韻的情況。通韻就是指不同韻部的字在主要元音相同的情況下，按一定的條件可以互相對轉。比如“之”“職”可以通韻，“之”“蒸”可以通韻等。如果説元音相近或相同而不屬於對轉，或者説韻尾相同，這種情況叫做合韻，比如“脂”“微”合韻，“之”“幽”合韻等。合韻原則上必須是韻部讀音相近，如果是有韻尾的韻，或者是主要元音相同而韻尾不同，或者是韻尾相同而主要元音不同，原則上不出現二者都不同的情況。

古韻三十部具有很大的普遍性，它不但適用於《詩經》，而且適用於同時代的其他有韻的作品。如《楚辭》的時代比《詩經》晚，地域相差很遠，但它的用韻情況和《詩經》基本上是一致的。除《楚辭》外，《周易》《老子》等作品中只要是有用韻的地方，這些韻語所用的韻部，也大致和上古的三十韻部相合。

總的來説，我們學習上古時代的音韻知識，主要是爲了在閲讀古籍時，能夠明白古今語音是不同的，能夠瞭解古人給我們留下的燦爛文化。在我們朗誦古代詩歌韻文的時候，不要因爲其不合現代漢語的語音而錯誤地否定古人的功績，我們要實事求是地看待問題，客觀公正地對待文學遺産。

第三十三節　詩　律

我國的詩歌源遠流長，可以説從《詩經》開始，詩歌就已經産生并逐漸發展起來，而且形式也逐步豐富起來。唐代以前的詩歌一般稱爲古體詩，這主要是指漢魏六朝時期的詩歌，包括五言詩、七言詩和樂府，也包括後人依照古詩摹寫的詩歌。這些形式的詩歌在平仄换韻、字數多少、句式長短等方面，都是比較自由的，没有固定的限制。到了齊梁時代，詩體又有了新的變化，主要是詩體經六朝駢儷文風的陶冶，再加上四聲的發現而在詩歌創作中注重講究平仄。到了唐代，就正式形成了一種以講究平仄和對仗爲特點的格律詩，這就是所謂的今體詩（或稱近體詩）。我們所説的詩律，指的就是近體詩的格律，因爲只有近體詩有嚴格的格律，更因爲近體詩是我國古代詩歌發展的最高境界。

近體詩與古體詩有許多不同的地方，歸納起來大致有四個方面：句數、押韻、平仄和對仗。近體詩在這四個方面都有許多講究，下面就從這四個方面來分析近體詩。

一、句數

古體詩的句數是没有限制的。一首古體詩可以寫得很短，也可以寫得很長。如《詩經》中的詩歌句數就不固定，有的一章，有的三章五章；漢魏六朝的詩歌也是這樣，如《觀滄海》等。

近體詩是固定的。它規定律詩是八句，絶句是四句。如一首五言律詩就只能是四十個字，一首七言絶句就只能是二十八個字。此外還有一種長律，又叫排律，一般是五言，限制在十二句。這種長律一般認爲是律詩的一種特殊表現形式，是律詩的重複和拓展。

句數的固定，并不是近體詩的本質特徵，只是一種外在的表現形式。因爲古體詩中相當大一部分也有這樣規定句數的。近體詩的最本質特徵應該是講究平仄。如果不講究平仄，一首詩盡管有和近體詩相同的句數，也只能是古體詩，而不是律詩或絶句。

二、押韻

一般來説，詩歌都是押韻的，有的是句句押韻，有的是隔句押韻。漢魏六朝的古體詩繼承了《詩經》《楚辭》用韻的風格。四言詩或五言詩一般都是隔句押韻，也就是説偶句的最後一個字入韻。七言詩在南北朝以前是句句押韻的，後來才有隔句押韻。來自民間的雜言樂府詩，在用韻方面是比較自由的，有的前兩句不押韻，後面的詩句才押韻，有的兩句或三句一換韻。

唐代産生的近體詩，對押韻的要求是非常嚴格的。無論是律詩還是絶句，偶句的最後一個字一定要押韻，首句可以入韻，也可以不入韻。從這一點來説，無法區分古體詩和近體詩，但近體詩除了要遵循以上押韻的規定之外，還必須遵守下列更加嚴格的要求：一般只用平聲韻，不能像古體詩那樣既可押平聲韻，又可押仄聲韻；韻脚只能用同一韻部中的字，不能“出韻”，即用相鄰韻部的字，也不能换韻，而古體詩既可以鄰近的韻通押，也可以中間换韻。

詩人用韻一般來説是根據當時的讀音，同韻的字相押。上古三十韻部基本上適用於先秦兩漢的詩歌韻文。魏晉以後，語音産生了很大的變化，詩人的用韻也有了明顯的不同。這時出現了許多供詩人選字押韻而編寫的韻書，其中有一部是隋代陸法言編寫的《切韻》，它起到了非常重要的作用。《切韻》分一百九十三韻，北宋陳彭年又在此基礎上細分爲二百零六韻。這樣的分類實際上不完全符合當時的語音，事實上那時的詩人也不完全按這樣的分類去嚴格要求，當時就有相近的韻可以“同用”。後來到南宋時代，平水劉淵把同用的韻合併在一起，成爲一百零七韻，後人又减爲一百零六韻，這就是後來所説的“平水韻”或“詩韻”。

“詩韻”共有106個韻：平聲30韻，上聲29韻，去聲30韻，入聲17韻。律詩一般只用平聲韻，所以我們在這裏只談平聲韻。在韻書裏，平聲分爲上平聲，下平聲。平聲字多，所以分爲兩卷，等於説平聲上卷，平聲下卷，没有别的意思。

上平聲 15 韻：

一東	二冬	三江	四支	五微
六魚	七虞	八齊	九佳	十灰
十一真	十二文	十三元	十四寒	十五删

下平聲 15 韻：

一先	二蕭	三肴	四豪	五歌
六麻	七陽	八庚	九青	十蒸
十一尤	十二侵	十三覃	十四鹽	十五咸

“東”“冬”等字都只是韻的代表字，它們只表示韻母的種類。至於“東”“冬”這兩個韻（以及其他相似的韻）在讀音上有什么區别，現在不需要追究它。我們只須知道：它們在最初的時候可能是有區别的，後來混而爲一了，但是古代詩人們依照韻書，在寫律詩時還不能把它們混用。起初是限於功名，在科舉應試的時候不能不遵守它；後來成爲風氣，平常寫律詩的時候也遵守它了。在《紅樓夢》裏，有這樣一段故事：林黛玉叫香菱寫一首咏月的律詩，指定用寒韻。香菱正在挖心搜膽，耳不旁聽，目不别視的時候，探春隔窗笑説着：“菱姑娘，你閑閑吧。”香菱怔怔答道：“閑字是十五删的，錯了錯了。”這一段故事可以説明近體詩用韻的嚴格。

韻有寬有窄：字數多的叫寬韻，字數少的叫窄韻。寬韻如支韻、真韻、先韻、陽韻、庚韻、尤韻等，窄韻如江韻、佳韻、肴韻、覃韻、鹽韻、咸韻等。窄韻的律詩是比較少見的。有些韻，如微韻、删韻、侵韻，字數雖然不多，但是比較合用，詩人們也很喜歡用它們。

現在舉幾首律詩爲例：

終 南 山

王 維

太乙近天都，連山到海隅。（七虞）

白雲迴望合，青靄入看無。（七虞）

分野中峰變，陰晴衆壑殊。（七虞）

欲投人處宿，隔水問樵夫。（七虞）

錢塘湖春行

白居易

孤山寺北賈亭西，水面初平雲脚低。（八齊）

幾處早鶯爭暖樹，誰家新燕啄春泥？（八齊）

亂花漸欲迷人眼，淺草纔能没馬蹄。（八齊）

最愛湖東行不足，綠楊陰裏白沙堤。（八齊）

五律第一句，多數是不押韻的；七律第一句，多數是押韻的。由於第一句押韻與否是自由的，所以第一句的韻脚也可以不太嚴格，用鄰近的韻也行，但必須以主要元音相近即和諧爲原則。這種首句用鄰韻的風氣到晚唐才相當普遍，宋代更成爲有意識的時尚。現在試舉兩個例子：

清　明

杜　牧

清明時節雨紛紛，路上行人欲斷魂。

借問酒家何處有，牧童遥指杏花村。

登金陵鳳凰臺

李　白

鳳凰臺上鳳凰游，鳳去臺空江自流。

吴宫花草埋幽徑，晉代衣冠成古丘。

三山半落青天外，二水中分白鷺洲。

總爲浮雲能蔽日，長安不見使人愁。

這兩首詩都是首句入韻，但是杜牧《清明》第一句韻脚卻用了十二文韻的“紛”字，而其他韻脚用的是元韻。李白的《登金陵鳳凰臺》第一句韻脚和後面的韻脚用的是相同的尤韻。以上所述律詩用韻的嚴格性，只是爲了説明古代的律詩。今天我們如果也寫律詩，就不必拘泥古人的詩韻。不但首句用鄰韻，就是其他的韻脚也可用鄰韻，只要朗誦起來和諧，都是可以的。

三、平仄

平仄，這是律詩中最重要的因素。所謂“平”，是指平聲；所謂“仄”，就是非平聲，即上、去、入三聲。律詩的平仄規則，一直應用到後代的詞曲。我們講詩詞的格律，主要是講平仄。

平仄的作用主要是在詩和韻文當中構築一種節奏。作家依照漢語聲音的特點，安排一種高低長短互相交替的節奏，形成一種抑揚頓挫的聽覺效果，這就是所謂的“聲律”。從沈約提出四聲八病開始，作家們經過幾百年的探索才完成近體詩聲律的平仄的編排工作。從此以後，近體詩的音樂效果就表現出來。

平仄的交互應用成爲詩的格律要求之後，對後代的影響是非常大的。不僅近體詩用平仄，就連古體詩也用平仄，甚至詞律和曲律也用上了平仄。如果明白了近體詩的平仄，那麼對於詞和曲的平仄也就心中有數了。

近體詩的平仄看似複雜，其實掌握起來不是很困難。實際上平仄最基本的要求只有一點，即平仄相間，以此來達到聲調的抑揚頓挫。在此基礎上，我們也很容易發現，近體詩的平仄也就不過四種句式。

五言律詩的句式，可以看作是在“平平—仄仄”和“仄仄—平平”兩種簡單組合中插入或附帶一個音節形成的：

(甲) 仄仄平平仄　　　　(乙) 平平仄仄平

(丙) 平平平仄仄　　　　(丁) 仄仄仄平平

由這四種句式的錯綜變化，可以構成五律的四種平仄格式。其實只有兩種基本格式，其餘兩種不過是在基本格式的基礎上稍有變化罷了。

仄起式（注：字外加括號表示可平可仄）。

春　望

杜　甫

(仄) 仄平平仄，　　國破山河在，
平平仄仄平。　　城春草木深。
(平) 平平仄仄，　　感時花濺淚，
(仄) 仄仄平平。　　恨別鳥驚心。
(仄) 仄平平仄，　　烽火連三月，
平平仄仄平。　　家書抵萬金。
(平) 平平仄仄，　　白頭搔更短，
(仄) 仄仄平平。　　渾欲不勝簪。

另一式，首句改爲“（仄）仄仄平平”，其餘不變，意即首句入韻。

山居秋暝

王　維

(平) 平平仄仄，　　空山新雨後，
(仄) 仄仄平平。　　天氣晚來秋。
(仄) 仄平平仄，　　明月松間照，
平平仄仄平。　　清泉石上流。
(平) 平平仄仄，　　竹喧歸浣女，
(仄) 仄仄平平。　　蓮動下漁舟。
(仄) 仄平平仄，　　隨意春芳歇，
平平仄仄平。　　王孫自可留。

七律的平仄是五律的擴展，擴展的辦法是在五字句的上面加一個倆字的頭。仄上加平，平上加仄。試看下面的對照表：

	平仄脚	平仄脚	平仄脚	平仄脚
五言	。。仄仄平平仄	。。平平仄仄平	。。平平平仄仄	。。仄仄仄平平
七言	平平仄仄平平仄	仄仄平平仄仄平	仄仄平平平仄仄	平平仄仄仄平平

因此，七律的平仄也只有四個類型，即：

（甲）平平仄仄平平仄　　（乙）仄仄平平仄仄平
（丙）仄仄平平平仄仄　　（丁）平平仄仄仄平平

由這兩聯的平仄錯綜變化，可以構成七律的四種平仄格式。其實也只有兩種基本格式，其餘兩種不過在基本格式的基礎上稍作變化罷了。

（1）仄起式

左遷藍關示侄孫湘

韓　愈

（仄）仄平平仄仄平，　一封朝奏九重天，
（平）平（仄）仄仄平平。　夕貶潮州路八千。
（平）平（仄）仄平平仄，　欲爲聖明除弊事，
（仄）仄平平仄仄平。　肯將衰朽惜殘年。
（仄）仄（平）平平仄仄，　雲横秦嶺家何在？
（平）平（仄）仄仄平平。　雪擁藍關馬不前。
（平）平（仄）仄平平仄，　知汝遠來應有意，
（仄）仄平平仄仄平。　好收吾骨瘴江邊。

另一式，第一句改爲仄仄平平平仄仄，其餘不變。

（2）平起式

放言五首（其三）

白居易

（平）平（仄）仄仄平平，　贈君一法决狐疑，
（仄）仄平平仄仄平。　不用鑽龜與祝蓍。
（仄）仄（平）平平仄仄，　試玉要燒三日滿，
（平）平（仄）仄仄平平。　辨材須待七年期。
（平）平（仄）仄平平仄，　周公恐懼流言日，
（仄）仄平平仄仄平。　王莽謙恭未篡時。
（仄）仄（平）平平仄仄，　嚮使當初身便死，

（平）平（仄）仄仄平平。　　一生真僞復誰知？

另一式，第一句改爲“（平）平（仄）仄平平仄”，其餘不變。

律詩的格式不必死記，只要掌握住四種基本句式，就可以利用“對”和“黏”的規則，掌握全詩的格式。對，就是平對仄，仄對平，意即同一聯中的上句和下句的平仄格式正好相反，因此在對句中，平仄是完全對立的。黏，就是平黏平，仄黏仄，意即後聯出句第二字的平仄要跟前聯對句第二字相一致。具體説來，要使第三句跟第二句相黏，第五句跟第四句相黏，第七句跟第六句相黏。上文所述的五律平仄格式和七律平仄格式，都是合乎這個規則的。黏對的作用，是使聲調多樣化。如果不“對”，上下兩句的平仄就雷同了；如果不“黏”，前後兩聯的平仄又雷同了。明白了黏對的道理，可以幫助我們瞭解長律的平仄。不管長律有多長，也不過是依照黏對的規則來安排平仄。

違反了“黏”的規則，叫做失黏；違反了“對”的規則，叫做失對。在王維等人的律詩中，由於律詩尚未定型化，還有一些不黏的律詩。例如：

使至塞上

王　維

單車欲問邊，屬國過居延。
征蓬出漢塞，歸雁入胡天。
大漠孤煙直，長河落日圓。
蕭關逢候騎，都護在燕然。

詩裏第二句的前兩個字“屬國”是仄仄，而第三句的前兩個字“征蓬”是平平，這就是失黏。到了後代，失黏的情形非常罕見。至於失對，就更是詩人們所留心避免的了。

律詩除了講究黏對之外，還要避免孤平，講究拗救。孤平是律詩（包括長律、絶律）的大忌，所以詩人們在寫律詩的時候，注意避免孤平。在詞曲中用到同類的句子的時候，也注意避免孤平。在五言“平平仄仄平”這個句型中，第一字必須用平聲；如果用了仄聲字，就是犯了孤平。因爲除了韻脚之外，只剩一個平聲字了。七言是五言的擴展，所以在“仄仄平平仄仄平”這個句型中，第三字如果用了仄聲，也叫犯孤平。

凡平仄不依照常格的句子，叫做拗句。律詩中如果多用拗句，就變成了古風式的律詩。它在律詩中也是相當常見的，但是前面一字用拗，後面還必須用“救”。所謂“救”，就是補償。一般説來，前面該用平聲的地方用了仄聲，後面必須（或經常）在適當的位置補上一個平聲，下面三種情況是比較常見的：

(1) 在乙種句式“平平仄仄平”中，第一字如用了仄聲，則第三字補上一個平聲，以免犯孤平。這樣就變成了“仄平平仄平”。七言則是由“仄仄平平仄仄平”換成“仄仄仄平平仄平”。這屬於本句自救。

（2）在甲種句式“仄仄平平仄”中，第四字如用了仄聲（或三四兩字都用了仄聲），就用其對句乙種句式“平平仄仄平”的第三字來補救，即將仄聲字換成平聲字。這樣就成爲“（仄）仄（平）仄仄，（平）平平仄平”。七言則成爲“（平）平（仄）仄（平）仄仄，（仄）仄（平）平平仄平”。這屬於對句相救。

（3）在該用“仄仄平平仄”的地方，第四字没有用仄聲，只是第三字用了仄聲。七言則是第五字用了仄聲。這是半拗，可救可不救，和（1）（2）的嚴格性稍有不同。

關於律詩的平仄，相傳有這樣一個口訣：“一三五不論，二四六分明。”這是就七律（包括七絶）來説的。意思是説，第一、第三、第五字的平仄可以不拘，第二、第四、第六的平仄必須分明。至於第七字呢，自然也是要求分明的。如果就五言律詩來説，那就應該是“一三不論，二四分明”。這個口訣對於初學詩律的人是有用的，因爲它是簡單明瞭的。但是，它分析問題是不全面的，因爲容易引起誤解。這個影響很大。既然它是不全面的，就不能不予以適當的批評。

先説“一三五不論”，這句話是不全面的。在五言“平平仄仄平”這個句式中，第三字不能不論，在七言“仄仄平平仄仄平”這個句式中，第三字不能不論，否則就要犯孤平。在五言“平平仄平仄”這個特定的句式中，第一字也不能不論；同理，在七言“仄仄平平仄平仄”這個特定句式中，第三字也不能不論。以上講的是五言第一字、七言第三字在一定情况下不能不論。至於五言第三字，七言第五字，在一般情况下，更是以“論”爲原則了。總之，七言仄脚的句子可以有三個字不論，平脚的句子只能有兩個字不論。五言仄脚的句子可以有兩個字不論，平脚的句子中只能有一個字不論。“一三五不論”的話是不對的。

再説“二四六分明”，這句話也是不全面的。五言第二字“分明”是對的，七言第二、四兩字“分明”是對的，至於五言第四字、七言第六字就不一定“分明”；依特定句式“平平仄平仄”（五言）來看，第四字并不一定“分明”；又依“仄仄平平仄平仄”來看，第六字并不一定“分明”。又如“仄仄平平仄”這個句式可以換成“仄仄（平）仄仄”，只須在對句第三字補償一個平聲就是了。七言由此類推。“二四六分明”的話也不是完全正確的。

瞭解了律詩的平仄以後，絶句和排律的平仄也就迎刃而解。從平仄來説，絶句就可以看作是半首律詩，排律就是按照黏對的格式把律詩延長，平仄格式是沒有多大變化的。前面談到，古詩是不講究平仄的，但在律詩產生後也受此影響而出現了一些入律的古風，即在寫古詩時，仍然用相當多的律句，講究平仄。與上面這種入律的古風相反，還有一種古風追求高古因而避免入律，它的特點是盡量多用拗句，少用律句。這裏就不再舉例説明了。

四、對仗

近體詩的另一特點是對仗。爲了説明的便利，古人把律詩的第一、二兩句叫做首聯，第三、四句叫做頷聯，第五、六兩句叫做頸聯，第七、八兩句叫做尾聯。對仗一般用在頷聯和頸聯，即第三、四句和第五、六句。如：

春日憶李白

杜　甫

白也詩無敵，飄然思不羣。
清新庾開府，俊逸鮑參軍。
渭北春天樹，江東日暮雲。
何時一尊酒，重與細論文?

“開府”對“參軍”，是官名對官名；“渭”對“江（長江）”，是水名對水名。

律詩的對仗，有許多講究，現在揀重要的談一談。

1. 工對

凡是同類的詞相對，叫做工對，名詞既然分爲若干小類，同一小類的詞相對，便是工對。有些名詞雖不同小類，但在語言中經常平列，如天地、詩酒、花鳥等，也算工對。反義詞也算工對。例如，李白《塞下曲》的“曉戰隨金鼓，宵眠抱玉鞍”就是工對。句中自對而又兩句相對，算是工對。像杜甫詩中的“國破山河在，城春草木深”，山與河是地理，草與木是植物，對得已經很工整了，於是地理對植物也算工整了。在一個對聯中，只要多數字對得工整，就是工對。在一首詩中，偶然用一對同義詞也不要緊，多用就不妥當了。出句與對句完全同義（或基本上同義），叫做“合掌”，更是詩家的大忌。

2. 寬對

寬對和工對之間有鄰對，即鄰近的事類相對。例如天文對時令，地理對宫室，顔色對方位，同義詞對聯綿詞等。王維《使至塞上》“征蓬出漢塞，歸雁入胡天”，以“天”對“塞”是天文對地理；陳子昂《春夜别友人》“離堂思琴瑟，别路繞山川”，以“路”對“堂”是地理對宫室。這類情況是很多的。稍爲寬一點，就是名詞對名詞，動詞對動詞，形容詞對形容詞等，這是最普通的情況。

3. 借對

一個詞有兩個意義，詩人在詩中用的是甲義，但是同時借用它的乙義來與另一詞相爲對仗，這叫借對。例如，杜甫《巫峽敝廬奉贈侍御四舅》“行李淹吾舅，誅茅問老翁”，“行李”的“李”并不是“桃李”的“李”，但是詩人借用桃李的“李”的意義來與“茅”字作對仗。又如杜甫《曲江二首》“酒債尋常行處有，人生七十古來稀”，古代八尺爲尋，兩尋爲常，所以借來對數目字“七十”。

4. 流水對

對仗一般是平行的兩句話，它們各有獨立性。但是，也有一種對仗是一句話分成兩句話説，其實十個字或十四個字是一個整體，出句獨立起來没有意義，至少是意義不全，這叫流水對。現摘出下面一些例子：

即從巴峽穿巫峽，便下襄陽向洛陽。（杜甫《聞官軍收河南河北》）

人憐巧語情雖重，鳥憶高飛意不同。（白居易《鸚鵡·隴西鸚鵡到江東》）

塞上長城空自許，鏡中衰鬢已先斑。（陸游《書憤五首·其一》）

總之，律詩的對仗不像平仄那樣嚴格，詩人在運用對仗時有更大的自由。藝術修養高的詩人常常能夠正確地運用工整的對仗來做到更好地表現思想内容，而不是損害思想内容。

第三十四節　詞　律

詞最初稱爲“曲詞”或“曲子詞”，是配音樂而寫的歌詞。從配樂這一點上説，它和樂府是同一類的文學體裁，也同樣是來自民間文學。後來詞也跟樂府一樣，逐漸跟音樂分離了，成爲詩的别體，所以有人把詞稱爲“詩餘”。文人的詞深受律詩的影響，所以詞中的律句特别多。

詞是長短句，這是因爲詞的句式一般都有長短的變化，參差不齊。但是全篇的字數是一定的。每句的平仄也是一定的。因爲詞受到了詞調的限制，詞調不同，詞的字數、句數不同，句子的長短和平仄、韻脚也不相同。

下面分别介紹詞律方面的知識。

一、詞調、詞牌和詞譜

詞調本來是指寫詞時所依據的樂譜。由於詞調的來源比較複雜，有的來源於民間音樂，有的來自西域，有的是樂工或歌妓創製，有的是國家音樂機關譜成，因而造成不同的詞調。詞的格式和律詩的格式不同：律詩只有四種格式，而詞則共有一千多種格式（這些格式被稱爲詞譜）。人們不好把它們稱爲第一式、第二式等，所以給它們起了一些名字。這些名字就是詞牌。有時候，幾個格式合用一個詞牌，因爲它們是同一個格式的若干變體；有時候，同一個格式而有幾個名稱，那只因爲各家用名不同罷了。

關於詞牌的來源，大約有下面的三種情况：

(1) 本來是樂曲的名稱。例如《菩薩蠻》，據説是由於唐宣宗大中初年，女蠻國進貢，她們梳着高髻，戴着金冠，滿身瓔珞（瓔珞是身上佩挂的珠寶），像菩薩。當時教坊因此譜成《菩薩蠻曲》。

(2) 摘取一首詞中的幾個字作爲詞牌。例如《憶秦娥》，因爲依照這個格式寫出的最初一首詞開頭兩句是"簫聲咽，秦娥夢斷秦樓月"，所以詞牌就叫《憶秦娥》，又叫《秦樓月》。

(3) 本來就是詞的題目。《踏歌詞》咏的是舞蹈，《舞馬詞》咏的是舞馬，《欸乃曲》咏的是泛舟，《漁歌子》咏的是打魚，《浪淘沙》咏的是浪淘沙，《抛毬樂》咏的是抛綉球，《更漏子》咏的是夜。這種情况是最普遍的。

詞大致可分爲三類：(1) 小令；(2) 中調；(3) 長調。有人認爲：五十八字以内爲小令，五十九至九十字爲中調，九十一字以外爲長調。這種分法雖然未免太絶對了，但是，大概的分類情况還是這樣的。敦煌曲子詞中，已經有一些中調和長調。宋初柳永寫了一些長調。蘇軾、秦觀、黄庭堅等人繼起，長調就盛行起來了。長調的特點，除了字數較多以外，就是一般用韻較疏。

從分段上看，詞有單調、雙調、三疊、四疊的分别。單調的詞往往就是一首小令。它很像一首詩，只不過是長短句罷了。雙調就是把一首詞分爲前後兩闋。兩闋的字數相等或基本上相等，平仄也同。雙調詞中最常見的形式，像《踏莎行》《漁家傲》，前後兩闋字數完全相等。三疊就是三闋，四疊就是四闋。三疊、四疊的詞很少見，這裏就不舉例了。

詞譜是詞調所包含内容的具體描寫。我們知道，詞調本來是指填詞時所依賴的樂譜，這種樂譜後來失傳了，填詞的人就依照前賢的典範作品的平仄和句式填詞，後來有人把名家的詞按照詞調的句式和平仄的種類來分别加以概括和總結，這樣就形成了詞譜。後人寫詞時就可以參照詞譜了。據説最早的詞譜著作是明人張綖的《詩餘圖譜》，後來較通行的是清人萬樹的《詞律》和康熙時王奕清等人編纂的《欽定詞譜》。下面是《欽定詞譜》所列菩薩蠻詞譜的樣子：

菩薩蠻　雙調四十四字前後段各四句兩仄韻兩平韻　李白

平林漠漠煙如織仄韻寒山一帶傷心碧韻暝色入高樓平韻有人樓上愁韻玉階
∴△∵▲△△▲ ∴△∵▲△△▲ ∵▲▲△△ ∵△∴▲△ ∵△

空佇立換仄韻宿鳥歸飛急韻何處是歸程換平韻長亭連短亭韻
△▲▲ ∵▲▲△▲ ∴▲▲△△ ∴△∴▲△

《欽定詞譜·凡例》説：“平用虛圈（今用△代替），仄用實圈（今用▲代替）；字本平而可仄者，上虛下實（今用∴代替）；字本仄而可平者，上實下虛（今用∵代替）。”原譜標記在字右，今爲橫排，標記在字下。

如果採用我們以前學過的記錄平仄的方法，那麼這首詞譜可以記錄成如下樣式（字下加△爲韻脚）：

菩薩蠻（雙調，四十四字）

(平)平(仄)平平仄△，(平)平(仄)仄平平仄△。

(仄)仄仄平平△（换平韻），(仄)平(平)仄平△。

(仄)平平仄仄△（换仄韻），(仄)仄平平仄△。

(仄)仄仄平平△（换平韻），(仄)平(平)仄平△。

前後闋的末句第一字可平，第三字可仄。如第三字用仄，則第一字必須用平，否則犯孤平。

二、用韻

由於詞是“詩餘”，所以用韻就没有什麼正式的規定。所謂詞韻，基本上也就是詩韻，只是比詩韻更寬更自由。清人戈載編纂了一部影響較大的《詞林正韻》，把平上去三聲分爲十四部，入聲分爲五部，共十九部。據説是取古代著名詞人的詞參酌而定的。其實這十九部不過是詩韻大致合并而成，和前面所述古體詩的寬韻差不多。現在把這十九部開列在後面，原書以《集韻》韻部排出，現改用平水韻，以利於比較；

（甲）平上去聲十四部

（1）平聲東冬，上聲董腫，去聲送宋。

（2）平聲江陽，上聲講養，去聲絳漾。

（3）平聲支微齊，又灰半；上聲紙尾薺，又賄半；去聲寘未霽，又泰半、隊半。

（4）平聲魚虞，上聲語麌，去聲御遇。

（5）平聲佳半，灰半；上聲蟹，又賄半；去聲泰半、卦半、隊半。

（6）平聲真文，又元半；上聲軫吻，又阮半；去聲震問，又願半。

（7）平聲寒删先，又元半；上聲旱潸銑，又阮半；去聲翰諫霰，又願半。

（8）平聲蕭肴豪，上聲篠巧皓，去聲嘯效號。

（9）平聲歌，上聲哿，去聲箇。

（10）平聲麻，又佳半；上聲馬；去聲禡，又卦半。

(11) 平聲庚青蒸，上聲梗迥，去聲敬徑。

(12) 平聲尤，上聲有，去聲宥。

(13) 平聲侵，上聲寢，去聲沁。

(14) 平聲覃鹽咸，上聲感儉豏，去聲勘艷陷。

(乙) 入聲五部

(1) 屋沃 (2) 覺藥 (3) 質物錫職緝 (4) 物月曷黠屑葉 (5) 合洽

這十九部大約只能適合宋詞的多數情況。其實在某些詞人的筆下，第六部早已與第十一部、第十三部相通，第七部早已與第十四部相通。其中有語音發展的原因，也有方言的影響。入聲韻的獨立性很强。某些詞在習慣上是用入聲韻的，例如《憶秦娥》《念奴嬌》等。平韻與仄韻的界限也是很清楚的。某調規定用平韻，就不能用仄韻；規定用仄韻，就不能用平韻。只有上去兩聲是可以通押的。這種通押的情况在唐代古體詩中已經開始了。

詞的用韻都是詞譜所規定的，其方式大致有以下四種：

(1) 一韻到底。大部分詞都屬這一類。押平聲韻的有《搗練子》《浪淘沙》《江城子》《玉蝴蝶》等；押仄聲韻的有《卜算子》《醉花陰》《齊天樂》《滿江紅》等。平聲韻和仄聲韻的界限是非常清楚的，一般不能混用。

(2) 同部換韻。在仄聲韻中，同韻部的上聲韻和去聲韻常常通押，但入聲韻的獨立性很强，一般都是獨用。上聲韻與去聲韻通押的有《水龍吟》《西河》《齊天樂》《永遇樂》《謝池春》《摸魚兒》等。

(3) 同部平仄互押。互押和通押性質不同，通押是任意的，互押的位置是固定的，也就是説平聲韻脚和仄聲韻脚是詞調所規定的。如《西江月》規定前後闋的第二句第三句押平聲韻，第四句押仄聲韻，所以辛棄疾《西江月》的用韻是“夫、書（平）、處（去）、如、扶（平）、去（去）”。

(4) 平仄換韻。通押和互押都是在同一韻部內，而換韻則是改換韻部。當然，換韻的位置也是由詞調規定的。如温庭筠的《更漏子》，先是細遞相押（仄，第三部），然後烏鴣相押（平，第四部）；後闋先是薄幙閣相押（仄，第十六部），然後垂知相押（平，第三部）。前後闋各換韻一次。

三、平仄

詞的特點之一就是全部用律句或基本上用律句。最明顯的律句是七言律句和五言律句。有些詞，一讀就知道這是從七絶或七律脱胎出來的。例如《浣溪沙》四十二字，就是六個律句組成的，很像一首不黏的七律，减去第三、七兩句。這詞的後闋開頭用對仗，就像律詩頸聯用對仗一樣。《菩薩蠻》前後闋末句本來用拗句［(仄) 平平仄平］，但是後代詞人許多人都用了律句，以至萬樹的《詞律》不得不在第三字注道："可仄。"如果前後闋末句都用了律句，那麼整首《菩薩蠻》都是七言律句和五言律句組成的了。不過要注意一點：詞句常常是不黏不對的。像《菩薩蠻》開頭兩句雖然都是律句，但它們的平仄不是對立的。

詞句最短的是一字句，最長的是十一字句，現分别介紹如下：

一字句。很少見，《十六字令》的第一句。如蔡伸《十六字令》："天！休使圓蟾照客眠。人何在？桂影自嬋娟。"

二字句。句式主要有平平和平仄兩種。如李清照《如夢令》："知否？知否？應是綠肥紅瘦！"

三字句。三字句是用七言律句或五言律句的三字尾，即：平平仄，平仄仄，仄平平，仄仄平。"平平仄"如"須晴日"，"平仄仄"如"俱往矣"，仄平平如"照無眠"。

四字句。四字句是用七言律句的上四字。即：（平）平（仄）仄，（仄）仄平平。"（平）平（仄）仄"如"天高雲淡"，"（仄）仄平平"如"怒髮衝冠"。

六字句。六字句是四字句的擴展，我們把平起變爲仄起，仄起變爲平起，就擴展成爲六字句。即：（仄）仄（平）平（仄）仄，（平）平（仄）仄平平。"（仄）仄（平）平（仄）仄"如"我欲乘風歸去"，"（平）平（仄）仄平平"如"紅旗漫捲西風"。

七字句。即七言律詩的律句，一般是上四下三。如：平平仄仄仄平平，蘇軾《江城子》："十年生死兩茫茫。"

八字句。八字句往往是上三下五。如果第三字用仄聲，則第五字往往用平聲；如果第三字用平聲，則第五字往往用仄聲。下五字，一般都用律句。第三字用仄聲如"引無數英雄競折腰"。第三字用平聲如"莫等閑白了少年頭"。

九字句。九字句往往是上三下六，或上六下三，或上四下五。一般都用兩個律句組合而成，至少下六字或下五字是律句。如"浪淘盡，千古風流人物"。

十字句。十字句很少見，句法是上三下七。如蘇軾《摸魚兒》："見説道、天涯芳草無歸路。"

十一字句。十一字句往往是上四下七，或上六下五。下五字往往是律句。如"不應有恨，何事長嚮别時圓"。又如"不知天上宫闕，今夕是何年"。

特種律句。特種律句主要指的是比較特别的仄脚四字句和六字句。仄脚四字律句是"（平）平（仄）仄"，但是特種律句則是"（仄）平平仄"（第三字必平）；仄脚六字律句是"（仄）仄（平）平（仄）仄"，但是特種律句則是“（仄）仄仄平平仄”（第五字必平）。《憶秦娥》前後闋末句，依《詞律》就該是特種律句。其實，前後闋倒數第二句也常常同特種律句。如“馬蹄聲碎，喇叭聲咽”，“蒼山如海，殘陽如血”。

拗句。大多數的詞牌都是没有拗句的。但是，也有少數詞牌用一些拗句。例如《念奴嬌》前後闋末句（如“一時多少豪杰”，“一樽還酹江月”），《水調歌頭》前闋第三句上六字（如“不知天上宫闕”），後闋第四句上六字（如“一橋飛架南北”）都是“（平）平平仄平仄”，就都是拗句。

四、對仗

對仗，有固定的，有一般用對仗的，有自由的、固定的對仗，例如《西江月》前後闋頭兩句。此類固定的對仗是很少見的。一般用對仗的（但也可以不用），例如《沁園春》前闋第二、三兩句、第四、五句和第六、七句，第八、九兩句；後闋第三、四句和第五、六句，第七、八句。如《念奴嬌》前後闋第五、六兩句，又如《浣溪沙》後闋頭兩句。凡前後兩句字數相同的，都有用對仗的可能。例如《憶秦娥》前後闋末兩句，《水調歌頭》前闋第五、六兩句，後闋第六、七句，等等。但是這些地方用不用對仗完全是自由的。

詞的對仗有兩點和律詩不同。第一，詞的對仗不一定要以平對仄，以仄對平。如“千里冰封，萬里雪飄”，又如“望長城内外，惟餘莽莽；大河上下，頓失滔滔”（城對河，是平對平；外對下，是仄對仄）。第二，詞的對仗可以允許同字相對。如“千里冰封”對“萬里雪飄”，又如“馬蹄聲碎”對“喇叭聲咽”，“蒼山如海”對“殘陽如血”。第三，詞的對仗很少有固定的位置。這是因爲詞是長短句，只有相連的兩句字數相同，才有對仗的可能性。一般來説，作爲每闋的起首二句，如果字數相同，常常會對仗的。

除了這三點之外，詞的對仗跟詩的對仗是一樣的。

詞韻、詞的平仄和對仗都是從律詩的基礎上加以變化的。因此，要研究詞，最好是先研究律詩。律詩研究好了，詞就容易懂了。

第三十五節　曲　律

曲和詞都是配合音樂的長短句，有時候它們的界限并不是很清楚。唐人所説的曲，就是後代所説的詞；元代人所説的詞，反而是後代人所説的曲。我們這裏所談的是元代的曲。曲有南曲和北曲的區别，這裏只談北曲而不涉及南曲。

北曲又可分成雜劇和散曲。雜劇是一種帶動作（劇文裏稱“科”）和道白（劇文裏稱“白”）的歌劇，其中的唱詞是劇中人演唱的，而且一般來説是劇中的主角一人唱。散曲没有動作説明和念白，所以它的性質和詞相類似。散曲有小令和套數兩種形式。小令等於一首單調的詞，套數則是由兩個以上的同一宮調的曲子按照一定的規則聯綴起來的套曲。雜劇一般是分成四折，每折有一個套數，有時在最後再加上一個楔子。

一、曲調、宮調

曲調又叫曲牌，有的和詞相同，大部分和詞是不同的，如山坡羊、水仙子、落梅風、耍孩兒、叨叨令、脱布衫等就和詞不同。曲一般來説是單調，它不像詞那樣有雙調、三疊或四疊。如果作曲的人還未能盡意，則可能再重複一遍，或者再寫一個幺篇。曲調的選用也是有限制的，如山坡羊就只能用於小令，滚綉球就只能用於套數。

宮調是把表現内容相類似的曲調歸納在一起而成的，也就是説每一種曲調都屬於某一宮調。北曲共有六宮十一調，大致是十七種不同的調式：

六宮：1. 正宮　2. 中呂宮　3. 道宮　4. 南呂宮　5. 仙呂宮　6. 黄鐘宮

十一調：1. 大石調　2. 雙調　3. 小石調　4. 歇指調　5. 商調　6. 越調　7. 般涉調　8. 高平調　9. 宮調　10. 角調　11. 商角調

不同的宮調含有不同的“聲情”。比如黄鐘宮富貴而纏綿，正宮惆悵雄壯，南呂宮感嘆而傷悲等（見周德清《中原音韻》）。不過這些説法不一定和實際情况相吻合，但我們可以通過這些評論來瞭解各種宮調。

二、曲韻

由於時代的變遷，語音也隨之發生了很大的變化。元代曲作家的用韻也有了很大的變化。他們是根據當時的實際讀音用韻的。後來元人周德清歸納當時的北曲作家的用韻而寫成了《中原音韻》一書。這部書基本上反映了當時北方的實際語音系統，是我們研究元代北方語音的重要依據，具有很高的價值。

《中原音韻》把“平水韻”的一百零六部歸并爲十九個韻部：

1. 東鐘	2. 江陽	3. 支思	4. 齊微	5. 魚模
6. 皆來	7. 真文	8. 寒山	9. 桓歡	10. 先天
11. 蕭豪	12. 歌戈	13. 家麻	14. 車遮	15. 庚青
16. 尤侯	17. 侵尋	18. 監咸	19. 廉纖	

北曲最顯著的特點是没有入聲，原來的入聲字分别分配到平上去三聲去了；又因爲曲韻是平上去三聲通押的，所以不必另立上去兩聲的韻母。

關於曲的用韻，有以下幾點規律需要説明一下：

1. 上面提到，曲韻是平上去三聲通押的，這是曲韻的常用方式，平仄不通押的反而很少見。這是因爲入聲字歸并到平上去三聲之後，平聲和仄聲的界限不是很清楚了，久而久之，出現了平仄通押的現象。如《西厢記》長亭折裏的脱布衫：

下西風黄葉紛飛（平聲），染寒煙衰草淒迷（平聲）。

酒席上斜簽着坐的（上聲），蹙愁眉死臨侵地（去聲）。

2. 不管是小令還是套數，曲韻是一韻到底的，中間不换韻。如張養浩的《山坡羊》，韻脚爲聚、怒、路、都、躕、處、土、苦、苦，押的是魚模韻。

3. 曲不忌重韻。所謂重韻，是指在一首曲子裏可以出現相同的韻脚字。上例《山坡羊》，就出現了兩個“苦”字。再如睢景臣《般涉調》第一部分的韻脚爲故、俗、夫、付、輿、故、蘆、户，出現兩個“故”字。

4. 曲可以贅韻。所謂贅韻，就是在不需要用韻的地方用了韻。比較《西厢記·長亭》借自般涉調的四煞和五煞就可以明白：

五　煞	四　煞
到京師服水土（不用韻）	這憂愁訴與誰（贅韻）
趁程途節飲食	相思只自知
順時自保揣身體	老天不管人憔悴
荒村雨露宜眠早（不用韻）	淚添九曲黄河溢（贅韻）
野店風霜要起遲	恨壓三峰華嶽低
鞍馬秋風裏	到晚來悶把西樓倚
最難調護	見了些夕陽古道
最要扶持	衰柳長堤

三、曲的四聲

元代北方的聲調是新的四聲，即陰平、陽平、上聲、去聲。這和今天的普通話大致相同。但也並不是完全一致，如入聲字的歸類就和普通話不一致。

上文提到，曲韻的平上去三聲通押爲常事，但事實上有些地方還是有限制的。哪些地方用平聲，哪些地方用仄聲，多數取決於曲調的規定。尤其是去聲字，大多數情况下平上可以通押，但去聲的獨立性很强，改用去聲的地方不但不可以用平聲韻，甚至不可以用上聲韻。試比較下列兩首山坡羊：

山坡羊　張養浩	山坡羊　張小山
峰巒如聚（去）	劉伶不戒（去）
波濤如怒（去）	靈均休怪（去）
山河表裏潼關路（去）	沿郵沽酒尋常債（去）

望西都（平）	看梅開（平）
意踟躕（平）	過橋來（平）
傷心秦漢經行處（去）	青旗正在疏籬外（去）
宫闕萬間都做了土（上）	醉和古人安在哉（平）
興（平）	窄（上）
百姓苦（上）	不勾篩（平）
亡（平）	哎（平）
百姓苦（上）	我再買（上）

這兩首曲子在該用去聲韻的地方都用去聲韻不用上聲韻；在該用上聲韻的地方可以用平聲韻，該用平聲韻的地方也可以用上聲韻，但都不用去聲韻。由此可見，上聲和去聲的界限是很清楚的。

四、襯字

曲句可以有襯字，這是曲律的特點。襯字是指在曲調規定之外另添加的字，有的添加在句首，有的添加在句中，但是不能添加在句尾。襯字既可以是實詞，也可以是虚詞，没有平仄和多少的限制。現舉睢景臣《般涉調·高祖還鄉》的一部分爲例：

二　煞	一　煞
你須身姓劉，	春採了桑，
你妻須姓吕，	冬借了俺粟，
把你兩家兒根脚從頭數。	零支了米麥無重數。
你本身做亭長耽幾盞酒，	换田契强秤了麻三秤，
你丈人教村學讀幾卷書。	還酒債偷量了豆幾斛，
曾在俺莊東住，	有甚胡突處，
也曾與我喂牛切草，	明標着册曆，
拽壩扶鋤。	見放着文書。

上舉例子中加點的即是襯字。但明顯的一點是，由於用了襯字，元曲更加口語化了，這是繼宋詞之後的又一大發展。值得注意的一點是，我們再分析襯字時要考慮到曲調本身正字的增損情況。襯字是正字以外的字，正字增損是曲句和正字本身的增加和減少。這種情況比較複雜，基本方法是選一首最單純的曲子作爲標準，再用其他曲子來和它作比較。但這種方法并不是絶對正確的，因爲曲律本身是比較靈活的，用來作爲標準的曲子有時候并不是絶對標準，也許有變格或者其他的情況。

思考與練習十

一、解釋下列句子中加點詞的意義。

1. 之子于歸，宜其室家。
2. 桃之夭夭，有蕡其實。
3. 終窶且貧，莫知我艱。
4. 我入自外，室人交徧讁我。
5. 靜女其姝，俟我於城隅。
6. 愛而不見，搔首踟躕。
7. 皇天之不純命兮，何百姓之震愆？
8. 心嬋媛而傷懷兮，眇不知其所蹠。
9. 俱懷逸興壯思飛，欲上青天攬明月。
10. 何日倚虛幌，雙照淚痕乾。

二、指出下列句子劃綫部分的語法特點。

1. 桃之夭夭，灼灼其華。
2. 之子于歸，宜其家人。
3. 民離散而相失兮，方仲春而東遷。
4. 將運舟而下浮兮，上洞庭而下江。
5. 衆踥蹀而日進兮，美超遠而逾邁。

三、瞭解下列概念。

1. 古體詩　2. 近體詩　3. 韻例　4. 失對　5. 失黏　6. 孤平
7. 拗句　8. 救　9. 詞調　10. 詞牌　11. 贅韻　12. 襯字

四、回答下列問題。

1. 韻和韻母的區别。
2. 《詩經》用韻有哪些特點？
3. 説説關於詞牌的來源。
4. 詞和雜言詩的不同點是什麽？
5. 詞的用韻、平仄、對仗和近體詩有哪些不同？
6. 近體詩的本質特徵是什麽？

五、標出下列各詩的平仄，如有拗救現象，用“∽”標出。

1. 李白《夜泊牛渚懷古》

牛渚西江夜，青天無片雲。登舟望秋月，空憶謝將軍。
余亦能高詠，斯人不可聞。明朝掛帆席，楓葉落紛紛。

2. 杜甫《咏懷古迹五首》(其一)

支離東北風塵際，飄泊西南天地間。三峽樓臺淹日月，五溪衣服共雲山。

羯胡事主終無賴，詞客哀時且未還。庾信平生最蕭瑟，暮年詩賦動江關。

3. 柳宗元《登柳州城樓寄漳汀封連四州》

城上高樓接大荒，海天愁思正茫茫。驚風亂颭芙蓉水，密雨斜侵薜荔牆。

嶺樹重遮千里目，江流曲似九回腸。共來百越文身地，猶自音書滯一鄉。

4. 李商隐《錦瑟》

錦瑟無端五十弦，一弦一柱思華年。莊生曉夢迷蝴蝶，望帝春心託杜鵑。

滄海月明珠有淚，藍田日暖玉生煙。此情可待成追憶，只是當時已惘然。

附錄

中國古代文化常識指要

語言與文化有着十分密切的關係，主要表現在兩個方面：其一，語言文字是民族母體孕育出來的文化結晶，是一套近乎完美的符號系統；其二，語言文字又是民族文化的載體，没有語言文字便也没有文化。美國人類學家 A. 懷特指出:“全部文化（文明）依賴於符號。正是由於符號能力的產生和運用才使得文化得以產生和存在，正是由於符號的使用，才使得文化有可能永存不朽。没有符號，就没有文化，人也就僅僅是動物而不成其爲人類。”(《文化科學》，浙江人民出版社 1988 年版）因此，從這個意義上説，語言是文化的載體，文化是語言的内藴。

我國的文化源遠流長，博大精深，是世界上唯一存在至今的完整的文化系統。古代漢語是古代文化的載體，我們學習古代漢語，絶不是單純地嗜古、復古，而是爲了繼承傳統文化，發揚民族精神。衆所周知，要掌握古代漢語，首先應當掌握文字、語音、語法、詞彙、修辭方面的知識，瞭解古今漢語的異同；其次，還必須閱讀大量的古代文獻資料，因爲浩如煙海的古籍保存着無比豐富的語料。這二者是相輔相成的，缺一不可。不具備基本的語言知識，就不可能提綱挈領地把握語言規律；而没有一定的古文根底，就不能驗證語言規律，培養自己的語感。一般古代漢語教材之所以主張文選、通論、常用詞“三結合”的體例，其原因蓋出於此。2011 年高考優秀作文《赤兔之死》，以文言爲表達形式，生動地揭示了“誠信”這一主題，赢得了廣泛的好評。該文的作者蔣昕捷在介紹寫作經驗時説，他的文字功力完全得力於古籍的閱讀。可見，閱讀一定數量的古籍，有助於語言能力的培養和提高。當然，今人讀古書，必然會有許多障礙。這些障礙一方面來自古今語言的隔膜，另一方面則來自對古代文化的陌生。也就是説，讀不懂古文，並非只是語言能力的不足，還有古代文化常識的缺乏。許嘉璐先生指出:“有時，古書中的句法、詞兒都懂得了，但對原文的理解卻還隔着一層。其所以如此，原因之一就是現在的青年對古人生活的情況缺乏瞭解。”（《中國古代衣食住行》前言）語言方面的障礙比較好解決，碰到不懂的字詞、生疏的句式，可以看注解、查工具書；但文化上的障礙就比較難辨，因爲你自以爲懂了，而實際上卻没懂，甚至可能是誤解或曲解。例如“布衣”是“平民百姓”的代稱，這是大家都知道的，但如果把“布衣”理解爲棉布做的衣服，那就大錯特錯了。因爲棉花是從漢代以後才從西域傳入到中土的，先秦時期的“布衣”是麻織品而非棉織品，是平民的衣著，而貴族則穿絲織品。又如長度單位“尺”，歷代多有不同，如果都理解爲今天的長度，就可能出笑話。晏子使楚的故事可謂膾炙人口，由於他是個小個子，故楚王下令在城門傍開了一個小門來捉弄他。晏子到底有多高呢？《史記·管晏列傳》載，“晏子長不滿六尺”，如果以今度古，他不但不是個小個子，簡直成了身高近兩米的“巨無霸”了。其實，當時的一尺只有 22 釐米左右，晏子的身高不足 1.4 米。明乎此，我們也就理解了《三國演義》中關羽身長九尺，張飛身長八尺，劉備身長七尺五寸，按漢尺算，其實都不到兩米，更何况其中還有夸張的成分呢。再如古人的飲食習慣與今人也迥然不同，古人一日兩餐，第一頓飯叫“朝食”，又叫“饔”，一般是上午 9 點左右吃；第二頓飯叫“餔食”，又叫“飧”，一般在下午 4 點左右吃。明白了這一點，我們才能理解在齊晉鞌之戰中，齊侯爲什麼説“余姑翦滅此而朝食”。他的意思是晉軍不堪一擊，天亮後交戰，消滅了對方也耽誤不了吃早飯，其驕傲輕敵的神態躍然而出。正因爲古人一日兩餐，所以《孟子·滕文公》中記載農家主張“賢者與民併耕而食，饔飧而治”，“饔飧”在這裏是指每天自己做飯吃。古人一天兩頓飯，再加上“日出而作，日入而息”，所以古人没有睡午覺的習慣，這樣我們就理解了孔子爲什麼對宰予“晝寢”大爲不滿。因爲“晝寢”必在兩餐之間，上午 9 點多吃完朝食，中午睡一覺，醒後又該吃下午飯了，這一天就虛度過去了。可見，我們在學習古代漢語時，必須掌握一定的古代文化常識，瞭解産生和使用漢語的文化背景知識。只有這樣，才能更準確、更深刻地理解古文。這也正是我們編寫“中國古代文化常識指要”的動機。

我國古代文化豐富多彩、博大精深，具體可分爲物質文化、制度文化和心理文化三個層面。物質文化包括古代的衣食住行、日用器具、軍事裝備、生産和交通工具等；制度文化包括宗法制度、法律禮儀、天文曆法、地理區劃、生活方式、婚姻形式、風俗習慣、姓名避諱等；心理文化包括思想觀念、心理特徵、思維方式、宗教信仰、價值觀念、審美情趣等。顯然，在有限的篇幅裏要全面系統地介紹這些内容是不可能的，我們只能側重於物質文化和制度文化的有關内容。考慮到本教材的性質，學習文化常識是爲了更好地學習語言，所以在編寫過程中我們注意到了以下兩點：

其一，注意與教材文選的配合。凡是與教材文選有關的文化常識，盡可能予以較詳盡的介紹；關係不大的或學生應該掌握的一般常識，則有選擇地予以説明。

其二，編寫體例以詞語爲中心。以釋詞的形式介紹常識，不做泛泛的論述，這樣有利於將語言形式與文化常識更好地結合起來，既可以加深對古文的理解，又可以掌握古代漢語的語詞。

羅常培先生指出："語言文字是一個民族的文化結晶。這個民族過去的文化靠着它來流傳，未來的文化也仗着它來推進。"（《中國人與中國文》）掌握了古代漢語，也就掌握了打開傳統文化寶庫的鎖鑰，而對傳統文化的繼承也正是創造新文化的基礎。

第一節　衣食住行

冠　古代貴族所戴的帽子。《説文》："冠，絭也，所以絭髮。"（絭，束縛）就冠的形制而言，它與後代的帽子很不一樣。古代的冠並不覆蓋整個頭頂，而是加在髮髻上的一個罩子。古人蓄長髮，在頭頂上束成髮髻，然後再用冠罩住。上古的冠由冠圈和冠梁組成，戴冠後用簪横穿過髮髻和冠，使之固定。簪又稱笄，先秦時稱笄，從漢代起稱簪。如果頭髮稀少，插簪就會困難，所以杜甫有"白頭搔更短，渾欲不勝簪"（《春望》）的詩句。爲了防止冠的脱落，在冠圈的兩邊有絲繩，可以在頷下打結。這兩根絲繩叫"纓"，《史記·滑稽列傳》："淳于髡仰天大笑，冠纓索絶。"由於纓關係着冠的定位，冠端正與否關係着君子的體面，所以子路的冠纓被砍斷後，子路停止抵抗，"結纓而死"，因爲"君子死，冠不免"。古代不戴冠的有四種人，即孩童、罪犯、異族和平民。按照古禮，貴族男子二十歲時要舉行"加冠禮"，表示已經成年。《禮記·曲禮上》："男子二十，冠而字。"意思是男子二十歲時要束髮戴冠，而且要取字，以區别於平民百姓。於是，"冠者"便用來指成年人了，《論語·先進》："冠者五六人，童子六七人，浴乎沂，風乎舞雩。"戴冠則要束髮，故古人又用"結髮""束髮"作二十歲的代稱。

冕　古代帝王、諸侯及卿大夫所戴的禮帽，《説文》："冕，大夫以上冠也。"冕的形制很有特點，冕也有冠圈，可覆蓋整個頭頂；冠上面是一塊長方形的版，叫做"延"；延的前後兩端掛着一串串的小圓玉石，叫做"旒"，天子的冕有十二旒（前後共二十四旒，下同），《禮記·玉藻》："天子玉藻，十有二旒。"諸侯以下，旒數各有不同，諸侯九旒，上大夫七旒，下大夫五旒。後來只有帝王才有冕有旒，"冕旒"遂成爲帝王的代稱，如王維《和賈至舍人早朝大明宫之作》："九天閶闔開宫殿，萬國衣冠拜冕旒。"

弁 古代貴族的一種禮帽，有皮弁、爵（雀）弁之分。皮弁形如覆盃，用白鹿皮製成。縫製時由幾塊白鹿皮拼接縫合，類似後代的瓜皮帽。縫合之處綴有五彩玉石，稱爲“綦”，閃爍如星，故《詩經·衛風·淇奧》有“會弁如星”的描述。爵弁形狀似冕而無旒，顏色紅中帶黑，有如雀頭，故而得名（古“爵”與“雀”通）。另據東漢劉熙《釋名》的解釋，皮弁、爵弁只是顏色不同，而形制則完全一樣。

章甫 商代大夫的一種禮帽，用黑色的麻布製成，具體形制不詳。《釋名·釋首飾》：“章甫，殷冠名也。”由於章甫是古代禮服，是古禮的象徵，所以孔子在青年時代習禮時曾戴過，《禮記·儒行》對此專有記述：“丘少居魯，衣縫掖之衣。長，居宋，冠章甫之冠。”據《論語·先進》載，當孔子問公西華的志向時，公西華説：“宗廟之事，如會同，端章甫，願爲小相焉。”意思是願意穿上古代的禮服，戴上古代的禮帽，做一個贊禮的司儀。

幘 包頭髮的頭巾。古代只有貴族能戴冠，而平民百姓只能戴巾幘，應劭《漢官儀》：“幘者，古之卑賤執事不冠者之所服也。”關於幘的功用，漢代著述中多有記述，《説文》：“髮有巾曰幘。”《方言》：“覆結（髻）謂之幘巾。”《釋名》：“則，賾也，下齊眉賾然也。”可見，幘的功能是蓋住髮髻，包裹頭髮，可以一直遮到前額。由於幘多爲黑色或深青色，故秦時稱庶民爲“黔（黑）首”，漢時稱僕隸爲“蒼（青）頭”。從漢代起，貴族也開始戴幘，幘上再加冠，這是因爲幘有壓髮定冠的作用。古人對冠幘十分重視，《世説新語·雅量》載，庾子嵩有一次喝得酩酊大醉，“幘墜几上以頭就穿取”。喝成這樣，還不忘戴幘，足見幘之重要；只是用頭戴而不是用手取，表現了名士的放浪不羈。

陌頭 也是一種包頭的頭巾。《方言》：“絡頭，陌頭也。自關而西，秦晉之郊曰絡頭，南楚江湘之間曰陌頭，自河以北，趙魏之間曰幧頭。”《釋名》：“綃頭，綃，鈔也。鈔髮使上從也。或曰陌頭，言其從後橫陌而前也。”“絡頭”“陌頭”“幧頭”“綃頭”是同物而異名，“絡頭”指其功能，“陌頭”指其纏法，“綃頭”和“幧頭”是指其材料（生絲）。陌頭的纏裹方法是自後而前，在額前打結，類似今天陝北的白羊肚手巾的裹法。“綃頭”又寫作“帩頭”，漢樂府《陌上桑》：“少年見羅敷，脱帽著帩頭。”這也説明頭巾上還可以戴帽子，大約是草帽一類。

幞頭 古代的一種頭巾。有的學者認爲，“幞”是“陌”的音變，“幞頭”與“陌頭”相似。《新唐書·輿服志》：“幞頭起於後周，便武事者也。”其實自古庶民就裹幞頭，並非只是武人才用。纏裹時兩個巾脚朝前打結，繫住髮髻；其餘兩個巾脚在腦後打結，剩餘部分自然下垂。由於下垂的兩脚是軟的，故稱“軟脚幞頭”。南宋時取消了前面的兩脚，後面的兩脚用金屬絲撐起，稱爲“硬脚幞頭”。後又將硬脚做成不同的形狀，翹出不同的角度，遂有了“展脚幞頭”“翹脚幞頭”“交脚幞頭”等樣式。不同的樣式代表不同的身份，皇帝、官僚戴展脚幞頭，後面的兩脚向兩側平伸；而身份較低的公人、差役多戴無脚幞頭。幞頭一般是用青黑色的紗、羅製作，所以也叫“烏紗”，即後代俗稱的烏紗帽。

巾　最初指裹髮的布，是平民的頭衣。《釋名·釋首飾》：“二十成人，士冠，庶人巾。”可見貴賤之别。後來，巾經過演變，逐漸成爲固定樣式的帽子，與我們今天所説的手巾、毛巾迥然有異。例如蘇軾《念奴嬌·赤壁懷古》：“羽扇綸巾，談笑間檣櫓灰飛煙滅。”其中的“綸巾”又稱“諸葛巾”，就是一種帽子。又如《牡丹亭》第六出：“這陸賈秀才，端然帶了四方巾，深衣大擺去見漢高皇。”其中的“四方巾”也是一種帽子，呈四方形。此外還有“純陽巾”“東坡巾”“烏角巾”等。再後來，“巾”又簡化爲裹頭布，可戴可佩，一物兩用了。據《玉篇》：“巾，佩巾也，本以拭物，後人著之於頭。”已經類似於今天的毛巾了。

胄　古代作戰時戴的一種頭盔。秦漢時稱“兜鍪”，後代稱“盔”。揚雄《長楊賦》：“鞮鍪生蟣虱，介胄被霑汗。”其中的“鍪”即“兜鍪”，與“胄”同爲一物。胄用銅、鐵等金屬製作，不僅可以保護頭部，而且可以保護面部。《左傳·哀公十六年》中的一段記載，生動地説明了“胄”的功能：“及北門，或遇之，曰：‘君胡不胄？國人望君若望慈父母焉。盜賊之矢若傷君，是絶民望也。若之何不胄？’乃胄而進。又遇一人，曰：‘君胡胄？國人望君如望歲焉，日日以幾。若見君面，是得艾也。民知不死，其亦夫有奮心，猶將旌君以徇於國，而又掩面以絶民望，不亦甚乎？’乃免胄而進。”可見，戴胄可以防矢，却“掩面”不得見了。另外，戴胄時不必免冠，可以在冠上加胄。按照軍禮，如果見到長者、尊者必須免胄。例如據《左傳·僖公三十三年》載，在秦晉崤之戰前，秦軍路過周王室的北門，“左右免胄而下”。

衣　古代衣裳並舉時，“衣”指上衣，而“裳”是指下衣。《詩經·邶風·緑衣》：“緑衣黄裳。”毛傳：“上曰衣，下曰裳。”古代的上衣通常爲交領，即衣領直連左右衣襟，衣襟在胸前相交，左襟壓右襟，然後在右腋下用兩根細帶子繫住。衣襟又稱“衽”，右衽是中原地區的服飾習慣，左衽則是邊遠部族的服飾習慣，所以《論語·憲問》中説：“微管仲，吾其被髮左衽矣。”上衣的袖子比較長，故古代文學作品中常有“長袖”“廣袖”之説，如《史記·范雎蔡澤列傳》：“長袖善舞，多錢善賈。”梁簡文帝《小垂手》：“舞女生西秦，躡影舞陽春。且複小垂手，廣袖拂紅塵。”正因爲袖子長，所以古人常有“奮袖”“揮袖”“拂袖”“振袖”等動作；也正因爲袖子大，所以袖裏可以藏物，《史記·信陵君列傳》載，朱亥刺殺晉鄙時，“袖四十斤鐵椎”。袖又稱“袂”，所以形容友人依依惜别常説“把袂而别”。上衣的外面必須要繫帶，《説文》：“帶，紳也。”又：“紳，大帶也。”大帶繫在腰間，一般是用絲製成的，《詩經·曹風·鳲鳩》：“淑人君子，其帶伊絲。”紳是指繫帶後下垂的部分，《論語》中記述了這樣一個情節，子張向孔子詢問“行”的道理，孔子告訴他以後，“子張書諸紳”。可見，因爲紳是下垂的部分，自然可以提起來做記錄。古書中常有“縉紳”一詞，是仕宦的代稱。《史記·封禪書》：“其語不經見，縉紳者不道。”《集解》：“李奇曰：‘縉，插也。插笏於紳，紳，大帶。’”笏是古代官員朝見帝王時用的手版，用時執於手中，不用時則插在腰帶上。“紳士”“鄉紳”等詞也是由此發展而來的。

裳　古代的下衣，類似於今天的裙。“裳”也寫作“常”，《説文》：“常，下裙也。”又《釋名·釋衣服》：“裳，障也，所以自障蔽也。”意思是“裳”是用來遮蔽下身的。由於古代紡織技術的局限，布的幅面較窄，一般是前面三幅，後面四幅。周代時裳被視爲禮服，在祭祀和朝會時穿著。最初男女都可以著裳，如《詩經·小雅·斯干》：“乃生男子，載寢之牀，載衣之裳，載弄之璋。”隋唐以後，裳才成爲女子的專用服裝。“衣裳”連用時泛指衣服，如白居易《賣炭翁》：“賣炭得錢何所營？身上衣裳口中食。”

深衣　古代諸侯、大夫和士平時穿著的衣服，流行於戰國時期。其特點是上衣與下裳相連，衣襟接長，領、袖、裾處鑲有衣邊，《禮記》有《深衣》篇，《經典釋文》引鄭玄注：“深衣者，連衣裳而純之以采也。”（純，鑲衣邊）深衣是貼身穿的，外面還可以加穿罩衣。深衣一般長至脚踝，《深衣》中説：“短毋見膚，長毋被土。”深衣的形制對後世的服飾影響極大，古代的袍衫，乃至今天的連衣裙，都是深衣的沿革。

襦　古代的一種短上衣。《説文》：“襦，短衣也。”襦有長短之别，《急就篇》顔師古注：“短衣曰襦，自膝以上，一曰短而施腰曰襦。”《孔雀東南飛》：“妾有綉腰襦，葳蕤自生光。”這裏的“腰襦”就指短襦，但在後來的文學作品中則不分長短，如蘇軾《喜雨亭記》：“使天而雨珠，寒者不得以爲襦。”襦是一般人（包括奴僕）平時所穿的衣服，這一點明顯區别於深衣。

褐　用獸毛或粗麻編織而成的一種質地粗劣的衣服，爲貧苦人所穿用。《詩經·豳風·七月》：“無衣無褐，何以卒歲？”據《孟子·滕文公上》記載，孟子問陳相：“許子必織布而後衣乎？”陳相回答説：“否，許子衣褐。”説明“褐”不是織的，而是編的。“褐”是貧苦的象徵，故揚雄《解嘲》中有“或釋褐而傅”之説，意思是擺脱平民地位而走上仕途。後來，就以“釋褐”一語代稱新科進士授官。“褐”還用來指代貧苦人，如《左傳·哀公十三年》：“余與褐之父睨之。”杜預注：“褐，寒賤之人。”

袍 古代長衣的通稱。最初指絮有舊絲綿的長衣，《禮記·玉藻》：“纊爲繭，緼爲袍。”孫希旦《集解》：“新而美者爲纊，惡而舊者曰緼，衣以緼著之者謂之袍。”“纊”是新絲綿，“緼”是舊絲綿。一般來説，窮苦人才穿袍，故《論語·子罕》中説：“衣敝緼袍，與衣狐貉者立，而不恥者，其由也與?”古代戰士也穿袍，如《詩經·秦風·無衣》：“豈曰無衣，與子同袍。”“豈曰無衣，與子同澤。”這裏的“袍”即指戰袍，而“袍澤”則指武人之誼。袍中的絲綿絮在穿髒了以後要用河水洗，《莊子·逍遥遊》：“宋人有善爲不龜手之藥者，世以洴澼洸爲事。”《經典釋文》引李頤説：“洴澼洸者，漂絮於水上。”可見，遠在先秦時期，就有人以拆洗袍中的絲綿絮爲業。漢代以後，“袍”專指朝服，如蟒袍、龍袍等；近代則指一般的長衣，如長袍、棉袍等。

衫 古代指短袖的單衣。《釋名·釋衣服》：“衫，芟也，芟無袖端也。”意思是袖端較短，一般不遮蓋手。後代則指長衫，如白居易《琵琶行》：“座中泣下誰最多?江州司馬青衫濕。”現在則指單上衣，袖子可長可短，如襯衫、汗衫等。

裘 皮衣，古代貴族的禦寒衣物。古人穿裘時是皮朝裏、毛朝外，故《説文》中説：“古人衣裘以毛爲表。”因此，在行禮或待客時外面要罩上外衣，叫做“裼”。裼和裘的顔色要搭配，《論語·鄉黨》中説：“緇衣，羔裘；素衣，麑裘；黄衣，狐裘。”用來做裘的皮毛很多，有狐、虎、豹、熊、犬、羊、鹿、貂、狼、兔等。其中狐裘和豹裘最爲珍貴，尤其是狐白裘，是用狐腋下的皮毛做成的，輕暖異常，價值千金，是身份和地位的象徵。《史記·孟嘗君列傳》載，秦昭王囚禁了孟嘗君，孟嘗君請秦昭王的寵妾説情，寵妾開口就要一領狐白裘，因爲她知道孟嘗君“有一狐白裘，直千金，天下無雙”。李白《將進酒》也有“五花馬，千金裘，呼兒將出换美酒”的詩句。相比之下，鹿裘和羊裘較爲低檔，大約是鹿、羊易得且保暖性能差的緣故，《晏子春秋·外篇》：“晏子相（齊）景公，布衣鹿裘以朝。公曰：‘夫子之家，若此其貧也，是奚衣之惡也?’”

布衣 用麻織品或葛織品做的衣服。上古時中原地區没有棉花，所謂“布”並非棉布，而是麻布或葛布。當時貴族穿絲織品而貧苦人則穿麻葛織品，於是“布衣”就成了平民百姓的代稱，後來也指没有做官的讀書人。例如《史記·李斯列傳》：“夫（李）斯乃上蔡布衣，閭巷之黔首。”又如諸葛亮《出師表》：“臣本布衣，躬耕於南陽。”

胡服 秦漢時期我國北方遊牧民族的服裝。他們爲了騎馬的需要，多穿窄袖短衣、長褲和靴子。春秋戰國時期戰爭頻仍，漢族寬衣博帶、深衣長袍已不敷需要，服裝的改製是勢所必然。趙武靈王爲了提高軍隊的戰斗力，决心學習胡人的“胡服騎射”，終於使趙國强盛起來，成爲戰國“七雄”之一。伴隨胡服而來的是帶鈎（又稱“鮮卑”“犀比”等），在結束革帶方面較傳統方式更爲便捷，所以很快便在中土流行開來。不過，胡服在當時尚未普及，直到南北朝時期，由於北方少數民族進入中原，胡服才逐漸普及。《夢溪筆談》上記載：“中國衣冠，自北齊以來乃全用胡服。”

褲 古代寫作“絝”“袴”。古代的褲子與今天的褲子不同，《説文》：“絝，脛衣也。”又《釋名·釋衣服》：“袴，跨也。兩股各跨别也。”可見，古代的褲子没有襠，只有兩條褲腿，套在腿上，上端用繩帶繫在腰間。褲子是用來禦寒的，《太平御覽》引《高士傳》：“孫略冬日見貧士，脱袴遺之。”褲子的質地有差異，有錢的一般穿“紈絝”，即生絹做的褲子，所以後來稱有錢人爲“紈絝”，稱富貴人家不務正業的子弟爲“紈絝子弟”。杜甫《奉贈韋左丞丈二十二韻》：“紈袴不餓死，儒冠多誤身。”

褌 古代有襠的褲子，類似今天的褲子。《晉書·阮籍傳》：“獨不見羣虱之處褌中，逃乎深縫，匿乎壞絮，自以爲吉宅也。行不敢離縫際，動不敢出褌襠，自以爲得繩墨也……君子之處域内，何異夫虱之處褌中乎？”又稱“窮袴”，《漢書·外戚傳》：“雖宫人使令皆爲窮袴，多其帶。”服虔注：“窮袴有前後襠。”褌和上衣一樣，也可以做成夾的，或在裏邊絮進棉、麻。《世説新語·夙慧》記載了這樣一則故事：韓康伯小的時候，家裏一貧如洗。寒冬到了，韓母給他做了一件短上衣（襦），并答應一會兒再做一件“複褌”（夾褌）。韓康伯説不必，母問其故，他説：“今既著襦，下亦當暖，故不須耳。”

犢鼻褌 古代的一種短褲，似今天的褲衩。因形似牛犢的鼻子而得名，一般爲貧賤者所服。《史記·司馬相如列傳》：“乃令文君當壚，相如自著犢鼻褌，滌器於市中。”韋昭注：“今三尺布作形如犢鼻矣。”顔師古注：“即今之衳也。形似犢鼻。”《玉篇》：“衳，小褌。”

蔽膝 古代的一種下衣。揚雄《方言》：“蔽膝，江淮之間謂之禕，自關東西謂之蔽膝。”又《釋名·釋衣服》：“所以蔽膝前也，婦人蔽膝亦如之。”可見，蔽膝是遮蓋大腿至膝部的服飾，類似今天的圍裙，但它並不像圍裙那樣繫在腰上，而是拴在大帶上。蔽膝的作用不在實用，而在裝飾。蔽膝的衣料可以是布，也可以是皮。《漢書·王莽傳》：“（莽）母病，公卿列侯遣夫人問疾。莽妻迎之，衣不曳地，布蔽膝，見之者以爲僮。使問，知其夫人，皆驚。”又温庭筠《過華清宫》：“鬬雞花蔽膝，騎馬玉搔頭。”

品服 隋唐時期的官服，出現於隋代，唐代時形成制度。當時官吏著裝的服色有明確的規定，品級不同則顏色不同，故品服又稱“品色衣”。唐貞觀四年規定：三品以上官員著紫衣，四品著深緋（大紅），五品著淺緋，六品著深緑，七品著淺緑，八品著深青，九品著淺青。

補服 又叫“補褂”，明清時期的官服。形制比袍短，其袖端平，對襟，前胸及後背綴有用金綫和彩絲綉成的“補子”，表示官職的品級。此制始於明代，清代形成制度，清代的補服，文官綉鳥，武官綉獸。文官一品爲仙鶴，二品爲錦鷄，三品爲孔雀，四品爲雁，五品爲白鷴，六品爲鷺鷥，七品爲鸂鶒，八品爲鵪鶉，九品爲練雀；武官一品爲麒麟，二品爲雄獅，三品爲豹，四品爲虎，五品爲熊，六品爲彪，七品也是彪，八品爲犀牛，九品爲海馬。此外，都御使、按察使等爲獬豸。

屨 上古的鞋。《説文》：“屨，履也。一曰鞮也。”朱駿聲《説文通訓定聲》：“上古曰屨，漢代以後曰履，今曰鞵（鞋）。”段玉裁《説文解字注》：“《易》、《詩》、三《禮》、《春秋傳》、《孟子》皆言屨，不言履；周末諸子，漢人書乃言履。”屨有麻屨、葛屨、皮屨，均爲單底鞋。《詩經·魏風·葛屨》：“糾糾葛屨，可以履霜。”葛屨是天暖時穿用的，結霜時還穿葛屨，正説明生活的貧困。編織草屨，葛屨時要邊編邊砸，使之堅實耐用。《孟子·滕文公上》：“其（許行）徒數十人皆衣褐，捆屨織席以爲食。”趙岐注：“捆，猶叩椓也。織屨欲使堅，故叩之也。”貴族和有錢人一般穿絲屨，《禮記·檀弓上》：“有子蓋既祥而絲屨、組纓。”比較起來，皮屨又等而下之了。

履 戰國以後對鞋的通稱。例如《韓非子·外諸説左下》：“晉文公與楚戰，至黄鳳之陵，履繫解，因自結之。”漢以後更是以説“履”爲常了，如《史記·春申君列傳》：“春申君客三千餘人，其上客皆躡珠履以見趙使，趙使大慚。”又如《孔雀東南飛》：“新婦識馬聲，躡履相逢迎。”

屣 草鞋。又寫作“躧”“蹝”。《史記·蘇秦列傳》：“燕趙棄齊如脱躧矣。”因爲脱草鞋是一件很容易的事，所以古人常以此表示事之輕易。草鞋又是賤物，故又用“脱躧”“棄躧”表示等閑視之，無需顧惜，如《漢書·郊祀志》：“誠得如黄帝，吾視去妻子如脱屣耳。”顔師古注：“脱屣耳，言其便宜無所顧也。”又《孟子·盡心上》：“舜視棄天下猶棄敝蹝也。”趙岐注：“敝，喻不惜。”

舄 屨的一種，與屨不同的是：屨是單層底，而舄爲兩層底。《周禮·屨人》鄭玄注：“複下曰舄，單下曰屨。”崔豹《古今注·輿服》：“舄，以木置屨下，乾腊不畏泥濕也。”可見，舄是在鞋底下面再加一層木底，可踩踏泥水，功用類似於今天的雨鞋。《詩經·豳風·狼跋》：“公孫碩膚，赤舄几几。”毛傳：“赤舄，人君之盛屨也。”後來，舄引申爲鞋的通稱，如《史記·滑稽列傳》:“男女同席，履舄交錯。”

屐 木屐，即木板鞋。據古代文獻記載，戰國時代木屐才出現。顔師古《急就篇注》:“屐者，以木爲之，而施兩齒，可以踐泥。”南北朝時的士族大夫好屐，而且還有許多創造，《南史·謝靈運傳》記載，謝靈運遊山時，“常著木屐，上山則去其前齒，下山則去其後齒”。後人遂將這種木屐稱爲“謝公屐”，李白《夢遊天姥吟留别》:“脚著謝公屐，身登青雲梯。”但也有無齒的木屐，如《晉書·宣武紀》:“關中多蒺藜，帝使軍士二千人著軟材平底木屐前行，蒺藜悉著屐。”

靴 長至脚踝以上的高靿鞋。字形本作“鞾”，《説文新附》:“鞾，鞮屬。”《説文》:“鞮，革履也。胡人履連脛，謂之絡鞮。”可見，靴子是由外族傳入的，傳入的時間可追溯至趙武靈王推行“胡服騎射”的時期。漢以後一般寫做“靴”字，如《南史·蕭琛傳》:“琛乃著虎皮靴，策桃枝杖，直造(王)儉座。”

襪 古代作“韈”“韤”。最初的襪子大約是皮革做的，所以字從“革”從“韋”；後來質料改爲布帛，故又從“衣”。《説文》:“韤，足衣也。”古代的襪子要用帶子繫在腿上，《史記·張釋之列傳》:“王生老人，曰:‘吾韤解。’顧謂張廷尉:‘爲我結韤!’釋之跪而結之。”古禮，大臣見君主時必須脱襪，然後才能登席，否則爲失禮。《左傳·哀公二十五年》:“(衛侯)與諸大夫飲酒焉，褚師聲子韤而登席，公怒。”古代富貴人家一般穿絲綢襪，而貧苦人家則根本穿不起，杜甫《北征》詩:“見爺背面啼，垢膩脚不襪。”

被 被子。古代的被子大約有一個半身長，《説文》:“被，寢衣，長一身有半。”又:“衾，大被。”《論語·鄉黨》:“必有寢衣，長一身有半。”孔安國注:“今之被也。”被子有各種質料，富貴人家蓋錦綉的被子，如《晉書·羊耽妻辛氏傳》:“(羊)祜嘗送錦被，憲英嫌其華，反而覆之。”貧苦人家則無被，如《漢書·王章傳》:“(王)章疾病，無被，卧牛衣中。”又如杜甫《茅屋爲秋風所破歌》:“布衾多年冷似鐵，嬌兒惡卧踏裏裂。”

五穀 古代糧食作物的統稱。關於五穀所涵蓋的品種，古人説法不一。《周禮·天官·疾醫》:“以五味、五穀、五藥養其病。”鄭玄注:“五穀，麻、黍、稷、麥、豆也。”《孟子·滕文公上》:“樹藝五穀。”趙岐注:“五穀，謂稻、黍、稷、麥、菽也。”《楚辭·大招》:“五穀六仞。”王逸注:“五穀，稻、稷、麥、豆、麻也。”比較可信的是鄭玄的説法。此外還有“六穀”之説，即再加上稻。

稷 即粟，就是今天的穀子，脱粒後叫小米。稷是我國古代重要的糧食作物，距今五六千年前我國北方已經普遍種植。古人以稷爲五穀之長，代表穀神，與社神（土神）並稱“社稷”，並作爲國家的代稱。《白虎通·社稷》：“王者所以有社稷何？爲天下求福報功。人非土不立，非穀不食。土地廣博，不可遍敬也；五穀衆多，不可一一祭也。故封土立社示有土尊；稷，五穀之長，故立稷而祭之也。”

黍 古人主食之一，即現在我國北方所説的黍子。《説文》：“黍，禾屬而黏者也。”黍子又叫“黄米”，狀似小米，色黄而有黏性。在上古時代，黍被認爲是一種比較好吃的糧食，故常用來待客。《論語·微子》記載，子路路遇隱者，隱者“止子路宿，殺鷄爲黍而食之”。

麥 麥子有大麥、小麥之分，小麥叫“來”，大麥叫“牟”，如《詩經·周頌·思文》：“貽我來牟，帝命率育。”“牟”又作“麰”，《孟子·告子上》：“今夫麰麥，播種而櫌之。”

菽 即大豆，引申爲豆類的總稱。《詩經·小雅·小宛》：“中原有菽，庶民採之。”陳奂傳疏：“菽，豆之大名。”豆也是古人經常吃的食物，《戰國策·韓策》：“韓地五穀所生，非麥而豆，民之所食，大抵豆飯藿羹。”

麻 古代專指大麻。麻之所以列入五穀，是因爲麻籽可食。麻籽又叫“苴”，《詩經·豳風·七月》：“九月叔苴。”毛傳：“苴，麻子也。”

稻 我國北方種稻大約起於周代。稻有黏與不黏的區别，“稻”最初專指黏稻，不黏的叫“秔”(粳)。黏稻可以造酒，《詩經·豳風·七月》：“十月穫稻，爲此春酒。”這裏所説的“稻”就是黏稻。“稻”作爲稻類總稱是後來的事。

粱 稷（穀子）中的良種。《詩經·小雅·黄鳥》：“黄鳥黄鳥，無集于桑，無啄我粱。”“黄粱”又爲粱中上品，《後漢書·五行志》：“以錢爲室金爲堂，石上慊慊舂黄粱。”古代稻、粱均爲細糧，是較爲精美的食物，《左傳·哀公十三年》：“粱則無矣，粗則有之。”孔穎達疏：“食以稻粱爲貴，故以粱表精。”所以，古人常以“稻粱”“粱肉”“膏粱”表示上等的生活，如《漢書·食貨志》：“衣必文采，食必粱肉。”

粟 黍子的籽粒。《詩經·小雅·黄鳥》：“黄鳥黄鳥，無集于穀，無啄我粟。”又如韓愈《馬説》：“馬之千里者，一食或盡粟一石。”“粟”又用作糧食的總稱，如《韓非子·顯學》：“征賦錢粟，以實倉庫。”

禾 最初專指稷，後來又作爲糧食作物的通稱。如《詩經·豳風·七月》：“十月納禾稼，黍稷重穋，禾麻菽麥。”詩中第一個“禾”泛指糧食，第二個“禾”則專指“稷”。李紳的《憫農》詩：“鋤禾日當午，汗滴禾下土。”這裏的“禾”也是泛指。

糗 炒熟的米麥等穀物。炒熟後再碾成的粉也叫“糗”。糗便於携帶，無火也可以食用，是古代的一種方便食品，常用於出行時做乾糧。《孟子·盡心下》："舜之飯糗茹草，若將終身焉。" 糗也叫"餱"，《詩經·大雅·公劉》："乃裹餱糧，於橐於囊。" 糗又稱"糒"，《後漢書·隗囂傳》："囂病且餓，出城餐糗糒，恚憤而死。" 其實，隗囂的直接死因是吃糗，糗遇水膨脹，不易消化，故加重了他的病情。古代"糧"字單用時也指糗糧，《周禮·廩人》："凡邦有會同師役之事，則治其糧與其食。" 鄭玄注："糧謂糒也。"《莊子·逍遥遊》："適千里者三月聚糧。" 這裏的"糧"即指糗。因爲要行千里，所以三個月前就要準備乾糧。古人在吃糗時往往要與水同食，所以攜帶時要將糗裝在竹籃裏，水漿裝在瓦壺里，這就是所謂的"簞食壺漿"。

餅 古代一種麵食。《説文》："餅，面餈（粢）也。" 又："餈，稻餅也。" 古代的餅與今不同，它不是烙出來的，而是將麥或米（稻、黍）乾蒸後搗成粉，再加水和成圓餅狀。麥粉做的叫"餅"，米粉做的叫"粢"。餅在先秦典籍中較少提到，在漢以後文獻中關於"餅"的記載漸多，如《漢書·宣帝紀》："宣帝微時，每買餅，所從買家輒大售，亦以自怪。" 後來，餅的製作方法越來越多，"餅"便專指各種麵食了。

蒸餅 即今天所説的"饅頭"。古代的蒸餅最初是死麵的，所以又叫"牢丸"。大約在東漢時出現了發麵的蒸餅，東漢崔寔《四民月令》："距立秋，毋食煮餅及水溲餅。夏日飲水時，此二餅得水，即堅强難消，不幸便爲宿食，作傷寒矣。試以此二餅顯水中即見驗。惟酒溲餅入水即爛也。" 這裏所説的"酒溲餅"可能就是發酵的面餅。西晉時稱發麵餅爲"麵起餅"，宋人程大昌在《演繁露》中解釋説，這種"麵起餅"是"入酵麵中，令鬆鬆也"，與今天的饅頭已經大同小異了。宋代爲避仁宗的名諱"禎"，將"蒸餅"改叫"炊餅"，即《水滸傳》中武大郎所賣之物。

湯餅 古代用水煮的一種麵食。湯餅的做法很簡單，先將麵和好，然後一手托麵，一手揪麵，揪下後按平放進滚水中。所以，湯餅又叫"不飥""餺飥"。歐陽修《歸田錄》卷二："湯餅，唐人謂之不飥，今俗語之餺飥。"《世説新語·容止》："何平叔美姿儀，面至白，魏明帝疑其傅粉，正夏月，與熱湯餅。既啖。大汗出，以朱衣自拭，色轉皎然。" 元代以後，湯餅泛指各種無餡的水煮麵食，其中也包括麵條、麵片等。因此，可以説"湯餅"是麵片的前身。

胡餅 古代的胡餅，與今天的烙餅類似。最初叫"爐餅"，因餅上撒有胡麻（芝麻），所以叫"胡餅"，也叫"麻餅""胡麻餅"。到了唐代，胡餅已成爲京城名食，白居易在《寄胡餅與楊萬州》中稱贊説："胡麻餅樣學京都，麵脆油香剛出爐。"

餌 古代米粉做的一種麵食，與餅、粢同類。《後漢書·樊曄傳》:“初，光武微時，嘗以事拘於新野。曄爲市吏，餽餌一笥，帝德之不忘。”後來的“魚餌”“釣餌”“藥餌”等，也是因爲與“餌”的做法相同，故而得名。現在雲南的特色食品“餌塊”，也是用米粉製作的餅，即古代“餌”的遺存。

饅頭 即今天帶餡的包子。據《事物紀原》引《稗官小説》，三國時，諸葛亮征伐西南，教少數民族用饅頭代替人頭祭祀，即用麵包着豬、羊、牛肉，這種食品逐漸傳開，“後人以此爲饅頭”。東晉盧諶《祭法》:“春祭用曼頭。”“曼頭”即“饅頭”。《水滸傳》中的“人肉饅頭”即指用人肉做餡的包子。“包子”的名稱始於漢代，北宋陶谷《清異録》就談到當時的食肆里有賣“緑荷包子”的。

餛飩 古代的一種麵食。用很薄的面皮包裹肉餡，用水煮食之。“餛飩”一詞出現很早，漢代揚雄《方言》:“餅謂之飩，……或謂之餛。”魏張揖《廣雅》:“餛飩，餅也。”可見，當時餛飩與今天不同。北齊顔之推説:“今之餛飩，形如偃月，天下通食也。”顔氏所説的餛飩似乎是今天的餃子，大約古代二者爲一物，帶湯吃是“餛飩”，不帶湯吃爲“餃子”。

角黍 即今天的粽子，因爲是用黍米製成的，故稱“角黍”。據《續齊諧記》載，早期粽子的製作方法，是用楝葉包住盛米的竹筒，然後用五色綫纏緊。後來才出現用菰葉或竹葉包的粽子。南北朝時，粽子既可以在端午吃，也可以在夏至吃，如西晉周處《風土記》就説粽子“於五月五日及夏至日啖之”。後來，爲了紀念詩人屈原，粽子才成爲端午節的應時食品，《本草綱目·穀部四》:“古人以菰蘆葉裹黍米煮成，尖角，如棕櫚葉心之形，故曰粽，曰角黍。近世多用糯米矣。今俗五月五日以爲節物，相饋送。或言爲祭屈原，作此投江，以飼蛟龍也。”

五菜 古代經常使用的五種蔬菜，即葵、韭、藿、薤、葱。《素問·藏氣法·時論》:“五菜爲充。”《靈樞經·五味》:“五菜：葵甘，韭酸，藿咸，薤苦，葱辛。”

葵 不是今天的“向日葵”，而是古代的主要蔬菜之一，學名“冬葵”，又名“冬寒菜”。《詩經·豳風·七月》:“七月亨（烹）葵及菽。”《齊民要術》將《種葵》列爲種菜第一篇，足見其在蔬菜中的地位。王禎《農書》説葵是“百菜之主，備四時之饌”。明代李時珍《本草綱目》已將葵列入草部，不視爲蔬菜了。

韭 即今天的韭菜，屬葷辛類蔬菜。《説文》:“韭，菜名，一種而久者故謂之韭。”韭菜原產於我國，是古人喜食的主要蔬菜之一。杜甫《贈衛八處士》:“夜雨剪春韭，新炊間黃粱。”早在漢代，古人就已創造出冬季温室育韭的栽培方法，即“韭黄”。到了宋代，韭黄已成爲餐桌上常見的菜肴，陸游《與村鄰聚飲》詩：“鵝跖宜菰白，豚肩雜韭黄。”

藿 即大豆的嫩葉，先秦時期的主要蔬菜之一。《廣雅·釋草》：“豆角謂之荚，其葉謂之藿。”藿是當時中原地區經常食用的蔬菜，《戰國策·韓策》：“民之所食，大抵豆飯藿羹。”

薤 又名“藠頭”，多年生草本植物，地下有鱗莖。古代五菜之一，《説文》：“薤，菜也。”薤可做醬菜。《禮記·内則》：“切葱若薤，實諸醯以柔之。”

葑 即今天的蔓菁。《詩經·邶風·谷風》：“採葑採菲，無以下體。”孔穎達引《方言》曰：“陳楚謂之葑，齊魯謂之蕘，關西謂之蕪菁，趙魏謂之大芥。”蔓菁原産於我國，在古代被認爲是美味的蔬菜，《吕氏春秋·本味篇》：“菜之美者具區（今太湖一帶）之菁。”

菲 又名“芴”。《説文》：“菲，芴也。”《詩經·邶風·谷風》：“採葑採菲，無以下體。”孔穎達疏：“郭璞曰：菲，草生下濕地，似蕪菁，華紫赤色可食。”大概就是今天的蘿蔔。

藜 野菜，即今天所説的灰灰菜。《禮記·月令》：“藜莠蓬蒿并興。”《史記·太史公自序》張守節《正義》：“藜，似藿而表赤；藿，豆葉。”古代“藜藿”連言，多指粗劣的飯食。

三牲 古人以牛、羊、豕（猪）爲“三牲”。祭祀或享宴時，三牲齊全謂之“太牢”，用二牲謂之“少牢”，只用一牲謂之“特”。最隆重的祭祀才用太牢，《禮記·王制》：“天子社稷皆太牢，諸侯社稷皆少牢。”三牲中牛最珍貴，只有貴族階層才能吃得起。《左傳·僖公三十三年》載，秦國的軍隊襲擊鄭國，鄭國商人弦高路遇秦師，詭稱以“牛十二犒師”，以示鄭國已經察覺。十二頭牛很少，而對方之所以信以爲真，就是因爲牛的珍貴，十二頭牛也算得上厚禮了。羊是比較普通的肉食，其中羊羔又美於大羊。《詩經·豳風·七月》：“四之日其蚤（早），獻羔祭韭。”所以“美”“羹”“羞（饈）”等字都從“羊”或“羔”。猪也是比較普遍的肉食，《孟子·梁惠王上》：“雞豚狗彘之畜，無失其時，七十者可以食肉矣。”“彘”爲大猪，“豚”爲小猪。豚和羔一樣也是美味，《後漢書·仲長統傳》：“嘉時吉日，則烹羔豚以奉之。”又《論語·陽貨》：“陽貨欲見孔子，孔子不見，歸（饋）孔子豚。”可見，當時的一隻小猪是相當貴重的禮品。

炙 即烤肉。《説文》：“炙，炮肉也。從肉在火上。”古代“炙”與“燔”經常連用，如《詩經·小雅·瓠葉》：“有兔斯首，燔之炙之。”鄭箋：“柔者炙之，乾者燔之。”意思是“炙”和“燔”都是烤肉，但烤的對象不同，“炙”烤的是鮮肉，“燔”烤的是乾肉。古人烤肉時大都是自己動手切割，然後自烤自吃，如《南齊書・劉瓛傳》:“(蕭) 曄與僚佐飲，自割鵝炙。”炙的具體做法很多，據《釋名・釋飲食》的記載，就有脯炙、釜炙、貊炙、膾炙等。

炮 古代一種烤肉的方法。字又作“炰”。製作方法是先在禽畜外面塗泥包裹，然後在火上或火中烤熟。所以《廣韻》中說:“一曰裹炮之。”“炮”這一烹調方法出現很早，炮製的肉類也比較廣泛，如豚、魚、羊等，甚至連鱉也可以炮，如《詩經・小雅・六月》:“飲御諸友，炰鱉膾鯉。”

脯 乾肉。《說文》:“脯，肉乾也。”凡肉皆可以做脯，如牛肉、羊肉、猪肉、鹿肉、魚肉等。《周禮・天官・腊人》鄭玄注:“薄析曰脯。”意思是製作脯時要將肉切成條狀。古代有“脯刑”，即將人切成條狀曬成肉乾，《戰國策・趙策》:“鄂侯爭之急，辯之疾，故脯鄂侯。”由於脯是細長的乾肉，所以又叫做“脩”。《禮記・内則》:“牛脩、鹿脯、田豕脯、麋脯、麕脯。”其中“脩”就是“脯”。十根脩捆在一起，稱爲一束，即所謂“束脩”。《論語・述而》:“自行束脩以上，吾未嘗無誨焉。”意思是只要給我一點薄禮，我就會對他進行教育。後來就把“束脩”作爲教師酬金的代稱。由於“脯”的特點是“乾”，所以後人管腌製的乾果也叫“脯”。

膾 切得很細的肉。《說文》:“膾，細切肉也。”又《釋名・釋飲食》:“膾，會也。細切肉，令散。分其赤白，異切之，已，乃會合和之也。”可見，膾是很細的肉絲。“膾”和“炙”一樣，都是美味，《孟子・盡心下》:“公孫丑問曰:‘膾炙與羊棗孰美?’孟子曰:‘膾炙哉!’”所以，現在還有成語“膾炙人口”，意思是衆人都喜歡的美味。膾的特點是越細越好，故《論語・鄉黨》中說“膾不厭細”。《酉陽雜俎・物革》曾提到，有人“善斫膾，縠薄絲縷，輕可吹起。”足見其刀工之精。我國古人就有吃“魚膾”的習慣，《詩經・小雅・六月》中所說的“膾鯉”可能就是生鯉魚片。在今天的韓國語中，“膾”字仍然指生魚片。

醢 肉醬。《說文》:“醢，肉醬也。”醢的做法比較複雜，一般是先把肉做成乾肉，然後切碎，用粱米製成的酒麯和鹽攪拌，再用好酒浸漬，置於瓶中密封一百天，方可食用。醢也是一道美味，常爲古人津津樂道。由於醢的特點是將肉剁碎，所以也用來指將人剁成肉醬的酷刑。《戰國策・趙策》:“鬼侯有子而好，故入之於紂。紂以爲惡，醢鬼侯。”又據《禮記・檀弓》載，子路在衛國被殺，并受了“醢刑”。孔子聽説之後，十分難過，“遂命覆醢”。顯然，他是怕引起聯想。古代製醢的肉不僅僅是牛羊豕肉，還有其他動物的肉，如兔醢、麋醢、魚醢、蜃醢等。

醓 一種多汁的肉醬。與醢爲一類，但比醢的湯汁多。《詩經・大雅・行葦》："醓醢以薦。"孔穎達疏："用肉爲醢，特有多汁，故以醓爲名。"在古代文獻中，"醓醢"經常連用，泛指肉醬，《周禮·天官·醢人》："深蒲醓醢。"鄭玄注："醓醢，肉醬。"此外，"醓"還指一種酸性調味品，類似今天的醋。

五味 指酸、苦、辛、咸、甘五種味道。《禮記·禮運》鄭玄注："五味，酸、苦、辛、咸、甘也。"又《周禮·天官·疾醫》："以五味、五穀、五藥養其病。"鄭玄注："五味，醯、酒、飴蜜、薑、鹽之屬。"賈公彦疏："醯即酸也，酒即苦也，飴蜜即甘也，薑即辛也，鹽即咸也。"古人十分重視五味的調和，《呂氏春秋·本味》："調和之事，必以甘、酸、苦、辛、咸，先後多少，其齊（劑）甚微，皆有自起。……故久而不弊，熟而不爛，甘而不噥，酸而不酷，咸而不減，辛而不烈，淡而不薄，肥而不𦚍。"這裏講的是調味的要領。古人常用的調味品除了上述的醯、酒、糖、鹽、薑以外，還有梅、醢、桂、醬、豉等。

酒 古代的酒，一般用黍、秫等糧食煮爛後，加上酒母發酵而成的。陶淵明《和郭主簿》之一："舂秫作美酒，酒熟吾自斟。"杜甫《羌村三首》："賴知禾黍熟，以覺糟牀注。""莫辭酒味薄，黍地無人耕。"由於古代的酒發酵時間短，而且没有經過蒸餾，酒精含量較低，與今天的烈酒不能相比。瞭解了這一點，我們就可以知道爲什麽李白能"斗酒詩百篇"，而武松過景陽崗時能一口氣喝十八碗酒了。但即使是淡酒，也有濃烈程度的差異。"醨"就是一種淡酒，《説文》："醨，薄酒也。"《楚辭·漁父》："衆人皆醉，何不餔其糟而歠其醨。""酟"也是一種淡酒，又叫"醴"，味甜，類似今天南方的米酒——醪糟。釀製時間較長的酒叫"酎"，即《詩經·豳風·七月》中所説的"春酒"。更烈一點的酒有"醲""醹""醇"等，《説文》："醲，厚酒也。""醹，厚酒也。""醇，不澆酒也。""厚酒"就是酒味厚重的酒，"不澆酒"即不摻水的酒。如《詩經·大雅·行葦》："曾孫維主，酒醴維醹。"枚乘《七發》："飲食則温淳甘膬，腥醲肥厚。"古代還有一種高級酒，叫"鬯"，是用黑黍加香草製成的好酒。《詩經·大雅·江漢》："秬（黑黍）鬯一卣。"這種酒主要用於祭祀。古代的酒有清酒、濁酒之分，清酒是經過過濾的，濁酒是未經過過濾的。濁酒未去渣滓，是比較低級的酒，嵇康《與山巨源絶交書》："今但原守陋巷，教養子孫；時與親舊叙離闊，陳説平生；濁酒一杯，弹琴一曲，志願足矣。"杜甫《登高》："艱難苦恨繁霜鬢，潦倒新停濁酒盃。"濁酒的渣滓未經濾出，顏色泛白，故濁酒又稱"白酒"。由於古代的酒雜質多，酒精含量偏低，所以時間一長容易發酸。這樣，我們就明白《晏子春秋》中"狗惡酸酒"的道理了。古代酒的品種很多，例如百末酒、石榴酒、梅花酒、琥珀酒、金銀酒、紫駝酒等。到了唐代，酒的品種更多，如赤酒、甜酒、灰酒、燒酒等；此外，還有王翰《涼州曲》中的“葡萄美酒”。由於我國已經有幾千年的釀酒史，所以逐漸形成了内涵豐富的酒文化。

六飲 古代的六種飲料，又叫“六清”，即水、漿、醴、涼、醫、酏。《周禮·天官·漿人》：“掌共王之六飲：水、漿、醴、涼、醫、酏。”六漿中除了水以外，其餘都是用粟米釀成的或用藥材製作的。“漿”是釀造的，味酸，故又稱“酢漿”；“酏”類似今天的薄粥；“醫”大概是一種藥酒；“涼”又名“濫”，一説是糗飯兑水，一説是酒中兑水。

茶 先秦古籍中只有“荼”字，没有“茶”字。《爾雅·釋木》：“檟，苦荼。”郝懿行《義疏》：“今‘茶’字古作‘荼’，……至唐陸羽著《茶經》，始減一畫作‘茶’。”“茶”最初被當做藥材，後來才用做解渴生津的飲料。我國是茶的故鄉，也是世界上種茶、製茶和飲茶最早的國家。在三國時期，古人已經养成了飲茶的習慣。南北朝佛教盛行，和尚坐禪時常以茶驅除睡意，飲茶之風遂在寺院流行開來，時人稱“茶佛一味”。唐朝時，飲茶之風更盛，茶葉已相當熱銷，白居易《琵琶行》：“商人重利輕離别，前月浮梁買茶去。”我國第一部茶葉專著——陸羽的《茶經》就出現在此時，該書對茶的起源、栽培、採製、煎煮、品飲做了精湛的論述，陸羽也因此被誉爲“茶神”。宋代以後，飲茶直接用焙乾的茶葉煎煮，不再外加其他調料。元代開放西北茶市，飲茶的風氣開始普及到边疆地區的少數民族。明代發明了炒青製茶，用開水冲泡，這是飲茶史上的一大進步。這時，又有許多茶葉专著問世，如陸次紓的《茶疏》、顧元慶的《茶譜》等。到了清代，茶葉的品種更加豐富，飲茶在人們的日常生活中佔據了重要的地位。我國人民在長期種茶、製茶、飲茶的過程中，逐漸創造了博大精深的茶文化，滋潤着我們民族的精神。

羹 古代羹有兩種，一種是肉羹，即把肉調和五味煮成的帶湯的肉，《説文》：“羹，五味盉（和）羹也。”《左傳·隱公元年》：“（穎考叔）有獻於公，公賜之食，食舍肉。公問之，對曰：‘小人有母，皆嘗小人之食也，未嘗君之羹。請以遺之。’”説明羹是以肉爲主的，湯汁是次要的。肉羹雖然是調以五味，但主要以酸、咸爲主，如《尚書·説命下》：“若作和羹，爾惟鹽梅。”還有一種是不調和五味，也不加蔬菜的純肉汁。這種羹主要是供飲用的，如《史記·張儀列傳》：“（趙襄子）與代王飲，陰告厨人曰：‘即酒酣樂，進熱啜，反斗以擊之。’”司馬貞《索隱》：“謂熱而啜之，是羹也。”説明這種羹主要是供喝的。以肉爲主的肉羹是貴族（即“肉食者”）的食品，而一般的貧苦人家只能吃藜羹、菜羹、藿羹等，即用野菜煮成的菜糊。

饔飧 古人一天吃兩頓飯，第一頓飯叫“朝食”，又叫“饔”；第二頓飯叫“餔食”，又叫“飧”。朝食的時間在上午九點左右，《史記·項羽本紀》

載，項羽聽説劉邦企圖獨霸關中，大怒，命令説："旦日享士卒，爲擊破沛公軍。""旦日"是凌晨，并不是吃早飯的時候。項羽讓士兵一大早吃飯，表現了他急於消滅劉邦的心情。餔食的時間在下午四點左右，《説文》："餔，申時食也。""饔飧"是古人一天中的兩頓正餐，故二字連用泛指飯食。《孟子·滕文公上》："賢者與民併耕而食，饔飧而治。""饔飧"在這裏表示每天自己做飯吃。

穴 洞穴。最初，我們的先民是穴居，《周易·繫辭下》："上古穴居而野處。"後來發展到在平地上建造淺穴式的住房，《説文》："穴，土室也。"西安半坡文化遺址發掘出來的房屋即是這種"土室"。這種半地穴式的房屋有方、圓兩種形式，地穴有深有淺，中間立柱加頂，在穴的一側挖一個斜坡或土階，供人進出。漢字中有許多從"穴"的字，字義都與"穴居"有關，如"窨""窖""窗""窮""窘"等。"灶"在古寫作"竈"，也從"穴"，這是因爲淺穴式住房的地面上都挖有竈坑的緣故。

版築 古代建造城墻或屋墻的一種方法。"版築"類似今天的"乾打壘"，其築法是先在地上豎兩行平行的木柱，再依柱放兩木板，木板中間填以黄土，用夯一層層夯實，最後撤去木板。《孟子·告子下》："傅説舉於版築之間。"是説殷高宗武丁的宰相傅説在未發跡前曾爲人築墻。《左傳·宣公二年》："晉靈公不君。厚斂以雕墻。"這裏所説的"墻"就是版築的土墻。先秦時期幾乎没有磚墻，磚墻大約出現於漢武帝時期。

宫室 在先秦時期泛指一般的房屋居室。《爾雅·釋宫》："宫謂之室，室謂之宫。""宫""室"二字合説時意思是一樣的，即泛指房屋，如《周易·繫辭下》："上古穴居而野處，後世聖人易之以宫室。"但是，"宫""室"二字分用時則有所不同，"宫"所指範圍較大，不僅指房子，還包括圍墻；"室"則側重於房屋内部，只是一個房間。王國維《寢廟通考》："故通言之，則宫謂之室，室謂之宫；析言之，則所謂室者，必指堂後之正室。"此外，宗廟、神廟也叫"宫"，《詩經·召南·采蘩》："于以用之？公侯之宫。"毛傳："宫，廟也。"後來的道觀稱"宫"，如"三清宫"等，即是古義的遺存。秦漢以後，"宫""室"二字有了明確的分工，只有帝王的住所才能叫"宫"，如"宫殿""皇宫""王宫"等。

堂 古代房屋前面正中間的部分，類似今天的客廳。堂不住人，是舉行吉凶大禮的地方。堂一般建在高臺上，所以堂前有左右兩道臺階，稱西階、東階。古人尚左，故西階是供賓客走的。《史記·魏公子列傳》："趙王埽除自迎，執主人之禮，引公子就西階。公子側行辭讓，從東階上。"古代堂有東西兩道墻，稱東序、西序；堂前無墻無門，只有兩根柱子，稱東楹、西楹。所以，古人在堂上，可以很清楚地看到外面的情況。《孟子·梁惠王上》:“王坐於堂上，有牽牛而過堂下者，王見之，曰：‘牛何之?’曰：‘將以釁鐘。’”由於堂採光很好，十分敞亮，所以堂又稱“堂皇”，《漢書·胡建傳》:“監御史與護軍諸校列坐堂皇上。”後來，“堂皇”又用作形容詞，表示明亮、鮮亮的意思。

室 古代室在堂後，是住人的地方。要“入室”必先“登堂”，《論語·先進》:“由也升堂矣，未入於室也。”比喻子路的學問只是入了門，尚未達到較高的水準。堂、室之間有“户”相通，《論語·雍也》:“誰能出不由户，何莫由斯道也?”又《木蘭詩》:“唧唧复唧唧，木蘭當户織。”木蘭之所以對着門織布，是因爲這裏敞亮。堂、室之間還有一扇窗子，稱“牖”。户偏東，牖偏西。《新序·雜事》:“葉公子高好龍，鈎以寫龍，鑿以寫龍，屋室雕文以寫龍。於是夫龍聞而下之，窺頭於牖，施尾於堂。”龍從天而來，尾巴拖在堂上，而頭則隔着牖往室里窺探，劉向寫得何其生動。又《論語·雍也》:“伯牛有疾，子問之，自牖執其手。”大約客人不能隨便進入主人之室，故孔子探病時與伯牛執手隔窗而語。“牖”朝南，採光好，所以《列子·湯問》中說，紀昌練習目力的時候，“懸虱於牖，南面而望之”。室的北墻還有一扇窗户，叫“向”，《説文》:“向，北出牖也。”《詩經·豳風·七月》:“穹室熏鼠，塞向墐户。”意思是爲了防寒，要把朝北的窗户堵住，把門的漏縫用泥抹死。

屋 房屋，與今義同。《説文》:“屋，居也。”又《荀子·儒效》:“窮閻陋屋。”但“屋”的使用不如“宫”“室”普遍。此外，“屋”還指房頂的覆蓋部分，《詩經·豳風·七月》:“亟乘其屋。”意思是上到屋頂上。從這個意義又引申出有“車蓋”的意思，因爲車蓋是車的覆蓋部分，如《史記·項羽本紀》:“紀信乘黄屋車。”

房 室旁邊的房間，類似今天的套間。《説文》:“房，室在旁也。”段玉裁注:“凡堂之内，中爲正室，左右爲房，所謂東房、西房也。”《呂氏春秋·報更》:“晉靈公欲殺宣孟，伏士於房中以待之。”晉靈公要刺杀趙盾，所以在室旁边的房中埋伏軍士，這樣才不致被發覺。房的作用主要是擺放衣物和器物，一般是婦人活動的場所。胡培翬《儀禮正義》:“房是婦人常處也。”《左傳·宣公十七年》:“晉侯使郤克征會於齊，齊頃公帷婦人使觀之。郤子登，婦人笑於房。”因爲郤克跛足，登堂時的動作不便，所以婦人在房中笑，結果惹得他大怒。又漢樂府《孔雀東南飛》:“府吏再拜還，長嘆空房中。”焦仲卿在妻子走後，一個人在空房中長嘆，表現出他對妻子深切的懷念。

庭 庭院。古代的“庭”指門内堂前之地，《玉篇》:“庭，堂階前也。”庭有兩重院落，外庭有大門，内庭有小門，叫“閨”。進了閨才可以登堂入室。《公羊傳·宣公五年》記録了晉靈公派人刺殺趙盾的路綫，準確地描述了春秋時期貴族庭院的佈局："勇士入其大門，則無人門焉者；入其閨，則無人閨焉者；上其堂，則無人焉；俯而窺其户，（盾）方食魚飧。"《論語·季氏》："（孔子）嘗獨立，（孔）鯉趨而過庭，（孔子）曰：'學詩乎？'"故後人把父親教育兒子稱爲"庭訓"。古代的庭院很大，《史記·張儀列傳》中説："以車三十乘，可陳之於庭。"可見庭院之大。庭院中一般還栽有樹木，《左傳·宣公二年》載，刺殺趙盾的鉏麑即在趙盾的庭院中"觸槐而死"。在君王和貴族的庭院中還設有火炬，叫"庭燎"，《韓詩外傳》卷三："齊桓公設庭燎，爲便人欲造見者。"庭院中設庭燎，一方面是爲了照明，另一方面也是爲了營造隆重的氣氛。

閣 "閣"字在古代有很多意思，作爲一種建築形式，"閣"是指位於堂東西兩側，與堂相互毗連的房子。堂的東序、西序外各有一個小夾室，稱"東夾""西夾"，這就是"閣"。"閣"後來也指供游息、遠眺、供佛或藏書之用的樓房，如頤和園的佛香閣（佛閣）、寧波的天一閣（藏書閣）等。《淮南子·主術訓》："高臺層榭，接屋連閣。"又《集韻》："閣，一曰觀也，一曰庋藏之所。"後世又稱女子的卧房爲"閣"，如"閨閣"。《木蘭詩》："開我東閣門，坐我西閣牀。"所以女子出嫁叫做"出閣"。

塾 古代大門兩旁的房屋。《爾雅·釋宫》："門側之堂謂之塾。"郭璞注："塾，夾門堂也。"先秦時期的大門一般是三開間，當中一間爲明間，供人出入；左右各一間，類似現在的門房、傳達室，這就是"塾"。由於"塾"是古代聘請教書先生教授子弟的場所，所以有"家塾""私塾"之説。

廊廡 庭院兩側的房屋。《廣韻》："廊，殿下外屋。"又《説文》："廡，堂下周屋。"因爲庭院南邊爲門，北邊爲堂，只有東西兩側可建房屋。"廊""廡"二字同義。《史記·魏其武安侯列傳》：漢孝景帝拜竇嬰爲大將軍，賜金千斤，竇嬰將所賜金"陳於廊廡下，軍吏過，輒令財取爲用"。由於古代帝王的前殿也叫"廟"，故"廊廟"連稱時表示朝廷，如《史記·貨殖列傳》："賢人深謀於廊廟，論議朝廷。"後來，"廊廡"泛指無壁有頂的通道，如"長廊""走廊""遊廊"等。

闕 古代宫門左右修建的樓觀。《説文》："闕，門觀也。"又《廣韻》："闕在門兩旁，中央闕然爲道也。"意思是在宫門外左右築高臺，臺上建屋，中間是通道。由於"宫闕"代表着一種威嚴，所以修建得十分高大雄壯。《文選·古詩十九首》中的《青青陵上柏》有："兩宫遥相望，雙闕百餘尺"句，可見宫闕之高。又據《史記·高祖本紀》載，蕭何營造未央宫，"高祖還，見宫闕甚壯，怒"。蕭何解釋説："非壯麗無以重威。"

屏 古代對着門的照壁，今叫“影壁墻”。“屏”有内外之分，《荀子·大略》：“天子外屏，諸侯内屏，禮也。”《淮南子·主術訓》：“天子外屏，所以自障。”又《國語·吴語》：“王背屏而言，夫人向屏。”韋昭注：“屏，寢門内屏。”“屏”又稱“樹”“蕭墻”。《爾雅·釋宫》：“屏謂之樹。”《論語·季氏》載，當孔子聽説季氏要攻打顓臾時，説：“吾恐季孫之憂不在顓臾，而在蕭墻之内也。”意思是季氏的家臣陽貨已經把持了家政，季氏將有後顧之憂。後來就把家族内訌稱爲“蕭墻之禍”“禍起蕭墻”。“屏”有今天“屏風”的意思，已經是較晚的事了，如杜甫《李監宅》：“屏開金孔雀，褥隱繡芙蓉。”

席 古人坐卧的用具。《説文》：“席，藉也。”意思是“席”是一種“憑藉”之物。南北朝以前没有桌椅，古人要坐在地上，坐的時候要鋪席，即“席地而坐”。睡覺也要在席子上，故又有“寢不安席”“擇席”的説法。編席的材料很多，故有“五席”之説。所謂“五席”即莞、次、蒲、熊、藻五種席，其中的蒲草席是一般人鋪用的。竹席最初叫“簀”，較蒲草席爲好，《禮記·檀弓上》寫曾子病重時鋪的是竹席，童子曰：“華而睆（涂漆），大夫之簀與?”意思是曾子鋪這樣華美的竹席是不符合禮的。在古代，窮人可以無席，而貴族則居必有席，否則便是失禮。《晏子春秋·内篇諫下》載，晏子跟着齊景公打獵，休息的時候，齊景公“坐地而食”，而晏子卻“滅葭而席”。齊景公很不高興，晏子回答説：“臣聞介胄坐陳不席，獄訟不席，尸在堂上不席，三者皆憂也。故不敢以憂侍坐。”君主和貴族一般還要在大席子上面再鋪一張小席子，謂之“重席”。有時爲了表示節儉，則只鋪一張席，《左傳·哀公元年》：“昔闔盧食不二味，居不重席。”“席”和“筵”同義，都是鋪在地上的用具。其區别是“筵”比“席”長大，是鋪在地上墊席的。《周禮·春官·司几筵》：“左右玉几。”賈公彦疏：“凡敷席之法，初在地者一重即謂之筵，重在上者即謂之席。”後來，“筵席”合爲一詞，專指“酒席”了。

牀 古代的坐卧之具。古代的牀與現代的牀不同，較爲矮小，可坐可卧。《釋名·釋牀帳》：“人所以坐卧曰牀。”《詩經·小雅·斯干》：“乃生男子，載寢之牀。”這是躺在牀上；《孟子·萬章上》：“舜在牀琴。”這是坐在牀上。河南省信陽長臺關曾出土戰國時期楚國的一張漆木牀，黑漆，六足，周圍有欄桿，還留有上下牀的地方。東漢末年，從北方遊牧民族引進了一種“胡牀”，胡牀的形制爲軟質牀面，交叉木腿，可以折疊，類似今天的“馬扎”，故又稱“繩牀”“交椅”。漢應劭《風俗通》：“（漢）靈帝好胡牀。”又宋程大昌《演繁錄》：“今之交牀，制本自虜來，始名胡牀。隋以讖有胡，改名交牀。”

榻 與牀相似，一種可坐可卧之具。《釋名·釋牀帳》：“長狹而卑謂之榻。”小榻僅供一人坐，大榻則可坐卧。《三國志·魏書·管寧傳》裴松之注引《高士傳》：“管寧自越海及歸，常坐一木榻，積五十餘年未嘗箕股，其榻上當膝處皆穿。”這是坐在榻上；《三國志·蜀書·簡雍傳》：“（簡雍）性簡傲跌宕。在先主坐席猶箕踞傾倚，威儀不肅，自縱適。自諸葛亮已下，則獨擅一榻，項枕卧語，無所爲屈。”這是躺在榻上。“榻”有特指備客留宿的牀，如王勃《滕王閣序》：“徐孺下陳蕃之榻。”典出《後漢書·徐穉傳》：“（陳）蕃在郡不接賓客，惟（徐）穉來特設一榻，去則縣（懸）之。”榻可懸掛，亦可見其輕巧。

笫 竹編的牀板。揚雄《方言》卷五：“牀，陳楚之間謂之笫。”字又作“簀”，《爾雅·釋器》：“簀謂之笫。”郭璞注：“牀板。”“牀笫”連用，常用來表示男女私事，如《左傳·襄公二十七年》：“趙孟曰，牀笫之言不踰閾（門限）。”

几 矮小的桌子。一般爲長方形，類似現在的炕桌或茶几。几上可以放東西，也可以在坐時倚伏休息，即“憑几”。《詩經·大雅·公劉》：“俾筵俾几，既登乃依。”意思是鋪好席，擺好几，客人登席以後倚在几上。在一般情況下，古人是不能“憑几”的，特别是在正式場合，更應該“正襟危坐”。《孟子·公孫丑下》：“孟子去齊，宿於晝。有欲爲王留行者，坐而言，（孟子）不應，隱几而卧。客不悦。”對客而“隱几”，是一種懶散、倨傲的表現，所以“客不悦”。

案 最初指擱放食物的木托盤，即“食案”。食案有長方形的，也有圓形的；矮足，可以放在地上。《周禮·考工記·玉人》：“案十有二寸。”《後漢書·梁鴻傳》：“鴻爲人賃舂，每歸，妻爲具食，不敢於鴻前仰視，舉案齊眉。”此外，還有書案，長方形，寬足内曲成弧形。南北朝時，案足增高變直，嵇康《與山巨源絶交書》：“堆案盈几。”這時的“案”與“几”已經没有什麽差别了。再後來，“案”就是桌子，如“拍案驚奇”“拍案而起”等。

帷幕 古代用布做的帳幕。詳言之，“帷”和“幕”有别，《説文》：“在旁曰帷。”又“帷在上曰幕”。可見，“帷”是無頂的圍幕，而“幕”是有頂的帳幕，如《史記·蘇秦列傳》：“臨淄之途，車轂擊，人肩摩，連衽成帷，舉袂成幕。”意思是敞開衣襟可連成帷，舉起袖子可組成天幕，極言臨淄人多。“帷”一般設置在房室中，最初是喪禮的需要。《儀禮·士喪禮》：“奠脯醢醴酒，升自阼階，奠于尸東，帷堂。”“帷”還指四周的帷幔，如《詩經·衛風·氓》：“漸車帷裳。”“幕”一般設於室外，《周禮·天官·掌次》：“師田則張幕。”賈公彦疏：“言師田者，謂出師征伐及田獵。”又如《左傳·成公十六年》寫晉楚鄢陵之戰，晉軍“張幕矣”“徹幕矣”，都是指軍中的帳篷。

幄 帳篷。《釋名·釋牀帳》:“幄,屋也,以帛衣板施之,形如屋也。”意思是裏面樹以木板,外面用布帛包裹,像房屋一樣。《周禮·天官·幕人》:“掌帷幕幄帟綬之事。”鄭玄注:“帷幕皆以布爲之,四合像宫室曰幄。”“幄”常用來指軍中帳篷,如《左傳·昭公十三年》:“子產以幄幕九張行。”杜預注:“幄幕,軍旅之帳。”因此,“帷幄”經常連用,表示軍帳,如《漢書·張良傳》:“運籌策帷幄中。”“運籌帷幄”的成語即出於此。

帳 古代的“帳”有兩個意思,一是指牀帳,類似於今天的蚊帳。《釋名·釋牀帳》:“帳,張也。張施於牀也。”一是指軍帳,與“帷幄”同。如《史記·項羽本紀》:“項王軍壁垓下……夜聞漢軍四面楚歌,項王乃大驚曰:‘漢皆已得楚乎?’夜飲帳中。”

車 古代車之總名。《説文》:“車,輿輪之總名。夏后時奚仲所造。”在先秦文獻中經常可以見到“車馬”連言,這是因爲當時的馬不單騎,只是用來駕車,所以“車馬”是緊密聯繫在一起的。如《詩經·唐風·山有樞》:“子有車馬,弗馳弗驅。”又《論語·公冶長》:“願車馬衣輕裘,與朋友共,敝之而無憾。”所以,古人所謂“御車”,實際上是“御馬”;所謂“乘馬”,實際上是“乘車”,二者是一回事。如《論語·雍也》:“乘肥馬,衣輕裘。”是説乘肥馬拉的車;又如《左傳·成公二年》:“鄭周父御佐車。”是説鄭周父駕御拉佐車的馬。古代的車一般駕四匹馬,即所謂的“駟”,如《詩經·鄭風·清人》:“清人在彭,駟介旁旁。”所以,古人常以“駟”爲車馬的單位。如《論語·季氏》説“齊景公有馬千駟”,并不是説他有四千匹馬,而是説他有一千輛車。古人以一車四馬爲“一乘”,這樣,“乘”便用來表示“四”這個數,如《左傳·僖公三十三年》:“(弦高)以乘韋先,牛十二犒師。”“乘韋”即指四張熟牛皮。古代只有達官貴人才能坐車,所以車是地位身份的象徵,《漢書·董仲舒傳》載:“乘車者,君子之位也;負擔者,小人之事也。”《史記·范雎蔡澤列傳》載,范雎請魏國使臣須賈出門,須賈説:“吾馬病,車軸折,非大車駟馬,吾固不出。”在這種情況下,范雎只好表示“願爲君借大車駟馬於主人翁”。可見,車已經成爲封建等級制度的一個組成部分,必須嚴格遵守。

輿 車廂。《説文》:“輿,車輿也。”古代的車廂比較簡單,左右兩邊立有木板或欄杆,乘車者可以憑依,故稱“輢”。前邊的橫木叫“軾”,也作“式”,是乘車者手扶之處。《左傳·莊公十年》:“(曹劌)下視其轍,登軾而望之。”孔穎達疏:“得使人立於其後時依倚之。”古人在車上對所遇到的人表示敬意時,應扶軾低頭,目視馬尾,這個動作也稱爲“軾”。如《禮記·檀弓下》:“孔子過泰山側,有婦人哭於墓者而哀,夫子式(軾)而聽之。”古人要從車厢後面登車，《戰國策·趙策》："媪之送燕后也，持其踵而爲之泣。"是説趙威后送燕后時，燕后坐在車上，趙威后站在車後，伸出手只能握住女兒的脚後跟。"輿"也可以用來指車，如《荀子·勸學》："假輿馬者，非利足也，而致千里。"

棧車 古代的一種輕便車，車厢是用木條拼成的。《詩經·小雅·何草不黄》："有棧之車，行彼之道。""棧"字又作"轏"，《左傳·成公二年》："（逢）丑夫寢於轏中，蛇出於其下，以股擊之，傷而匿之。"因爲轏的車厢是用碎木條拼成的，縫隙較大，所以蛇才能從下面鑽進來。

輜車 有帷幔的車，可以遮蔽風雨。這種車多用來載物，也可以坐人，如《史記·孫子列傳》："於是乃以田忌爲將，而孫子爲師，居輜車中，坐爲計谋。""輜重"一般指輜車中裝載的重物，《老子》："聖人終日行不離輜重。"這裏指日常生活用品。又《三國志·魏書·荀攸傳》："（太祖）遣輜重循河而西。"這裏指軍需物資。

軒 古代一種較爲華美的車。《説文》："軒，曲輈藩車。"這種車爲曲轅，車厢前高後低，而且四周還有帶花紋或皮飾的遮蔽，所以又叫"文軒"。《墨子·公輸》："今有人於此，舍其文軒，鄰有敝轝而欲竊之。"軒一般是大夫一級的人乘坐的，如《左傳·閔公二年》："衛靈公好鶴，鶴有乘軒者。"杜預注："軒，大夫車。"

温車 古代喪車。這是一種封閉式的卧車，有窗，可以調節車内的氣温。《史記·齊世家》："桓公之中鈎，佯死以誤管仲，已而載温車中馳行。"這種車又叫"轀輬車"，如《史記·李斯列傳》："李斯以爲上（秦始皇）在外崩，無真太子，故秘之，置始皇居轀輬車中。"西安曾出土過完整的銅車馬，從形制上看，就是秦代的温車。

大車 牛拉的車，亦即"牛車"。《論語·爲政》："大車無輗。"包咸注："大車，牛車。"這種車車厢較大，一般用來運載貨物，是"平地任載之具"。《周易·繫辭下》："服牛乘馬，引重致遠，以利天下。"可見，牛車是爲了"引重"，而馬車是爲了"致遠"。起初，古人重馬車而輕牛車，《漢書·食貨志》："自天子不能具醇駟，而將相或乘牛車。"這是説漢初草創，没有條件講派頭，連將相都只能坐牛車。可是，三十年河東，三十年河西，魏晉以後坐牛車反倒成了時髦。《南齊書·陳顯達傳》："家既豪富，諸子與王敬則諸兒並精牛車，麗服飾。"造成這一變化的原因，一是牛車速度慢，平穩安逸，契合了那些养尊處優、閑適恬淡的士族階層；二是因爲文化中心南移，而南方多牛而少馬的緣故。

小車 即"馬車"。因爲馬車車厢較小，行駛輕快，故名"小車"。古代的馬車有駕二馬的，叫“駢”；有駕三馬的，叫“驂”；有駕四馬的，叫“駟”；甚至還有駕六馬的。但較爲常見的是駕四馬。

輦 古代人拉的車。《説文》:“輦，輓車也。”段玉裁注:“謂人輓以行之車也。”秦漢以後成爲皇帝、皇后的專用車，即“帝輦”“鳳輦”。慧琳《一切經音義》卷二十七:“古者卿大夫亦乘輦，自漢以來天子乘之。”如杜牧《阿房宫賦》:“妃嬪媵嫱，王子皇孫，辭樓下殿，輦來於秦。”於是，“輦下”“輦轂下”都指皇帝所居之地，即“京師”。如司馬遷《報任安書》:“僕賴先人餘業，得待罪輦轂下二十餘年矣。”

轅 車厢前的木杠，用來套馬駕車。字又作“輈”，《説文》:“轅，輈也。”《左傳·隱公二十一年》:“公孫閼與潁考叔爭車，潁考叔挾輈而走。”意思是二人爭車，潁考叔胳膊夾着車轅搶跑了車。轅有直木、曲木，後端連在車軸上，前端有一根横木，叫“衡”。衡上有軛，叉形，用來套馬。古代帝王外出行軍或田獵，駐扎時要用車圍住營地，在出入口相對竪起兩車，車轅向上，表示營門，稱爲“轅門”。《周禮·天官·掌舍》:“設車宫轅門。”鄭玄注:“謂王行止宿阻險之處備非常，次車以爲藩，則仰車以其轅表門。”後來泛指軍營之門。王昌齡《從軍行》之五:“大漠風塵日色昏，紅旗半捲出轅門。”

輗軏 連接轅與衡的銷子，《説文》解釋説是“車轅端持衡者”，段玉裁注:“轅與衡相接之關鍵也。”大車上的銷子叫“輗”，小車上的銷子叫“軏”。《論語·爲政》:“大車無輗，小車無軏，其何以行之哉!”没有銷子連接横木，自然也就無法套牲口，車當然也就動不了。

軔 阻止車輪滚動的木頭。《説文》:“軔，礙車也。”車在啓動前必須先移開“軔”，稱爲“發軔”，表示人動身啓程。屈原《離騷》:“朝發軔於蒼梧兮，夕余至乎縣圃。”洪興祖《補注》:“軔，止車之木，將行則發之。”後來，用“發軔”比喻事情的開端。

輪 車輪。《説文》:“輪，有輻曰輪，無輻曰輇。”古代的車輪由輞、轂、輻構成，“輞”是車輪周圍的圓木框，是接觸地面的部份。“轂”是車輪中間的圓木板，中心有孔，用以貫軸。軸露在轂外的部分較長，如果來往的車輛多，彼此就會發生碰撞，如《史記·蘇秦列傳》:“臨淄之途，車轂擊，人肩摩。”爲了保護車轂，古人一般用一個金屬套套住，這個金屬套叫“軎”，字形强調了車軸一端突出的部分。“輻”是輻條，連接輞和轂的木條。車條一般爲三十根，《老子》第十一章:“三十輻共一轂。”由於輻條都是向車轂聚集，所以把這種情况稱爲“輻輳”。爲了防止車輪脱落，要在軎上插一個銷子，這個銷子叫“轄”。没有“轄”，車輪就會脱落，車也就不能行駛了。《漢書·陳遵傳》:“每大飲，賓客滿堂，輒關門，取客車轄投井中。雖有急，終不得去。”兩輪之間的距離叫“軌”，《禮記·中庸》：“今天下車同軌，書同文。”引申開來，“軌”又指車轍，《孟子·盡心下》：“城門之軌，兩馬之力與?”意思是路上的車轍是很多車壓出來的，不是兩匹馬的力量造成的。

乘車 古人乘車時要從車後登車，需執綏而上。“綏”是車上的拉手，拉着它上車，一是借力，二是可以保持身體平衡。古代一輛車乘坐三人，一般是尊者居左，御者居中，車右居右，如果車中的尊者是國君或主帥，則應當居中，而御者居左。《左傳·成公二年》記載，在齊晉鞌之戰中，郤克是晉軍主帥，居中；解張是御者，居左。所以，當郤克受傷時，解張“左并轡，右援枹而鼓”，即用右手從郤克手裏拽過鼓槌，代替他指揮作戰。在齊軍的帥車上，齊頃公居中；邴夏是御者，居左；逢丑父是車右，居右。當齊軍大敗時，爲了保護齊頃公，“逢丑父與公易位”，結果使晉軍誤認他是齊軍主帥。車右又叫“驂乘”，任務是執戈禦敵，保護主帥，車如果發生障礙就下車排除。上古乘車一般都是站在車上，《禮記·曲禮上》：“婦人不立乘。”可見當時的男子都是立乘。

超乘 古人乘車時的一種禮節。“超”是跳的意思，爲了表示對經行處主人的敬意，車上兩側的人必須在行進中從車上跳下，然後再跳上去。這是一種高難度的動作，需要技巧和膽量，所以又是示勇的方式。《左傳·僖公三十三年》載：“秦師過周北門，左右免胄而下，超乘者三百乘。王孫滿尚幼，觀之，言於王曰：‘秦師輕而無禮。’”王孫滿之所以不滿，是因爲他認爲秦師“超乘”有炫耀武力的意思。漢代軍隊以騎射爲主，戰車已不是作戰的主體，能“超乘”者十分罕見。《史記·萬石張叔列傳》：“(衛)綰以戲爲郎。”應劭注：“能左右超乘也。”衛綰善於“戲車”，并以此獲“郎”職，可見“超乘”已近乎一種雜耍了。

驛 古代傳遞官方文書的馬及車。《説文》：“驛，置騎也。”《漢書·昭帝紀》：“左將軍安陽侯桀，……與燕王通謀，置驛往來相約結。”後又指“驛站”，驛站是專供傳遞公文的人换馬或來往官員暫住的場所。陸游《卜算子·咏梅》：“驛外斷橋邊，寂寞開無主。”漢制三十里置驛，此後歷代沿置。唐制亦三十里置驛，驛有驛長。元代的驛站叫“站赤”，又叫“遞鋪”。清代的驛站已達兩千多所。今韓國的車站仍叫“驛”，即古之遺存。

舟 古代船的總名。古代的大船叫“舸”“艦”“舶”“舳艫”等，如王勃《滕王閣序》：“舸艦迷津，青雀黄龍之舳。”《水經注·江水》：“昔孫權裝大船，名之曰長安，亦曰大舶。”古代的小船有“舠”(本作“刀”)“艇”“艕”“艓”等，還有一種小船叫“舴艋舟”，顯然得名於“蚱蜢”。李清照《武陵春》：“只恐雙溪舴艋舟，載不動許多愁。”

行 《釋名·釋姿容》:“兩脚進曰行。徐行曰步。疾行曰趨。疾趨曰走。”在古代,“行”就是一般的走;“步”是慢走,今天的詞語“散步”“漫步”“踱步”“安步當車”等仍保留着古義;“趨”是快步走,小走,頻率很快;“走”則是跑,“走馬看花”中的馬是在奔跑,而不是在溜達。古人對不同場合的行走動作有着種種的規範,《爾雅》:“室中謂之時,堂上謂之行,堂下謂之步,門外謂之趨,中庭謂之走,大路謂之奔。”如《禮記·曲禮上》:“堂上接武,堂下佈武,室中不翔。”“武”是足跡,“翔”是比喻像鳥飛一樣擺動雙臂。這段話的意思是在堂上行走要一步接着一步;在堂下行走一步一步可以分開;在室中行走雙臂的擺動要小。“趨”是表示謙恭的一種步態,《曲禮》中規定有“三不趨”,即“帷薄之外不趨,堂上不趨,執玉不趨”。除此之外,在其他場合則必須“趨”,特别是在尊者面前。如《曲禮》:“遭先生於道,趨而進。”“先生與之言則對,不與之言則趨而退。”又如《戰國策·趙策》:“左師觸龍言願見太后,太后盛氣而胥之。入而徐趨,至而自謝,曰:‘老臣病足,曾不能疾走,不得見久矣,竊自恕。’”此外,對方雖然不是尊者,但只要某些方面值得尊重,也必須“趨”。如《論語·子罕》:“子見齊衰者、冕衣裳者與瞽者,見之,雖少必作,過之必趨。”古代的行走禮儀是相當嚴格的,《後漢書·儒林傳》載:“(孫堪)嘗爲縣令,謁府,趨步遲緩,門亭長譴堪御史,堪便解印綬去,不之官。”可見,“趨步遲緩”也要受到指責。

跬步 古人行走,把邁出一步叫“跬”。《説文》:“跬,半步也。”《司馬法》:“一舉足曰跬,跬三尺。兩舉足曰步,步六尺。”也就是説,古代的“跬”相當於現在的一步,“步”則相當於現在的兩步。《荀子·勸學》:“不積跬步,無以至千里;不積細流,無以成江海。”

奔 古代指快跑,拼命地跑。《釋名·釋姿容》:“奔,變也,有急變奔赴之也。”《詩經·周頌·清廟》:“駿奔走在廟。”又《左傳·僖公五年》:“晉滅虢,虢公醜奔京師。”逃跑自然要拼命。“奔”還指男女私奔,不經媒妁,如《國語·周語上》:“恭王游於涇上,密康公從,有三女子奔之。”韋昭注:“奔,不由媒氏也。”要逃避禮的束縛,跑起來速度當然慢不了。

第二節 婚喪嫁娶

婚 原指女方的父親,《爾雅·釋親》:“婦之父爲婚。”引申指婚姻關係,《説文》:“婚,婦家也。禮,娶婦以昏時。婦人,陰也,故曰婚。”如《史記·屈原賈生列傳》:“時秦昭王與楚婚,欲與懷王會。”故稱女人結婚爲“婚配”。實際上,古人在昏時娶婦,是远古“搶婚制”的遺存,搶婚一般都在昏夜進行。

姻 原指男方的父親,《爾雅·釋親》:“姻,婿之父爲姻。”《説文》:“姻,壻家也。女之所因，故曰姻。”故稱“連襟”爲“姻兄弟”。

婚姻 原指男方父母與女方父母的關係，《爾雅·釋親》：“婦之父母、婿之父母相謂爲婚姻。”引申指男女嫁娶之禮，《詩經·鄭風·豐》孔穎達疏：“故云婚姻之道，謂嫁娶之禮也。若指男女之身，則男以昏時娶婦，婦因男而來，婚姻之名本生於此。”如《詩經·小雅·我行其野》：“我行其野，蔽芾其樗。婚姻之故，言就爾居。”意思是因爲婚姻的緣故，我來與你同居。

媾 古代指不同姓氏之間或世代交互通婚，《説文》：“媾，重婚也。”段玉裁注：“重婚者，重疊交互爲婚也。”如西周時期姬、姜兩姓即世代通婚。又據《宋書·后妃傳》載，劉宋時，孝武帝之姑嫁給了王偃，生子名藻，生女名憲源。後來，孝武帝娶憲源爲皇后，又將自己的妹妹臨川長公主許配給了藻。這是交互通婚。“婚媾”經常連言，泛指婚姻。

嫁娶 “嫁”指女子出嫁，《説文》：“嫁，女適人也。”如《列子·天瑞》：“國不足，將嫁於衛。”“娶”指男子娶婦，《説文》：“娶，取婦也。”如《左傳·隱公元年》：“鄭武公娶於申，曰武姜。”“嫁”的意思是女子到了男方家才算有家，“娶”的意思是男方把女子取到家裹來。“嫁”“娶”的方向性十分明確，都是以男方的家爲出發點和歸宿。顯然，這充分表現了在婚姻關係中以男方爲主的觀點。因此，“嫁”引申有“轉移”的意思，如“轉嫁”“嫁祸於人”等词語。

冠禮 古代貴族男子成年時舉行的一種儀式。冠禮一般在男子二十歲時舉行，《禮記·曲禮上》：“男子二十，冠而字。”古代男子在未成年時分開束髮，稱総角，不戴冠；成年後才將頭髮集中綰到頭頂，並戴冠。所以，加冠是男子成年的標誌。冠禮在宗廟内進行，由父或兄主持。冠禮進行時，冠者須加冠三次，先加緇布冠，次加皮弁，最後加爵（雀）弁。同時，在冠禮上還要給冠者取“字”。加冠之後，男子不僅有權参加祭祀及其他社會活動，而且意味着可以娶妻了。

笄禮 古代貴族女子成年時舉行的一種儀式。笄禮一般在女子十五歲時舉行，《儀禮·士昏禮》：“女子許嫁，笄而醴之，稱字。”鄭玄注：“笄，女之禮，猶冠男也。”“笄”是“簪子”，古代女子未成年時不戴簪子，成年後才盤髮髻，插簪子。所以，戴笄是女子成年的標誌。笄禮與冠禮大致相同，但主持者一般爲女性家長。笄禮進行時，要將原來的垂髮盤成髮髻，用一塊黑布將髮髻裹住，然後用簪子固定。女子行笄禮後即被視爲成人，可以許嫁了。

六禮 古代婚姻過程中的六種手續，即納采、問名、納吉、納徵、請期、親迎。唐杜佑《通典》：“周制，限男女之年，定婚姻之時，六禮之儀始備。”“納采”是男方請媒人向女方家提親，并送禮求婚；“問名”是通過媒人詢問女方的名字、生辰；“納吉”是男方家卜得吉兆後，備禮向女方家通報，并締結婚約；“納徵”是在訂婚之後，男方家向女方家送較爲貴重的聘禮，也叫“納幣”；“請期”是通過占卜，確定成婚的吉日，并通報女方家徵求意見；“親迎”是男方親自到女方家迎娶新婦。在“六禮”中，除了“納徵”以外，都要給女方家送雁。《儀禮·士昏禮》賈公彦疏：“昏禮有六，五禮用雁，納采、問名、納吉、請期、親迎是也，唯納徵不用雁。”古人爲什麼鍾情於雁呢？《白虎通·嫁娶篇》中解釋道：“用雁者，取其隨時南北，不失其節，明不奪女子之時；又取飛成行、止成列，明嫁娶之禮，長幼之序不踰越也。”實際上可能還有另外一個原因，就是大雁是一種忠於愛情的鳥類，送雁這一古禮寄托着古人對美好婚姻的期盼。這一習俗直到近代仍完好地保持着，只是大雁不易得時用“木雁”代替而已。

媒 即媒人，古代又稱“媒妁”或“冰人”。《説文》：“媒，謀也。謀合二姓以成昏媾。”古代婚姻不能自主，必須聽“父母之命，媒妁之言”，所以《詩經·豳風·伐柯》中説“取妻如何？匪媒不得”。又《詩經·衛風·氓》：“匪我愆期，子無良媒。”可見，媒人在婚姻中扮演着重要的角色。“冰人”一詞出典於《晉書·索紞傳》：“孝廉令狐策夢立冰上，與冰下人語。（索）紞曰：‘冰上爲陽，冰下爲陰，陰陽事也；士如歸妻，迨冰未泮（冰化開），婚姻事也。君在冰上，與冰下人語，爲陽語陰，媒介事也。君當爲人作媒，冰泮而婚成。’”這是索紞爲令狐策詳夢，説他與冰下人説话，一定是陰陽（男女）之事；《詩經邶風·匏有苦葉》上説：“士如歸妻，迨冰未泮。”這是指婚姻方面的事。看來令狐策將要爲人作媒，等到冰化的時候婚事可成。

月下老人 媒人的别稱，又叫“月老”。出典於唐李復言《續幽怪錄》：“唐韋固，少孤……旅次宋城，遇異人，倚囊坐，向月檢書。固問，答曰：‘天下之婚牘耳。’因問囊中赤繩子，云：‘以繫夫婦之足，雖仇家異域，繩一繫之，終不可易。’”這是一則很富有想像力的故事，男女能走到一起結爲夫婦，是因爲緣分，而促成這一結合的則是媒人。明張四聞《雙烈記傳奇·就婚》：“豈不聞月下老人之事乎？千里姻緣著綫牽。”

妾 正妻之外的配偶。納妾是封建社會的陋習，是一種不合理的婚姻制度。“妾”原指女奴，《尚書·費誓》：“臣妾逋逃。”僞《孔傳》：“役人賤者，男曰臣，女曰妾。”由於奴隸主不但可以無償地佔有妾的勞動成果，而且可以佔有她的身體，於是“妾”又用來指“小妻”，如《孟子·離婁下》：“齊人有一妻一妾而處室者。”妾的地位始終是不高的，《釋名·釋親屬》：“妾，接也。以賤見接幸也。”所以有“賤妾”之稱。正因爲如此，“妾”又引申爲婦女自稱的謙辭，如宋玉《高唐賦》：“妾，巫山之女也。”

媵 春秋時期，諸侯的女兒出嫁時，女方以姪（出嫁者的侄女）、娣（出嫁者的妹妹）隨嫁；此外，還有兩個與女方同姓的諸侯國以女兒陪嫁，也各以姪娣相從。這些隨嫁和陪嫁者統稱“媵”。《公羊傳·莊公十九年》：“媵者何？諸侯娶一國，則二國往媵之，以姪娣從。”所以，《詩經·大雅·韓奕》中説“諸娣從之，祁祁如雲”，可見隨嫁、陪嫁者之多。到了戰國時代，“媵”這種制度便趨於消失了。

結髮 束髮。古代男子成年要束髮戴冠，女子成年要束髮用笄，這時始可談婚論嫁，所以稱初婚的男女爲“結髮夫妻”。《文選》引蘇武詩：“結髮爲夫妻，恩愛兩不疑。”李善注：“結髮，始成人也。謂男年二十，女年十五時，取笄冠爲義也。”

結縭 古代嫁女習俗之一。“縭”是蔽膝，形似圍裙。古代女子在出嫁時，母親將蔽膝繫在女兒腰間，表示女兒已有所屬。《詩經·豳風·東山》：“親結其縭，九十其儀。”毛傳：“縭，婦人之褘。母戒女，施衿結帨。”《説文》：“褘，蔽膝也。”一説爲蔽膝之帶。後來，“結縭”用作結婚的代稱。

合巹 古代婚禮儀式之一。《禮記·昏義》：“合巹而酳（漱口）。”孔穎達疏：“以一瓠分爲二瓢謂之巹，壻與婦各執一片以酳，故云合巹而酳。”意思是在婚禮上男女各拿一瓢，用酒漱口。後來，“合巹”也用作結婚的代稱。

交盃 古代婚禮儀式之一。宋王得臣《麈史·風俗》：“古者婚禮合巹也，以雙盃彩絲連足，夫婦傳飲，謂之交盃。”意思是在婚禮上，新婚夫婦交換酒盃飲酒。宋孟元老《東京夢華錄·娶婦》：“用兩盞以彩接連之，互飲一盞，謂之交盃。”喝交盃酒是古代“合巹”的演變，這一習俗現在還保留着，只是形式上有所變化。

醮 古代冠禮和婚禮中的一種儀式。即地位高的人爲地位低的人酌酒，後者只接受而無須回敬。《説文》：“醮，冠娶禮祭。”《儀禮·士冠禮》：“若不醴則醮，用酒。”鄭玄注：“酌而無酬酢曰醮。”後來指女子出嫁，南朝宋劉敬叔《異苑》卷五：“烏傷陳氏，有女未醮。”女子改嫁稱爲“再醮”。

贅 古代婚後男方到女方家生活，即上門女婿，又稱“入贅”。《釋名·釋疾病》：“贅，屬也。横生一肉屬著體也。”“贅婿”一詞大概取義於此，據《史記·滑稽列傳》：“淳于髡者，齊之贅婿也。”司馬貞《索隱》：“女之夫也。比於子，如人疣贅，是餘剩之物也。”意思是去別人家做兒子，就像贅肉，是多餘的東西。因此，入贅者備受賤視。這一方面是因爲入贅者去女方家落户，脱離本宗，有違宗法；另一方面入贅者多家境貧寒，《漢書·賈誼傳》：“家貧子壯則出贅。”所以，他們在封建社會没有地位也就是自然的了。

同姓不婚 古代的婚姻禁忌，即男女雙方同姓不能結婚。這是因爲古代人口少，同姓者多有血緣關係，同姓者結婚對後代不利，所以《左傳・僖公二十三年》中説："男女同姓，其生不蕃。"《國語・晉語》中也説："同姓不婚，惡不殖也。""同姓不婚"的制度始於周代，《魏書・高祖紀》："夏殷不嫌一姓之婚，周制始絶同姓之娶。"周代對此已有嚴格的規定，《禮記・曲禮上》："取妻不取同姓，故買妾不知其姓則卜之。"

貴賤不婚 是古代的婚姻禁忌，即今天所説的要"門當户對"。《大戴禮記・本命》："女有五不取：逆家子不取，亂家子不取，世有刑人不取，世有惡疾不取，喪父長子不取。"其中，"逆家""亂家""刑人"均爲"賤民"，貴族不能與之通婚。《魏書・高宗紀》："夫婚姻者，人道之始。是以夫婦之義，三綱之首；禮之重者，莫過於斯。尊卑高下宜令區别。……今制：皇族師傅王公侯伯及士民之家，不得與百工伎巧卑姓爲婚，犯者加罪。"到了魏晉南北朝時，等级制度更加森嚴，士庶不婚，婚姻只能局限在本階級内部。《新唐書・李義府傳》："自魏太和中定望族七姓，子孫迭爲婚姻。"到了唐代，貴賤不婚的法令更爲嚴苛，據《唐律・户婚》："諸雜户不得與良人爲婚，違者杖一百。官户娶良人女者亦如之。良人娶官户女者加二等。""貴賤不婚"是封建等級制度的產物，它必然隨着封建社會的終結而消失，但它的影響至今仍殘存在一些人的頭腦中。

宗親不婚 古代的婚姻禁忌，指女子喪偶後不能與夫家的同宗親屬結婚。唐代時對此即有明文規定，據《唐律疏議》十四："娶嘗爲同宗無服親及袒免親之妻者，各杖一百；娶緦麻親之妻，如族伯叔祖母、族伯叔母、族兄弟妻、堂侄孫婦、曾侄孫婦，各徒一年；娶小功、大功、期親之妻，以姦論；娶親中再從兄弟妻、小功中之伯叔祖母、堂叔伯母，各絞；娶堂兄弟妻、再從兄弟妻、堂侄婦、堂孫婦，各徒三年。"明、清兩代規定：娶伯叔母，要"斬立决"；娶兄弟妻，要"斬决"；如果是親屬之妾，可以減二等懲罰，等等。"同宗不婚"源於"同姓不婚"，是同姓不婚的擴大化和嚴密化。

七出 古代休妻的"理由"。封建社會男尊女卑，女子没有離婚的權利，而男子則有休妻的自由。雖然"自由"，但總還要有説得出口的"理由"，於是便有了"七出"。《儀禮・喪服》賈公彦疏："七出者，無子，一也；淫佚，二也；不事舅姑，三也；口舌，四也；盗竊，五也；妒忌，六也；惡疾，七也。天子諸侯之妻，無子不出，唯有六出。"用今天的話説，這七條理由是：不能生育、作風不好、不孝順公婆、好搬弄是非、偷東西、嫉妒别人及身患不易痊愈的病。天子和諸侯的配偶，雖然不能生育，也不能休，所以只有"六出"。

三不去 又稱"三不出"，指古代不能休妻的三種情况。《孔子家語・本命解》:“孔子曰:‘婦有七出三不去……三不去者，謂有所取無所歸，與共更三年之喪，先貧賤後富貴。’凡此聖人所以順男女之際，重婚姻之始也。”意思是女方没有娘家、無所歸依者不能休，和丈夫一起守過三年喪者不能休，結婚時夫家貧賤而現在富貴者不能休（即“糟糠之妻不下堂”）。

喪 指人死。“喪”的本義是“逃亡”,《説文》:“喪，亡也。”“人死”是“喪”的引申義,《白虎通義·崩薨》:“人死謂之喪。何言其喪？亡不可復得見也。不直言死，稱喪者何？爲孝子之心不忍言也。”可見，因爲古人諱言“死”字，故以“喪”代之。“喪”又指“喪事”，如《論語·八佾》:“臨喪不哀。”古人認爲，白色是凶險的顏色，所以辦喪事時要穿白色的衣服。《周禮·春官·保章氏》鄭玄注:“青爲蟲，白爲喪，赤爲兵荒，黑爲水，黄爲豐。”後世稱“喪事”爲“白事”，即源於這一觀念。

奔喪 聽説親屬死亡，從外地趕回料理喪事。《禮記·奔喪》孫希旦《集解》:“奔喪者，在外聞其親屬之喪而歸也。”按周制，在外地聽到父母去世的噩耗，應先痛哭以表達心中的哀思，然後動身上路，日行百里。到家後，應從西階登堂，坐在屍柩東側，面對屍柩哀哭。

居喪 即“守喪”。父母去世後，在家守喪，不治外事。居喪的禮節以周代爲盛，有關居喪的時間、服飾、舉止等,《周禮》《禮記》《儀禮》都有詳細的記載。後世大都延續了這種居喪之禮。有些規定還寫進了法律，例如《唐律》規定，居喪期間不得嫁娶或遊樂，違者爲“不孝”，屬十惡罪之一；如果生子，則要“徒一年”，等等。“居喪”又稱“居憂”，如《尚書·太甲上》:“王徂桐宫，居憂。”孔穎達疏:“謂服治喪禮也。”

丁憂 古代官員爲父母居喪。“丁”是“當”的意思,《詩經·大雅·雲漢》:“寧丁我躬。”“丁憂”就是適逢憂患之事，如《晉書·袁悦之傳》:“(袁)始爲謝玄參軍，爲玄所遇，丁憂去職。”官員丁憂，一般都是要暫時離任。如果有特殊情況，經皇帝或上級恩準，也可以不離任，如《宋史·禮志》:“咸平元年，詔任三司館閣執事者丁憂，并令持服。又詔川陝、廣南、福建路官，丁憂不得離任。”

五服 死者遺屬穿戴的喪服。由於死者遺屬與死者之間的關係有親疏遠近之分，所以將喪服分爲五個等級，即斬衰、齊衰、大功、小功、緦麻，稱爲“五服”。五服中，齊衰又分四等，故有“五服八等”之説。

“斬衰”是五服中最重的一種。喪服上衣稱“衰”，下衣稱“裳”。“斬衰”是用粗糙的生麻布裁製而成的，不緝衣邊，使斷處麻縷外露，表示不加修飾。諸侯爲天子、臣爲君、子爲父、父爲長子都要服斬衰。斬衰一般要服喪三年。

“齊衰”是用熟麻布裁製而成的，由於衣邊縫緝，十分整齊，故稱“齊衰”。齊衰又分四等：第一等齊衰杖期，是父已死爲母服喪，母爲長子服喪，服喪期三年。第二等是父在爲母服喪，夫爲妻服喪，服喪期一年。第三等是男子爲伯叔父母和兄弟服喪，已嫁女爲父母服喪，媳婦爲公婆服喪，孫子爲祖父母服喪，服喪期一年。第四等是爲曾祖父母服喪，服喪期三個月。

“大功”是用細麻布裁製而成的，男子爲出嫁的姐妹或姑母，爲堂兄弟和未嫁的堂姐妹所服的喪服；媳婦爲丈夫的祖父母、叔伯父母，以及自己的兄弟服喪，也要穿大功之服。服喪期九個月。

“小功”是用更細的麻布縫製而成的，男子爲曾祖父母、從祖祖父、從祖祖母、從祖父、堂伯叔父母、從堂兄弟、從堂姐妹所服的喪服；媳婦爲丈夫的姑母姐妹服喪，也要穿小功之服。服喪期五個月。

“緦麻”是五服中最輕的一種。其用布比小功還要精細，是内侄女子爲族曾祖父母、族祖父母、族父母、族兄弟，以及爲外孫、外甥、女婿，以及妻之父母、舅父等所服的喪服。服喪期三個月。

可見，血緣關係越近，其喪服形式越粗糙，居喪期也就越長。出了五服，就算不上親屬了，這就是《禮記·大傳》中説的“六世，親屬竭矣”。與死者的關係超出了“五服”，就不必再爲死者服喪了。

死 古人對“死”有多種説法，《禮記·曲禮下》：“天子死曰崩，諸侯死曰薨，大夫死曰卒，士曰不禄，庶人曰死。”“崩”指古代帝王之死。《説文》：“崩，山壞也。”段玉裁注：“引申之，天子死曰崩。”如《史記·高祖本紀》：“四月甲辰，高祖崩長樂宫。”“薨”指諸侯之死，《説文》：“薨，公侯卒也。”秦漢以後也指高級官員之死，如《漢書·孔光傳》：“及（孔）霸薨，上素服臨弔者再。”“卒”包括的範圍較大，周代時既指大夫之死，也指諸侯之死，如《左傳·僖公三十二年》：“冬，晉文公卒。”唐代時指五品以上官員之死，《新唐書·百官志》：“凡喪，三品以上稱薨，五品以上稱卒，自六品達於庶人稱死。”後來，則泛指一般人之死了。“不禄”是指士之死，“不禄”是不能終其俸禄的意思。此外，關於死的詞還有“終”“歿”等。

殤 指未成年而死。《説文》：“殤，不成人也。”周代分“殤”爲四等，即長殤、中殤、下殤及無服之喪。不滿八歲而死者爲“無服之喪”，八歲至十一歲而死者爲“下殤”，十二歲至十五歲而死者爲“中殤”，十六歲至十九歲而死者爲“長殤”。但女子十五歲而笄，已經算成年了，所以十五歲以後死不能算“殤”。《禮記·曾子問》：“昔者史佚有子而死，殤也。”

夭 早亡。“夭”的本義是彎曲，《説文》：“夭，屈也。從大，象形。”引申有夭折、早亡義。《釋名·釋喪制》：“少壯而死曰夭，如取物中夭折也。”

“夭”與“殤”不同，并不是指未成年而死，如《文選》中束皙的《補亡詩》：“人無道夭，物極則長。”李善注：“年未三十而死曰長夭。”

折 早亡。“折”的本義是“折斷”，如《詩經·鄭風·將仲子》：“無折我樹杞。”引申指人早亡。具體有兩種説法：一説未婚而死，如《尚書·洪範》：“一曰凶、短、折。”鄭玄注：“未婚曰折。”一説父喪子，如《漢書·五行志》：“兄喪弟曰短，父喪子曰折。”由於“夭”“折”同義，故經常連用。

屬纊 指人因病將死。“屬”在這裏是放置的意思，“纊”是新絲綿。“屬纊”是將絲綿放置在臨終者的鼻前，驗其是否還有呼吸。《禮記·喪大禮》：“疾病，男女改服，屬纊以俟絶氣。”

殮 給死者穿衣入棺。古人死後，給死者穿裏叫“小殮”，把死者放進棺材叫“大殮”。《南史·任昉傳》：“雜木爲棺，浣衣以殮。”

殯 死者入殮後停柩待葬。《説文》：“殯，死在棺，將遷葬柩，賓遇之。”《左傳·僖公三十二年》：“冬，晉文公卒。庚辰，將殯於曲沃。”這是説將晉文公的靈柩運到曲沃，停喪待葬，直到第二年的四月才下葬。古人之所以“殯”，主要是等待吉日，如《北史·高麗傳》：“死者殯在屋内，經三年，擇吉日而葬。”

棺槨 棺材。古代“棺”指内棺，《説文》：“棺，關也，所以掩屍。”可見是放死者屍體的。“槨”指外棺，《説文》：“槨，葬有木郭也。”段玉裁注：“木郭者，以木爲之，周於棺，如城之有郭也。”《孝經·喪親章》：“爲之棺槨衣衾而舉之。”邢昺疏：“周屍爲棺，周棺爲槨。”古代貴族大都有棺有槨，據《禮記·檀弓上》記載，天子的棺槨共有四層。生活貧困的人則有棺無槨，如《論語·先進》：“鯉也死，有棺而無槨。”因爲棺槨爲木製，所以古代又稱“木”，如《左傳·僖公二十三年》：“我二十五年矣，又如是而嫁，則就木焉。”今成語“行將就木”即出典於此。

發引 指送葬，“發”是出發的意思，“引”是“拉”的意思。按古代喪制，送葬者都要拉着繫在柩車上的大繩子，隨着柩車前行。《釋名·釋喪制》：“從前引之曰紼。紼也，發車使前也。”“紼”指粗繩。按周制，送葬者必須牽引柩車上的繩索，稱“執引”；如果跟着柩車到墓穴，則稱“執紼”。古代因死者身份不同，紼和執紼者的數量也不同。據《周禮》等書的記載，天子六紼，執者千人；諸侯四紼，執者五百人；大夫二紼，執者三百人；士二紼，執者五十人。在韓國語中，仍保留着“發引”一词，即指送葬。

墳墓 古代“墳”“墓”有別，高出地面的土堆叫“墳”，不堆土而植樹叫“墓”。《説文》：“墳，墓也。”段玉裁注：“析言之，則墓爲平處，墳爲高處。”在商代和西周，只有墓而没有墳，《禮記·檀弓上》：“古也墓而不墳。”

東周始築墳堆，通稱“墳墓”，但也只限於貴族階層，一般平民仍是“墓而不墳”。墳堆的大小與死者的爵位有關，大墳堆稱“丘”，小墳堆稱“封”。墳堆上一般都植有樹，《左傳・僖公三十二年》：“中壽，爾墓之木拱矣。”所植的樹也因死者地位不同而有所差别，《白虎通・崩薨》：“天子墳高三仞，樹以松；諸侯半之，樹以柏；大夫八尺，樹以欒；士四尺，樹以槐。”平民則“不封不樹”。古代墳墓中一般放有記述死者傳記的石刻，稱爲“墓誌”或“墓誌銘”；立在墓前，記述死者生平并頌揚其功德的石碑，稱爲“墓表”。

冢 墳墓。“冢”本指山頂，《詩經・小雅・十月之交》：“百川沸騰，山冢崒崩。”毛傳：“山頂曰冢。”引申指隆起的墳墓，《説文》：“冢，高墳也。”段玉裁注：“墳者，墓也。墓之高者曰冢。”後泛指墳墓，揚雄《方言》：“冢，秦、晉之間謂之墳。”

陵 墳墓。“陵”本指大土山，《詩經・小雅・天保》：“如山如阜，如岡如陵。”又《左傳・僖公三十二年》：“其南陵，夏后皋之墓也；其北陵，文王之所避風雨也。”漢以後指帝王的墳墓，《水經注》卷十九：“秦名天子冢曰山，漢曰陵，故通曰山陵矣。”如昭陵、茂陵、宋陵、清東陵、十三陵等。“陵”也稱“臺”。

第三節　姓名字號

姓氏 上古時，“姓”和“氏”是兩個不同的概念，宋劉恕《通鑑外紀》：“姓者，統其祖考之所自出；氏者，别其子孫之所自分。”“姓”起源於母系社會，是代表具有血緣關係的世系同族的稱號。《説文》：“姓，人所生也。……因生以爲姓，從女生。”當時，由於實行羣婚制，所生子女只知其母不知其父，故只能隨母姓。所以，中國最古老的姓如“姬”“姜”“姚”“姒”“嬴”“婁”“媯”等均含有“女”字。一般來説，同姓者都是同一位母親的後代，都具有一定的血緣關係，因此姓具有“别婚姻”“明世系”“别種族”，即辨别血緣關係的作用。婚姻只能在不同姓的氏族間進行，同姓不可通婚。可見，“姓”在古人的生活中是十分重要的。最初的姓往往源於某一氏族所崇拜的圖騰或居住地。周代約有 22 個主要的姓，周王室及其同姓封國如魯、晉、鄭、衛、燕、虞、虢等爲“姬”姓；異姓封國如齊、申、吕、許等爲“姜”姓。例如《左傳・隱公元年》：“初，鄭武公娶於申，曰武姜。”即爲異姓通婚的例子。此外，秦國爲“嬴”姓，殷人後裔的宋國爲“子”姓，夏人後裔的越國爲“姒”姓，虞舜後裔的陳國爲“媯”姓。在先秦時期，只有貴族才有姓，而平民則無姓。所以那時的“百姓”並非指平民。例如“弈秋”“優孟”“庖丁”等，“弈”（圍棋）“優”（藝人）“庖”（厨師）等均爲職業，而“秋”

“孟”“丁”等則爲名字。漢以後，平民始有姓。“氏”起源於父系社會，是由同姓衍生的分支。同姓的部族由於人口增多，活動區域擴大，便逐漸分出一些支派，這些支派就是“氏”。“氏”作爲一種特殊的代號，其命名的來源十分廣泛，有的得名於祖先之號，如“軒轅氏”“高陽氏”等；有的得名於祖先之封國，如“秦”“魯”“齊”“趙”“楚”“燕”“吴”等；有的得名於祖先之官，如“司馬”“司徒”“司空”“樂”“賈”等；有的得名於祖居之地，如“西門”“東郭”“南宫”等。也就是説，“姓”是最初的部族代號，而“氏”是後起的部族代號。“氏”具有“别貴賤”的作用，同一祖先的後代分支，有的躋身貴族，有的淪爲平民，通過不同的“氏”可以區分開來。也就是説，“姓”代表着共同的血緣關係，具有極强的穩定性；“氏”則反映了一定的佔有關係，具有較强的不穩定性。所以，在春秋時期，貴族男子不稱姓，只稱氏，這是因爲姓與生俱來，言“氏”即可知“姓”，只有“氏”才能表明一個人現有的身份。戰國時期，由於禮崩樂壞，姓氏體系極爲混亂。到了秦代，“姓”和“氏”已經没有多少區别了，《通志·氏族略序》:“三代之後，姓氏合而爲一，皆所以别婚姻，而以地望明貴賤。”到了漢代，“姓”與“氏”已經完全没有區别了，使用時或稱“姓”，或稱“氏”，或兼稱“姓氏”。而且，姓氏已不是貴族的專利，從天子至庶人都已有姓氏了。我們今天所用的姓，大多來自上古時候的姓氏，幾乎都可以找到它們的源頭。據統計，在我國歷史文獻中出現過的姓氏共 5 662 個，其中單姓 3 484 個，复姓 2 032 個，三字姓 146 個。

名　名是人的代號。名與姓不同，姓是“公名”，屬於家族所有，由繼承而來，在一般情況下，家族成員不得隨意更改；而名則是“私名”，屬於個人獨有，且後代絶對不能繼承。“名”產生於原始氏族社會的晚期，當時由於社會生產力的發展，人們的自我意識開始覺醒；他們擺脱了“鷄犬之聲相聞，老死不相往來”的觀念，產生了對社會交際的需求。《説文》:“名，自命也。從口夕，夕者冥也，冥不相見，故以口自名。”顯然，名有利於與人之間的識别與交往。“命名”是一項帶有鮮明文化傳統和民族特色的創造活動。我國上古時期，民性質朴，民風粗獷，取名用字淺白直露，不尚文飾。例如商代的風俗是以干支爲命名材料，從商湯至紂凡十七代三十王幾乎全以天干命名。除了帝王以外，商代貴族也大都如此，在青銅器的銘文里就保留了許多這樣的人名，如“父辛”“父癸”“虎父丁”“弓父庚”等。春秋戰國時期，由於奴隸制度的崩潰及社會思想的大解放，人名素材趨於廣泛，最突出的是賤名、醜名的出現，如“臀”“痤”“乞”“圉”“妾”“惡”等。周代以後，我國人名“始尚文焉”，即開始注重人名的文采。漢代人名莊重典雅，表現出鮮明的時代精神，如“孔安國”“于定國”“張禹”“蘇武”“班彪”“魏霸”“夏侯勝”“張飛”

“董卓”“諸葛亮”等。一切好字眼兒似乎都在漢代被用盡，後人只是重複而已。古人命名用字有複音化的傾向。先秦時期，我國人名主要爲單名，例如“屈原”“孔丘”“孟軻”“李耳”“董狐”“莊周”等；但雙名亦復不少，如“姬寤生”“逢丑父”“穎考叔”“鬬伯比”以及晉文公“重耳”、齊頃公“無野”等。西漢末王莽篡政，托古改制，禁用雙名，於是釀成了漢魏300年間的單名之風。從南北朝開始，雙名驟然增多，這與當時的詩歌文學創作有直接的關係。唐宋時期開始形成以行輩用字入名的風氣，進一步鞏固了雙名的格局。至清代時，雙名率已高達75%。

關於人名的呼叫和使用，古人有着嚴格的規定。一般來説，尊對卑、長對幼時可以直呼對方之名，卑對尊、幼對長時要自呼其名。古代女子出嫁後一般只稱姓，不稱名。爲了與同姓者相區别，姓前或加排行，或加丈夫的國名、族名，或在姓後加氏。如《左傳·隱公元年》：“初，鄭武公娶於申，曰武姜。生莊公及公叔段。莊公寤生，驚姜氏，故名曰寤生，遂惡之。”其中說的“申國”是姜姓國，所以鄭武公的妻子姓“姜”；“武姜”中的“武”是鄭武公的謚號，“姜氏”則是在姓後加“氏”。

字 古人除了有名以外，一般還有字。《説文》：“字，乳也。”“字”的本義是生養後代，因而有孳生之義。人的“字”是由“名”孳生、演化而來，是對名的補充或解釋，故稱“字”。字與名相爲表裏，在字義上是有聯繫的，故又稱“表字”。字最早出現於周代，《禮記·檀弓》中説：“幼名，冠字，周道也。”孔穎達疏：“始生三月而始加名，故云幼名；年二十有爲父之道，朋友等類不可復呼其名，故冠而加字。”古人在成年之後才能取字，標志着他已經成爲正式的社會成員，《禮記·曲禮上》：“男子二十，冠而字。……女子許嫁，笄而字。”古人的字不是隨便起的，它和名在意義上是有聯繫的。這種聯繫或爲同義，如班固字孟堅，“堅”“固”同義；諸葛亮字孔明，“明”“亮”同義。或爲反義，如韩愈字退之，“愈”“退”反義；朱熹字元晦，“熹”“晦”反義。或爲連義，如陸羽字鴻漸，語出《周易》“鴻漸於陸，其羽可用爲儀”；元亨字利貞，也是出於《周易》“元亨利貞悔亡”。還有的互爲補充，如趙雲字子龍，白居易字樂天，張炎字叔夏，馬致遠字千里，均可使人產生聯想。所以，《白虎通·姓名篇》中説：“聞名即知其字，聞字即知其名。”周代的貴族男子，一般要在字的前面加上“伯”“仲”“叔”“季”表示排行，在字的後面加上表示性别的“父”或“甫”，從而構成字的全稱，如“仲尼父”“仲山甫”等。古人的字除了表示成年之外，還有在社交場合代名的作用。《儀禮·士冠禮》：“冠而字之，敬其名也。君父之前稱名，他人則稱字也。”古人在稱呼尊者、長者或平輩時，爲了表示尊重或親近，只能稱字，而在自稱時則只能稱名，不能稱字，以表示謙遜。例如司馬遷《報任安書》，自稱“太史公牛馬走司馬遷”，稱對方爲“少卿足下”，“少卿”是任安的字。先秦時期還有把名和字連起來稱呼的，順序是先字後名，如“孟明視”，“視”是名，“孟明”是字，不稱他的姓“百里”。漢以後則變爲先名後字，如“孔融文舉”。總之，古人謙稱、卑稱時一般用名，敬稱、尊稱時一般用字。

號 又稱“别名”“别字”，是名、字以外的一種稱號。由於古人的名字都是家長或他人所定，無法體現自己的後天所得。而號則不然，號是本人自取，不受家族的制約，也不受他人的干預，可以更自由地表達自己的追求和情懷。另外，號没有字數上的限制，它比名字有着更廣闊的表現空間。所以，號與名字在風格上完全不同，名字莊重、拘謹，而號則生動、飄逸。號在立意上主要表達個人的精神寄托，凡是有關個人的抱負、志趣、癖好、業績，或者自己的人生經歷、生活態度、偶像崇拜、形貌特徵等，都可以作爲號的題材。例如陶淵明號“五柳先生”，李白號“青蓮居士”，杜甫號“少陵野老”，陸游號“放翁”等。“號”最早出現於春秋時期，唐宋時開始盛行，但只限於文人雅士。到了明清時期，號有了進一步的發展，上至帝王，下至凡夫俗子，莫不有號。“號”最初出現的時候和“字”一樣，也是爲了“敬名”，《周禮·春官》:“號爲尊其名更爲美稱焉。”所以，爲了表示對他人的尊重，古人常常稱對方的號。於是，很多有成就的人以號名於世，而其名却鮮爲人知，例如曹雪芹名叫“曹霑”，八大山人名叫“朱耷”，鄭板橋名叫“鄭燮”；其他如蘇東坡（蘇軾）、蘇老泉（蘇洵）等，他們的號都比名字普及。“號”和“字”不一樣之處是號可以用於自稱，而字則不能自稱。

謚號 一般指“官謚”，即古代帝王、后妃、諸侯、大臣等死後，朝廷按其生前事蹟所給予的總結評價性的稱號。《説文》:“謚，行之蹟也。”謚號對死者生前事蹟、品德的總結和評價，是維繫封建禮法的一項重要内容，故自西周出現之後爲歷代統治者所重視。評定謚號的規定稱爲“謚法”。唐王彦威《贈太保于頔謚議》:“古之聖王立謚法之意，所以彰善惡，垂勸戒，使一字之褒寵，逾紱冕之賜；片言之凌辱，過市朝之刑。”由於謚號不啻於“蓋棺論定”，可以流傳青史，所以儘管秦始皇一度廢除謚法，但到漢代即予以恢復，隨後又不斷加以完善。宋代有《謚法》一書，共收168謚，311條，爲後世所遵從。一般來説，謚號分爲美謚、平謚、惡謚三類，表示對死者的褒揚、哀矜或貶斥。如果死者一生爲善或建有功德，就給予“神、聖、文、武、昭、莊、恭、烈、明、景、桓、穆”等美謚；如果死者登位夭折或志向未伸，就給予“悼、愍、哀、幽、懷、殤”等平謚；如果死者行爲不端或有悖禮儀，就給予“靈、厲、戾、煬”等惡謚。但有時謚號并不一定與死者生前行爲相符，往往有謚美之辭，故美謚最多。上古謚號多爲一字，如齊桓公、晉文公、秦穆公、鄭莊公等；偶有兩字的，如趙武靈王、楚考烈王等。漢代以後大多爲二字，漢武帝劉徹的謚號是“孝武”，諸葛亮的謚號是“忠武”，岳飛的謚號是“武穆”，范仲淹的謚號是“文正”。清代官謚中，“成、正、忠、襄”四字屬於特謚，只能由皇帝賜予；“文正”一謚，最爲朝廷所重，只能授予那些德高望重或功勞卓著者，如曾國藩即被授予“文正”一謚。

私謚 與官謚不同，它是由親友、門人、故吏贈給死者的謚號，故稱“私謚”。私謚始於春秋末期，至宋代爲盛。私謚後往往綴以“先生”“處士”“夫子”等字，以寄託人們對死者的褒揚和追思。能獲得私謚的都是著名的文人學者或耆宿賢士等，私謚一般没有惡謚。如東晉陶淵明的私謚是“靖節先生”，宋代張載的私謚是“明誠夫子”等。

廟號 古代帝王死後，要根據他在皇族中的世系，在太廟立室奉祀，并追尊爲某祖、某宗，這種名號就是“廟號”。廟號始於商代，如商王太甲的廟號是“太宗”，武丁的廟號是“高宗”等。從漢代起，歷代帝王都有廟號。凡開國之君多稱“祖”，如漢高祖、唐高祖、宋太祖、明太祖等；其後的嗣君則稱“宗”，如唐太宗、宋高宗等。清代開國君主努爾哈赤稱“清太祖”，其後順治帝稱“世祖”，康熙帝稱“聖祖”，他們之所以也稱“祖”，是因爲他們功績卓著，“雖曰守成，實同開創”，大約是一種特殊的待遇吧。古人在比較莊重、嚴肅的場合，稱呼死去的皇帝時一般要稱全號，即在廟號之後連稱謚號，如唐代李淵的全號是“高祖武皇帝”，其中“高祖”爲廟號，“武”爲謚號。唐以前多稱謚號，如漢武帝；唐以後則多稱廟號，如唐玄宗。明、清則習慣稱年號，如嘉靖、光緒等，這是因爲明、清時一代帝王只有一個年號，稱説較爲方便的緣故。

尊號 皇帝生前獲得的含有尊崇褒揚意義的稱號。這一點與死後才加的謚號、廟號不同，但也有個别的是死後追尊的，如唐高宗死後，到了玄宗天寶年間才上尊號爲“神堯大聖大光孝皇帝”。西漢時，尊號僅指“皇帝”以及授給皇帝父母、祖母的正式稱號，如“太上皇”“皇太后”“太皇太后”等。每當開國君主稱帝或嗣君即位時，都要舉行“上尊號”的儀式。例如西漢初年，大臣們勸劉邦稱帝，説：“大王功德之著，於後世不宣。昧死再拜上皇帝尊號。”到唐代時成爲定制，每逢朝廷慶典，則由臣下擬上，或二字，或四字，内容多爲阿諛奉承之詞。同一個皇帝，尊號可以上好幾次，以致尊號越加越長，如唐玄宗的尊號爲“開元聖文神武皇帝”，宋太祖的尊號爲“應天廣運仁聖文武至德皇帝”，而明太祖的尊號則長達二十字。由於尊號太長，不便記憶，所以一般仍用謚號或廟號指稱皇帝。清代，朝廷還給西藏喇嘛教格魯派的兩大活佛之一的達賴喇嘛賜予尊號，全稱爲“西天大善自在佛所領天下釋教普通瓦赤喇怛喇達賴喇嘛”，這一尊號集漢語、藏語、蒙語和梵語於一身，是民族文化融合的表現。

徽號 明、清時在皇太后、太皇太后生前所上的尊號。《爾雅·釋詁》：“徽，善也。”徽號即美善之稱，《明史·禮志七》：“明制，天子登極，奉母后或母妃爲皇太后，則上尊號，其後或以慶典推崇皇太后，則加二字或四字爲徽號。”清制略同，如同治帝尊生母那拉氏爲聖母皇太后，上徽號“慈禧”。奉朝廷慶典時徽號還可以累加，如慈禧的徽號便由兩個字累加爲十六個字，即“慈禧端佑康頤昭豫莊誠壽恭欽獻崇熙皇太后”。尊號和徽號雖然有别，但習慣上將它們混而爲一，皇帝的尊號也可以稱爲徽號。

綽號 外號。古人又稱“混名”“混號”“諢名”等。“綽”有“寬餘”“多餘”之義，“綽號”即人名字以外的别名。綽號多爲他人所起，可以含有親昵、憎惡、敬畏或調侃的意味。綽號出現於春秋時期，如秦穆公用五張羊皮從楚國贖回百里奚，並以他爲相，人稱“五羖大夫”。清趙翼《陔餘叢考》卷三十八：“世俗輕薄子，互相品目，輒有混號。”《呂氏春秋·簡選篇》：“夏桀號‘移大犧’，謂其多力能推牛倒也，此混號之始。”綽號大都以比喻的手法，精練地概括出該人的特徵，故生動形象，易記易傳。如唐代稱李林甫爲“李猫”，稱李義府爲“人猫”，即挖苦、嘲諷二李的陰險。又如宋代宰相王珪，在位十餘年只會取旨、領旨、傳旨，人稱“三旨相公”。至於《水滸傳》中的好漢，幾乎人人都有綽號，更是人們耳熟能詳的了。

地望 古代指人的地位與名望，如唐段成式《酉陽雜俎》續集《支諾皋》下：“韋斌雖生於貴門，而性頗厚質，然其地望素高，冠冕特盛。”也指地方的望族。《新唐書·柳沖傳》：“善言譜者，繫之地望而不惑，質之姓氏而無疑，綴之婚姻而有别。”由於地望意味着良好的門第出身，故出身名門望族者尤好標榜地望。《通志·氏族略序》：“三代以後，姓氏合而爲一，皆所以别婚姻，而以地望明貴賤。”意思是漢代時，姓與氏都是婚姻的要件，而地望則是地位的標誌。所以，古人有時爲了提高自己或他人的身價，常常標榜自己出身於某地望族。例如韓愈爲南陽人，但昌黎韓姓爲望族，故人稱“韩昌黎”。

避諱 古代的一種語言禁忌，即在説話或作文時，如果遇到和君主、尊長名字相同的字，必須設法迴避或改寫。避諱是封建宗法制度的產物，是我國特有的一種歷史現象。避諱原指在語言交際中迴避對方禁忌，是禮的一種表現形式。《史記·老子韓非列傳》：“凡説之務，在知飾所説之所敬，而滅其所醜。”司馬貞《索隱》：“人主有所避諱而醜之，游説者當滅其事端而不言也。”當然，“諱”是有對象的，《公羊傳·閔公元年》：“春秋爲尊者諱，爲親者諱，爲賢者諱。”已明確揭示了古代記史時的避諱原則。這裏所説的“避諱”正是沿着這一原則，發展爲迴避直稱君主、尊長名字的一種制度。避諱起源於周代，“因諱廢名”的情況在當時已屢見不鮮，如晉僖侯名“司徒”，晉國遂廢“司徒”一職，改稱“中軍”。秦漢時期，由於大一統的政局已經形成，儒學在上層建築領域逐漸佔據了統治地位，避諱制度也逐漸趨於完備，諱禁也越來越嚴。例如秦始皇名“政”，於是“政”“正”成爲國諱，“正月”被改爲“端月”；又漢景帝名“啓”，爲了避諱，將二十四節氣之一的“啓蟄”改爲“驚蟄”。唐宋時期，避諱制度已相當完備，諱禁日趨嚴密，《唐律疏議》規定，犯諱者以“大不敬”治罪，爲“十惡”罪之一。爲了避皇帝名諱，甚至不惜改動儒家經典，例如唐太宗名“世民”，唐石經將《詩經》中的“泄”改爲“洩”。避諱發展到清代，達到了登峰造極的程度，諱禁更爲嚴厲。由於諱禁範圍的不斷擴大，統治者常以犯諱爲由，大興“文字獄”。由於避諱，古代文獻中常有改字、换字的情況，給閲讀造成了混亂。可是，由於各朝諱字不同，又可以利用諱字來考察古籍的時代及版本的真僞。

國諱 又稱“君諱”“公諱”，是指皇帝本人及其父、祖的名字。這是舉國臣民，甚至皇帝本人也必須遵守的避諱内容。例如，爲避漢光武帝劉秀名諱，許慎在《説文》“秀”條下只書“上諱”二字，不作解釋。後來，國諱的範圍不断擴大，不僅包括皇帝的字、前代年號、帝后謚號、皇帝陵名、皇帝生肖等，也包括皇后及父祖的名字，甚至小名等。由於國諱涉及面寬，一旦帝王之名爲常見字，就會給人們的日常生活和文字活動帶來極大的麻煩。爲此，封建帝王取名時以“難知而易諱”爲原則，儘可能取冷僻字。儘管如此，但由於諱禁極嚴，仍然避不勝避。

家諱 主要指父、祖的名諱，是限於家族内部的一種避諱，故又稱“私諱”。家諱與國諱一樣，都體現了封建倫理道德的規範，同樣得到法律的承認。家諱在秦漢時已出現，如司馬遷父名“談”，故《史記》中改“張孟談”爲“張孟同”，改“趙談”爲“趙同”。蘇洵父名“序”，故屬文時改“序”爲“引”，蘇軾爲人作序時則改用“叙”字。家諱在漢代尚不十分嚴格，唐、宋時則極爲重視，避家諱之風甚盛。例如唐代詩人李賀欲舉進士，因其父名“晉肅”，“晉”與“進”音同而犯家諱，故不得舉。

内諱 指母親、祖母的名字。内諱只在家庭内部迴避，對外則不避，這就是《禮記·曲禮》所説的“婦諱不出門”。如《宋書·謝弘微傳》：“從叔峻，司空琰第二子也。無後，以弘微爲嗣。弘微本名密，犯所繼内諱，故以字行。”

憲諱 上司長官的名字，故又稱“官諱”。下屬官員不得直稱上級長官的名字，稱之爲避憲諱。但憲諱并没有法律上的規定，完全是出於長官的妄自尊大和下官的拍馬逢迎。有時長官强制人諱，達到了荒唐可笑的程度，《老學庵筆記》卷五載，田登作郡守的時候，自諱其名。上元放燈，允許人入城觀燈，但因“燈”與“登”同音，便令手下人在寫佈告時迴避“燈”字。於是，佈告上的文字便成了“本州依例放火三日”。今諺語“只許州官放火，不許百姓點燈”即出於此。

聖諱 指封建社會所推崇的“聖人”的名字。涉及的聖人一般有孔子、孟子、老子、黄帝、周公等。聖諱必須迴避，這在全社會，特别是在文人中是必須遵守的原則。如“軒轅”是黄帝的名字，宋版經籍凡遇“軒轅”二字都用缺筆；爲避孔子諱，宋徽宗時改“瑕丘縣”爲“瑕縣”，改“龔丘縣”爲“龔縣”。清雍正時規定，孔子和孟子的名字必須迴避，凡書中有“丘”字的，必須改爲缺筆；姓名及地名中有“丘”字的，必須改爲“邱”字。今韓國大邱市，原名“大丘”，因避孔子的聖諱而改爲“大邱”。

嫌名 指與所避諱的名字發音相同或相近的字。《禮記·曲禮》:“禮，不諱嫌名。”這是因爲漢字中音同或音近的字很多，如果一概要避，那將不勝其煩。所以，避諱最初是不避嫌名的。例如漢和帝名“肇”，但并不因此改“京兆”之“兆”。從三國時起，嫌名也要避了。據《三國志·吴書》載，孫權之子名“和”，遂改“禾興”爲“嘉興”。自魏晉南北朝開始，避嫌名之俗愈演愈烈。如隋文帝父名“忠”，兼避“中”，故改“中書省”爲“内史省”，改“侍中”爲“納言”；又如宋英宗名“曙”，兼避“曙”“署”“豎”“贖”“抒”“樹”“澍”等字；清聖祖名“玄燁”，兼避“炫”“弦”“曄”等字。通過避嫌名這一形式，也可斷定古籍版本的年代。錢大昕《潛揅堂文集》卷三十四，根據《太玄經》末署有“乾辦公事張寔校勘”字樣，斷定其爲南宋刻本，因爲“建炎初避思陵（趙構）嫌名，始改‘勾當公事’爲‘乾辦公事’”。

改字 避諱方法之一。即通過改字迴避君主或尊者的名諱。這種避諱方法最初見於秦漢時期，後爲歷代所沿用。由於避諱改字，古籍中涉及諱名的人姓、人名、地名、官職名、書名、前代年號、紀年干支，甚至日常器物，幾乎都做了改動。改字有兩種基本形式：一是改用同義或近義的字，例如秦始皇名“嬴政”，諱“正”字，凡“正”皆改爲“端”；漢武帝名“徹”皆改爲“通”。爲避隋煬帝楊廣諱，改訓詁書《廣雅》爲《博雅》。二是改用音同或音近的字，例如爲避司馬懿諱，《三國志》改“張懿”爲“張壹”；范曄父名“泰”，故其著《後漢書》時改“郭泰”爲“郭太”、“鄭泰”爲“鄭太”。又如爲避宋仁宗“趙禎”諱，宋人將“蒸餅”改稱“炊餅”。改字避諱應用極廣，甚至波及姓氏，如《通志·氏族略》載，爲避漢安帝父諱，慶氏改爲

“賀”氏；爲避唐玄宗諱，姬氏改爲“周”氏。

空字 避諱方法之一。即將應避諱之字空而不書，或作空圍“□”，或作“某”，或徑書“諱”字。空字避諱的方法起源也很早，如《尚書·金縢》：“惟爾元孫某。”孔安國傳：“元孫，武王；某名，臣諱君，故曰某。”漢以後空字法日盛，如唐人撰寫《隋書》時，爲避唐太宗李世民的諱，將“王世充”寫作“王□充”，致使後人誤以爲是東漢“王充”。又如許慎在《説文》中遇到漢代帝名，皆書“上諱”二字；《宋書》中稱武帝劉裕爲“劉諱”，等等。

缺筆 避諱方法之一。即對所避之字不寫完整，使之缺少筆畫，以此達到避諱的目的。缺筆法始於唐代，據《册府元龜·帝王部·名諱門》載，顯慶五年（660），唐高宗李治曾頒布詔書，令臣民不得随意改字、缺筆以避正名，可見當時缺筆避諱法已很普及。缺筆避諱多見於唐碑，例如爲避唐太宗諱，“世”缺末筆，“民”字缺頭筆。後世沿用缺筆法，但一般多缺末筆。宋代諱禁極嚴，宋版書籍缺筆不少於改字，凡是涉及宋代帝王的名諱，均缺末筆，以示避皇帝諱。清代缺筆法也很常用，例如爲避孔子諱，“丘”字缺中豎一筆；又如爲避清聖祖玄燁諱，《康熙字典》將“玄燁”二字均缺末筆，并在字頭上寫“御名”二字，又不厭其煩地注明“敬諱”。

改音 避諱方法之一。即通過改變所諱字的讀音，特别是聲調來達到避諱的目的。唐以前即有破字改讀之法，唐時將這一方法用於避諱，例如《史記·秦始皇本紀》張守節《正義》：“正音政，……後以始皇諱，故音征。”今陰曆一月稱正月，即源於避諱改音。又如清代雍正三年（1725）曾發上諭，規定爲避孔子聖諱，人名、地名中的“丘”字俱寫作“邱”字，并讀“期”音。由於這種避諱的方法更多屬於個人行爲，統治者無法進行控制，所以并未廣泛實行。

偏諱 清代學者阮元在《禮記正義·校勘記》中指出：“偏本作徧，與遍同，作偏誤。”可見，“偏諱”即“徧（遍）諱”，意謂應避諱的名字如果是雙名，那麼，即使只用其中的一個字，也要避諱。例如南齊太祖名“蕭道成”，薛道淵爲避其中的“道”字，改名“薛淵”。

二名不偏諱 與“偏諱”相反，如果應避諱的名字是雙名，那麼，只涉及其中一字不算犯諱。《禮記·曲禮上》鄭玄注：“偏謂二名不一一諱也。孔子之母名徵在，言在不稱徵，言徵不稱在。”鄭玄把“徧諱”解釋爲“不偏諱”，有悖原文。孔穎達在《正義》中做了糾正，指出：“不偏（徧）諱者，謂兩字作名不一一諱之也。”説明“偏”字即“徧”字之訛。“偏諱”指諱有二字，單涉一字也屬犯諱；“不偏諱”則相反，單涉一字不爲犯諱。阮元《禮記正義·校勘記》云：“此義謂二字爲名，同則諱之；若兩字各隨處用之，不於彼於此一皆諱之，所謂不偏也。”顧炎武《日知錄》載，宋武公名“司空”，爲避諱，改官職“司空”爲“司城”，即二名不偏諱之證。唐以前，二名偏諱之風已盛，唐太宗時始禁，並規定“官號人名及公私文籍，有‘世民’二字不連讀者，并不須諱”。可是並未奏效。宋金以來，二名無不偏諱。

第四節　宗法宗族

宗族　表示成員有血緣關係的社會團體，有時還包括異姓親族。《説文》：“族，矢鋒也，束之族族也。”段玉裁注：“族族，聚貌。”“族”即古“鏃”字，本指箭矢，因箭矢成束，古代引申有“族類”之“族”。《白虎通·宗族》：“族者，凑也，聚也，謂恩愛相流凑也。上凑高祖，下至玄孫；一家有吉，百家聚之，合而爲親；生相親愛，死相哀痛，有會聚之道，故謂之族。”古代文獻中常有“三族”“五族”“九族”之説，其内涵各家説法不一。《禮記·喪服小記》：“親親，以三爲五，以五爲九。”鄭玄注：“己上親父，下親子，三也。以父親祖，以子親孫，五也。以祖親高祖，以孫親玄孫，九也。”據此，三族的序列爲父—己—子，五族的序列爲祖—父—己—子—孫，九族的序列爲高祖—曾祖—祖—父—己—子—孫—曾孫—玄孫。關於“三族”的解釋最有分歧：或以爲是父、己、子，或以爲是父昆弟、己昆弟、子昆弟，或以爲是父黨、母黨、妻黨，或以爲是父母、兄弟、妻子，等等。諸説或爲同姓，或雜以異姓，説明宗族的概念在歷史發展過程中已有演變。此外，還有七族、十族之説，均在“九族説”的基礎上增減而來。

祖宗　對包括始祖在内的先祖的稱謂。《説文》：“祖，始廟也。”又：“宗，尊祖廟也。”古人最重祭祀，宗廟爲祭祀場所，故引申指“先祖”。《左傳·襄公十二年》：“凡諸侯之喪，異姓臨於外，同姓於宗廟，同宗於祖廟，同族於禰廟。”其中，“宗廟”爲遠祖之廟，“祖廟”爲本支始祖之廟，“禰廟”爲“父廟”。就血緣關係的遠近而言，同姓最遠，同宗次之，同族最親。據《禮記·喪服小記》：“别子爲族，繼别爲宗。”是説别子無權像嫡長子一樣繼承君位，不能與嫡長子同祖，必須分出另立一支，别爲始祖。這樣，繼承别子的嫡長子系统則成爲“宗”。宗法制度提倡“尊祖敬宗”，以保持純正的血統和嚴格的等級。《禮記·祭法》孔穎達疏：“祖，始也，言爲道德之初始，故云祖也。宗，尊也，以有德可尊，故云宗。”自漢代始，凡開國君主，死後廟號稱“祖”，其中含有“始”義；凡卓有建樹的君主，死後廟號稱“宗”，其中含有“尊”義。但從南北朝起，稱“宗”漸濫；至唐，皇帝死後皆可稱“宗”。“祖宗”并稱指“始祖”“祖先”，則是較晚的事了。

始祖　指最初始的祖先。《儀禮·喪服》：“諸侯及其大祖，天子及其始祖之所自出。”鄭玄注：“大祖，始封之君；始祖者，感神靈而生，若稷、契也。”稷爲周部族的始祖；契爲商部族的始祖。在封建宗法社會，後代必須奉祀始祖，如周代，天子、諸侯、大夫、士均有始祖廟；而且，只有宗子才有祭祀始祖的資格和權力。秦漢以後，皇帝常以史籍有載，可以查考的祖先爲始祖。

太祖　指最初受封的君主。又作“大祖”，古“大”與“太”同。《儀禮·喪服》：“諸侯及其大祖”條，鄭玄注：“大祖，始封之君。”例如周初大封建，姜尚（呂尚，即姜太公）被封於齊，即爲齊國始祖。後世則稱一代王朝的始創者爲“太祖”，如漢以劉邦爲太祖，宋以趙匡胤爲太祖，明以朱元璋爲太祖，清以努爾哈赤爲太祖。

親屬　古代凡具有血緣關係的同族本姓和具有婚姻關係的異姓外族，均屬於親屬範疇。包括血親、配偶、血親的配偶和配偶的血親。古今親屬的概念大體相同。根據《爾雅·釋親》等的解釋，古代親屬稱謂大致如下：

父之父爲祖，又稱“王父”；父之母爲祖母，又稱“王母”。祖之父母爲曾祖父母，曾祖之父母爲高祖父母。子之子爲孫，孫之子爲曾孫，曾孫之子爲玄孫，玄孫之子爲來孫，來孫之子爲昆孫，昆孫之子爲仍孫，仍孫之子爲雲孫。

父之兄爲伯父，父之弟爲叔父，後簡稱伯、叔。伯父之妻爲伯母，叔父之妻爲叔母，後稱伯母、嬸母。伯叔之子爲從父昆弟，又稱從兄弟。父之姊妹爲姑，後稱姑母，其夫稱姑父。

父之伯、叔爲從祖祖父，父之伯母、叔母爲從祖祖母。父之從兄弟稱從伯父，其妻稱從伯母，俗稱堂伯、堂叔和堂伯母、堂叔母。堂伯、堂叔之子稱從祖昆弟，又稱再從兄弟，後稱從堂兄弟、堂叔兄弟。

兄之妻爲嫂，弟之妻爲弟婦。兄弟之子稱從子，又稱侄，或作姪。兄弟之女爲從女，後又稱侄女。兄弟之孫爲從孫。姊妹之子爲甥，後又稱外甥。女兒之夫爲女婿或子婿，又省稱婿，或寫作壻。

父之姊妹之子女稱爲中表，如表兄弟、表姊妹。後又稱爲姑表。

母之父、母爲外祖父、母。因是異姓，故稱“外”。外祖父之父、母爲外曾王父、母。母之兄弟爲舅，後稱舅父；其妻爲舅母，俗稱妗子。母之姊妹爲從母，後稱姨母，簡稱姨；其夫爲姨夫。母之從兄弟爲從舅。母之兄弟姊妹之子統稱爲從母兄弟和從母姊妹，後分稱爲姑表兄弟姊妹、姨表兄弟姊妹。

妻之父爲外舅，後稱岳父、岳丈、丈人。妻之母爲外姑，後稱岳母、丈母。岳父又稱泰山，岳母又稱泰水。妻之姊妹爲姨，後稱姨子。

夫之父爲舅，又稱嫜，後稱公（公）；夫之母爲姑，後稱婆（婆）。古代連稱“舅姑”或“姑嫜”。夫之兄稱伯、兄公，夫之弟稱叔、小叔。夫之姊爲女公，夫之妹爲女妹，中古後又稱大姑、小姑。夫之弟婦稱娣婦，夫之嫂爲姒婦。合稱爲娣姒，後又叫妯娌。

妻之父母與夫之父母結爲婚姻關係，後稱爲親家。妻之父爲婚，夫之父爲姻。“姻”表示因爲婚姻關係而形成的親戚，故兩婿相謂爲姻婭之親，後代稱爲連襟、連袂。

親戚 古代有兩種含義：其一，指家族中的父母兄弟，血緣關係最爲切近。如《大戴禮記·曾子病》：“親戚既殁，雖欲孝，谁爲孝?”這裏的親戚指“父母”。又如《左傳·僖公二十四年》：“昔周公弔二叔之不咸，故封建親戚，以藩屏周。”這裏的親戚指“兄弟”。其二，與“親屬”一詞相同，包括本宗和外姻，即同姓本族和異姓外族。如《禮記·曲禮上》：“兄弟親戚稱其慈也。”孔穎達疏：“親指族内，戚言族外。”又如《戰國策·秦策》：“貧窮則父母不子，富貴則親戚畏懼。”這裏的親戚指蘇秦的妻嫂，即有婚姻關係的親屬。

考妣 最初指父母。《爾雅·釋親》：“父爲考，母爲妣。”如《尚書·舜典》：“帝乃殂落，百姓如喪考妣。”孔安國傳：“父曰考，母曰妣。”後指已死的父母，《禮記·曲禮下》：“生曰父，曰母，曰妻；死曰考，曰妣，曰嬪。”或稱顯考、顯妣，先考、先妣。

排行 古人以兄弟姐妹名字中共有部分表示行輩，稱爲排行。顧炎武《日知録》卷二十三：“兄弟二名而用其一字者，世謂之排行，如德宗、德文、義符、義真之類。……單名以偏旁爲排行，始見於劉琦、劉琮，此後應璩、應瑒，衛瓘、衛玠之流，踵之而出矣。”此外，兄弟姊妹以長幼排列的順序，也稱排行，又稱行第。以行第做爲人名的代稱，在唐宋時最爲盛行，如稱李白爲李十二，稱白居易爲白二十二，稱歐陽修爲歐九等。古代的行第指同一曾祖的兄弟之間的排行，俗稱大排行。

伯仲叔季 古代兄弟之間的排行名稱。《白虎通·姓名》：“伯者，長也；伯者，子最長，迫近父也；仲者，中也；叔者，少也；季者，幼也。”父之兄稱伯父，父之次弟稱仲父，仲父之弟稱叔父，最小的叔父稱季父。後來父之兄弟統稱叔父。另外，古人的字前常冠以伯仲叔季以表示長幼排行，如伯夷、仲尼、叔向、季路等。

六親 古代指六種親屬。具體内容説法不一，《新書·六術》和《漢書·禮樂志》顏師古注都認爲是父、昆弟、從父昆弟、從祖昆弟、曾祖昆弟、族昆弟。《漢書·賈誼傳》顏師古引應劭注，以父、母、兄、弟、妻、子爲六親。杜預認爲《左傳·昭公二十五年》中的“父子、兄弟、姑姊、甥舅、昏媾、姻亞”爲六親。《史記・管晏列傳》张守節《正義》以外祖父母、父母、姊妹、妻兄弟之子、從母之子、女之子爲六親，等等。六親有父，爲諸説所同。後六親泛指一切親屬。

宗法 古代的宗族管理制度。即以家族血緣關係爲基礎，按家族成員血統遠近區别嫡庶親疏的一種等級制度。宗法制度是由父系社會的家長制演變而來的，經夏、商至西周而逐步完善。周代的宗法制度最爲典型，對後世的影響也最爲深遠。宗法制度的核心是嫡長子繼承制，主要内容是區分大宗、小宗。宗法制度既是周代實行分封制的根據，又是鞏固分封制的保證。它表面上區别嫡庶親疏，實際上是通過血緣關係確定財産和政治權利的分配。因此，秦漢以後，儘管早期的宗法制度已經崩潰，但作爲宗法制度核心的嫡長子繼承制，則在封建社會中被長期保留下來。《禮記》中的《喪服小記》和《大傳》，對周代宗法制度作了詳盡的描述，表明了宗法制在協調統治階級内部權利關係時的重要作用，可視爲周代宗法社會組織的整體設計。

大宗、小宗 古代宗法制度，即在同一始祖的延續系列中，具有繼承權的歷代嫡長子世系爲大宗，其同母兄弟及庶出兄弟的世系爲小宗。《禮記・喪服小記》:“别子爲祖，繼别爲宗，繼禰者爲小宗。”譬如，周代天子之位均由嫡長子繼承，從而構成世系，稱爲大宗；餘子封爲諸侯，稱爲小宗。諸侯相對天子爲小宗，但在本國則爲大宗。國君之位，也由嫡長子繼承，爲大宗；餘子封爲卿大夫，爲小宗。卿大夫之位，也由嫡長子繼承，爲大宗；餘子則爲士，爲小宗。士的嫡長子仍爲士，餘子則爲平民。由於諸侯、大夫和士的始祖相對於天子、諸侯、卿大夫來説均爲“别子”，即嫡長子之弟，故稱“别子爲祖”，意謂本世系之祖。除天子外，大宗始終是最初的别子的延續，故稱“繼别爲宗”。小宗各繼承其前一代的庶子，父傳子，子繼父，故稱“繼禰（先父）者爲小宗。”由於嫡系的大宗只有一個，而庶子的旁系很多，各個旁系均有繼禰的小宗。世秩延綿，族姓繁衍，源於一個始祖的小宗便越來越多，於是採用上殺（殺，減弱）下殺、旁殺的原則剥離血緣關係太遠的世系。《禮記・喪服小記》:“親親，以三爲五，以五爲九，上殺、下殺、旁殺而親畢矣。”“三”指父、己、子三代，“五”指祖、父、己、子、孫五代，“九”指高祖、曾祖、祖、父、己、子、孫、曾孫、玄孫九代。血統越远，則親愈疏，“上殺”原則上指縱向五代，五代之外親情關係不復存在。所以，五代以上要遷出宗廟，而大宗的始祖則始終要奉祀，這就是《禮記》中所説的，大宗是“百世不遷之宗”，小宗是“五世則遷之宗”。維護大宗的相對穩定，實際上就是保證了國家政權的穩定。大宗的歷代傳人均居於族長的地位，稱爲宗子，宗子擁有主持祭祀始祖及已故父祖的資格與權力，即主持特權。而小宗則只能祭祀已故的父、祖、曾祖、高祖，無權祭祀始祖。因此，在宗法上，大宗比小宗爲尊。周代的這種結構嚴密的祭祀權力系統，是宗法制度的重要内容。宗法制度一方面要利用血緣關係，一方面又要限制血緣關係。限制血緣關係就是將諸王子、羣公子排除君統的範圍，以防止他们構成對君权的威脅；利用血緣關係，就是要以血緣關係爲手段，籠絡族人，使之成爲君權的支柱。

昭穆 古代的廟次和墓次。《説文》“昭”字段玉裁注：“廟有昭穆。昭取陽明，穆取陰幽，皆本無正字，假此二字爲之。”按“昭穆”之制，宗廟的神位和墓葬的順序是以始祖居中，子孫左昭右穆，依次排列，判然有序。始祖之下，第一、三、五、七等奇數後代爲昭，居左；第二、四、六、八等偶數後代爲穆，居右。《禮記·祭統》：“夫祭有昭穆。昭穆者，所以别父子、遠近、長幼、親疏之序而無亂也。”例如周代始祖爲后稷，其後第一代不窋爲昭，第二代鞠爲穆，下依次類推。《左傳·僖公五年》：“大伯、虞仲，大王之昭也。”“虢仲、虢叔，王季之穆也。”大王即古公亶父，爲后稷第十二代孫，爲穆輩；大伯、虞仲、王季是大王之子，是后稷第十三代孫，爲昭輩；虢仲、虢叔是王季之子，是后稷第十四代孫，又爲穆輩。故鄭玄概括爲“穆生昭，昭生穆”，昭穆相次，百代不亂。另外，在宗族集團内，族人聚會時也要按照昭穆的序列。《禮記·大傳》：“合族以食，序以昭穆。”意思是全族聚會時，始祖之位坐北向南，爲主位。始祖之子居左爲昭，始祖之孫居右爲穆，下依次排列。在同代兄弟中，則按年齡排序。昭穆制反映着嚴格的等級制度，是封建宗法制度的重要組成部分。

宗廟 古代祭祀祖先的處所。《説文》：“廟，尊先祖貌也。”段玉裁注：“尊其先祖而以是儀貌之，故曰宗廟。”周代的宗廟設置體現着鮮明的等級制度，據《禮記·王制》：“天子七廟，三昭三穆，與太祖之廟而七；諸侯五廟，二昭二穆，與太祖之廟而五；大夫三廟，一昭一穆，與太祖之廟而三；士一廟，庶人祭於寢。”太祖之廟爲奉祀太祖神主之廟，因神主永遠不遷，故稱爲“百事不祧之祖”。天子七廟，除始祖之廟外，還有文王、武王二廟（亦百世不遷）和四親廟，四親廟爲父、祖、曾祖、高祖之廟。諸侯五廟，則除太祖之廟外，僅有四親廟。大夫三廟，除太祖廟外，只有父、祖二廟。士只有一廟，祖先神主皆在其中。庶人無廟，祭祀祖先只能在嫡長子的居室。

太廟 周代天子和諸侯的始祖廟。《禮記·祭統》：“君致齊（齋）於外，夫人致齊（齋）於内，然後會於大廟。”鄭玄注：“大廟，始祖廟也。”“大廟”即“太廟”。後代沿置，以皇帝祖廟爲太廟，設於京師。另，春秋時魯國也稱周公廟爲“太廟”，因爲周公姬旦是魯國始祖。如《論語·八佾》：“子入太廟。”包咸注：“太廟，周公廟。孔子仕魯，魯祭周公而助祭也。”

嫡子 古代稱正妻所生之子。《釋名・釋親屬》:“嫡，敵也，與匹相敵也。”是説“嫡”爲正室，與配偶（匹）地位相當。嫡、庶的概念反應了宗法社會的等級制度，嫡子有繼承父親財産和地位的權利，是家族的正宗傳人，庶子在這方面是無法比擬的。嫡子中又以長子的地位最高，餘子稱爲“支子”。嫡長子爲首選繼承人，若嫡長子亡，則由餘子遞補，稱爲立嫡。

庶子 區别於嫡子，指非正妻所生之子，即庶出之子。有時稱謂範圍較大，包括嫡長子以外的其餘各子，即支子。《説文》:“庶，屋下衆也。”“庶”即“衆多”之義，庶子即諸子。《禮記・内則》:“適（嫡）子、庶子見於外寢。”鄭玄注:“此適（嫡）子謂世子弟也；庶子，妾子也。”庶子的地位較嫡子爲低，較嫡長子更低，無奉祀始祖的主祭權和承襲父位的繼承權，而且往往最先淪爲平民。

太子 古代嗣君的稱呼。指由皇帝選定并册立的預定繼承君位的人，一般爲嫡長子，但也有例外。周朝天子及諸侯的嫡長子稱“太子”，又稱“世子”。漢初，尊稱太子爲“皇太子”。自漢至宋，一般只有經過册立，法定要繼承皇位的嫡長子才能稱爲“太子”。金、元時，皇帝的庶子也稱“太子”。清代雍正以後不再選立皇太子，太子或别稱爲“儲君”“東儲”“東宫”。

立嫡 確立嫡子稱爲立嫡，這裏的“嫡子”實際上是指嫡長子。按照古代的宗法制度，一旦被立爲嫡子，即擁有對權位、國土、財産的繼承權，是未來的當然君主。所以，立嫡在封建宗法社會是關係到國家命運、宗族延續的重大之舉。立嫡的目的是爲了解决嫡庶紛爭、貴族篡位等問題。《白虎通・封公侯》:“國在立太子者，防篡，煞壓臣子之亂也。”立嫡之後，即成嗣君，或稱太子。按照春秋時期的規定，弑太子之罪與弑君同，可見太子之重。立嫡的基本原則是立正室所生的嫡長子，《公羊傳・隱公元年》:“立適（嫡）以長不以賢，立子以貴不以長。”何休注:“適（嫡），謂適（嫡）夫人之子，尊無與適，故以齒。子謂左右媵及姪娣之子，位有貴賤，又防其同時而生，故以貴也。”意思是如果都是正妻之子，則立其中的年長者，論年齡而不論賢能。如果是立庶出之子，則立其中生母身份高貴者，論出身而不論年齡。因爲庶子衆多，往往有同齡的可能。立嫡這一基本原則幾乎貫穿了我國兩千餘年的封建時代，并確立了嚴格的條例，如唐代孔穎達在解釋周代立嫡制度時指出:“太子死，有母弟則立之，無則立長，年均擇賢，義均則卜，古之道也。”意思是如果嫡長子亡，則立其同母弟，無則立庶弟；兩個庶弟如果年齡相當，則立其中的賢者；若德行也相當，則只能依靠占卜取捨了。唐代的立嫡制度較周代有了一些變動，據《唐律疏議》載，如果嫡長子死了，則立嫡孫；如果無嫡孫，再依次立嫡長子同母弟；無同母弟，則立庶子；無庶子，則再立嫡孫的同母弟；無同母弟，則立庶孫，以下依次類推。立嫡制度雖然十分嚴格，但有時也有變通的情況，君主廢嫡立庶，不尊舊制的事歷代均有發生。由於“太子，宗祧是繫，善惡之習，興亡在焉”，故覬覦者衆，兄弟之间常爲奪嫡而自相殘殺，禍起蕭墻，史不絕書。例如秦始皇死後，次子胡亥僞造詔書，令長子扶蘇自盡，自己繼位稱帝。陳勝、吴廣領導的秦末農民起義，即以此爲發難的號召。又如唐代玄武門之變，李世民杀掉親兄弟李建成、李元吉，逼迫唐高祖李淵讓出皇位。總之，立嫡是世襲制的核心，是維護封建統治的頭等大事。

世襲 古代指世代繼承父祖的地位、田地和權利，是封建統治階級的一種特權。“襲”的本義是“衣上加衣”，《禮記·内則》：“寒不敢襲。”鄭玄注：“襲謂重衣。”引申有“繼承”“承襲”義。王位世襲制始於夏啟，禹以前的部落首领是民主推舉，即“禪讓”。啟廢禪讓制，實行世襲制，從此“大人世及以爲禮”(《禮記·禮運》)。爵位的世襲始於西周，當時諸侯實行世襲制，而公卿、大夫、士一般不世位而世禄。清代爵位的承襲一般有若干代的限制，若不限代，則稱爲“世襲罔替”。

門閥 指封建社會世代官宦顯貴之家，即門第閥閱。《史記·高祖功臣侯者年表》：“人臣功有五品……明其等曰閥，積日曰閱。”“閥閱”指積功，“門閥”指門第、地位、資歷。《後漢書·宦者傳論》：“聲榮無暉於門閥。”東漢末年，九品中正制的實行，使門閥制度迅速發展起來。東晉南朝時，國家權力由王、謝、庾、桓等數家大族輪流執掌，並控制了選舉，形成了“上品無寒門，下品無士族”的局面，使士族門閥制度與當時國家的任官制度結合在了一起。

譜牒 古代記錄氏族世系的表册。《史記·太史公自序》：“維三代尚矣，年紀不可考，蓋取之譜牒舊聞。”這裹的“譜牒”專指記錄帝王諸侯世系的譜表，可見譜牒出現甚早。後代的族譜、家譜等皆由此發展而來。魏晉南北朝時特重門第出身，所謂“九品官人法”“九品中正制”均以此爲據，在選舉官吏時必須考察譜牒。譜牒之舉，以隋唐最盛，五代以後漸衰。

士族、庶族 指魏晉南北朝時期的士大夫氏族階層和庶民氏族階層。從漢末開始，大官僚地主憑藉其政治、經濟上的特權，逐漸形成大姓豪族集團，把持朝政，稱爲“士族”，又稱“世族”“高門”。不屬於士族階層的則爲“庶族”，即平民階層，又稱“寒門”。魏晉南北朝時期特別注重門第出身，士、庶的政治待遇完全不同。《宋書·恩幸傳》：“魏晉以來，以貴役賤；士、庶之科，較然有別。”九品中正制的實行，使士族高門有世及之榮，庶族寒門無進身之途，二者差距更爲擴大。庶族出身有僥幸得高位者，仍不敢與士族抗衡，即使做了皇帝，也要懼讓士族高門幾分。

家長 古代家庭中的男性尊長。在封建社會中，女性没有擔任家長的權利。《尚書·牧誓》:“牝鷄無晨。牝鷄之晨，惟家之索。”孔安國傳:“索，盡也。喻婦人知外事，雌代雄鳴則家盡，婦奪夫政則國亡。”意思是婦人不能主事，猶如母鷄不能報曉。家長制是封建宗法制度的產物，是父系社會確立後宗法制度的重要内容。宗法制度，於死者提倡尊祖敬宗，於生者主張君臣父子。家庭是國家的縮影，家長在家庭中就是君主，一家之長猶如一國之君。《禮記·坊記》:“天無二日，士無二王，家無二主，尊無二上。”家長也是父死子繼，代代相傳。家長有支配家庭財產的權利，《禮記·内則》:“子婦無私貨，無私蓄，無私器，不敢私假，不敢私與。”鄭玄注:“家事統於尊也。”此外，家長還有决定居所之權，有决定子女婚姻之權，有處罰家屬之權，等等。“家長制”存在於封建社會的每一個社會細胞之中，對於維繫整個社會架構起着重大的作用。而它對於人們思想觀念的影響，至今尚未完全消失。

三綱五常 我國封建社會處理人際關係的道德規範。《説文》:“綱，維紘繩也。”指拉綱的大繩，比喻居於支配地位的事物。所謂“三綱”，即“君爲臣綱，父爲子綱，夫爲妻綱”。《白虎通·三綱六紀》:“三綱者，何謂也？謂君臣、父子、夫婦也。”是説臣對君、子對父、婦對夫應絕對服從，不得忤逆。《玉篇》:“常，恒也。”這裏指永恒不變的道理。“五常”之説始見於《尚書·泰誓》:“狎侮五常。”孔穎達疏:“五常即五典，謂父義、母慈、兄友、弟恭、子孝。五者，人之常行。”或以爲是仁、義、禮、智、信，《漢書·董仲舒傳》董仲舒《舉賢良對策一》:“夫仁、誼（義）、禮、知（智）、信，五常之道，王者所當修飭也。”班固《白虎通》持相同見解。或以爲即孟子所説的“五倫”，《孟子·滕文公上》:“使契爲司徒，教以人倫：父子有親，君臣有義，夫婦有别，長幼有叙（序），朋友有信。”“五常”的内容雖衆説不一，但其核心是一樣的，都是處理人際關係時所應恪守的封建禮教。“三綱五常”自漢代提出後，歷代統治階級不斷加以提倡，是維護封建統治，禁錮人們思想的工具。

三從四德 封建社會爲女子規定的道德標準。“三從”見於《儀禮·喪服》:“婦人有三從之義，無專用之道，故未嫁從父，既嫁從夫，夫死從子。”“四德”，見於《禮記·昏義》:“教以婦德、婦言、婦容、婦功。”鄭玄注:“婦德，貞順也；婦言，辭令也；婦容，婉娩也；婦功，絲麻也。”這種“四德”之教，是在婦人出嫁前三個月進行的婚前教育，目的是將婦女培养爲知禮温順、善於女紅的主婦，使她們婚後能“宜其室家”。隨着封建禮教的不斷强化，“三從四德”就成了奴役婦女的精神枷鎖。

第五節 教育科學

學校 學校是在人類原始教育活動的基礎上出現的一種專門教育機構，是人類社會發展到一定階段的產物。我國在原始公社氏族社會時期，已經有了“庠”“序”等學校機構的名稱。不過，這時的學校還屬於雛形，往往一校而兼數用。例如“虞庠”既是養老的處所，又是藏米的倉庫；“夏序”原是習射的場所，同時又兼做養老和實施教育的機關，尚未成爲正式的學校。殷代才出現“學”這一名稱，《禮記・王制》:“殷人養國老於右學，養庶老於左學。”殷人重祭祀，崇禮樂，故又設“瞽宗”，由樂師主持，既是祭祀之處，又是進行樂教、學習禮樂的地方。《禮記・明堂位》:“瞽宗，殷學也。”西周的學校集前代之大成，匯合各種學校構成一套組織比較完備的學制系統。《孟子・滕文公上》:“設爲庠序學校以教之。庠者，養也；校者，教也；序者，射也。夏曰校，殷曰序，周曰庠，學則三代共之，皆所以明人倫也。”至漢代，凡郡國設立的學校稱“學”，地方設立的學校稱“校”。每一學或一校各設經師一人，學與校的畢業生都有升入中央太學的資格。後代學校多以“學”爲名，如國子學、府學、縣學等。到了近現代，“學”“校”二字始合稱，指讀書教學之所。

庠 古代的地方學校。《説文》:“庠，禮官養老。”庠最初是氏族敬老、養老之所，《禮記・王制》:“有虞氏養國老於上庠，養庶老於下庠。”在原始社會，主要由老人承擔教育下一代的任務，所以庠逐漸演變爲實施教育的場所，敬老和孝則成爲教育的主要内容。孟子以爲周代學校稱“庠”，段玉裁在《説文解字注》中認爲有誤。

序 古代的地方學校。《禮記・明堂位》:“序，夏后氏之序也。”夏序最初是習射的場所，《孟子・滕文公上》:“序者，射也。”這體現了夏代“爲政尚武”的風尚。後來，習射這一形式又被賦予了品德培養的内涵，《禮記・射義》:“故射者，進退周還必中禮，……此可以觀德行也。”序還是夏代用於養老的場所，通過養老、敬老以“明長幼之序”。可見，序已經具有了實施教育的功能。到了殷商時代，“序”與“庠”都指地方學校，主要進行禮樂教育。後世也以“庠序”作爲學校的代稱。

官學 古代由中央及各級官府所辦的學校。西周時的教育是政教一體、官師合一，這是“學在官府”的重要標誌。由於典籍文物藏於秘府，民間無書，唯官有書；禮、樂、射、舞所用器具藏於宗廟，民间無器，唯官有器，所以學校只能官辦。在這種官學裏，官吏就是教師，據《禮記・文王世子》所載，即有大樂正、大胥、小胥、大司成、籥師、籥師丞、太傅、少傅、師氏、保氏、執禮者、典書者等，這些既是官名，又是師稱。鄉學教官一般由地方各級行政長官兼任，大司徒總其成并有退職的大夫和士人做鄉學教師。這就是所謂的“學術官守”“學在官府”“官師合一”的主要特徵。春秋戰國時期，官學衰落，私學興起。至漢代，官學重又振興，且規模十分宏大。唐宋以後的太學、國子學（監）、府州縣學，元代以後的社學等，也都屬於官學性質，但較西周官學已經有了很大變化。明清時官學的一個重要特點，就是與科舉結合得更爲緊密，科舉必由學校，入學成爲科舉的必由之路。

國學 西周時期由中央和諸侯國在都城或近郊舉辦的學校，主要是培養統治階級貴族的子弟。《禮記・王制》：“樂正崇四術，立四教，順先王詩書禮樂以造士，春秋教以禮樂，冬夏教以詩書。王太子、王子、羣后之太子、卿大夫元士之適（嫡）子，國之俊選皆造焉。”國學分爲大學和小學，《禮記・王制》：“小學在公宫南之左，大學在郊。”天子所設的大學，規模較大，由辟雍（太學）、成均、上庠、東膠（東序）、西雍（瞽宗）五學組成。五學以辟雍爲尊，故大學統稱“辟雍”。諸侯所設的大學，規模比較簡單，僅有一學，稱爲“頖宫”。西周國學的教育内容包括德、行、藝、儀四個方面，以禮、樂、射、御、書、數等“六藝”爲基本内容。大學教育以詩、書、禮、樂爲重點，小學教育以書（識字）、數（計算）爲重點。西周的大學還有分年定期考查的制度，《禮記・學記》：“比年入學，中年考校。一年視離經辨志，三年視敬業樂羣，五年視博習親師，七年視論學取友，謂之小成。九年知類通達，强立而不反，謂之大成。”西周國學還是養老之所，每年天子視學的同時，都要舉行養老典禮。西周時規定，凡年滿七十的老人養於國學，《禮記・王制》：“凡養老，……周人修而兼備之，五十養於鄉，六十養於國，七十養於學，達於諸侯。”西周以後，國學爲京師官學的通稱。

鄉學 古代的地方學校，源於西周。西周的鄉學是按行政區劃爲一般貴族和部分庶民子弟設立的，規制比較簡單，只有小學一級。《禮記・學記》：“古之教者，家有塾，黨有庠，術有序，國有學。”鄭玄注：“術當作遂，聲之誤也。”周制，都城以外百里以内的地區叫“鄉”，百里以外的地區叫“遂”。周代的鄉學設立於六鄉六遂，并有“塾”“庠”“序”“學”等不同名稱。鄉學教育的主要内容爲“鄉三物”，即德、行、藝三事，較之國學缺少“六藝”一大類。鄉學的學生必須經過層層選拔、推舉，才能進入國學，九年學成後授予官職。可見，國學與鄉學在培养目標上層次不同，國學造就國家的高級官員，鄉學則培養普通權貴。後世稱地方所辦的學校爲鄉學。

太學 古代中央政府主辦的大學，西周已有太學之名，即國學。《大戴禮記・保傅》：“（帝）入太學，承師而問道。”漢武帝時，董仲舒建議重設太學，他指出："養士之大者，莫大乎太學。太學者，賢士之所關也，教化之本原也。……臣願陛下興太學，置明師以養天下之士，數考問以盡其才，則英俊宜可得矣。"（《漢書·董仲舒傳》）元朔五年（前124）創太學，置博士弟子五十人；成帝時已增至三千人。東漢時，光武帝重建太學於洛陽南門外，太學的規模有了更大的發展；質帝時，太學生已增至三萬人。漢代皇帝對太學十分重視，常有視學之舉。魏晉至明清，或設太學，或設國子學，或二者兼設。雖然名稱不一，制度也有變化，但均爲傳授儒家經典的最高學府。

私學 古代私人辦的學校。春秋時期官學衰落，私學勃興，爲教育的發展開辟了新的途徑。儒家中的私學以孔子爲先導，他的私學創辦時間之長，規模之大，經驗之豐富，影響之深遠，在中外教育史上均堪稱爲最。墨家的私學，其規模和影響也很大，與儒家私學并稱爲"顯學"。孔子的後學如子思、孟軻、荀况以及墨子的門徒禽滑釐、孟勝等，繼承并發展了先賢創立的私學事業，卓然成爲大家。其他如名家、法家、縱橫家等，也都聚徒講學，門生多者數千人，少者數百十人。戰國時期，私學的發展和養士之風的盛行，直接推動了各種學派的發展。各學派興學論戰，形成了諸子蜂起，百家爭鳴的局面。秦以後，私學與官學并行，成爲封建社會學校制度的重要組成部分。

學塾 古代私學的一種，又稱"私塾"。學塾源於西周鄉學，《禮記·學記》："古之教者，家有塾。"孔穎達疏："周禮，百里之内二十五家爲閭，共同一巷，巷首有門，門邊有塾。民在家之時，朝夕出入，恒就教於塾。"明清一代，學塾最爲發達。學塾的形式有三種：一爲有錢的縉紳聘請教師在家中設塾教授子弟，稱爲"教館"或"坐館"；二爲教師私人在家設館收徒課業，稱爲"家塾"或"私塾"；三爲地方或私人籌款，聘请教師教授貧寒子弟，稱爲"義學"或"義塾"。每個學塾一般只有一個教師，教材以《三字經》《百家姓》《千字文》和四書五經爲主，多是爲科舉應試作準備。

宗學 古代皇族貴胄子弟學校。西漢平帝時曾置宗師，教育宗室子弟。北魏武帝時曾設皇宗學。唐高宗時專爲宗室及功臣子孫設立小學。宋代宗學分爲大學、小學兩級。清代於順治九年（1652）設立宗學，至雍正二年（1724）訂立宗學制度，凡王、貝勒、貝子、公、將軍及閒散宗室人員，年在十八歲以下的，都可入學讀書。校址在京師左右兩翼官房，每翼各立一滿學、一漢學，故宗學共有四所。雍正十一年又以翰林官二人分教宗學，講解經義，指授文法。修學以三年爲期，期滿及格，分別錄用。

武學 古代專門培養軍事人才的學校。北宋仁宗慶曆二年（1042）始設，并選官爲武學教授，不久即廢。神宗熙寧五年（1072）又重建，選文武知兵者爲教授。生徒以百人爲額，小臣、門蔭子弟及庶民，可經保薦投考。滿三年考試一次，及格者授官，不及格者留學一年再試。明代武學始設於太祖洪武年間，英宗時正式設立兩京武學，崇禎時又命天下府、州、縣均設武學。

書院 宋、元、明、清時的一種不列入國家學制的教育機構，旨在培養青年學子，傳播學術思想和宣揚政治文化。“書院”之名始於唐代，清人袁枚《隨園隨筆》卷十四：“書院之名起於唐玄宗時，麗正書院、集賢殿書院皆建於朝省，爲修書之地，非士子肄業之所也。”可見，唐代書院并非聚徒講學之所，其性質有官辦、私辦兩種。官辦書院如麗正書院、集賢殿書院，主要職責是收藏和校勘“古今之經籍”，同時備皇帝顧問；私辦書院則是個人讀書治學的書房，最早出現的是位於四川遂寧的張九宗書院。真正聚徒講學的學校式書院始於五代，成於宋初。當時有一些學者選擇名山勝地，建立書院，聚衆講學，研討學術，開創了私立大學之風。宋初有著名的白鹿洞、嶽麓、睢陽（應天府）、嵩陽（一説石鼓）四大書院。後官學興起，書院衰落。南宋時期書院又興盛起來，遍佈全國，多達二百餘所。而且，書院得到了官府的支持與承認，成爲私辦公助的地方教育和學術研究的中心。元代書院仍很發達，但已開始官學化，書院山長爲朝廷命官，教師均由政府指定，質量遠遜於宋代。明、清兩代的書院仍然很盛。明代書院已成爲諷議朝政、品評人物的場所和輿論中心，故統治者曾先後四毀書院。清代書院實際上已演變成官學，自由講學、學術研究等特點逐漸蕩然無存，大都以考課舉業爲主，成爲科舉附庸。清末，有些書院增加了自然科學和工商實业等課程，逐漸轉化爲近代學校。

五經博士 古代學官名。博士源於戰國，秦及漢初設博士官，職掌議政、制禮、藏書。漢武帝建元五年（前136）初置五經博士，充任教職，教授生徒，從此博士成爲專門傳授儒家經典的學官。漢初，《詩》《書》《禮》《易》《春秋》每經設一博士，故稱“五經博士”。太學設置以後，教授均由博士充當，學術傳习，頗重家法。西漢末年，五經共有十四家，其中《易》分四家，《書》分三家，《詩》分三家，《儀禮》分二家，《春秋公羊傳》分二家，共有十四博士。

生徒 學生、門徒的通稱。唐代設科取士，參加常科考試的舉子中，凡由學、館畢業的稱爲生徒。生徒又分中央和地方兩種，中央六學的生徒，由國子監祭酒挑選，送禮部應省試；地方學校的生徒，由長史挑選，送禮部應省試。後生徒也泛指在學的學生。

博士弟子 漢代太學教授由博士擔任，遂稱太學學生爲博士弟子。東漢時又簡稱爲太學生或諸生。西漢時，博士弟子或由太常直接選送，或由郡縣道邑選送。博士弟子的學習内容以五經爲主，學制無一定年限，以考試及格爲止。凡通過考試者，一般均可授予官職，成績優異者可從優授予中央及地方行政官。除此以外，博士弟子在太學學習期間，同樣可以授薦舉，應徵召，進身爲吏。

受業弟子 直接接受師長教育的弟子。《史記·孔子世家》:“弟子彌衆，至自遠方，莫不受業焉。”學生對教過自己的師長，都可自稱“受業弟子”。

著錄弟子 漢代稱私學中不親自聆教間接受業的學生。漢代私學發達，經學大師輩出，學生人數衆多。凡不親受師訓，只在其門人之列著錄姓名者，即可成爲大師弟子，略同於後世的“拜門生”。東漢時，著錄弟子最盛，據《後漢書·儒林外傳》載，张興有著錄弟子萬人，而蔡玄竟有著錄弟子一萬六千人。

私淑弟子 崇仰某人的道德學問，但未能受教，甚至從未謀面，只是私下引以爲師，稱“私淑弟子”。語出《孟子·離婁下》:“予未得爲孔子徒也，予私淑諸人也。”趙岐注:“淑，善也。我私善之於賢人耳。”或説“淑”即“叔”,《説文》:“叔，拾也。”故“淑”有“拾取”義，“私淑諸人”即私下取之於人。

束脩 古代弟子送給教師的見面禮。《説文》:“脩，脯也。”“脯，乾肉也。”“束脩”即捆在一起的十條乾肉。《論語·述而》:“自行束脩以上，吾未嘗無誨焉。”意思是只要給我十條乾肉做見面禮，我都會教他。後代則以“束脩”泛指弟子送給老師的報酬。

師法 漢初，博士講授經書俱憑口授。口耳相傳，難免发生訛誤，所以，必須以大師所講授的經説爲準，這就是所謂的“師法”。《漢書·胡毋生傳》:“惟瀛公守學，不失師法。”胡毋生是景帝時博士，瀛公爲其生徒，這裏是説瀛公能恪守所學，不失師法。

家法 漢代傳經，講究師法相承，如果有的學者有新的見解，則另立一家之學，從而形成“家法”。弟子們按照一家的師法習經，稱爲“守家法”。《後漢書·儒林傳序》:“於是立五經博士，各以家法教授。”西漢重師法，東漢重家法。師法重傳授，明本原；家法重立説，爭派别。

三百千 即《三字經》《百家姓》《千字文》的簡稱，是古代最爲流行的啓蒙教育讀本。《三字經》相傳爲南宋王應麟所作，或以爲宋末區適子所撰。後明、清學者續有補充。全書以闡述教育的重要性發端，然後提出封建教育綱領，進而介紹一些名物常識、經史子書、歷史知識、歷代勉學事蹟等，内容豐富，言簡意賅。全書1 068個字，重見五次以上的字不及十分之一，很適合識字教學。形式上採用三字一句，叶韻成文，琅琅上口，便於記誦，故在蒙學教育中影響極大。《百家姓》的作者不詳，相傳爲宋初吴越民間所作。内容全爲常見的單姓和複姓，四字一句，編成韻語。爲尊宋代國姓，故以“趙”居首。

後世所撰《百家姓》共600餘字，字無重複，學習方便，在宋代即已廣爲流行。《千字文》爲南朝梁周興嗣所著，内容包括天文、博物、歷史、人倫、教育、生活等各方面的知識。該書取王羲之遺書中不同的字1 000個，編爲四字韻語，共250句。隋代即開始流行，唐代已經盛行，後世流傳不衰。唐代還有高僧義净的《梵語千字文》。

四書集注 全稱爲《四書章句集注》，南宋朱熹編注。内有《論語集注》十卷、《孟子集注》七卷、《大學章句》一卷、《中庸章句》一卷。宋代始定《孟子》爲經，又以《禮記》中的《大學》《中庸》二篇，與《論語》《孟子》相配。淳熙年间朱熹撰寫《四書章句集注》，“四書”之名由此而出。從元代開始，科舉考試要從“四書”中命題，考生闡發義理則要以《四書集注》爲所本。明、清兩代科舉更重“四書”，《四書集注》已成爲應舉者的必讀課本。

科舉 古代的教育考試制度。始於隋代，隋文帝廢除“九品中正制”和“辟舉制”，由朝廷公開舉行考試來選拔人才，任用官吏。隋煬帝大業二年（606）設置進士科。唐代繼承并發展了隋代的科舉制度，考試科目分爲常科與制科。常科每年舉行，科目有秀才、明經、進士、明法、明書、明算、一史、三史、道舉、童子等五十多種，分科取士，故稱科舉。常科應考生有國子監和州縣學館的生徒，也有不在學中而通過州考的鄉貢。制科又稱“制舉”或“特科”，是皇帝臨時詔令設置的科目，有賢良方正直言極諫科、才識兼茂明於體用科等。宋代的科舉制度有不少改革，宋太祖正式設立了殿試制度，皇帝主持殿試并決定錄取的名單和名次。仍保留常科和制科，常科有進士、九經、五經、三禮、三傳等，較唐代大爲減少。神宗時罷諸科，只保留進士科。宋代注重以經義取士，取消了唐代偏重記憶的帖經、墨義等命題方法，常科考試分爲州府試、禮部試、殿試三級。元代的科舉考試重經義而輕詩賦，經義考試從“四書”中出題，以朱熹的《四書集注》爲闡發的依據。自此，科舉考試以“四書”試士。明、清兩代科舉制度已發展到極盛時期，考試分爲鄉試、會試、殿試三級。鄉試、會試以四書五經命題，文章格式爲八股文；殿試只考時務策一道，由皇帝親自主持。鄉試考中的稱舉人，會試考中的稱貢士，殿試考中的稱進士。清光緒三十一年（1905）開始推行學校教育，科舉遂廢。

察舉 漢代選拔官吏的制度，即由公卿、列侯、郡國守相等經過考察後向朝廷舉薦，方可擔任官職。始於漢武帝時。察舉的名目有賢良方正、孝廉、秀才、明經等，察舉的對象主要是官府的屬吏和各級地方學校的諸生。已被察舉的人員，朝廷有時還要進行一定的考試。對賢良的考試主要是對策，由皇帝提出政治、經義方面的問題，由應舉者回答，即所謂的“舉賢良對策”。東漢時，對孝廉也進行考試，諸生試家法，文吏試箋奏，這已經是科舉制度的雛形了。漢代的察舉制度，實權掌握在公、卿、守、相手中，所舉科目以德行爲重，但這一標準難以把握，考試制度又很不完善，故極易產生流弊。魏晉以後，九品中正制代替了察舉制。後世也偶有沿用的情況，如《明史·太祖紀》："（洪武六年）二月乙未，諭暫罷科舉，察舉賢才。"

徵辟 漢代的選士制度，又稱"辟除"或"公府辟士"。《説文》："徵，召也。……行於微而聞達者即徵也。"皇帝不經舉薦，直接招用隱於民間而有名望的士人，稱爲"徵"；三公及地方長官自行徵聘僚屬，然後向朝廷推薦，稱爲"辟"。徵辟之制，實際上是戰國時養士的遺風。這種選士制度與後代大小官員都要由吏部銓選不同，可以不拘一格，但也容易發生濫用。皇帝徵聘的士人，多授予博士或待詔的稱號；公府辟除的士人，一般通稱掾史。

九品中正制 魏晉南北朝時期的官吏選拔制度，由漢代的察舉制度發展而來。東漢末年，曹操當權，主張"唯才是舉"。黄初元年（220），魏文帝曹丕採納吏部尚書陳羣的建議，推選朝官中德才兼備、有一定聲望的人擔任"中正官"，負責察舉本州郡的士人。察舉的對象按照才能被評列爲上上、上中、上下、中上、中中、中下、下上、下中、下下九品，每十萬人推舉一人，由吏部授予官職。這就是所謂的"九品官人法"，也稱"九品中正制"。實行之初，由於繼續貫徹曹操"唯才是舉"的原則，中正官採擇輿論，評定人物重在才能，所以在當時曾起到了積極的作用。司馬懿當權後，於各州設大中正，多由豪門士族擔任，選擇標準逐漸以"家世"爲重，不復辨其賢愚，遂形成了"上品無寒門，下品無士族"的門閥制度，九品中正制也就成爲鞏固門閥制度的工具。鑒於九品中正制所暴露出來的嚴重弊端，終於在隋文帝開皇年間被廢除，而代之以科舉制度。《清史稿·選舉制》："取士之法……三代以上出於學，漢以後出於郡縣吏，魏晉以後出於九品中正，隋唐至今出於科舉。"

孝廉 漢代選擇官吏的科目。"孝"指孝子，"廉"指廉潔之士。初爲兩科，後合稱爲"孝廉"。漢武帝元光元年（前 134），"初令郡國舉孝廉各一人"，郡國歲舉孝廉的制度從此確立。這種選擇名義上以封建倫理爲標準，但由於世家大族的把持，在具體實施時弄虚作假，所以不合標準者亦爲數不少，當時就有"舉秀才，不知書；舉孝廉，父別居"（《抱朴子·審舉》）的譏諷。東漢時，舉孝廉是出仕的必由之路。漢以後，歷代因之。隋唐時只有秀才之舉，而無孝廉之舉。明清時俗稱舉人爲孝廉。

秀才 原指秀異之才，即優秀人才的通稱。語出《管子·小匡》："農之子常爲農，樸野而不慝，其秀才之能爲士者，則足賴也。"漢代成爲舉士科目之一。漢武帝元封四年（前 107）令諸州各舉秀才一人。東漢避光武帝劉秀諱，改稱“茂才”。三國魏後復稱“秀才”。唐初，秀才與明經、進士并立爲科目。高宗永徽三年（652）停廢，僅用來稱呼應進士科考試的儒生。宋代凡應舉者皆稱爲“秀才”。明、清兩代稱府、州、縣學生員爲秀才。自元、明以來，秀才又成爲書生的通稱。

舉人　原指選拔人才，《左傳・文公三年》：“君子是以知秦穆公之爲君也，舉人之周也。”漢代實行選士制度，令地方向朝廷推薦人才，也稱“舉人”。“舉人”指被舉薦之人，始自《後漢書・章帝紀》：“每尋前世舉人貢士，或起甽畝，不係閥閱。”唐宋時，由鄉貢入京應試的，通稱舉人。明、清兩代，凡鄉試及第者稱舉人，是一種出身資格。

進士　原指進受爵禄之士，語出《禮記・王制》：“大樂正論造士之秀者，以告於王而升諸司馬，曰進士。”隋煬帝大業二年（606）始置進士科，作爲考試取士的科目，而非薦舉選士的科目。唐制，進士科屬於常科，是最受重視的科目，參加進士科考試稱爲“舉進士”。進士及第者最爲榮耀，有“登龍門”之美稱。宋因唐制，哲宗時將進士分爲經義、詩賦兩科，分别進行考試。宋代以後，進士科成爲科舉中的唯一科目。明清時，始以“進士”爲考中者的專稱。凡舉人經過會試考中者爲貢士，由貢士經過殿試録取者爲進士。殿試録取分爲三甲：一甲賜進士及第，二甲賜進士出身，三甲賜同進士出身。三甲皆通稱進士。

貢士　原指向朝廷推舉人才，語出《禮記・射義》：“是故古者天子之制，諸侯歲獻貢士於天子。”鄭玄注：“三歲而貢士。”孔穎達疏：“貢士於天子者，諸侯三年一貢士於天子也。”又《後漢書・左雄傳》：“郡國孝廉，古之貢士，出則宰民，宣協風教。”可見，“貢士”和“舉孝廉”在性質上是一樣的。唐以後，朝廷開科取士，凡由京師及州縣學館出身而送於尚書省應試者，稱爲生徒；不由學館而先經州县考試，及第後再送尚書省應試者，稱爲鄉貢。明清時，會試考中者稱貢士，俗稱出貢。貢士通過殿試後則稱進士。

貢生　明、清時，府、州、縣學的生員，凡是通過考選進入京師國子監讀書的，稱爲“貢生”，意思是將人才貢獻給皇帝。明代貢生分爲歲貢、選貢、恩貢和納貢四種；清代則分爲歲貢、恩貢、拔貢、優貢、副貢和例貢六種。凡每年從府、州、縣學選送資深的廩生升入國子監肄業，稱爲“歲貢”；因爲要憑資歷挨次升貢，故又稱“挨貢”。凡遇皇帝登基或皇帝其他盛典頒布“恩詔”之年，除歲貢之外，特許加選一次，稱爲“恩貢”。凡由生員通過納捐取得貢生資格的，稱爲“納貢”；納貢與例貢略同，均不算正途出身。清初，每六年一次，乾隆七年（1742）改爲每十二年（逢酉年）一次，每府學二名，每州、縣學各一名，由各省學政從生員中考選，擇優保送入京，稱爲“拔貢”，又稱“拔貢生”。拔貢是由明代的選貢發展而來，最爲朝野重視，稱之爲“小狀元”。按照清制，各省學政三年任滿，根據各府、州、縣教官上報的優秀生員名單，通過考選，擇優錄取，保送入國子監學習，稱爲“優貢”。凡鄉試被錄入副榜（即在正式錄取的名額之外，令取若干名爲備取）的，可直接進入國子監肄業，以後還可重新應試，稱爲“副貢”。按《清史稿·選舉志》:“恩、拔、副、歲、優，時稱五貢。”這五貢都算正途出身，而例貢靠捐納取得貢生資格，故不在五貢之列。

廩生 明代府、州、縣設學，規定府學生員四十人，州、縣學依次減少十人。在學生員每人每月供給廩膳米六斗，以補貼其生活。《明史·選舉志》:“(生員）增廣既多，於是初設食廩者，謂之廩膳生員。”“廩生”即“廩膳生員”的簡稱。清沿明制，廩生的名稱和待遇則視州、縣大小而定，一般每月給廩餼銀四兩。清代生員通常經過歲試、科試，成績居於一等前列的，方能取得廩生資格，習慣也稱爲“補廩”。廩生有一定名額，後來於正額之外，又增加了少量的名額，稱爲“增廣生員”。《明史·選舉志》:“初設食廩者謂之廩膳生員，增廣者謂之增廣生员。”簡稱“增生”。

監生 明、清兩代凡由國子監肄業的，統稱監生。“監生”一名最早見於唐代，憲宗元和二年（807）曾設東都監生一百員。宋代除國子監及其下屬學校生員稱監生外，司天監也有監生。明、清則專指國子監生。《明史·選舉志》:“入國學者，通謂之監生：舉人曰舉監，生員曰貢監，品官子弟曰蔭監，捐資曰例監。”清代，國子監的監生分爲四類，即恩監、蔭監、優監、例監。凡皇帝特許給予國子監生資格的，稱爲“恩監”；凡官員子弟憑藉上代餘蔭，不經考試即獲得監生資格的，稱爲“蔭監”；凡平民子弟通過捐納財物而取得監生資格的，稱爲“例監”；只有“優監”是通過考選進入國子監的。乾隆以前，必須經過嚴格的考試才能獲取監生資格，十分不易。乾隆以後，監生多由捐納而得，凡未入府、州、縣學而應鄉試者，須先捐納取得監生資格；凡欲捐官者，也須先捐監生作爲出身，但不一定在監讀書。

童生試 明、清兩代取得生員（秀才）資格的入學考試。簡稱童試，又稱小考、小試。應試者無論年紀大小，均稱童生，或稱儒童、文童。童生試包括縣試、府試和院試三個階段。縣試由各縣縣官主持，試期多安排在二月。考試分四場或五場舉行，各場分別考八股文、試帖詩、經論、律賦等。考後依名次先後錄取，錄取者即取得參加府試的資格。府試或直隸州、廳的考試多安排在四月，考試内容與縣試略同。府試錄取之後，即取得參加院試的資格。院試一般由各省學政主持，因學政稱提督學院，故稱院試。院試分爲兩場，一場正試，一場復試。名次揭曉稱爲出案，被錄取者即爲生員，又稱秀才。送他们進府、縣學就讀，稱爲進學，又稱入泮。

鄉試 明、清科舉考試之一。鄉試每三年一次在京城和各省省城舉行，逢子、卯、午、酉年爲正科，遇慶典加科爲恩科。鄉試之制源於西周的鄉舉，《周禮·地官·鄉大夫》："三年則大比，考其德行、道藝，而興賢者、能者。"故鄉試又稱"大比"，鄉試之年又稱"大比之年"。鄉試分三場進行，八月初九日爲第一場，十二日爲第二場，十五日爲第三場。因在秋天舉行，所以鄉試又稱"秋闈"。考試從四書五經中命題，文體爲八股文。鄉試考中者稱舉人，俗稱孝廉，第一名稱解元。鄉試由主考官主持，又稱房考官，簡稱房官。試卷由房官先閲，然後加批推薦給主考。凡考中的舉人，都應謁見薦卷的房師和主選的座師，自稱門生，并拜主考官爲座主。

會試 明、清科舉考試之一。每三年一次在京城舉行，逢辰、戌、丑、未年爲正科；若鄉試有恩科，則次年也舉行會試，稱爲會試恩科。會試也分三場舉行，考試内容與形式略同於鄉試。明代和清初時於二月舉行，後改爲三月，故會試又稱"春闈"；因有禮部主持舉行，又稱"禮闈"。主考官稱總裁，主管考務；房官稱房師，主管閲卷。會試考中者稱貢士，也稱中試進士，俗稱出貢，别稱明經，第一名稱會元。貢士名額以三百名爲常，各省額數以到京應試人數及省份大小、人口多少而定。

殿試 明、清科舉考試之一。在會試後同年進行，由皇帝在殿廷上對會試取中的貢士親自策問，故稱殿試，又稱廷試。殿試源於漢代皇帝策問各地賢良之士，武則天時也曾親自於洛城殿策試舉人。宋代常科考試分爲州府試、禮部試、殿試三級，禮部試又稱省試，省試之後即舉行殿試。明、清殿試由皇帝親自主持，協助的有讀卷、提調、監試等官。殿試只考時務策一道。錄取分爲三甲，一甲三名，賜進士及第。第一名稱狀元，第二名稱榜眼，第三名稱探花，合稱三鼎甲。二甲若干，賜進士出身；三甲若干，賜同進士出身。二、三甲第一名皆稱傳臚。一、二、三甲統稱進士。

帖經 唐代科舉考試的一種主要方式，又稱"帖文"。帖文主要考查應試者對經文的記憶，《文獻通考·選舉》："凡舉司課試之法，帖經者，以所習經掩其兩端，中間唯開一行，裁紙爲帖。凡帖三字，隨時增損，可否不一，或得四，或得五，或得六爲通。"即主考官任擇經書一頁，遮盖左右兩邊，中間只開一行，這一行再用紙片帖蓋數字，讓應試者將帖蓋的部分讀寫出來，與原文相合者爲合格。

帖括 唐代科舉考試制度，明經科以帖經的方式考試。後因應試的舉人日多，經書中常見的語句大都出濫，致使帖不勝帖，於是考官常選冷僻的語句出題。考生爲了應付考試，便將那些冷僻、隱幽的經文編成歌訣。歌訣只有十餘篇，但難點均已囊括，便於誦習，稱爲“帖括”。自此，欲走捷徑者不再精研經書義理，只需熟記帖括即可應付考試。《新唐書·選舉志》：“明經者但記帖括。”後因稱科舉應試的文章爲帖括。

墨義 唐代科舉考試的一種方式。德宗建中二年（781）規定，明經一科除口試經義外，還要將所答内容録於紙上，稱爲墨義。是由主考官提出問題，應試者筆答。

策問 唐代科舉考試的一種方式。策問較帖經、墨義更爲重要，各科及格與否，全要由策問的優劣而定。秀才科須試方略策五道，不能徒託空言，而要有濟世安邦、切於實用的見解。明經科須試時務策三道，進士科須試時務策五道。唐初，試策文體多重駢文，後來才逐漸採用散文。

經義 古代科舉考試的一種文體。自宋代始，科舉考試以儒家經典文句爲題，應試者作文闡明其中義理，稱爲經義。明、清時，應試者論述經義必須依照朱熹的《四書集注》，文體也發生了變化，逐漸形成了八股文體。

八股文 明、清科舉考試所規定使用的一種規範文體。又稱時文、時義、制義、八比文、四書文。《明史·選舉志》：“其文略仿宋經義，然代古人語氣爲之，體用排偶，謂之八股。”八股文格式固定，形式死板，規定行文謀篇必須由破題、承題、起講、入手、起股、中股、後股、束股八個部分組成，每一部分的句數、句型也都有嚴格的限制。破題是以兩句話點破題旨；承題是用三四句話承接破題的意思而加以闡發；起講概説全體，宏觀蓄勢，爲議論之始；入手爲講道入之處，要求模擬聖賢説話；起股、中股、後股、束股才是正式的議論，每股之間要用一二句銜接、過渡，稱爲“過接”；束股以後用一二句收束全篇，稱爲“大結”或“收結”。這後四個部分，每一部分又均有兩組排比對偶的文句，句之長短、字之多少、聲調之緩急，都必須完全對應。由於這四個部分合計共八股，故稱“八股文”。八股文的字數也有嚴格的限制，清順治年間規定爲550字，康熙年間增爲650字，乾隆年間又增至700字。八股文專取四書五經的文句命題，故又稱“四書義”或“五經義”。措辭要仿古人語氣，對經義的闡釋必須遵循朱熹的《四書集注》等書，不得稍有超越，即所謂的“代聖賢立言”。由於八股文在内容和形式上的僵化，使其成爲束縛文人思想的枷鎖，淪爲獵取功名的“敲門磚”。

彌封 古代爲了防止科舉考試舞弊的方法。又稱“糊名”。“彌”有“遮蓋”義，“封”有“封緘”義。爲了防止科場通統舞弊，考生在試卷上書寫姓名、籍貫的地方必須封貼起來，并蓋關防，稱爲“彌封”。彌封之制始於唐代武則天時，宋真宗時成爲定制。

謄録 古代爲了防止科舉考試舞弊的一種方法，爲了防止科考通統舞弊，鄉試、會試的墨卷必須由專人用朱筆謄録一遍，按《千字文》編號，然後送交閲卷官批閲。《清史稿·選舉制》："士子用墨，曰墨卷；謄録用朱，曰朱卷。"宋真宗大中祥符八年（1015）置謄録院，實行謄録制度，後代沿制。

闈墨 明、清科舉制度，將鄉試、會試考官選定録取的考卷編刻成書，明代稱小録，清代稱"闈墨"或"試録"。

狀元 "元"有"首"義，《尚書·益稷》："元首起哉。"故古代科舉考試以列第一者爲"元"。唐制，舉人赴京應禮部試須先投狀（申请應試的材料），因稱進士科及第的第一名爲"狀元"，或稱"狀頭"。北宋時，殿試第一名稱"榜首"，第二三名稱"榜眼"，一、二、三名皆可稱狀元。南宋以後，始稱殿試首名爲狀元。後歷代沿稱。狀元又稱"殿元""鼎元"。初與一般進士無異，後禮遇漸隆，稱爲"大魁天下"，爲科名中的最高榮譽。明、清時狀元例授翰林院修撰，官秩只有從六品，因此狀元又稱"殿撰"。

榜眼 始見於北宋初年，當時殿試第一名稱"榜首"，如金榜之頭；第二、三名稱"榜眼"，如金榜之雙眼。明、清定制，榜眼專指殿試一甲第二名。

探花 始見於唐代。唐時進士及第後在曲江亭聚會游宴，稱曲江會、曲江亭宴，又稱探花宴。以進士中少年俊秀者二三人爲探花使，遍游名園，折取名花，以宣泄内心的喜悦之情。《説文》："探，遠取之也。""探花"即指採花。南宋以後，探花專指殿試一甲第三名。

解元 唐代科舉制，凡參加進士考試者都由地方解送入試，遂稱州縣考試爲"解試"。宋代州府試稱"解試"，或稱"取解試"。後代沿稱鄉試爲解試，鄉試得中者爲發解，第一名稱解元。

會元 明、清科舉制度，各省舉人到京城會考，稱爲會試，第一名稱爲會元。

連中三元 古代科舉考試稱名列第一者爲"元"。凡在連續舉行的鄉試、會試、殿試中蟬聯第一，稱爲連中三元（解元、會元、狀元）。

題名録 科舉時代，將同科及第者的姓名、年齡、籍貫等匯刻成册，稱爲"題名録"。唐代考中進士者的名册稱"登科記"；宋代以後稱"題名録"或"登科録"，記載考中者的人數、姓名、年齡、籍貫、名次，以及考官姓名、官職，三場考試題目等。

同年録 古代科舉考試同科考中者互稱"同年"，將其姓名、年齡、籍貫等編爲一册，稱"同年録"。清代鄉試、會試發榜以後，都要刊印同年録，以考中名次爲序。又有以年齡大小爲序者，稱"同年齒録"。

鹿鳴宴 唐代鄉舉考試之後，州縣長官要設"鄉飲酒禮"宴請中試的舉子。《新唐書·選舉制》:“試已，長吏以鄉飲酒禮，會屬僚，設賓主，陳俎豆，備管弦，牲用少牢，歌《鹿鳴》之詩。”《鹿鳴》出於《詩經·小雅》，是一首描寫宴飲場面的作品，洋溢着歡樂喜慶的氣氛。《毛詩》小序云:“《鹿鳴》，宴羣臣嘉賓也。既飲食之，又實幣帛筐篚，以將其厚意，然後忠臣嘉賓得盡其心矣。”“鹿鳴宴”因此而得名。明、清沿制，鄉試放榜後，由巡撫主持鹿鳴宴，宴請考官及新科舉人。席間唱“鹿鳴”詩，跳魁星舞，以示慶賀。

重赴鹿鳴 清代科舉制度，鄉試中式的舉人，六十年後如又逢原科開考，經奏準，可與新科舉人一起參加巡撫主持的鹿鳴宴，稱“重赴鹿鳴”。這是對曾中舉人而享高壽者的一種榮典。

槍替 古代科場舞弊的一種手段，即考試時替人應考，代人應考者稱“槍手”。唐代科場没有明、清那樣嚴格，應試者常請人捉刀代筆，當時稱之爲“救人”。晚唐著名文學家温庭筠就以槍替出名。五代時以“槍替”爲犯法，槍替之風始有收斂。

挾帶 古代科場舞弊的一種手段，即考試時應試者挾書入場。明、清時代，科場搜檢極嚴。但在唐代，搜檢不過是例行公事，有時考官還公開讓舉子帶參考書入試，使得挾帶之風日盛。直到後唐明宗天興年間，禮部才立條規，遏止這一公然的舞弊行爲。

請託 唐代科舉考試的一種惡劣風氣。唐代舉進士，舉子往往要拜謁達官貴人或前輩名流，投獻詩文，借名人之力廣延聲譽，稱爲“温卷”，實際上是一種變相的請託。請託有人情懇求，也有恃權威脅。武則天時已出現温卷請託之風，中晚唐時此風愈熾。此後，請託之風或公開，或隱蔽，一直綿延未絕。

第六節 官制官職

六官 周代官制，即天官冢宰、地官司徒、春官宗伯、下官司馬、秋官司寇、冬官司空的總稱。隋、唐以後，用來統稱吏、户、禮、兵、刑、工六部尚書。

冢宰 周代官名。《周禮·天官·冢宰》:“乃立天官冢宰，使帥其屬而掌邦治，以佐王均邦國。”“冢”是“大”的意思，“宰”是“主持”的意思，冢宰爲六官之首，總理政務。又成“大宰”，《周禮》鄭玄注:“百官總焉則謂之冢，列職於王則稱大。”後世稱宰相或吏部尚書爲冢宰。

司徒 古代官名，西周金文多作“司土”。西周始置，春秋時沿置。職責是治理民事，主管户口、土地、賦税、教育等。《周禮·地官·司徒》:“乃立地官司徒，使帥其屬而掌邦教，以佐王安擾（定）邦國。”可見司徒官職之重。秦時捨司徒而置丞相；漢哀帝元壽二年（前1）改丞相爲大司徒，地位已遠不及丞相。東漢時改稱司徒，主管教化。三國魏沿置，但已不與朝政。隋、唐復爲三公之一，參議國事。宋代司徒爲宰相、親王等的加官，又成爲一種虚銜。政和二年（1112）廢。明、清時别稱户部尚書爲大司徒。

宗伯 古代官名。西周始置，春秋時魯國沿置。掌宗廟祭祀之職，《尚書·周官》："宗伯掌邦禮，治神人，和上下。"漢代改稱"太宰"，職掌邦國祭事，即後世禮部之職。因此，後世别稱禮部尚書爲大宗伯或宗伯。

司馬 古代官名。司馬是職掌軍事之官，《説文》："馬，武也。"故"司馬"又稱"司武"，《左傳·襄公六年》："司武而梏於朝，難以勝矣。"杜預注："司武，司馬也。"也稱"祈父"，《詩經·小雅·祈父》："祈父，予王之爪士。"毛傳："祈父，司馬也，主封圻之甲兵。"西周始置，春秋戰國時沿置，掌管軍政和軍賦，是最高軍事長官。漢武帝時罷太尉，設大司馬在内朝掌握全部政務。北周時稱大司馬卿，掌國政。隋代廢大司馬，但州、郡、府佐吏有司馬一職，位在别駕、長史之下，是徒有虚名的閑職。明、清時特别稱兵部尚書爲大司馬，稱府同知爲司馬。

司寇 古代官名。西周始置，爲刑官之長，主管刑法、訴訟，《周禮·秋官·司寇》："乃立秋官司寇，使帥其屬而掌邦禁，以佐王刑邦國。"春秋戰國沿置，孔子就曾做過魯國司寇。楚國稱"廷理"，取當廷理案之義。後世别稱刑部尚書爲大司寇，刑部侍郎爲少司寇。

司空 古代官名。"空"爲"工"之假借字。司空即主管工程建築之官，《周禮·考工記》鄭玄注："司空掌營城郭，建都邑，立社稷宗廟，造宫室、車服、器械，監百工者。"西周始置，春秋戰國沿置。後世用作工部尚書的别稱。又，漢成帝綏和元年（前8），改御史大夫爲大司空，後復稱司空。哀帝時又改爲大司空，與大司徒、大司馬合稱"三公"，成爲共同負責國務的長官。東漢光武帝時又改稱司空，掌監察、執法，兼管重要文書圖籍。三國魏時與太尉、司徒爲三公官，但已無實權。隋、唐沿襲，《舊五代史·職官志》："自隋唐以來，三公無職事，自非親王不恒置，於宰臣爲加官，無單置者。"宋代亦不常置。置時也爲虚銜，政和二年（1112）廢。

三公 周以太師、太傅、太保爲三公，是輔佐天子治理朝政的最高行政長官。一説以司馬、司徒、司空爲三公。周代三公的地位最高，權力最大，在王年幼或位缺的情况下，還可以代行王政。西漢是以丞相（西漢末改爲大司徒）、太尉（漢武帝時改爲大司馬）、御史大夫（西漢末改爲大司空）爲三公。東漢時以太尉、司徒、司空爲三公，又稱三司，綜理朝政，權限很大。三國魏仍置三公，與東漢同，但已不參與朝政。北周以太師、太傅、太保爲三公。唐則太師、太傅、太保爲三師，而以太尉、司徒、司空爲三公，但僅爲大臣榮銜，無實際職事。宋沿唐制，將三公作爲加銜。明、清仍沿此制。

太師 西周始置，原爲統兵之官。春秋時晉、楚等國沿置，爲國君輔弼之官。秦及漢初未置，漢平帝元始元年（1）復置，位在太傅之上。三國魏不置，晉復置，因避景帝司馬師諱，改成太宰。歷代均以太師爲最高榮典，宋以太師爲加官，無實權。明、清相沿。又爲輔導太子之官。西晉設太子太師。明、清是以朝臣兼任，是無實職的虛銜。又爲樂官之長，《周禮·春官·宗伯》："太師掌六律、六同以合陰陽之聲。"

太傅《説文》："傅，相也。"西周金文作"輔"，即"傅"之本字。西周始置，爲輔佐之官，地位次於太師。秦廢，漢復置。東漢時仍爲重臣，參與朝政。自漢魏以來，太傅與太師、太保皆可開府置僚屬。隋初廢府僚，只用來表示對大臣的尊崇。明、清兩代爲加官虛銜，無實職。又爲輔導太子之官，西漢時稱太子太傅，賈誼曾任長沙王太傅，後又爲梁懷王太傅。隋、唐以後爲虛銜，與太子毫無關係。

太保《説文》："保，養也。"太保爲天子或太子左右親近之人，負有輔導之責。據《大戴禮記》載，"保"負責照管君主的身體。太保設立很早，商代的伊尹即擔任過太保。又爲三公之一，位次於太傅，爲國君輔弼之官。西周始置，春秋後廢。漢平帝復置，東漢又廢。三國魏末年復置，晉沿置，與太傅同掌朝政，共當宰相之位。後歷代君主作爲加銜贈官，無實職。又爲輔導太子之官，晉有太子太保。隋、唐以後爲虛銜。

三少 少師、少傅、少保的合稱，爲三公的副職。《漢書·百官公卿表》："太師、太傅、太保，爲三公。……又立三少爲之副。"周成王時置，地位低於公而高於卿，獨爲顯貴，故又稱"三孤"。漢以後廢，後周時復置。後代大都沿置。明、清無固定員額，只是虛銜。

九卿 古代官制。《文獻通考·職官》："夏制九卿，殷亦九卿。"周以少師、少傅、少保、冢宰、司徒、宗伯、司馬、司寇、司空爲九卿；秦以奉常、郎中令、衛尉、太僕、廷尉、典客、宗正、治粟内史、少府爲九卿；漢以太常、光禄勛 衛尉、太僕、廷尉、大鴻臚、宗正、治粟内史、少府爲九卿。秦、漢九卿的重要特點是職權較亂，君主家事與國事不分，政治事務與宫廷事務混雜。魏、晉以後，設尚書分管各部行政，九卿事權削弱。明、清有大小九卿之别。北齊改廷尉爲大理，少府爲大府。明改宗正爲宗人府，廢衛尉、司農、大府。以六部尚書、都察院都御史、大理寺卿、通政司史爲大九卿；以太常寺卿、太僕卿、光禄寺卿、詹事、翰林學士、鴻臚寺卿、國子監祭酒、苑馬寺卿、尚寶寺卿爲小九卿。清代以都察院、大理寺、太常寺、光禄寺、鴻臚寺、太僕寺、通政司、宗人府、鑾儀衛爲大九卿；以宗人府府尹、詹事、太常寺卿、太僕寺卿、光祿寺卿、鴻臚寺卿、國子監祭酒、順天府府尹、左右春坊庶子爲小九卿。清代在諭旨中巡航以六部九卿并稱，可知六部不在九卿之內，九卿具體指哪幾種官職，也無明文規定。

宰相　我國封建社會中央政權最高行政長官的通稱。"宰"是"主持"之義，"相"是"輔佐"之義。宰相是從國軍的家臣發展而來的。職責是輔佐帝王，統帥羣僚，總攬國政。"宰相"一名始見於戰國後期，《韓非子·顯學》："宰相必起於州部。"但宰相職務的起源則可追溯至春秋初期。楚武王所置令尹，齊桓公、秦穆公所置相，都是早期的宰相。歷代宰相所使用的正式官名變化無常，其職權範圍和行使職權的方式也有不同。秦、西漢時以"相國"或"丞相"爲宰相之名。東漢時名義上以司徒爲宰相，與司空、太尉共掌政務，實際上權歸尚書。魏、晉以後，以中書監、中書令、侍中、尚書令、僕射等爲宰相之職，分屬三省，無定名也無定員。隋、唐定制，以中書、門下、尚書三省長官爲宰相。唐中葉以後，凡爲宰相者必須加以"同中書門下平章事"的職銜。宋代直接以"同平章事"爲宰相官稱，與其副職"參知政事"合稱"宰執"。南宋孝宗時又改左、右僕射爲左、右丞相。元代只設中書省，實際任宰相職務的是左、右丞相、平章政事。明洪武十三年（1380）廢丞相，而以內閣大學士協助皇帝處理政務。清代設軍機處於內廷，實際擔任宰相職務的是康熙時的南書房行走和雍正以後的軍機大臣。但由於清代大學士的地位極高，故仍以授內閣大學士爲拜相。在古代官職中，宰相的變化最爲頻繁，無定職，無定員，無定稱，這是由君主專制的根本性質所決定的。宰相的職務主要是輔弼皇帝，參與機密，參加詔令的起草、審議與傳達。隨着封建集權的不斷強化，宰相的職權不斷削弱，直至成爲虛銜。

丞相　一般用作宰相的通稱。秦悼武王二年（前 309）始設左、右丞相。"丞""相"二字都有"輔佐"之義，丞相的職責就是輔弼、協助君王處理國政。秦代以後，成爲中央政權的最高行政長官。西漢初，改相爲"相國"，不久又恢復舊名，與太尉、御史大夫合稱三公。元壽二年改稱大司徒。東漢末年復置，完全是董卓、曹操等權臣自命。三國、兩晉、南北朝時，丞相一職廢置無常，或稱大丞相，或稱相國，或稱司徒，也多由權臣擔任。隋、唐兩代都不設丞相、相國，而以三省長官爲宰相。唐中宗以後，如果不以中書、門下長官任宰相之職，而是他官領職，則要稱"同中書門下平章事"。北宋初年，三省長官已不干預朝政，設中書內省爲宰相的辦事機構，以"同中書門下平章事"爲宰相的正式官銜。元豐改制以後，宰相的官稱有數次變更，直到南宋孝宗時，才改左、右僕射爲左、右丞相。元代於中書省、行中書省並置左、右丞相。明初設丞相，洪武時廢，權歸六部，此後再未復置。

三省 古代官署，中書省、門下省、尚書省的合稱。《新唐書·百官志》："唐因隋制，以三省之長中書令、侍中、尚書令共議國政，此宰相職也。"東漢初尚書省已基本形成，並總攬國家政務，從而架空了三公府。魏、晉時期，中書、門下二省也已先後創置，並具備了與尚書省聯合施政的功能。魏、晉南北朝是丞相三公制向三省制演變的時期。隋代正式廢除公府，并促使三省制最終完成。唐代三省制已經定型，《容齋隨筆》載："唐初遂爲三省長官，居真宰相之任。"三省同爲最高政務部門，一般爲中書決策，門下審覆，尚書執行，三省長官共同負責中樞政務。至此，三省制完全取代了丞相、三公制。

中書省 官署名。魏、晉始置，是秉承皇帝旨意掌管機要，發佈政令的機構。魏、晉以後，始以中書省爲中央總機構。隋、唐時，中書省已發展成爲朝廷中樞。隋因避諱，改稱内史省、内書省；唐曾改稱西臺、鳳閣、紫微省，後復舊稱。唐代中書省與門下省、尚書省併爲中央行政總匯，由中書省决策，門下省審覆，交尚書省執行。唐初政事堂又稱中書門下，並以"同中書門下平章事"爲宰相的正式官稱。宋沿前制。元廢三省之制，中書省成爲唯一的最高政務機構，並與樞密院、御史臺分掌政、軍、監察三權。地方行政亦由中書省掌握，較遠地區則設行中書省統轄。明初尚沿元制，洪武十三年（1380）廢中書省，政歸六部，機要之權歸於内閣。

門下省 官署名。西漢時有侍中，爲加官，可以出入禁中，侍奉皇帝，并備顧問。其官署，東漢稱侍中寺，晉改稱門下省。隋、唐時期，門下省和中書省同掌機要，負責審查詔令，簽署章奏，參與議政，始由宫廷服務性質變爲朝廷政務性質。門下省長官爲侍中，隋代爲避隋文帝父楊忠諱而改稱納言。宋初，門下省的職權是主管皇帝御璽、大朝會設位版、贊拜、拜表、官吏考課等事務，地位大大下降。元豐改制後，重新恢復三省的實際地位和職權，門下省專司審覆。南宋合併中書、門下二省，稱爲中書門下省。元廢。

尚書省 官署名。秦少府屬官有尚書，掌文書。東漢設尚書臺，又稱中臺。其時，政歸臺閣，尚書專主文書起草，傳達詔令。魏、晉以後，尚書臺從少府獨立出來，並改稱尚書省，以尚書令爲長官。唐代曾改稱文昌臺、都臺、中臺，中宗神龍初復稱尚書省。宋代時，尚書省和中書省、門下省合稱三省。長官仍爲尚書令，但從不委任，另委派官員或學士任"權判尚書都省事"。元代尚書省時置時廢。明處設六部尚書，屬中書省。洪武十三年（1380）撤中書省，分其政於六部。各部尚書直接對皇帝負責，職權益重。尚書省自此不再設置。清沿明制。

尚書 始置於戰國。"尚"是執掌的意思，古尚書又稱"掌書"。秦代尚書是少府的屬官，掌管文書，地位很低。西漢成帝時尚書分爲四曹，略有分工。東漢時，政務中樞由三公府移入宫廷，由尚書協助皇帝處理，名爲“政歸臺閣”，尚書權勢日重。魏、晉以後，尚書令已成爲負責國務的要職。隋代設置尚書省，分爲六部，各部長官均稱尚書。尚書省遂成爲中央執行政務的總機關。唐代確定六部爲吏、户、禮、兵、刑、工，一直沿用至清。宋代以後，行政全歸尚書省，三省分立之制漸成空名。元代僅存中書省之名，而以尚書省各官隸屬其中。明廢中書省，直接以六部尚書分管政務。清代沿制，清末改尚書爲各部大臣。

尚書郎 東漢時，取孝廉中有才能者入尚書臺，協助皇帝處理政務。初入臺稱守尚書郎中，一年後稱尚書郎，三年後稱侍郎。魏、晉以後尚書省分曹治事，設吏部、屯田、水部等曹，各曹有侍郎、郎中等官綜理曹務，通稱爲尚書郎。《木蘭詩》中“木蘭不用尚書郎”句，即指此官。

尹 商代、西周時期爲君王輔弼之官。春秋時期，楚國官職多稱“尹”。秦、漢之際，楚官有左尹、右尹。《史記·項羽本紀》：“楚左尹項伯者，項羽季父也。”漢代以後，都城的行政長官也稱尹，如京兆尹、河南尹等。元代以後，州、縣的長官也稱尹。

令尹 春秋戰國時期楚國最高的官職，執掌軍政大權。《論語·公冶長》：“令尹子文三仕爲令尹，無喜色。”邢昺疏：“楚臣，令尹爲長。……令，善也；尹，正也；言用善人正此官也。”元代以後，也用作一縣之長的别稱，如蒲松齡《促織》：“天將以酬長厚者，遂使撫臣、令尹，并受促織恩蔭。”句中“令尹”即指知縣。

三老 秦代始置，爲掌教化之官。漢代沿置，《漢書·高帝紀》：“舉民年五十以上，有修行，能帥衆爲善，置以爲三老，鄉一人。擇鄉三老一人爲縣三老。”漢代爲提倡道德教化，特别重視三老制度。凡有益於社會風化，爲民表率者，皆旌表其門。如果地方教化不善，則督責三老。東漢時又有郡三老和國三老。南北朝後廢。

僕射 秦代始置，漢代沿置。凡侍中、尚書、博士、郎等官都有僕射，爲各官之長。“僕射”之得名，源於古代尚武之風，《漢書·百官公卿表》：“古者重武官，有主射以督課之。”應劭注：“僕，主也。”漢成帝建始元年（前32），置尚書五人，以一人爲僕射。自此，上述僕射爲專官之名，其他僕射名稱漸廢。東漢末又分左、右僕射。魏、晉以後，尚書令、僕射同執宰相之事。唐代因李世民曾任尚書令，故不以尚書令輕易授人，而以左、右僕射爲尚書省長官，成爲事實上的宰相，號稱“師長百僚”。宋代左、右僕射與三省長官都是宰相之任。元豐改制後，以左僕射兼門下侍郎代行侍中職事，以右僕射兼中書侍郎代行中書令職事。徽宗時，改左、右僕射爲太宰、少宰。南宋孝宗時，廢左、右僕射而置左、右丞相。此後，僕射之名不存。

廷尉 秦代始置，漢代沿置。主管刑獄，爲最高司法長官。《文獻通考·職官》："凡獄，必質之朝廷，與衆共之之義也。兵、獄同制，故曰廷尉。"漢景帝中元六年（前144）改稱大理，漢武帝建元四年（前137）復稱廷尉。東漢以後，名稱迭變，或稱廷尉，或稱大理，或稱廷尉卿。北齊至明、清均稱大理寺卿。

大理寺 官署名，職掌刑獄。古稱法官爲"理"或"李"，《史記·五帝本紀》："皋陶爲大理，平民各伏得其實。"秦、漢以廷尉爲最高司法長官，曾一度改稱大理，旋復舊稱。北齊始置大理寺，隋、唐後沿置。唐高宗時曾改爲祥刑寺，也很快恢復舊稱。明、清諸卿寺的官品都較唐制爲低，只有大理寺卿仍爲正三品，位居大九卿之列。清代大理寺與刑部、都察院爲三法司，凡有重大案件，則與六部、都察院、通政使司合議處置，稱九卿會議。

六部 古代中央行政機構吏部、户部、禮部、兵部、刑部、工部的合稱。秦、漢時設尚書臺，輔佐皇帝處理政務。魏、晉以後，尚書臺從少府獨立出來，并改爲尚書省，分曹治事。後尚書各曹逐漸演變爲部。隋仿《周禮》六官之制，尚書省分設吏、祠、度支、左户、都官、五兵六部。唐改祠部爲禮部，度支爲户部，左户爲工部，都官爲刑部，五兵爲兵部。各部以尚書、侍郎爲正、副長官。每部又設四司，總共爲二十四司，以郎中、員外郎爲正、副長官。隋、唐以後直到清代，六部的機構及長官名稱均相沿未改，職權範圍也大體未變。元代六部改屬中書省。明初廢中書省，六部直接對皇帝負責，地位更加提高。清同明制。清末改官制，成立責任内閣，所轄十部爲外交部、民政部、度支部、學部、法部、陸軍部、海軍部、郵傳部、農工商部、理藩部，六部之名隨之廢除。

吏部 六部之一，主管全國官吏任免考選的機構。《説文》："吏，治人者也。"漢代的尚書分曹辦事，西漢有常侍曹，東漢有吏部曹，後改稱選部，至三國魏始稱吏部。隋、唐兩代列爲尚書省六部之首。唐代吏部職掌内外官吏選授、勛封、考課等事務。長官爲吏部尚書，副長官爲吏部侍郎。下設吏部、司封、司勛、考功四司，司的長官爲郎中，副長官爲員外郎，其屬官有主事、令史、書令史等。後代基本沿制。宋代元豐改制前，吏部并不行使吏部職權，另設審官院掌銓選；元豐改制後，由吏部尚書主管較高級的文武官，吏部侍郎主管較低級的文武官。這一點與以前的唐制和以後的明、清制略有不同，唐、明、清制則文官歸吏部，武官歸兵部。吏部尚書在明代尤爲顯赫，常能把持朝政。清代，吏部尚書地位下降，與其他尚書相等。清代六部尚書可輪流晉見皇帝，參議國政。清代軍機大臣兼任六部尚書或侍郎，大學士則以管理某部事務之名，與尚書共同負責。吏部尚書因居六部之首，類似《周禮》中的天官冢宰，所以又別稱爲天官、冢宰、太宰。唐代韓愈曾任吏部侍郎。

户部 六部之一，掌管全國土地、户籍、賦税、財政收支等事務，因皆與户籍、人口有關，故名。其前身爲漢代尚書臺的民曹。魏、晉以後，設度支尚書及左民、右民尚書，度支掌國家財政，左民掌户籍，右民掌公私田宅等。至隋代演變爲民部，爲尚書省六部之一，統管度支、金部、倉部。唐高宗永徽初，爲避太宗李世民諱，改民部爲户部。户部之稱自此相沿不改。唐代户部下轄四司，即户、度支、金部、倉部，户部爲本司或頭司，餘爲子司。唐中葉以後，軍事開支浩大，往往簡派大臣專判户部和度支，並另設鹽鐵轉運使，户部逐漸被架空。宋元豐改制前，直接以鹽鐵、户部、度支三司爲常設機構，户部更成空名。元豐改制，廢三司，户部才復有實權。明、清沿制。明代户部主管土田、户口、貢賦、俸餉、漕糧、倉儲、鑄錢、鹽價、救荒等，下轄十三清吏司。清制略同，轄十四清吏司。光緒末年，户部廢除，改爲度支部，管理田賦、關税、釐金、公價、貨幣及銀行等。户部尚書又仿古官名稱爲地官、司農、司徒、計臣等。

禮部 六部之一，職掌禮儀制度、祭祀。宴饗、學校、科舉、接待四方賓客等事務。其前身爲西漢尚書臺的客曹。隋代爲尚書省六部之一，稱祠部，下轄禮部、祠部、膳部、主客四司。唐代改爲禮部，自此定名，并爲後代所沿襲。清末廢禮部，改設典禮院。唐代柳宗元曾任禮部員外郎，明代徐光啓曾任禮部尚書。

兵部 六部之一，職掌全國武官的考核、選任、兵籍、軍械、軍令等事務，但歷代職權範圍或有不同。三國魏始置五兵（中兵、外兵、騎兵、别兵、都兵）尚書，晉代又設駕部、車部、庫部。隋代仍設五兵部，爲尚書省六部之一。唐代改爲兵部，轄兵部、職方、車駕、武庫四清吏司。宋同唐制。明、清兩代兵部則轄武選、職方、車駕、武庫四清吏司。宋代設樞密院爲最高軍政機構，使兵部形同虚設。明代以五軍都督府掌軍令，以兵部掌軍政。清代軍權由皇帝掌握，兵部徒具虚名。清末廢兵部，改爲陸軍部，後又添設海軍部。由於兵部由《周禮》夏官司馬相承而來，故兵部尚書别稱爲大司馬。唐代韓愈曾任兵部侍郎。

刑部 六部之一，職掌刑法、獄訟等，爲國家最高司法機關。西漢成帝時，設置三公曹，主管刑獄，隋初設都官尚書，開皇三年（582）改稱刑部，爲尚書省六部之一，下轄都官、刑部、比部、司門四曹。唐代沿置，曾一度改稱刑部尚書爲司刑太常伯，改刑部爲秋官、憲部，後皆復舊。明以前的刑部爲最高法律機關，一般不直接處理案件；自明代起，各省案件均由刑部審核，事務繁劇，其規模遠較唐、宋時龐大，於是採取按地區分司制。明有十三清吏司，清有十八清吏司。清末廢刑部，改稱法部。因刑部由《周禮》秋官司寇而來，故刑部尚書又别稱大司寇。唐代白居易曾任刑部尚書，韓愈曾任刑部侍郎。

工部 六部之一，職掌工程、營造、屯田、水利等事務。漢代有民曹，魏、晉以後有左民尚書、起民尚書，都是主管工役的官。《通典》："晉、宋以來有起部尚書，而不常置，每營宗廟宫室則權置之，事畢則省，以其事分屬都官、左民二尚書。"北周有工部中大夫。隋代初設左户，後改爲工部，成爲尚書省六部之一。工部之名自此始定，後代相沿不改。唐代工部主管全國各項工程、工匠、屯田、水利、交通、營造等事務，下設工部、屯田、虞部、水部四司。宋代沿制。明、清工部分爲營繕、虞衡、都水、屯田四清吏司。清代工部還附設節慎庫、製造庫、料估庫、琉璃窑、木倉、皇木廠、管理街道廳等，並與户部聯合掌管錢法堂事務。清末改工部爲農工商部。後世多以《周禮》中的"大司空"爲工部尚書的别稱。唐代杜甫曾任工部員外郎，人稱"杜工部"。

秘書省 官署名。東漢桓帝時設秘書監，主管宫中的圖書秘籍。秘書監長官名與官署名同。曹魏時改爲秘書令，已成爲機要之職。晉設秘書寺，南朝梁始改爲秘書省，設監、丞各一人，秘書郎四人。隋代以秘書、尚書、門下、内史、殿中五省并立，但秘書省職權較低。隋代秘書省統領著作、太史二局，著作掌修史，太史掌天文曆法。唐沿制，曾一度改稱蘭臺、麟臺，不久復舊。由於唐以後實職皆歸各館閣，秘書監以下之官僅備其名。明代併入翰林院，秘書省始罷不設。清代圖籍藏於内府，設文淵閣，專藏《四庫全書》，派内務府大臣一人提舉閣事。

太史 古代史官。西周銘文中即有"大史"一職。《説文》："史，記事者也。"《周禮·春官·宗伯》："大史，掌建邦之六典，以逆邦國之治；掌法，以逆官府之治；掌則，以逆都鄙之治。"西周、春秋時職掌撰文修史、天文曆法、祭祀禮儀，并監管國家典籍，是監管神祇和人事，觀察、記載社會動態和自然現象的重臣。秦、漢設太史令，隸屬太常，地位降低。司馬遷曾任此職。魏、晉以後，修史的職責劃歸著作郎，太史僅掌天文曆法，太史名實不符自此始。此後歷代皆以"太史"名天文曆法之官署，隋有太史監，唐改太史局，肅宗時又改司天臺。五代沿置。宋有司天監，神宗元豐年間改立太史局。元稱太史院，與司天監並立。明、清稱欽天監。修史之職，後世皆先歸著作局，繼歸史館。宋代史館始置編修、檢討官。明、清時翰林院也設編修、檢討，主管修史，故稱翰林官爲太史。

左史、右史 古代史官。周代始置，左史記行，右史記言。學者認爲《春秋》即左史所書，《尚書》即右史所書。《周禮・春官・宗伯》有大史、內史，即左史、右史。後世記載帝王言行的侍從秘書官，職名常帶“起居”二字。隋始置起居舍人，屬中書省。北魏設起居令史。唐增設起居郎，屬門下省。高宗改起居郎爲左史，主記事；起居舍人爲右史，主記言。旋復舊稱。宋沿唐制。明代稱起居注，清沿制。康熙年間置起居注館，設記注官，以日講官兼攝。雍正後稱日講起居注官。

刺史 西漢設置，爲地方行政長官之一。“刺”在典籍中有“責”“訊”義，《周禮・秋官》秋官之屬有司刺，“掌三刺、三宥、三赦之法，以贊司寇聽獄。一刺曰訊羣臣，再刺曰訊羣吏，三刺曰訊萬民。”“刺史”得名大約本此。漢武帝分全國爲十三部（州），部置刺史，官階低於郡守。成帝時改稱州牧，後或稱刺史，或稱州牧。東漢靈帝時復改刺史爲州牧，居郡守之上，掌一州軍政大權，後逐漸發展爲地方割據勢力。自三國至南北朝，一般以都督兼任刺史，並加將軍之號。隋代行政區設州（郡）、縣兩級，刺史是州一級的行政長官，其地位相當於漢代郡守。唐代沿置，但刺史的地位發生變化，節度使常常以中央大員的身份兼觀察使，又兼所駐在州的刺史，統制數郡，成爲權力很大的地方軍政長官。宋代廢“刺史”一名，以朝臣充任知州，管理一州行政事務。習慣上以刺史、太守爲知州别稱。清代則以刺史爲知州别稱。

御史 西周始置，職掌文書、檔案、記錄。《周禮・春官・宗伯》：“御史，掌邦國都鄙及萬民之治令，以贊冢宰，凡治者受法令焉。”春秋戰國時，御史不僅是文書官，而且還兼管監察。秦、漢時則又因職掌不同而有所區别：在內廷保管檔案並督察百官的，稱侍御史；出外監察郡縣的，稱監御史；此外還有符璽御史、治書御史、監軍御史等名目。魏晉南北朝時置殿中侍御史、督軍糧御史、禁防御史、檢校御史等，分掌內外監察之職。唐代有侍御史、殿中侍御史和監察御史。侍御史稱臺院，殿中侍御史稱殿院，監察御史稱察院。宋代略如唐制，但侍御中僅設一人，佐理御史臺政；監察御史分察尚書六部及京師百官，無監察地方之責。明代置十三道監察御史共一百一十人，分察內外百官；此外尚有巡按察史、巡漕御史等。清代也有監察御史，督察府、州、縣的高級官員。

御史大夫 秦始皇時始置，是僅次於丞相的中央行政長官，主彈劾、糾察百官，并掌管重要文書圖籍。後代相沿爲御史臺的主官，實爲監官之長。漢時與丞相、太尉合稱三公，後改爲司空、大司空，地位較高。丞相缺位時，往往由御史大夫遞升。晉以後漸廢御史大夫之名。隋、唐復置，仍爲御史臺長官，主管監察、執法。唐以後權位已輕，宋初已不除正員，只爲加官，位缺不補。

金、元時期徒具虚名，金由按察使，元由肅政廉訪使主管地方的司法刑獄和官吏考核。明、清改御史臺爲都察院，長官爲都御史。

左、右拾遺 唐代始置。唐代重諫官，武則天置左、右拾遺和左、右補闕，負責進諫、薦舉，以彌補君王過失。唐門下省稱左省，中書省稱右省，故左拾遺、左補闕屬門下省，右拾遺、右補闕屬中書省。宋代曾改補闕爲司諫，改拾遺爲正言，並從門下省析置諫院，以左、右諫議大夫爲長官，司諫、正言爲屬官。南宋孝宗淳熙十五年（1188）又增置左、右拾遺和左、右補闕，旋廢。

諫議大夫 秦代始置，職掌論議，無定員，屬郎中令。西漢初期不置，漢武帝時沿秦制，設諫大夫，屬光禄勛。東漢復稱諫議大夫，仍屬光禄勛。隋、唐兩代隸屬門下省，掌侍從規諫。隋煬帝時廢。唐高祖武德五年（622）復置；高宗龍朔二年（662）改稱正議大夫，旋復舊；德宗貞元四年（788），諫議大夫分左、右，右屬中書省，左屬門下省。宋代設置諫院，以左、右諫議大夫爲諫院長官。南宋建炎三年（1129），諫議大夫不隸屬兩省，主管登聞院和檢鼓院。遼、金兩代相沿不改。明初置諫院，設諫議大夫，不久即廢。

節度使 唐初沿用北周及隋舊制，在諸州設置總管，加號“使持節”，意謂奉朝命持符節行事。後改稱都督。高宗永徽以後，都督帶“使持節”銜的即是節度使，但並非正式官名。睿宗景雲二年（711），以賀拔延嗣爲河西節度使，自此始有節度使這一官名。玄宗開元年間成爲定制。授職時朝廷賜雙旌雙節，赴任時要建節、樹六纛。至任所時有别辟堂室，號稱節堂。《説文》：“度，法制也。”“節度”一名由此而來。唐初節度使僅設於邊境諸州，其時以數州爲一鎮，以節度使統轄。節度使兼任駐在州的刺史，而轄區内其餘各州刺史爲其下屬。同時，又多兼按察、安撫、度支等使銜，總攬轄區軍、民、財政，位高權重。安史之亂以後，有功的將領多授此職，轄區自二三州至十餘州不等。他們自置官屬，擁兵自重，不聽朝廷轄制，傳位於子嗣或部下，公然割據獨立，世稱藩鎮。五代時節度使更爲冗濫，專横極甚。北宋初，力糾藩鎮專權之弊，收回兵權，從而使節度使一職成爲虚銜，遼、金均設節度使。元廢。

知府 地方政權中府一級的行政長官。唐代設府，爲縣級以上的行政區劃，其長官稱爲府尹。宋太祖革藩鎮之弊，節度使不遣赴任，而别命文臣知府事，稱知府。元代參用宋、金之制，或稱府尹，或稱知府。明代始確定知府爲正式官稱，管轄數州縣，成爲一府的最高行政長官。知府與知州、知縣合稱牧民官、親民官或臨民官。清沿明制，府的長官稱知府，京師所在府的長官稱府尹。知府屬官有同知、通判、推官等。

知州 宋代始置。宋制，路以下一級爲州、府、軍、監，直屬朝廷。各州長官均實行軍制，由朝廷委派京朝官管理，稱“權知某州軍州事”，表示暫行主持一州的軍民之政，簡稱知州。知州可直接向朝廷奏事，多用文人，且經常調換。知州屬官有幕職官和監當官，幕職官遊街篤掌書記、觀察支使、判官、推官等，協助知州處理州政；監當官則爲經紀機構官員，名目極多，隨事置官。明、清兩代均以知州爲正式官稱。明、清州制分爲兩種，即直隸州與散州。直隸州同於府，散州同於縣，故直隸州知州爲正五品，散州知州爲從五品。知州屬官有州同、州判，無定員。

知縣　唐代稱佐官代理縣令爲“知縣事”。“知”是主持的意思，如《左傳·襄公二十六年》：“子產將知政矣。”宋代往往派遣京朝官知某縣事，初稱“判縣事”，後改稱知縣。主管一縣行政，如駐有軍隊，還兼管兵事。後世知縣不再是朝官代理，而是專任官。明代知縣又稱縣主、縣尹、大尹，也稱父母官。屬官有縣丞、主簿、典史等。清代沿制。明、清知縣均爲正七品官。

縣令　戰國時期每縣設縣令或縣長，爲一縣的行政長官。秦代沿置，凡人口在萬户以上的縣設縣令，萬户以下的縣設縣長。漢武帝時改列侯所食縣的令、長爲相。王莽改制，縣令、長改名縣宰。隋代的縣級長官仍有令有長，唐代則均稱縣令。宋初稱“縣判事”，後改爲知縣或縣令。宋代縣令的職權是主管一縣的民政、司法、財政，若有駐軍，則兼兵馬都監或監押。元代改稱縣尹。明、清兩代稱知縣。

巡撫　明代始置。洪武二十四年（1391），太祖曾派遣皇太子巡撫陝西，但這時的巡撫尚屬派出性質，並非正式的地方官。仁宗洪熙元年（1425）才在關中、江南等地設置專職巡撫。巡撫因執掌巡視地方、撫治百姓而得名，與總督同爲地方最高長官，合稱都撫。清代巡撫則逐漸演變爲省級地方政府的長官，總覽一省軍事、民政、吏治、刑獄等。因清代巡撫例兼都察院右都御史和兵部侍郎銜，故又別稱均部院。明、清巡撫與總督同爲封疆大吏，只是巡撫品級稍低。巡撫別稱撫臺、撫院、撫軍。

太守　始於戰國。戰國時期，各諸侯國在邊境置郡，其長官稱守，尊稱太守。秦代置郡守，爲郡的最高行政長官，主管一郡政務，權位甚重。漢代沿置，並於景帝中元二年（前 148）改稱太守。漢制，郡守俸祿爲二千石，故郡守又稱二千石。魏、晉南北朝沿稱太守。隋代將東漢末年以來的州、郡、縣三級改爲州（郡）、縣兩級，州郡無别，州長官爲刺史，而郡長官則仍稱太守。唐高祖武德元年（618）改州爲郡，改刺史爲太守。宋代改郡爲府或州，設知府、知州，而習慣上仍稱知府、知州爲太守。明、清兩代省下置府，大致相當於漢郡、唐州，長官爲知府，以太守爲知府别稱。

爵　又稱“爵位”，是表示地位和待遇的一種尊號，多根據血緣親疏或功勞大小授予，可長期保有，通常可以世襲。爵原爲酒器，何以用酒器之名表示爵位，説法不一。《埤雅》中説："大夫以上與燕賞，然後賜爵，以章有德，故謂命秩爲爵禄、爵位。"意思是賜爵時要舉行隆重的慶祝宴飲活動，飲酒用爵，敬酒要有次序，故用"爵"表示有等級内容的爵位。又《白虎通》："爵者，盡也，所以盡人材。"古從"爵"之字皆有"盡"義，如"嚼""爝"等。周代即已出現爵位，《周禮·天官·冢宰》："以八柄詔王馭羣臣，一曰爵，以馭其貴。"周代爵位分爲五等，《禮記·王制》："王者之制爵禄，公、侯、伯、子、男凡五等。"據《春秋會要》"世系"條，所收大小國家174個，其中公爵4、侯爵25、伯爵21、子爵37、男爵3。春秋戰國時期，除沿襲按血緣關係封爵的舊制外，還出現了按軍功、職位授爵的新制度。戰國時各國的爵位有君、侯、卿、大夫等，執珪爲楚國獨有的爵稱。秦國還有專門獎勵軍功的二十等軍功爵。漢代宗室封爵只有王、侯二等。漢代初期異姓也可以封王，後來"非劉氏不王"，故異姓一般封爲列侯。漢代功臣的封爵沿用秦的二十等爵。漢武帝時另設武功爵十七級，與二十等爵並行，不久即廢。魏、晉以後，歷代宗室和功臣的封爵大多以王、公、侯、伯、子、男爲號。王有親王、嗣王、郡王之分。宋代爵位增爲十二級，爲王、嗣王、郡王、國公、郡公、開國公、開國郡公、開國縣公、開國侯、開國伯、開國子、開國男。冠以"開國"二字，是表示獲得該爵位者爲始封。凡封爵都有食邑，但後來都徒有虛名。另，皇帝的妃嬪、女兒、姐妹、姑母及大臣的母妻等大都有封號，如西周時有"夫人"，秦時有"美人""良人"，漢時的"昭儀""婕妤"，漢以後的"貴人""才人"等，這些封號的意義與爵位略同。

中朝官　又稱"内朝官"。漢武帝以後，朝官有中朝、外朝之分。中朝官指由皇帝直接差遣而不專任行政職務的近臣，包括大司馬左右前後將軍、侍中、散騎、諸郎（郎中、中郎、議郎、侍郎）、博士等官。中朝官的形成，是爲了加强君權，削弱相權，其特點是重用文武侍從之臣。不過，外朝與中朝的區分并不是絶對的，外朝官可以加侍中、給事中等名義，兼爲中朝官。加官一般有侍中、給事中、左右曹、諸吏、散騎、中常侍等，有了加官，就可以出入宫廷，經常接近皇帝。

外朝官　漢武帝以後，朝官分爲中朝官和外朝官。外朝官指由丞相領導的朝廷正規行政機構中的各級官員，包括自丞相以下至六百石官。丞相府有百官朝會殿，皇帝有時到朝會殿與丞相議事，或由丞相主持廷議，然後領銜上奏。以後沿稱不改。

散官　古代用來表示官員等級而無實職的官稱，因爲只有官名，而無固定職事，故稱爲散官。隋代始定散官制度，唐、宋、金、元沿制，但散官的品秩、待遇各代不同。唐代有文散階、武散階之分。文散階自開府儀同三司至將仕郎凡二十九階，武散階自驃騎大將軍至陪戎副尉凡西十五階。敘階之法有多種依據，不完全按照現任職務的高低。因此，散官品級與職事官的品級不一定相符，凡低級散官任较高職務者，稱“守某官”，反之則稱“行某官”。散官也稱階官，宋代又稱寄祿官。明代階官與職事官已逐漸接近，同品之官，或從或正，各爲一階。官員按階品授官，分爲初授階、升授階、加授階三種情況。清代則無散官之名，職居幾品，即授幾品階官。

翰林院 官署名。唐代設置。“翰”是鳥的羽毛，古人曾以禽類羽毛爲書寫工具，《洪武正韻》：“凡稱書翰者，謂以羽翰爲筆以書。”“翰”遂用來表示“文辭”，“翰林”則指“文翰之多若林也”（李善《文選·長楊賦》注）。翰林院本爲以文學技藝供奉内廷的機構，供職者稱翰林待詔或翰林供奉。開元二十六年（738）别置學士院，設翰林學士，專掌内制，此後翰林成爲重要的、可以接近皇帝的朝官。宋代改稱“翰林學士院”，因地處宫禁，待遇優渥，故號稱玉堂、玉署。總領天文、書藝、圖畫、醫官四局，主要職務除沿唐制掌擬機密詔敕外，還要給皇帝講經論史，並備德封顧問。遼代設翰林院，“掌天子文翰之事”。直稱翰林院而無“學士”二字者自遼始。元代翰林院與國史院合併，掌制誥、修史、進講等事。明代將制誥、著作、修史、經筵、圖籍等職事均合併於翰林院，翰林院正式成爲外朝官署，别稱詞林。翰林從此成爲文學之士的專稱。清沿明制，設置翰林院，所屬有庶常館、起居注館和國史館，分掌編修國史，記載起居注，進講經史，以及草擬册典文件等事。其屬官有侍讀、侍講學士，以及特讀、侍講、修撰、編修、檢討、庶吉士等，統稱爲翰林。翰林品秩雖不甚高，但也掛朝珠，著貂褂，地位優崇。這是因爲翰林院一向被朝廷視爲儲才之所，在這里升遷極快。《道咸以來朝野雜記》載：“道、咸間，士人多以點翰林爲仕官捷徑，由編修、檢討十年可至侍郎，雖未必盡然，亦差不多。”翰林院還有編校圖書的任務，例如《康熙字典》的編纂官都是翰林或出身翰林；乾隆三十八年（1773）四庫全書館即設在翰林院内。自明以來，都由翰林充任經筵官，給皇帝講書。清代更明文規定不是翰林出身者不得做經筵官。由於翰林院的重要地位，一旦入院成爲翰林，就如同登上瀛洲成仙了，故乾隆有詩云：“咫尺玉堂清澈地，底誇瀛岛説登仙。”

國子監 官署名。古代的教育管理機構和最高学府。漢代有太學。西晉武帝咸寧二年（279），根據《周禮·師氏》“以三德教國子”而立國子學，教育五品以上的官僚子弟，隸屬太常；仍設太學，教育一般官員和庶民的俊秀子弟，設祭酒、博士各一人。後代沿置。北齊始立中央專門的教育機構，稱國子寺，主管仍稱祭酒。隋煬帝改國子寺爲國子監，所屬有國子學、太學、四門學、書學、算學等，各置博士、助教。唐代國子監設祭酒一人，司業二人，總轄國子、太學、廣文、四門、律、書、算七學，其中國子學專門招收三品以上的官僚子弟。祭酒、司業以官兼師，其餘掌教者則稱博士、助教。唐高宗時曾改國子監爲司成館，祭酒爲大司成，司業爲少司成；武則天時又改國子監爲均監，但旋都復舊。宋代沿置，元豐改制後不設助教，而新設學正、學錄，協助博士教學，并負訓導之責。元代分置國子監、蒙古國子監和回回國子監，合太學於國子學。明代國子監與國子學合一，國子監仍以祭酒、司業爲長官，置五經博士，掌分經講授與考課。明代有北京國子監（北監、北雍）和南京國子監（南監、南雍）之分。清代沿襲明制，在北京設國子監。在地方設府、州、縣學，在京師設國學，以監爲學，選入學者稱國子監生。光緒三十二年（1906）廢國子監，改設學部。1898年即已創立京師大學堂。

祭酒　“祭酒”之名起源甚早，戰國時荀子在齊爲三老，即被稱爲祭酒。漢代有博士祭酒，爲博士之首。古代在舉行盛大飲宴或祭祀時，則推舉一名年高德劭的老者舉酒以祭地，稱祭酒。後用作對人的尊稱，漢代用作官名，表示某一機構的長官。西晉武帝時初立國子學，置國子祭酒一人。隋、唐以後，改國子學爲國子監，國子祭酒也改稱國子監祭酒。清末改學制時廢。

博士　古代學官。博士取意“博聞之士”，戰國時始置，秦、漢兩代沿置。漢初六經、諸子、詩賦、術賦、方技等均設博士，隸屬太常。他們既各司其專門之學，又參政、議政，並出外巡行、視察。漢武帝建元五年（前136）採納公孫弘的建議，專設五經博士，置弟子員。此後，博士專掌經學傳授，成爲一種教職。平帝時曾改稱博士師。西漢時博士僕射爲博士長官，東漢改稱博士祭酒。漢以後學術傳授多歸私家，博士之任益輕。晉代設國子博士、太學博士。唐代有國子監博士、太學博士等，均爲教授官；太常寺博士則只掌禮儀。德宗時曾改博士爲文學。明清兩代也僅在國子監、太常寺兩處設博士。

學士　三國魏始置。魏、晉六朝徵召文學之士掌典禮、编纂、撰述等事，通稱爲學士。無定員，無品秩。各朝的藏書之所，如曹魏之崇文觀，宋之總明觀，梁之壽光殿、士林館，陳之西省，北齊之文林館，北周之麟趾殿等，皆置學士，掌著述及刊校經史等事。唐初置弘文館，玄宗開元二十六年（738）別置學士院，入院的稱翰林學士。中唐以後，皇帝對學士的禮遇，常常超過宰相。宋襲唐制，設翰林學士院，學士掌制誥詔令的撰寫及侍從皇帝以備顧問。宋代對學士重視，翰林學士大都能升任宰相。另外，北宋曾設龍圖閣、天章閣、寶文閣等十一閣，分藏太宗、真宗等皇帝的御書和御制文集等；各置學士、直學士和待制，其職掌是備皇帝顧問、參與朝議和校訂圖書等。後來這類學士成了大臣外補時的加恩兼銜。明代翰林院設侍讀、講學士，學士遂成爲詞臣榮銜。明初曾設立華蓋殿、謹身殿、武英殿、文華殿、文淵閣、東閣等大學士，爲皇帝顧問。仁宗以後，進入内閣的大學士已成爲實際上的宰相，號稱輔臣。清代翰林院設掌院學士，又仿照明制，改内三院（内國史院、内秘書院、内弘文院）爲内閣，内閣大學士爲正一品，爲文臣最高銜，但實權反較明代爲輕。

教授 古代學官。原爲“傳授學業”的意思，《史記·仲尼弟子列傳》：“孔子既没，子夏居西河教授，爲魏文侯師。”漢、唐置博士，教導諸生，傳授經學，即後世教授之職。“教授”之名始見於宋，置於武學、宗學、律學、醫學和各路的州、縣學，掌學校的課試等事，位居提學之下。元代於路、州、府儒學設教授，一般由朝廷任命。明代在武學和府學設教授。清沿明制。

助教 學官。西晉武帝咸寧二年（276）建國子學，始置助教。職務是協助國子博士傳授儒家經學，故名。後代大都沿置。唐代國子學、太學、廣文觀、四門學等均設助教，各州（郡）縣學也設助教。宋代不設助教，而設學正、學録，協助博士教學，並負訓導諸生之責。明、清兩代僅於國子監設助教。

將軍 武官名。西周軍政不分。春秋時晉國置上、中、下三軍，由國君任命三軍將領，始有將軍之名。春秋末期，將軍成爲專職武官之稱，戰國時更爲普遍。任將軍者大都爲各國之卿。漢代置大將軍、驃騎將軍、車騎將軍、衛將軍、左右前後將軍等。對於出征作戰的統帥往往加一些臨時性的稱號，如伏波將軍、樓船將軍、横海將軍、度遼將軍等。晉時諸州刺史多以將軍開府，督掌軍事。南北朝時，將軍有各種不同的職權和名號，如中軍將軍、龍驤將軍等握有實權，而驍騎將軍、遊擊將軍等則僅爲稱號。後世將軍之職尤輕，宋、元、明時以將軍爲武散官，甚至殿上武士也稱將軍。明代總兵有掛印帶將军號的，戰畢即罷。清代的將军有三種：一爲宗室爵號之一，如鎮國將軍、輔國將軍等；二爲駐防各地的八旗最高長官的稱呼；三爲臨時出征的統帥稱號，如揚威將年、靖逆將軍等，事畢即罷。

校尉 武官名。秦末始置。漢武帝置八校尉，其中中壘尉掌北軍營壘，屯騎校尉掌騎士，步騎校尉掌上林苑屯兵，胡騎校尉掌胡騎，虎賁校尉掌輕車等。此外還有城門校尉、司隸校尉等官。東漢略同，以屯騎、越騎、步兵、長水、射聲爲五校尉。漢以後，掌少數民族地區的派出長官，也稱校尉，如漢在西域置戊己校尉，在西羌置護羌校尉，在烏桓置烏桓校尉。隋、唐以後爲武散官，無實職。明清兩代衛士也稱校尉，地位尤低，清制在八品以下。

郡尉 武官名。秦代設置。職責爲輔佐郡守，主管全郡軍事。郡尉直接受命於朝廷，也可開府置僚。漢代沿制，景帝中元六年（前 144）改稱都尉，京畿有三輔都尉，邊境有屬國都尉，屯墾區有農都尉，關隘有關都尉。有時君不置守，而以都尉行太守之職。隋時又置京輔都尉，立府於潼關。唐廢。

縣尉 武官名。秦代始置。兩漢沿置，大縣設兩尉，小縣設一尉，主管全縣的軍事和治安，負責追捕盜賊，保護一方平安。歷代略同其制。唐代縣尉往往爲進士出身的初任之官，京畿縣尉職任頗重。宋代縣尉職位漸輕，在縣主簿以下。明廢。

三班六房 明、清兩代府、州、縣衙門吏員和衙役的總稱。三班指皂班、壯班、快班，爲衙役之職。皂班、壯班負責站堂、喝道、門衛、傳案、催科等事；快班分爲馬快、步快，始管傳遞公文，後以緝捕爲主，故又稱捕快。六房即吏房、户房、禮房、兵房、刑房、工房，爲中央尚書六部的对口機構。每房有書吏若干人，又稱典史、胥吏，俗稱書辦或稿公，品級最低，爲未入流，但掌州、府、縣的實權，能量很大。

銓選 古代選用官吏的制度。《説文》："銓，衡也。"銓選即對官吏的權衡選拔。出現於唐代，當時除最高級的職官由皇帝親任外，一般都要由吏部按照規定選任，凡經考試、捐納或原官起復具有資格的人，均須到吏部聽候銓選。唐代試士屬禮部，試吏屬吏部；以科目取士，以銓選取官。後代略有變化。清中葉後，由於選人太多，以致得官無日，遂漸漸變通成例，允許應試者自行申請，分發外省試用。試用一定年限，由外省大吏根據其政績，爲其報請授官。至此，銓選已經成爲虛應故事的形式了。

養廉 清制，由於清代官吏所定俸祿較唐、宋爲低，故在正俸之外，又按職務等級每年另給銀錢補助，稱爲養廉銀。意謂讓官員生活不窘，使其爲政清廉。文職官吏的養廉銀始於雍正五年（1727），武職較晚，始於乾隆四十七年（1782）。雍正以後的養廉銀額數固定，與正俸無别。

攝政 "攝"有兼代之義。《禮記·文王世子》："周公攝政，踐阼而治。"皇帝死後，如果繼承人年幼，不能獨立行使權力，處理政務，則由親族中選擇血統最近和政治上有名望的人，代行皇帝職權，稱爲攝政。例如周時，成王立，由周公攝政；又如清宣統皇帝三歲登基，由醇親王攝政。

除 任官的稱謂。凡具有爲官之資格者，授以官職，稱爲"除"。《説文》："除，殿陛也。"段玉裁注："因之凡去舊更新皆曰除，取拾級更易之義也。"官有品秩，任官如登階梯，故以"除"稱授官。漢代即有此稱謂，歷代沿稱。

署 任官的稱謂。古代指代理、暫任或試充某一官職，如《明史·宋禮傳》："成祖極爲，命署禮部事。"或稱署理、護理。

假 任官的稱謂。"假"有"借"的意思，古代用來稱暫時代理某一職務以等待朝廷的正式任命。也稱“假署”。暫時代理職務的官吏稱“假吏”，暫時代理職務的軍銜長官稱“假守”，此外還有“假皇帝”“假王”等。

致仕 是古代官員由於年老或健康原因退休的制度。《説文》：“致，送詣也。”“致仕”就是送還官職，《公羊傳·宣公元年》：“退而致仕。”何休注：“致仕，還祿位於君。”是退職的委婉説法。周代就有大夫七十“致仕”的規定。“致仕”又作“致事”，《禮記·曲禮上》：“大夫七十而致事。”鄭玄注：“致其所掌之事於君而告老。”漢代官吏致仕後，政治和經濟上的待遇，要視皇帝的恩寵程度而定。宋代逐漸建立起整套比較嚴密的官員致仕制度。一般文臣年至七十，武臣年至八十，除少數元老、勛臣等留任外，都應自動申請致仕。官員致仕後，都升轉其本官階一階，稱“加轉一官”。致仕的官員還可以援例蔭補一到三名近親，稱爲“恩澤”。還可按規定向朝廷要求“恩例”，如允許在科舉考試時升其親屬的名次，授予出身，減少磨勘年限等。宋代還採取一些措施獎勵及時致仕和懲處年邁不退的官員。又稱“告老”“請老”，《左傳·襄公三年》：“祁奚請老。”杜預注：“老致仕。”

休沐 古代官員的例行假日。漢制，官員工作五日休息一天；唐制，官吏工作十日休息一天，又稱“旬休”。宋同唐制，上旬休日又稱爲“上浣”，中旬休日稱爲“中浣”下旬休日稱爲“下浣”。明楊慎《丹鉛總錄·明序·三浣》：“俗以上浣、中浣、下浣爲上旬、中旬、下旬，蓋本唐制十日一休沐。”

第七節 禮儀交往

禮 中國古代素有“禮儀之邦”的美稱，禮儀是中国傳統文化的重要組成部分。禮的精神、禮的原則，貫穿於我國古代社會政治、經濟、軍事、文化、宗教等各個方面。《左傳·隱公十一年》：“禮，經國家，定社稷，敘民人，利後嗣者也。”可見，禮是治國治民的根本大法。那麼，什麼是禮呢?《管子·五輔》解釋説：“上下有義，貴賤有分，長幼有等，貧富有度，凡此八者，禮之經也。”可見，禮的本質就是强調差異，區别等級，使每一個人都能明確自己在社會生活中的定位。禮就是這樣一種行爲規範，它體現了下對上、幼對長的服從。禮最初只是氏族社會處理人際關係的一種習俗，進入階級社會之後，統治階級將“禮俗”改造爲“禮制”，成爲國家政治、經濟、軍事、文化等各種典章制度的基礎。《禮記·曲禮上》：“夫禮者，所以定親疏，决嫌疑，别同異，明是非也。道德仁義，非禮不成；教訓正俗，非禮不備；紛爭辯訟，非禮不決；君臣上下，父子兄弟，非禮不定。”禮在政治生活和社會生活中都起着重要的調節作用。春秋時期由於經濟基礎的變化，導致了“禮崩樂壞”的局面，孔子曾爲此痛心疾首，汲汲於克己復禮。戰國時孟子將“禮”看作是一種道德原則，是仁義的表現形式。“禮”的概念已經悄然發生了變化，逐漸上升到精神的層面。漢代以後，禮已被視爲道德的範疇，具有價值判斷的功能。

五禮 古代的五種禮制，即指吉禮、凶禮、軍禮、賓禮、嘉禮。《周禮·地官·司徒》：“以五禮防萬民之僞，而教之中。”鄭玄注：“禮，所以節正民之侈僞，使其行得中。”鄭司農云：“五禮，謂吉、凶、賓、軍、嘉。”吉禮指祭祀之禮，《周禮·春官·大宗伯》：“以吉禮事邦國之鬼神示。”凶禮指邦國發生凶災，王派使臣帶物品進行救患分災的一種慰問之禮，《周禮·春官·大宗伯》：“以凶禮哀邦國之憂。”其中喪禮是凶禮中的主要内容。軍禮指宣示軍威，統一邦國的一種示威之禮，《周禮·春官·大宗伯》：“以軍禮同邦國。”秦、漢以後，軍禮主要是指軍隊的訓練及戰爭中的各種活動，如出征、受降、獻俘、大閲、大射等。賓禮是指王與諸侯朝拜聘問，相互示好的一種外交之禮，《周禮·春官·大宗伯》：“以賓禮親邦國。”嘉禮指飲食、婚冠、賀慶等喜慶之禮。《周禮·春官·大宗伯》：“以嘉禮親萬民。”秦、漢之後，嘉禮的内容不斷擴展，如明代的嘉禮就有登基儀、大朝儀、册封儀等幾十種。

盟 古代歃血告誓於神。《禮記·曲禮下》：“涖牲曰盟。”孔穎達疏：“盟者，殺牲歃血誓於神也。盟之爲法，先鑿地爲方坎，殺牲於坎上，割牲左耳，盛以珠槃。又取血盛於玉敦，用血爲盟書，成，乃歃血而讀書。”可知古人盟誓的程序是先殺牲，再歃血，最後寫盟書。這是非常隆重的一種儀式，結盟即謂之生死一體，如《史記·陳涉世家》：“爲壇而盟，祭以尉首。”

九拜 古代的九種跪拜禮。《周禮·春官·大祝》：“辨九拜。一曰稽首，二曰頓首，三曰空首，四曰振動，五曰吉拜，六曰凶拜，七曰奇拜，八曰褒拜，九曰肅拜。”前四種是覲見、交往時的正常拜禮，後五種是遇到特殊情況時的拜禮，如喪禮、軍禮等。

拱 又稱“拱手”“斂手”。姿勢爲身體正立，兩臂伸出，狀如抱鼓；兩手在胸前相合，一般是左手握住右手。《論語·微子》：“子貢拱而立。”按《説文》：“拱，斂手也。”段玉裁在注釋中認爲，古人拱手有吉凶、内外之别。行吉禮時，男子左手在外，右手在内；女子則右手在外，左手在内。行凶禮時，男子右手在外，左手在内；女子則左手在外，右手在内。《禮記·檀弓》：“孔子與門人立，拱而尚右，二三子亦尚右。孔子曰：‘二三子之嗜學也。我則有姊之喪故也。’二三子皆尚左。”可見，拱手時尚左、尚右馬虎不得。那麽，爲什麽會有這種區别呢？這是因爲男子屬陽，故尚左；女子屬陰，故尚右。吉事爲陽，男子行吉禮，應左手在外；喪事爲陰，男子行喪禮，應右手在外。女子行禮則應與男子相反。拱手禮常用於見面時的致意和答謝時的致敬，是一種十分常見的禮節。適用範圍較廣，既可以用於地位相當的人，也可以用於下對上的敬禮或上對下的答禮。

揖 後代又稱“作揖”。與拱手相似，但略有不同。拱手時兩手不動，而作揖時兩手由胸前向外推出。《説文》：“揖，攘也。一説手箸胸曰揖。”《儀禮·鄉飲酒》鄭玄注：“推手曰揖。”作“揖”是比較隨便的一種禮節，所以有多種揖姿。《六書故》中説，“揖”是“拱手上下左右之以相禮也”，可見，作揖時手是可以隨便動作的。《禮記·玉藻》：“進而揖之，退則揚之。”鄭玄注：“揖之謂小俯也，揚之謂小仰也。”意思是見面時手往下動，告別時手往上動。據《周禮》記載，揖禮有時揖、天揖、土揖、特揖、旅揖、還揖等名目，手的動作均有不同。

長揖 古代對身份地位高於自己者所行之禮。行禮時，站立俯身，兩手於胸前合抱，拱手高舉，從上移至最下。《史記·酈生陸賈列傳》：“沛公方踞牀，使兩女子洗足而見酈生。酈生入，則長揖不拜。”又《後漢書·趙壹傳》：“司徒袁逢受計，計吏數百人皆拜伏庭中，莫敢仰視，壹獨長揖而已。”

跪 古代的“跪”與“坐”動作相似，均爲屈膝，兩膝着地；區別在於“坐”時臀部要壓在脚後跟上，而“跪”時臀部要與脚後跟相離。《説文》：“跪，拜也。”段玉裁注：“疑當云所以拜也。”可見，段氏并不認同許慎的解釋，認爲“跪”并不是“拜”，只是行拜禮過程中的一個預備姿勢。跪時如果擡臀挺身，上身直立，則謂之“長跪”，又叫做“跽”。

拜 古代的一種禮節。《説文》：“拜，首至地也。”段玉裁則解釋爲“首至手也”。所以“拜”究竟是一種什麼樣的姿勢，過去曾有許多不同的説法。一般來説，荀子的解釋較爲簡明，《荀子·大略》：“平衡曰拜。”《禮記·曲禮》鄭玄注中説：“上衡謂高於心，平衡謂與心平。”可見所謂“拜”是雙膝跪地後兩手合抱於胸前與心平，然後俯身低頭至手，其姿態如“磬折”之形。拜和拱手一樣，都是以手姿致敬，因而又稱爲“拜手”。

空首 就是“拜手”。所謂“空”是指頭不着地，乃男子常拜禮。行禮時，屈膝跪地，拱手於胸前，與心相平，然後俯頭至手。《周禮·春官·大祝》鄭玄注：“空首，拜頭至手，所謂拜手也。”古人行稽首、頓首禮之前都要先拜。

再拜 拜兩次，表示極爲尊重，多用於臣對君。《陔餘叢考》：“古人拜，雖臣之於君，亦只再拜，孟子所謂以君命將之，再拜稽首而受是也。”如《尚書·唐王之誥》：“一二衛臣，敢執壤奠，皆再拜稽首。”

稽首 行禮時要屈膝跪地，拱手於胸前，下至於地，然後俯身低頭，緩緩至於雙手前面的地上。即手在膝前，頭在手前，頭在地上要停留片刻。因爲

“稽”有“停留”的意思，所以稱這種禮儀爲“稽首”。稽首是拜禮中最重的禮儀，一般用於臣拜君時。稽首常與拜結合起來，一拜一稽首稱爲“拜稽首”，二拜一稽首稱爲“再拜稽首”，是最爲隆重之禮。《左傳·成公二年》記載齊晉鞌之戰，晉國大夫韓厥在俘獲齊君時，即行“再拜稽首”之禮。

頓首 即後世所謂的“叩頭”。行禮方法與稽首類似，區別在於稽首時頭緩緩至地，且在地上稍事停留；頓首時頭快速觸地，觸時有聲，觸後即起。頓首禮多用於表示哀求或謝罪等場合。如《左傳·定公四年》載，吴破楚都，楚臣申包胥求救於秦。見秦哀公時，“九頓首而坐”，秦乃同意發兵。又如《戰國策·中山策》：“司馬喜頓首於軾前曰：‘臣自知死至矣。’”前者爲哀求，後者爲請罪。

稽顙 與頓首略同。“顙”是額頭的意思，用額頭叩地即爲稽顙。稽顙與頓首的區别在於：頓首時觸地即起，而稽顙則是觸地後稍作停留再起，故“稽顙”兼有稽首的“稽”和頓首的“頓”。稽顙多用於居喪期間答拜來弔喪的賓客，《儀禮·士喪禮》：“弔者致命，主人哭拜，稽顙成踴。”也用於請罪、求降，如《漢書·李廣傳》：“若乃免冠徒跣，稽顙請罪，豈朕之指哉!”所以稽首表示對尊長的敬畏臣服，頓首表示哀求時的急迫懇切；而稽顙則既表示極度的悲痛，又表示無比的惶恐。

振動 又稱“振拜”。關於振拜的姿勢，歷來説法不一，莫衷一是。《周禮·春官·大祝》鄭玄注：“鄭大夫云，動讀爲董，書亦或爲董。振董，以兩手相擊也。……玄謂振動，戰栗變動之拜。”據他的解釋，所謂“振動”，是雙膝跪地，兩手相擊後成拱手，然後俯身稽顙，渾身戰栗。振動爲喪禮，是綜合拜和稽顙而演變出來的特殊禮儀，故鄭玄稱之爲“變動之拜”。

肅拜 古代跪拜禮最輕的一種，是婦女的常禮。《禮記·少儀》：“婦人吉事，雖有君賜，肅拜。”又《説文》段玉裁注：“肅拜，婦人之禮。”所謂“肅拜”，是雙膝跪地，拱手，頭微低，但不至手。《朱子語類》：“問：‘古者婦人以肅拜爲正。何謂肅拜？’曰：‘兩膝跪地，手至地而頭不下曰肅拜。’”

肅 古代軍禮。《禮記·少儀》鄭玄注引鄭司農語，認爲肅拜爲婦人之禮，而兼男子之軍禮。段玉裁則認爲二者不同，“肅”是軍禮而“肅拜”則是婦人之禮。二者的區别在於“肅拜”要下跪而“肅”則無須下跪。《左傳·成公十六年》載，晉、楚鄢陵之戰，楚共王遣工尹襄爲使見晉將郤至，郤至説：“君之外臣至從寡君之戎事，以君之靈，間蒙甲胄，不敢拜命，敢肅使者。”這里的“肅”即是行軍禮，長揖不拜。

膜拜 行禮時雙膝跪地，先將兩手加於額上，再伏地而拜，表示極端的恭敬。源於域外，《廣韻》：“膜拜，胡禮也。”一般專指禮拜神佛，梁元帝《謝敕王送齊王瑞像還啟》:“臣身持静戒，心抃法流，接足道周，膜拜路左。”

叉手 唐代與人見面時的一種禮節。行禮時右手大指向上，其餘四指伸直；左手緊握右手，距離胸部二三寸許。《唐語林》:“二丈人彈棋次，見楊氏子，戲曰:‘爾能爲丈人咏此局否?’楊登時叉手咏……”又柳宗元《懷感時事奉寄澧州张員外使君》:“沉埋全死地，流落半生涯。入郡腰常折，逢人手盡叉。”這種叉手禮至五代及宋代仍很盛行。《韓熙載夜宴圖》中即畫有這種叉手禮的姿勢。

鞠躬 身體曲斂，形如彎弓，是一種恭敬謙誠的姿勢。《論語》中多次言及“鞠躬”，孔安國注爲“斂身”；邢昺認爲“鞠”是“彎曲”，“躬”是“身體”。可見，古代的“鞠躬”與後世不同，不是駐足彎腰行禮，而是身體的一种姿勢，所以也可以用來表現彎腰走路的姿勢，如《論語》中就有“入公門，鞠躬如也”“陞堂，鞠躬如也”的描寫。魏晉隋唐時期，鞠躬逐渐發展成爲一種致敬的禮儀，如敦煌變文中的《盧山遠公話》:“來至山神殿前，鞠躬唱喏。”金元明清時期，鞠躬成爲重要的禮儀之一，如《元史·祭祀》記郊祀之禮:“禮直官承曰鞠躬，曰興，曰拜，曰興，曰平立。”又《柳邊紀略》載:“滿人相見，以曲躬爲禮，久别相見則相抱。”清代末年，鞠躬禮逐漸普及。辛亥革命後，立即廢除了有辱人格的跪拜禮。從此，鞠躬成爲中國社會的常禮。

唱喏 古代男子的一種禮節，即一邊作揖一邊出聲致敬。出現於東晉時期，陸游《老學庵筆記》卷八:“古所謂揖，但舉手而已。今所謂喏，乃始於江左諸王。方其時，惟王氏子弟爲之。故支道林入東見王子猷兄弟還，人問諸王何如，答曰:‘見一羣白項烏，但聞啞啞聲。’即今喏也。”可見，“唱喏”始於東晉江左的王氏家族，文中所説的“王子猷”是王羲之的兒子。唐宋時期十分流行，宋代尤甚。

萬福 古代女子的一種禮節，即一邊行禮一邊口稱“萬福”。又稱“道萬福”，與男子的“唱喏”屬於一種性質的禮儀。女子道萬福時，兩手手指相扣，放在左側腰胯部位，彎腰曲身，口稱“萬福”向對方表示致敬或祝賀。唐、宋时期十分流行，如蘇泂《泠然齋詩集》六:“高資店里主人婆，萬福官人問訊和。”

請安 又稱“打千兒”，是清代滿族的常禮。無論是民間還是宫廷，每天早晚都要向長輩請安。男子請安動作是先彈袖放下袖頭，接着左足前邁半步，弓左膝。右腿在後屈膝，至地不及寸；同時，左手垂在左膝上，右手自然下垂。上身稍向前俯，低頭。大約在一呼一吸之間，起立恢復原狀。女子請安禮的動作是上身挺直，雙膝并攏，右足稍向後撤，兩膝前屈；同時，兩手相疊

（左手在下，右手在上），搭在膝蓋上。大約在一呼一吸之間，禮成復原。

三跪九叩 又稱“三跪九拜”。清代的跪叩禮分爲一跪一叩、一跪三叩，二跪六叩，三跪九叩等幾種，其中三跪九叩是最恭敬的禮節。據《清宫瑣記》記載，行三跪九叩禮時，先彈袖，即右手先將左手背上的馬蹄袖迅速彈下，然後左手再將右手背上的馬蹄袖迅速彈下。接着屈膝下跪，臀部壓在脚跟上，上身挺直，上手舉至鬢角處，手心向前。進而雙手落地，順勢俯身叩頭，叩頭時要發出響聲。如此叩頭三次，再起身，爲一跪三叩。如果進行三次，即爲三跪九叩。《清會典事例·太常寺禮節》：“禮部尚書詣皇穹宇各香案前，三上香，退出門檻外，行三跪九叩禮。”

同席 古代坐禮，指坐在同一張席上。古代規定有三種情况不能同席，《禮記·曲禮》中説：“姑姊妹女子子已嫁而反，兄弟弗與同席而坐，弗與同器而食。父子不同席。”孔穎達疏：“女子子者，謂已嫁女子。”又《禮記·内則》：“七年（歲）男女不同席。”即父子不能同席，男女七歲後不能同席，已出嫁的姊妹返家後不能與兄弟同席。如果同席，則爲失禮。

避席 也作“辟席”。古人席地而坐，爲了表示對對方的尊敬或自謙，必須離開坐席，伏身在地。《禮記·哀公問》：“公曰：‘寡人蠢愚，實煩子志（知）之心也。’孔子蹴然避席而對。”又《史記·魏其武安侯列傳》：“飲酒酣，武安起爲壽，坐皆避席伏。已，魏其侯爲壽，獨故人避席耳。”

南面 古代人君之位，即坐北嚮南。《禮記·禮器》：“是故聖人南面而立，天下大治。”又賈誼《過秦論》：“秦併海内，兼諸侯，南面稱帝，以養四海。”如果非人君，則以東嚮爲尊，如《史記·項羽本紀》中“鴻門宴”的座次，“項王、項伯東嚮坐，亞父南嚮坐”。

北面 古代臣下卑者之位，即居南嚮北。《禮記·聘義》：“北面，拜貺，拜君命之辱，所以致敬也。”又《史記·田單列傳》：“王蠋布衣也，義不北面於燕。”意思是絶不對燕國稱臣。因此，《史記·項羽本紀》中“鴻門宴”的座次，是“沛公北嚮坐，張良西嚮侍”。

箕踞 古代一種比較隨意輕慢的坐姿。其姿勢爲臀部着地，兩腿前伸，分開，彎成直角，形似簸箕。古人認爲這種坐姿不合禮儀，《禮記·曲禮》：“坐毋箕。”古人有時候用這種姿勢表示灑脱放任，不拘禮節，如劉伶《酒德頌》：“奮髯踑（箕）踞，枕曲藉糟。”有時候用這種姿勢表示對對方的輕慢，如《史記·田叔列傳》：“趙王張敖自持案進食，禮恭甚。高祖箕踞駡之。”

趨 古代一種表示恭敬的步態，姿勢爲小步快行。《釋名·釋姿容》：“疾行曰趨。”凡在尊者、長者、賓客，特别是君王面前，必須趨行以示恭敬。《論語·鄉黨》記載孔子應魯君之召去接待外邦貴賓時，“趨進，翼如也”，即甩臂疾行，猶如鳥兒展開翅膀。又如《論語·季氏》載，孔子站在院中，他的兒子鯉“趨而過庭”。《戰國策·趙策》：“（觸龍）入而徐趨，至而自謝，曰：‘老臣病足，曾不能疾走。’”可見，在君主面前，即使脚有病，也必須執趨禮。古人還規定有“三不趨”，即《禮記·曲禮》中所言，“帷幕之外不趨，堂上不趨，執玉不趨”。帷幕之外不趨，是因爲裏面的人看不到。堂上不趨，是因爲地方狹小。執玉不趨，是怕把玉摔壞。

接武 古代在堂上步行的禮節。《禮記·曲禮》：“堂上接武。”鄭玄注：“武，蹟也。蹟相接。”孔穎達注：“不欲疾趨，故蹟相接。”意思是向前邁出的一隻脚應該在緊挨着另一只脚處落地，脚印是一個“接”一個，步幅較大而走動較慢。

布武 古代在堂下步行的禮節。《禮記·曲禮》：“堂下布武。”鄭玄注：“每移足各自成蹟，不相攝。”“布”是散布、分布的意思，“布武”即足蹟不相連接，脚印分散，步幅较大而走動較快。孫希旦《禮記集解》中說：“堂上接武即徐趨，堂下布武即疾趨。”這是因爲堂上面積小而堂下面積大的緣故。

脱襪 古代禮節，臣見君時必須解襪然後登席，否則爲失禮。《左傳·哀公二十五年》：“（衛侯）與諸大夫飲酒焉，褚師聲子韤（襪）面登席，公怒。”褚師是因爲脚上有病，怕衛侯看到不雅，所以没有脱襪，但衛侯以爲是對自己不敬，所以生氣。

免胄 古代甲士致敬的一種方式。古代甲士在尊者面前必須脱下頭盔（免胄）以示敬意，否則就是失禮。如《左傳·成公十六年》：“（郤至）見楚子，必下，免胄而趨風。”又《左傳·僖公三十三年》：“左右免胄而下。”

毋摶飯 古代食禮。《禮記·曲禮》：“毋摶飯。”鄭玄注：“取飯作摶，則易得多，是欲貪爭飽，非謙也。”所謂“摶飯”，是用手將飯捏聚成團，這使人覺得貪食，不謙恭，是失禮的表現。

毋放飯 古代食禮。《禮記·曲禮》：“毋放飯。”鄭玄注：“去手餘飯於器中，人穢之。”孔穎達疏：“手就器中取飯，飯若黏著手，不得拂放本器中也。去手餘飯於器中，人所穢者，當棄餘於篚，無篚去餘於會，會即簋蓋也。”意思是吃飯時不要將手中的餘飯置於食器中，這樣會讓人感到污穢，應當放到其他的地方。

毋咤食 古代食禮。《禮記·曲禮》：“勿咤食。”孔穎達疏：“咤，謂之舌中作聲也，似嫌主人之食也。”意思是吃飯時，舌頭不要弄出聲響，這樣好像是對主人的飯不滿意。

毋齧骨 古代食禮。《禮記·曲禮》：“毋齧骨。”鄭玄注：“爲有聲響，不敬。”孔穎達疏：“一則有聲，二則嫌主人食不足，以骨致飽。”意思是吃飯時不要啃骨頭，因爲這樣做，不僅吃相不好，而且好像是嫌棄主人的飯没有肉。

毋流啜 古代食禮。《禮記·曲禮》："毋流啜。"鄭玄注："大啜，嫌欲疾也。"孔穎達疏："謂開口大飲，汁入口如水流，則欲多而速，是傷廉也。"意思是吃飯時不要大口地喝，使人感到貪吃。

毋固獲 古代食禮。《禮記·曲禮》："毋固獲。"鄭玄注："爲其不廉也。欲專之日固，爭取曰獲。"意思是吃飯時不要專挑一種食物吃，也不要與他人爭食。這樣做，會使人感到貪婪而無節制。

毋揚飯 古代食禮。《禮記·曲禮》："毋揚飯。"孔穎達疏："飯熱當待冷，若揚去熱氣，則爲貪快傷廉也。"意思是吃飯時不要用手去搧熱氣，應當等到飯凉時再吃，以免顯得貪吃。

毋刺齒 古代食禮。《禮記·曲禮》："毋刺齒。"鄭玄注："爲其弄口也。"孔穎達疏："口容止不得刺弄之，爲其不敬。"意思是吃飯時不要剔牙，不僅吃相不好，也是對别人的不尊重。

酬酢 古代飲酒之禮。主人爲客人敬酒叫"酬"，《儀禮·鄉飲酒禮》："主人實觶酬賓。"鄭玄注："酬，勸也。"客人回敬主人叫"酢"，《倉頡篇》："主答客曰酬，客報主人曰酢。"古人常常"酬酢"連言，指主客相互敬酒，《淮南子·主術訓》："觴酌俎豆，酬酢之禮，所以效善也。"後引申爲朋友間的交往應酬，《世説新語·賞譽》："温元甫、劉王喬、裴叔則俱至，酬酢終日。"

第八節 天文曆法

三光 古代指日、月、星。《白虎通·封公侯》："天有三光，日、月、星。"又《三字經》："三光者，日月星。"也指房、心、尾三個星宿，《禮記·鄉飲酒義》："立三賓以象三光。"鄭玄注："三光，三大辰也。"《爾雅·釋天》："大辰，房、心、尾也。"

七曜 古人指日、月及金、木、水、火、土五大行星。"曜"或作"耀"。由於日月星辰的運行有規律可循，有如國家之政，故七曜又稱"七政"。七曜運行如經天緯地，故七曜又稱"七緯"。金星在古代稱"明星""太白"，故有"太白金星"之説。金星早晨現於東方，稱"啓明"；黄昏現於西方，稱"長庚"。《詩經·小雅·大東》："東有啓明，西有長庚。"木星古稱"歲星"，或徑稱爲"歲"。古人認爲木星在黄道運行，每年經過一宫，十二年繞行一周，故用來紀年。水星古稱"辰星"，但辰星在古書中有時也指北極星。火星古稱"熒惑"，古籍中所説的"火"並不是火星，如《詩經·豳風·七月》中的"七月流火"。土星古稱"填星""鎮星"，因爲古人認爲土星每二十八年運行一周，每天要填滿二十八星宿中的一宿，故稱。

二十八宿 古人爲了曆法的精確，需要確定月亮的位置。經過長期觀測，古人選擇了白道和黄道附近的恒星作爲坐標，并區分爲二十八宿。“宿”有停留不動的意思，故用來指恒星。二十八宿又區分爲四象，即東方蒼龍之象——角、亢、氐、房、心、尾、箕；南方朱雀之象——井、鬼、柳、星、張、翼、軫；西方白虎之象——奎、婁、胃、昴、畢、觜、參；北方玄武之象——斗、牛、女、虚、危、室、壁。

黄道 古人想象的太陽週年運行的軌道。古人不瞭解天體運行的規律，以爲是太陽圍繞地球運動，於是將地球與太陽間的位置變動視爲太陽的運動，并稱太陽“視運動”的軌跡爲“黄道”。它是地球上假設的一個大圓圈。過去還有“黄道吉日”之説，古人迷信，以青龍、明堂、金匱、天德、玉堂、司命六辰爲“吉神”。六辰當值的日子，就是“黄道吉日”，辦事大吉大利。這裏的“黄道”與天文學上的“黄道”無關。

銀河 古代又稱“銀漢”“天河”“天漢”“星漢”“雲漢”等。晴天的夜晚，可以看到夜空呈現出一條明亮的光帶，夾雜着許多閃亮的小星，看似一條銀白色的河，故稱爲“銀河”。江總《内殿賦新詩》:“織女今夕渡銀河，當見新秋停玉梭。”

北斗 即大熊星座的七顆亮星，古人稱之爲天樞、天璇、天璣、天權、玉衡、開陽、摇光。由於這七顆星位於北天，且排列成斗（勺子）形，故叫“北斗星”。古人對北斗七星的觀測和記載很早，戰國時期的《鶡冠子·環流第五》已發現了北斗七星斗柄的指嚮與四季交替的關係，書中寫到:“斗柄東指，天下皆春；斗柄南指，天下皆夏；斗柄西指，天下皆秋；斗柄北指，天下皆冬。”

彗星 古代又稱“孛星”“妖星”等。我國最可靠的彗星記錄始見於《春秋》:“（魯）文公十四年秋七月，有星孛於北斗。”這是有關哈雷彗星最早的記錄。古人認爲彗星的出現是兵災的預兆，所以常用於占星術。如《漢書·天文志》:“（元帝初元）五年四月，彗星出西北，赤黄色，長八尺所。……後二歲餘，西羌反。”又《戰國策·楚策》:“夫專諸之刺王僚也，彗星襲月。”

占星術 又稱“星占學”，通過觀測天象預測人事禍福，是古代的一種巫術。由於古人對天象不能做出科學的解釋，因此對天體充满了神秘感，以爲天象與人事存在着某種必然的聯繫，占星術由此産生。例如古人認爲日食是上天對統治者的警示，《左傳·昭公十七年》:“日有食之，天子不舉，伐鼓於社。”又《禮記·昏義》:“日蝕則天子素服而修六官之職。”而當人世出現某種變化時，古人也常常通過觀測天象來占卜吉凶。

曆法 用年月日爲單位計算時間的方法。曆法對於農業生產有十分重要的作用。古人經常觀察到的天象是太陽的出没和月亮的盈虧，於是以晝夜交替的周期爲一日，以月相變化的周期爲一月，以莊稼成熟的周期爲一年。《説文》："年，穀熟也。"莊稼春種、夏長、秋收、冬藏，與季節變化的周期有着緊密的聯繫，這種周期恰與一個"太陽年"（太陽連續兩次經過春分點所需要的時間）的周期相等，遂以"年"字表示這一周期。於是，逐漸形成了較爲完善的古代曆法。

三正 指夏曆、殷曆、周曆三種曆法。這三種曆法均起於周代末期。三者的主要區别在於歲首月建不同，所謂"歲首月建"是指正月起始的計算方法。由於三種曆法的正月不同，所以叫"三正"。周曆以冬至所在的建子之月（夏曆十一月）爲正月，殷曆以建丑之月（夏曆十二月）爲正月，夏曆則以建寅之月爲正月。春秋戰國時代，三種曆法都在使用，如齊國用周曆，韓、趙、魏國用夏曆等。於是導致先秦古籍中使用的曆法也不統一。例如《春秋》《孟子》多用周曆，《楚辭》《左傳》用夏曆，《詩經》則是周曆、夏曆并用。秦始皇統一中國後，採用建亥之月（夏曆十月）爲歲首，但不稱十月爲正月，也不改夏曆正月爲四月，如《史記·秦始皇本紀》載秦始皇三十七年十月出游，十一月至雲夢，七月始皇崩，九月葬驪山。這四個月全在同一年，可見當時是以十月爲歲首，而以九月爲歲末。漢沿秦制，如《史記·魏其武安侯列傳》載漢武帝元光五年十月殺灌夫，十二月殺魏其侯，接着説"其春，武官侯病，專呼服謝罪"。説"其春"而不説"明春"，説明三件事發生在同一年，可見當時仍以十月爲歲首，"其春"即在十二月之後。漢武帝元豐七年（前104）改用太初曆，以建寅之月爲歲首，實際上是採用了夏曆。此後，曆代一般都採用夏曆。夏曆又俗稱"陰曆""農曆"，是我國傳統的曆法。

陰曆 "太陰曆"的簡稱，是以朔望月爲單位的曆法。陰曆的特點是：月份的周期長短要依據月亮的圓缺變化，一個朔望月的盈縮周期爲二十九又四分之一日。爲了計算方便，以三十天爲一個大月；以二十九天爲一個小月，一年一般由六個大月和六個小月組成；共三百五十四日。

陽曆 "太陽曆"的簡稱，是以太陽年爲單位的曆法。陽曆的特點是：年的周期長短要依據太陽的運行變化，大的相當於一個回歸年，共三百六十五又四分之一日。陽曆的不足是没有顧及月相，每月初一不一定是新月，十五也不一定是圓月，完全取决於人意。現在世界通用的陽曆是羅馬儒略·愷撒於公元前46年始創，稱焉"儒略曆"（Julian calendar）。後經教皇格列高利十三世於1582年命人修訂，稱爲"格列高利曆"（Gregorian calendar），即現在通用的公曆。我國於辛亥革命後開始採用公曆，但也使用中華民國紀年。1949年中華人民共和國成立後，正式採用公曆紀年。

陰陽曆　又稱“陰陽合曆”。陰陽曆的特點是：年和月的周期長度都要依據天象，既要重視月相的盈虧變化，又要照顧到寒暑節氣。但是，陰曆一年和陽曆一年相差十一又四分之一日，怎樣解決這一矛盾呢？古人採用的是置閏的方法，即姑且將差數擱置不計，待三年後積累到一個月左右，則設置閏月。閏月一般是二十九天或三十天。這樣，一般的年份叫“平年”(354 日)，置閏的年份叫“閏年”(383 日或 384 日)。因爲置閏後還剩四又四分之三日，所以第五年又要置閏，《周易・繫辭》中説的“五歲再閏”就是這個道理。很早以前古人就採用了十九年七閏的方法，大約每 32 個月有一個閏月，較好地解決了這一難題。古人之所以重視置閏，就是爲了調和陰曆和陽曆的矛盾。如果没有陰陽合曆，就會導致陰曆的四時錯位，所以，《左傳・文公六年》中説：“閏以正時，時以作事，事以厚生，生民之道於是乎在矣。”

閏月　由於我國古代使用陰陽合曆，所以必須設置閏月。春秋中葉後規定十九年要閏七個月，每逢閏年要加一個月，這就是“閏月”。閏月加在某月之後，即稱“閏某月”。置閏可以使月份與自然季節相吻合，故《尚書・堯典》中説“以閏月定四時成歲”。殷周時期閏月一般置於年終，稱爲“閏十三月”。秦至漢初，一般在九月之後置閏，稱爲“後九月”，如《史記・呂太后本紀》：“後九月晦日己酉，至長安，舍代邸。”這是因爲當時以十月爲歲首，以九月爲歲末，故將閏月置於年底。古代也有年中置閏的情況，如閏三月、閏六月等。

四時　又稱“四季”，指一年中春夏秋冬四個季節。按夏曆，一季三個月，正月、二月、三月分别爲孟春、仲春、季春；四月、五月、六月分别爲孟夏、仲夏、季夏；七月、八月、九月分别爲孟秋、仲秋、季秋；十月、十一月、十二月分别爲孟冬、仲冬、季冬。在殷代及周代前期，一年只分春秋二時，故古人常以“春秋”代表一年，如《莊子・逍遥遊》：“蟪蛄不知春秋。”意思是蟪蛄生命短暫，活不了一年。後來曆法轉精，由春秋又分出冬夏，所以一些古書中的四時排序不是“春夏秋冬”，而是“春秋冬夏”，如《禮記・孔子閑居》：“天有四時，春秋冬夏。”

二十四節氣　我國春秋時代，已有春分、秋分、夏至、冬至四大節氣。後因生産活動的實踐及農業發展的需要，節氣逐漸趨於細密。《左傳・僖公五年》：“凡分至啓閉必書雲物。”其中“分”指春分、秋分，“至”指夏至、冬至，“啓”指立春、立夏，“閉”指立秋、立冬。至秦、漢間，二十四節氣已完全建立。《淮南子・天文訓》所錄二十四節氣，已與今天完全相同，只是“驚蟄”古名“啓蟄”，爲避漢景帝劉啓諱而改爲“驚蟄”。

干支 天干和地支的合稱。天干共有10個，即甲、乙、丙、丁、戊、己、庚、辛、壬、癸；地支共12個，即子、丑、寅、卯、辰、巳、午、未、申、酉、戌、亥。天干和12地支相配，可組合爲60組，即：

甲子 乙丑 丙寅 丁卯 戊辰 己巳 庚午 辛未 壬申 癸酉 甲戌 乙亥

丙子 丁丑 戊寅 己卯 庚辰 辛巳 壬午 癸未 甲申 乙酉 丙戌 丁亥

戊子 己丑 庚寅 辛卯 壬辰 癸巳 甲午 乙未 丙申 丁酉 戊戌 己亥

庚子 辛丑 壬寅 癸卯 甲辰 乙巳 丙午 丁未 戊申 己酉 庚戌 辛亥

壬子 癸丑 甲寅 乙卯 丙辰 丁巳 戊午 己未 庚申 辛酉 壬戌 癸亥

這60單位稱爲“六十花甲子”。一周輪過，再周而復始。我國古代曆法常用干支表示年、月、日、時的次序，主要用來紀日和紀年。現在農曆紀年仍採用干支。

紀日 早在甲骨文時代即已出現干支紀日的方法。但連續確切的記錄則始自春秋魯隱公三年（前722）二月己巳日，至今已二千七百餘年，一直未間斷，《左傳·隱公元年》：“五月辛丑，大叔出奔共。”又屈原《離騷》：“惟庚寅吾以降。”干支紀年是以干支相配後的60個單位爲序，每一個單位代表一天，周而復始，以至無窮。古人紀日，有時只有天干而没有地支，如《楚辭·九章·哀郢》：“甲之朝吾以行。”有時則只用地支而不用天干，如《禮记·檀弓》：“子卯不樂。”意思是子日、卯日不得奏樂。還有些日子在古代有特定的名稱，如每月初一叫“朔”，初三叫“朏”，十五叫“望”，“望”後的第二天叫“既望”，每月最後一天叫“晦”。如蘇軾《前赤壁賦》：“壬戌之秋，七月既望，蘇子與客泛舟游於赤壁之下。”“朔”“晦”二天，一般要在前面加上干支，又如《左傳·僖公二十二年》：“冬，十一月己巳朔。”又《左傳·襄公十八年》：“（十月）丙寅晦，齊師夜遁。”商周时期，月亮的發光部分稱爲“魄”，又作“霸”。當時，每月分爲四個部分，即初吉、既生魄、既望、既死魄。此外，“哉（才）生魄”指初八，“（哉）死魄”指二十三。

紀月 古代一般以序數紀月，如一月、二月、三月等。一月又稱“正月”，秦代爲避秦始皇嬴政諱，曾改爲“端月”。古代所謂的“月建”，是以十二地支與十二個月相配，以冬至所在夏曆十一月爲“建子之月”，十二月爲“建丑之月”，類推至來年十月爲“建亥之月”，或稱子月、丑月、寅月……亥月。如庾信《哀江南賦序》:“粵以戊辰之年，建亥之月，大盜移國，金陵瓦解。”後世也出現了以干支紀月的情況，但使用並不廣泛。

紀年 我國古代最初使用的紀年法是以帝王或國君即位的年次紀年，即“某王（公）某年”，如“周平王元年”。由於先秦時期各國君主即位年次不同，所以紀年也不同。例如同是公元前770年，在魯國爲魯孝公二十七年，在齊國爲齊莊公二十五年，在晉國爲晉文侯十一年，在秦國爲秦襄公八年等。從漢武帝開始採用年號紀年，此後歷代封建王朝皆沿此制。我國封建社會的第一個年號是漢武帝的“建元”，最後一個年號是清朝的“宣統”，總數約700個。用干支紀年始於東漢光武帝建武二十年（54），漢章帝元和二年（85）才在全國推行。我國歷史有許多重要的事件都是用干支紀年來表示的，如“甲午戰爭”“戊戌變法”“辛亥革命”等。另，十二生肖與十二地支的結合始見於東漢王充的《論衡·物勢篇》，即子鼠、丑牛、寅虎、卯兔、辰龍、巳蛇、午馬、未羊、申猴、酉雞、戌狗、亥猪。屬相與干支並無内在的聯繫，大約是便於排序而已。

紀時 古代紀时的方法很多，春秋戰國時期實行“十時制”，即晝分朝、禺、中、晡、夕，夜分甲、乙、丙、丁、戊，但在秦漢時即已廢棄不用。漢武帝太初改曆之後，曆法趨於精密，當時把一天分爲十二段，即夜半、雞鳴、平旦、日出、食時、隅中、日中、日跌、晡時、日入、黄昏、人定，後以十二地支表示，即十二時辰。十二時辰與24小時制的對應關係如下：

子時=23時~1時	丑時=1~3時	寅時=3時~5時
卯時=5時~7時	辰時=7時~9時	巳時=9時~11時
午時=11時~13時	未時=13時~15時	申時=15时~17时
酉時=17时~19時	戌時=19時~21时	亥时=21時~23时

古書中所説的“時辰”都是指十二個時段而言，即一個時辰相當於今天的兩個小時。到了近代，才又將每個時辰分爲初、正，如子初、子正、丑初、丑正等。這樣，便與24小時制完全一致了。

日晷 又名“日規”，是古代利用太陽的光影測定時刻的儀器。秦、漢時已廣爲流行，據《漢書·藝文志》載，當時即有《日晷書》三十四卷流傳。又《晉書·魯勝傳》:“以冬至之後，立晷測影，準度日月星。”日晷是用來測時的，所以也用“日晷”表示時間、時刻，如王安石《本朝百年無事札子》:“臣以淺陋，誤承聖問，迫於日晷，不敢久留。”

漏刻 又稱“刻漏”“壺漏”等，是古代的一種計時儀器。我國很早以前即採用漏刻計時，《周禮·夏官》中已有專門管理漏刻的官職。漏刻的種類較多，常見的有水漏。水漏是用四個銅壺，縱可疊置。上邊三個壺的壺底有小孔，最下邊的壺裏有一直立浮標，上刻時辰。最上邊的銅壺注滿水後，水按一定的速度順序流入以下各壺，流到最下邊的壺時，浮標隨着水面上升。因爲浮標上有時辰標記，這樣，便可以很方便地瞭解時間了。明代以後，我國出現了鐘錶，漏刻才被廢棄不用。

元旦 古代指農曆正月初一，即今天的春節。《爾雅·釋詁》："元，始也。"《玉篇》："旦，朝也。"元旦就是一年的第一個早晨，後指年的第一天。又稱元日、元止、元辰、正日、正朝、歲朝、朔旦、端日等。因元旦爲歲、月、時之首，故又稱三元、三朔。元旦起源很早，是我們民族最悠久、最重要的節日。元旦在長期發展的過程中，被糅合了多種目的和内容，如周代的祭祀和驅鬼辟邪，五代的春聯，燃放爆竹等，逐漸固化爲重要的民俗習慣。隨着生產活動的發展和文化宗教的發達，元旦的内容已從祭祀驅禳演化爲祝福游藝，主調也由莊重神秘演化爲喜慶歡樂。新中國成立後，正式决定把公曆（又稱陽曆）一月一日稱爲"元旦"，而把農曆（又稱陰曆）正月初一稱爲"春節"。

人日 農曆正月初七。《北齊書·魏收傳》："魏帝宴百僚，問何故名人日，皆莫能知。（魏）收對曰：'晉議郎董勛《答問禮俗》云：正月一日爲雞，二日爲狗，三日爲猪，四日爲羊，五日爲牛，六日爲馬，七日爲人。'""人日"指人類的生日。人日排在其他動物之後，表明人的出現晚於動物，因而這一序列包含着古人樸素的進化論思想。每逢人日，古人都要把五彩花色的絲織品或金屬箔剪刻成人形，掛在屏風或帳子上，婦女則以小人形戴在兩鬢，叫做"人勝"，又名"春勝"。古人在這一天還要登高飲酒，吟詩作賦。人日的習俗活動也含有驅禳的意義，作爲元旦的餘緒，逐漸增加了喜慶的内容。

上元 農曆正月十五，即今之元宵節。又稱"元夜""元夕"。"宵""夜""夕"都是夜晚的意思，説明這一天的節日活动主要在晚間進行。因元宵之夜要張燈、觀燈，所以又稱"燈節"。張燈之俗始於東漢，當時佛教西來，漢明帝感於佛法，敕令正月十五佛祖神變之日燃燈，以示佛法大明。南北朝時，元宵張燈已成風氣。宋代觀燈之俗最盛，據《鐵南山叢談》載，京城元宵會要紮製高大的彩臺，稱爲"鰲山"，上繫萬盞華燈，供人觀賞。據《武林舊事》載，元宵之夜，南宋都城臨安到處搭建燈山，舞隊競相表演，士女觀者如雲，往往通宵達旦。元宵張燈，原來只有十五一晚，唐玄宗時改爲十四、十五、十六三晚，宋太祖時改爲十四至十八日五晚，明太祖則規定初八上燈，十七落燈，連續十晚。上元節的節日活動除了觀燈之外，還有耍龍燈（始於漢）、猜燈謎（始於曹魏）、吃元宵（始於唐五代）等。這些節日活動已成爲民俗，至今仍完整地保存着。

三元 上元節、中元節和下元節的合稱。源於道教。道教尊奉的神爲天官、地官和水官，合稱三官。其中天官賜福，地官赦罪，水官解厄，各有所掌。按道教的説法，三元與三官相配，上元天官正月十五生，中元地官七月十五生，下元水官十月十五生，合稱“三官聖誕”，成爲道教的三個節目。據清趙翼《陔餘叢考》考證，三元節的設立始於南北朝時期的北魏。每逢三元節，道觀、僧寺都要舉行宗教活動以示慶祝。上元節和中元節還普及到民間，成爲民間的傳統節日。

寒食 所在日期説法不一，或説清明前一日，或説前兩日（隋唐），或説前三日（宋）。又有説是冬至後的第一百零五天或一百零六天的，故寒食又有“一百五”“一百六”之稱。寒食節屬於紀念節日，相傳起於春秋時期介子推故事，介子推爲晉國公子重耳從亡之臣，重耳回國即位爲晉文公後，介子推不願意邀功求寵，遂隱居山中。重耳三請不至，遂舉火燒山逼他出來，介子推不改初衷，抱樹而死。晉文公爲了紀念他，下令在這一天禁止燒火作飯，後相沿成俗，稱寒食禁火。一説寒食起於對大火星的崇拜，《周禮·秋官·司烜氏》：“中春以木鐸修火禁於國中。”鄭玄注：“爲季春將出火也。”“火”指“大火”星，即心宿二，季春三月黄昏時起於東方。古人迷信，以爲“火盛”不祥，而且春季乾燥，易於失火，故禁火以爲警醒，遂相沿成俗。漢代周舉任交州刺史時，規定寒食之日士民不得燒火做飯；魏武帝曾專門頒發了寒食禁火令。後代又發展爲從寒食起禁火三日，只吃冷食，成爲寒食節的主要內容。另外，寒食節這一天，人們還折柳枝插於門户、屋檐，或戴在頭上。男女青年也大都在這一天舉行成人冠禮或笄禮。由於寒食節靠近清明節，後人漸漸將二者混而爲一，把寒食節的風俗看作是清明節活動的一個組成部分。

清明 二十四節氣之一，在陽曆的四月五日前後。有關“清明”的記載，最早見於《淮南子·天文訓》：“春分後十五日，斗指乙，爲清明。”清明是一個非常重要的節氣，因爲它正處於春深似海的仲春和季春之間，正是春耕春種的大好時機，《歲時百問》：“萬物生長此時，皆清潔而明淨，故謂之清明。”在二十四節氣中，演變爲節日的只有清明，這是因爲寒食節靠近清明，而寒食節的活動往往延續至清明，遂漸成節日。寒食禁火三日，至清明另起新火，故蘇軾有詩云：“寒食清明都過了，石泉槐火一時新。”古人在清明節的主要活動是祭掃墳墓，這一風俗起於隋唐，《唐會要》載開元二十年（723）敕云：“寒食上墓，禮經無文，近代相沿，浸以成俗。士庶之家，宜許上墓，編入五禮，永爲常式。”可見，這一活動與寒食節有直接的關係，白居易《寒食野望吟》：“鳥啼鵲噪昏喬木，清明寒食誰家哭？風吹曠野紙錢飛，古墓累累春草綠。”除了掃墓以外，古人在這一天還要踏青郊游，據《東京夢華錄》載：“清明日，都城人出郊……四野如市，往往就芳樹之下或園囿之間，羅列盃盤，互相勸酬……抵暮而歸。”這一天古人還有蕩鞦韆、蹴鞠（踢球）、放風箏、拔河等娛樂活動。清明節還匯聚了植樹插柳的内容。這一天，無論男女，頭上都要戴柳，故有古諺：“清明不插柳，死後變黄狗。清明不戴柳，紅顔成皓首。”這些豐富多彩的活動使清明節成爲一個綜合性質的節日，直到今天，這些習俗大多還保留着。

端午 農曆五月初五日。《風土記》：“仲夏端午。端者，初也。”對於“午”字，則衆説不一，一説“午”“五”音同，爲避唐玄宗八月初五生辰諱，改“五”爲“午”。一説“午”指陰陽交逆，《説文》：“午，啎也。五月陰氣午逆陽，冒地而出也。”意思是五月正值陰氣逆轉，陽氣上升，故“端午”又稱“端陽”。又因這天日月均逢五，故又稱“重五”“重午”。端午節的起源説法不一，最有影響的是紀念屈原説，南朝梁吴均《續齊諧記》：“屈原五月五日投汨羅水，楚人哀之。至此日，以竹筒子貯米，投水祭之。”聞一多則推斷端午節起源於古代吴越對龍圖騰的祭祀和崇拜。端午節這天，古人除舉行龍舟競渡外，還要吃粽子，據説也與楚人祭弔屈原有關。農曆五月，天氣漸熱，容易發生瘟疫，於是在端午節的活動中又融合了辟邪止瘟、驅鬼禳災的内容。這一天，人們要佩戴香囊，飲雄黄酒，並在門上懸掛艾蒿和菖蒲，雄黄、艾蒿和菖蒲都有殺菌防病的作用。據《荆楚歲時記》載，在端午節的節日活動中，還有踏百草、鬥百草、採雜藥、以五彩絲繫臂等，均與屈原的傳説無關。這説明在端午節的傳承過程中，又融進了祝福、納吉、遊戲的内容。端午節的這些活動，在今天大部分仍保留着。

七夕 農曆七月初七日。因節日活動主要在晚上進行，故稱“七夕”。七夕又稱“乞巧節”“女兒節”，是我國民間特别是婦女的一個傳統節日。七夕起於漢代，源於牛郎織女的神話傳説。這一傳説在西周時即已產生，《詩經·小雅·大東》：“跂彼織女，終日七襄；雖則七襄，不成報章。睆彼牽牛，不以服箱。”每逢七夕，坐看牽牛織女星是一項重要的活動。另外，這一天婦女都要進行對月穿針引綫的競技遊戲，以表示嚮織女求取靈巧，故稱“乞巧”。唐祖咏的《七夕》詩對“乞巧”有着十分生動的描寫：“嚮月穿針易，臨風整綫難。不知誰得巧，明旦試相看。”穿針乞巧的花樣很多，有的是雙手反放背後暗穿，有的是連穿兩根或者七根針，等等，以快者爲“得巧”，遲者爲“輸巧”。古人還於七夕將小蜘蛛放在盒中，次日看它是否結網，以網絲的疏密和網形的圓正與否判斷是否得巧。唐宋時期乞巧之風很盛，已經是一個相當隆重的民間節日。

中元 農曆七月十五日，是儒、釋、道合流的節日。道教以七月十五爲中元地官的生日，是地官“赦罪之辰”，故稱“中元節”。按佛教的傳説，釋迦牟尼的弟子目連尊者的母親爲人苛毒，死後墮入地獄鬼道，受倒懸之苦。目連十分孝順，見母親與惡鬼爭食，殊爲不忍，便向佛求問救法，佛讓他與衆僧在七月十五日這一天，用盆盛百味五果供十方大德佛，用鉢盛水飯潑給衆惡鬼，以解除死者厄難。故佛教稱七月十五日爲盂蘭盆會。盂蘭盆（Ullambana）在梵語中是“解倒懸”的意思。道教，佛教在這一天都要舉行宗教活動，超度亡靈，追薦死者。一般人家在這一天都要祭祖，與清明習俗相似。《乾淳歲時記》：“七月十五日，道教謂之中元節，各有齋醮等會；僧寺則以此日作盂蘭盆齋，而人家亦以此日祀先。”故中元節又俗稱“鬼節”。

中秋　農曆八月十五日。“中秋”一詞始見於《周禮·春官》：“中春，晝擊土鼓，吹豳詩，以逆暑。中秋夜迎寒，亦如之。”古代以七、八、九三個月爲秋季，八月居中，故稱“中秋”，又寫作“仲秋”，“仲”也是居中的意思。八月十五恰又在中秋之中，“稽於天道，則寒暑均；取於月數，則蟾魄圓，故曰中秋”（《長安玩月詩序》）。中秋之夜，明月高懸，又圓又大，古人看作是團圓的象徵；客居他鄉的游子也常常借助明月寄託對故鄉和親人的思念，因此中秋節又稱“團圓節”。中秋節的形成有一個較長的發展過程，先秦時就有秋天祭月的禮制，秦漢時有八月中秋敬老的活動，唐代時中秋節已經定型。中秋成爲佳節，和人們對月亮的種種想象、傳説分不開，“嫦娥奔月”就是其中最著名的一則。中秋節的節日活動主要是賞月和祭月。賞月之風以宋代爲最盛，宋孟元老《東京夢華錄》：“中秋夜，貴家結飾臺榭，民間爭佔酒樓玩月，絲篁鼎沸。近内庭居民，夜深遥聞笙竽之聲，宛若雲外。閭里兒童，連宵嬉戲。夜市駢闐，至於通曉。”祭月活動在月亮升起後進行，此時皓月當空，階涼如水，全家於露天設案，上陳供物。祭拜時，因月屬陰，由女人先拜，男人後拜。宋代後，祭月的主要供品是月餅，又稱“團圓餅”，祭後由全家分食。總之，中秋節自古以團圓爲主題，這一主題延續至今，其節日内容也保留至今。

重陽　農曆九月初九日，又稱“重九”。“重陽”之名源於《易經》，該書以陽爻爲九，故九爲陽數，兩九相重，則爲“重陽”。曹丕《九日與鍾繇書》：“歲往月來，忽逢九月九日。九爲陽數，而日月並應，俗嘉其名。”重陽在戰國時即已視爲吉日，屈原《遠遊》中即有“集重陽入帝宫兮”的詩句。漢代以後，古人更加重視重陽，重陽節也在民間廣泛流行開來，節日活動也日益豐富多彩。這一天主要的節日活動有出遊登高、插茱萸、賞菊、飲菊花酒、吃花糕等。重陽登高的習俗來自吴均《續齊諧記》中的一則傳説。東漢時，汝南人桓景隨費長房遊學累年。一日，費長房對桓景説：“九月九日這天，你家當有災難，必須趕快避開。你讓家人各做絳囊，裏面放滿茱萸，繫在臂上，離家登高，並飲菊花酒，才能消除災禍。”桓景一一照辦，率家人登高避禍。晚上回家一看，雞犬牛羊全都暴死，而桓景一家則得以幸免。可見消災避禍是重陽節的主題。另一方面，登高可以攬勝，賞菊可以悦目，茱萸、菊花均有藥效，《夢粱録》稱茱萸爲“避邪翁”，菊花爲“延壽客”，説明重陽節的這些活動有益於人的身心健康。

臘日 農曆十二月初八日，又稱“臘八節”。“臘”本是古代的一種祭禮，《左傳·僖公五年》：“虞不臘矣。”杜預注：“臘，歲終祭衆神之名。”“臘”和“獵”古代同文，臘祭時的供品最初是用獵獲的禽獸，《禮記·月令》：“臘先祖五祀。”鄭玄注：“臘謂以田獵所得禽祭也。”臘祭的目的是答謝祖先和天地神靈帶給人間的豐收。夏稱臘祭爲“嘉平”，商稱“清祀”，周稱“大蠟”。因臘祭在十二月舉行，故稱十二月爲臘月，稱臘祭這一天爲臘日。臘日原來並不固定在臘月初八，《説文》：“臘，冬至後三戌臘祭百神。”即臘日在冬至後第三個戌日。南北朝時固定在臘月初八，《荆楚歲時記》：“十二月八日爲臘日。”從先秦開始，臘日即已成爲年節。古人在臘日前一天要舉行驅逐疫鬼的儀式，稱爲“儺”。南北朝時，儺已改在臘祭的同一天，即臘月初八。據《荆楚歲時記》載，這一天“村人並繫細腰鼓，戴胡公頭及作金剛力士以逐疫”。寒冬臘月，驅疫的鼓聲一響，預示着春天即將來臨，故民間有“臘鼓鳴，春草生”的俗諺。佛教傳入中土之後，佛教習俗漸漸深入臘八的節日活動。佛教傳説，臘月初八是佛祖釋迦牟尼得道的日子。他在得道之前，曾因飢餓勞累而昏厥，有牧女向他獻乳糜。釋迦牟尼食後，元氣恢復，精神振奮，然後在菩提樹下静坐沉思，於臘月初八得道成佛。因此，臘八節又稱“佛成道節”。每逢此日，佛寺都要誦經浴佛，並仿牧女獻糜故事，用香穀和果實煮粥供佛，宋吴自牧《夢粱録》：“八日，寺院謂之臘八，大刹等寺俱設五味粥，名曰臘八粥。”至明，這一習俗推廣到民間，並流傳至今。

小年 農曆十二月二十四日。當天晚上稱“小年夜”。北方有些地區以二十三爲小年。小年的主要習俗是祭竈，即祭送竈神。竈神舊時稱“竈王爺”“竈君菩薩”“鍋竈神君”。關於竈神的來歷，自古説法不一。《太平御覽》説是“黄帝”，《淮南子》説是“炎帝”，《五經異文》説是“祝融”，等等。雖然説法各異，但這一節日顯然起源於古人對火的崇拜，屬於祭祀節日。先秦即已開始對竈祭祀，東漢時竈神地位提高，成爲降福消災、保佑平安的一家之主，而它的身份則由“帝”轉化爲“平民”。這時，開始出現竈神向天帝報告民間情況的傳説。《淮南子·萬華術》：“竈神晦日歸天，白人罪。”意謂竈神每月三十日（晦日）要上天向天帝述説人之短處。爲此，祭竈之舉蔚成風氣。後竈神由每月晦日上天改爲每年小年上天，大約是人們不便於頻繁祭竈的緣故。唐代祭竈較爲簡單，羅隱《送竈》:“一盞清茶一縷煙，竈君皇帝上青天。”宋代較爲隆重，據《東京夢華録》載:“二十四日交年，都人至夜請僧道看經，備酒果送神，燒合家替代錢紙。帖竈馬於竈上，以酒糟塗抹竈門，謂之醉司命。夜於牀底點燈，謂之照虚耗。”此外，是夜還要供膠牙糖，即竈糖，以黏竈神之口，使之上天之後不能説壞話。小年前將竈神送走後，臘月三十日還要接竈，買張新竈神像貼上即可。接送竈神的儀式，一般不讓女眷參加，故有“男不拜月，女不送竈”之説。現在人們仍過小年，但這些習俗已經不復存在了。

除夕 一年最後一天的晚上，也指一年的最後一天。《説文》“除”條段玉裁注:“凡去舊更新皆曰除。”由於除夕“一夜連雙歲，五更分二年”，故舊歲的最後一天稱“歲除”，又稱“大年夜”。除夕自古以來就是民間最爲熱鬧隆重的節日之一，節日活動的主題是迎新。宋吴自牧《夢粱録》卷六載:“十二月盡，俗云月窮歲盡之日，謂之除夜。士庶家不以大小家，俱灑掃門閭，去塵穢，净庭户，换門神，掛鍾馗，釘桃符，貼春牌，祭祀祖宗。遇夜則備迎神香花供佛，以祈新歲之安。”古代除夕的節日活動形式多樣，内容豐富，有守歲、饋歲、别歲、散歲、踩歲等，其中以守歲最爲普通。西晉周處《風土記》:“終夜不眠，以待天明，稱曰守歲。”守歲之俗，唐宋尤盛，《東京夢華録》載:“士庶之家，圍爐團坐，達旦不寐。”守歲之風反映了人們迎新的喜悦和對未來的希冀。除夕的節日活動還有燃放鞭炮、貼春聯、吃年夜飯、飲屠蘇酒等。除夕是一個綜合性的節日，其中糅合了祭祀、驅邪、喜慶等内容，自古至今，都是民間最爲歡樂的時刻。

第九節　地理區劃

國 古代侯王的封地。“國”字从囗，似劃地爲國，故“封地”爲其本義。西周分封諸侯，各諸侯的封地稱“國”。秦統一中國後，廢除分封制而確立郡縣制，諸侯國不復存在。漢初亦封部分諸侯，其封地也稱“國”。《漢書·地理志》:“又立諸侯王國。”西漢初，諸侯王國很大，後經朝廷“削藩”“割地”，其區域逐步縮小，地位與直屬朝廷的郡大致相當，故“郡國”連稱。周時“國”也指都城，如《戰國策·齊策》中著名的“馮諼客孟嘗君”，“孟嘗君就國於薛”的“國”指孟嘗君的封地，“故反國統萬國乎”的“國”則指國都。

州 古代地方行政區劃。“州”的本義是水中的陸地，《説文》:“水中可居之地曰州。”引申爲區劃之名。傳説堯時大水成災，禹治水後，分全國爲九州，舜時又分爲十二州，《尚書·堯典》有“肇十有二州”之説。至漢代，漢武帝爲了加強中央集權，於境内設十三刺史部，即十三個監察區，其中十一部沿用《尚書·禹貢》《周禮·職方氏》中的州名，習慣上稱“十三州”。漢成帝綏和元年（前8）罷部刺史，改爲州牧制，“州”遂成爲正式名稱。西漢末，王莽爲了復古，廢除司隸校尉部和十三刺史部，改置雍、豫、冀、兖、青、徐、揚、荆、益、幽、并、交十二州。至東漢光武帝時，又罷十二州，恢復西漢舊制。三國時，曹魏分境内爲司隸、冀、豫、兖、青、徐、荆、揚、雍、凉、并、幽十二州。西晉時因襲曹魏政制，分境内爲司、冀、兖、豫、荆、徐、揚、青、幽、平、并、雍、凉、秦、梁、益、寧、交、廣十九州。自西漢末，州始成爲郡以上的一級行政區，歷魏晉南北朝而不變。隋初廢郡存州，旋又改州爲郡。唐復改郡爲州。宋屬於路。元時，統屬於路或府的，稱散州，直屬中書省的稱爲直隸州。明、清改州爲府，如蘇州府、青州府等，此外保留了一部分直隸州，隸屬於省而不隸屬於府。

九州 傳説中的我國中原上古行政區劃。關於“九州”的説法不一，《尚書·禹貢》記其州名爲冀、兖、青、徐、揚、荆、豫、梁、雍；《吕氏春秋·有始覽》有幽州而無梁州；《爾雅·釋地》有幽、營而無青、梁；《周禮·職方氏》有幽、并而無徐、梁。後世以爲《職方》九州爲周制，《爾雅》九州爲殷制，故合稱之爲“三代九州”。實際上，先秦典籍中所説的九州，只是當時學者就其所瞭解的地域所劃分的九個地理區劃，而作爲行政區劃的制度，則從未實行過。戰國時鄒衍謂禹之九州爲“赤縣神州”，後中國之外另有九州，各州之間均有小海環繞，此九州則稱爲大九州，以别於中國的九州。《淮南子·地形訓》：“何謂九州？東南神州曰農土，正南次州曰沃土，西南戎州曰滔土，正西弇州曰并土，正中冀州曰中土，西北臺州曰肥土，正北濟州曰成土，東北薄州曰隱土，正東陽州曰申土。”此即指大九州而言。後世以九州、神州稱中國，宋陸游《示兒》：“死去原知萬事空，但悲不見九州同。”此“九州”即指全中國。

四海 古代指中國四周的“海疆”，《尚書·禹貢》：“四海會同。”古人認爲中國處於大海的包圍中，因而稱中國爲“海内”，稱外國爲“海外”。習慣上也用“四海”來形容地域廣大，如“五湖四海”。也指四鄰各族居住的區域，如《爾雅·釋地》：“九夷、八狄、七戎、六蠻，謂之四海。”

畿 古代王都所在的區域。《詩經·商頌·玄鳥》：“邦畿千里，維民所業。”後多指國都所在地及其行政官署所管轄的地區，如“京畿”“畿輔”等。引申指方圓千里的地方，如《國語·楚語》：“而至於是有畿田。”韋昭注：“方千里曰畿。”

郡 古代地方行政區劃。春秋末年，各國開始在邊地設郡，面積比縣大。

戰國時在邊郡分設縣，逐漸形成郡下轄縣，縣統於郡的二級制。秦統一六國後，廢除分封制，實行郡縣制，分全國爲三十六郡，後增至四十八個，郡下轄縣。郡、縣長官均由中央政府任免，成爲專制主義中央集權組織的一部分。此後，直至隋、唐，歷代沿用。漢代郡國並行，東漢郡以上置州，魏晉南北朝沿制。隋初取消郡，只存州、縣；隋末改州爲郡，唐又改郡爲州。宋代廢郡，置州、府，雖各州仍有郡號，如德州平原郡等，但僅存空名，無實際作用。

縣 春秋戰國以來的地方行政區劃。春秋初期，秦、晉、楚諸大國常常把新兼併的土地置縣，故縣多在邊地。至春秋末期，各諸侯國才把縣制逐漸推行到內地，而在邊地置郡。郡的面積較縣爲大，但因地廣人稀，地位反比縣低，故《左傳·哀公二年》載晉國趙簡子云："克敵者上大夫受縣，下大夫受郡。"戰國時期，邊地逐漸繁榮，遂於郡下置縣，因而產生郡、縣兩級制。秦統一六國後，廢分封制而確立郡縣制，郡下設縣，郡、縣長官均由朝廷任免。《史記·陳涉世家》："當此時，諸郡縣苦秦吏者，皆刑其長吏，殺之以應陳涉。"此後，縣的建制歷代承襲不變。隋、唐以後隸屬於府或州（郡）或軍或監或廳，直至清末。1912年後，縣隸屬於省。

社 古代的地方基層行政單位。春秋時，以二十五家爲社，相當於里。《説文》："《周禮》二十五家爲社。"又《左傳·昭公二十五年》："齊侯曰：'自莒疆以西，請致千社。'"杜預注："二十五家爲社。"孔穎達疏："《禮》有里社，……以二十五家爲里，故知二十五家爲社也。"後世也有沿其制者，《隋書·禮儀志》："百姓則二十五家爲一社，其舊社及人稀者不限其家。"戰國時或以方六里爲社，《管子·乘馬》："方六里名之曰社。"宋、明時仍有"社"的建制，顧炎武《日知錄》卷二十二："社之名起於古之國社里社，故古人以鄉爲社。《大戴禮》'千乘之國，受命於天子，通其四疆，教其書社'；《管子》'方六里名之曰社'是也。……今河南、太原、青州鄉鎮猶以社爲稱。"元代以五十家爲社，《元史·食貨志》："縣邑所屬村疃，凡五十家立一社，擇高年曉農事者一人爲之長。增至百家者，別設長一員。不及五十家者，與鄰村合爲一社。地遠人稀，不能相合，各自爲社者聽。"

閭 古代基層行政單位。本指里巷的大門，《公羊傳·成公二年》："相與踦閭而語。"因即以爲里巷的代稱。《周禮·地官·閭胥》："閭胥各掌其閭之徵令。"鄭玄注引鄭司農云："二十五家爲閭。""閭"與"里"相同，故"閭里"常常連用。閭之長官爲閭胥。

里 古代縣以下的基層行政單位。始於春秋戰國時期，秦、漢因之。此後，歷代多有里一級編制，其長官爲里正。《公羊傳·宣公十五年》："什一行而頌聲作矣。"何休注："一里八十户……其有辯護伉健者，爲里正。"顧炎武

《日知錄》卷二十二："以縣統鄉，以鄉統里。備書之者，《史記》'老子，楚苦縣厲鄉曲仁里人'是也。"隋以二十五家爲里，置里正。唐以百户爲里，五里爲鄉。明代則以一百十户爲里，置里長一人。

鄉 古代基層行政區域單位。相傳周代以一萬二千五百家爲鄉。此後，歷代沿制，但大小不等，秦以後隸屬於縣。鄉的長官，周代稱"鄉大夫"，掌管一鄉的政教；春秋時各國也有設置，齊國稱"鄉良人"，宋國稱"鄉正"；秦代稱"鄉有秩"，漢代并稱"鄉官"。《漢書・黃霸傳》："使郵亭鄉官皆畜雞豚。"顔師古注："鄉官者，鄉所治處也。"《後漢書・百官志》："有秩，郡所屬，秩百石，掌一鄉人。"

黨 古代基層行政區域單位。相傳周代以五百家爲黨，《周禮・地官・大司徒》："五族爲黨。"鄭玄注："黨，五百家。"又《韓氏三禮圖考》卷上："五族爲黨，五黨爲州，使之相賙。"

都 古代行政區劃。"都"有"大"的意思。夏代的制度，以十邑爲都。《尚書大傳・洛誥》："八家而爲鄰，三鄰而爲朋，三朋而爲里，五里而爲邑，十邑而爲都，十都而爲師，州十有二師焉。"鄭玄注："州凡四十三萬二千家，此蓋虞夏之數也。"周代的制度，以四縣爲都。《周禮・地官・小司徒》："九夫爲井，四井爲邑，四邑爲丘，四丘爲甸，四甸爲縣，四縣爲都。"賈公彦疏："四縣爲都，地方三十二里。"春秋戰國時期，或以四鄉爲都，《管子・乘馬》："官成而立邑：五家而伍，十家而連，五連而暴，五暴而長，命之曰某鄉，四鄉命之曰都，邑制也。"或以十州爲都，《管子・度地》："故百家爲里，里十爲術，術十爲州，州十爲都，都十爲霸國。"宋代以後，則爲鄉以下一級的編制單位，《宋史・元燮傳》："合保爲都，合都爲縣。"王禎《農書》卷四："又何必命駕鄉都，移文期會，欺下誣上，而自徼功利，然後爲定典哉？"

邑 古代行政區劃。夏制以五里爲邑，周制以四井爲邑，戰國時齊國以三十家爲邑，《國語・齊語》："三十家爲邑，邑有司。"《管子・小匡》："制五家爲軌，軌有長；六軌爲邑，邑有司。"後多泛指一般城鎮或作爲縣的别稱。《史記・商君列傳》："衛鞅既破魏還，秦封之於商十五邑，號爲商君。"唐柳宗元《封建論》："秦有天下，裂都會而爲之郡邑。"

鄙 古代的地方行政區劃。周制，以五百家爲鄙，《説文》段玉裁注："鄙，五百家也。"又《吕氏春秋・孟夏紀》："命司徒循行縣鄙。"高誘注："鄙，五百家也。""鄙"又指邊邑，如《左傳・隱公元年》："既而大叔命西鄙北鄙貳於己。"

鄰 古代的居民組織單位。周制，以五家爲鄰，《説文》："五家爲鄰。"又《周禮・地官・遂人》："五家爲鄰，五鄰爲里。"春秋戰國時，或以八家爲鄰，《孫子·用間》曹操注："古者八家爲鄰。"晉代亦以八家爲鄰，《晉書·地理志》："八家爲鄰，三鄰爲朋。"唐代以四家爲鄰，《舊唐書·食貨志》："四家爲鄰，五鄰爲保。"

鎮 古代行政區劃，最初設在邊地，駐兵戍守。鎮設鎮將，兼理軍民政務。北魏時鎮將權高位重，多以鎮將兼刺史、太守之任。明元帝時爲防柔然侵擾，於京都平城以北，陰山以南，自西而東設置沃野、懷朔、五川、撫冥、柔玄、懷荒等六個重鎮，簡稱"六鎮"。唐代亦置鎮，但鎮戍之權轉輕，《新唐書·兵制》："唐初，兵之戍邊者，大曰軍，小曰守捉，曰城，曰鎮。"鎮將只掌防禦，品秩僅相當於縣令。唐末五代時期，節度使在其境內設鎮，置鎮使、鎮將，掌握地方實權。宋初，爲了加強中央集權，罷鎮使、鎮將，收其權歸於知縣。此後，鎮則成爲一種地方行政單位，相當於縣一級政區或縣轄政區。此外，宋代稱設置節度使的州爲"節鎮"。宋代以後，鎮多指縣以下的商業發達城市，如景德鎮等。

道 古代行政區劃。漢代少數民族聚居的新設縣稱爲"道"。唐太宗貞觀元年（627），按山河地貌的自然形勢，分全國爲關内、河南、河東、河北、山南、隴右、淮南、江南、劍南、嶺南共十道。開元二十一年（733），分關内道置京畿道，分河南道置都畿道，分山南道爲山南東、山南西二道，分江南道爲江南東、江南西和黔中三道，加原有各道共十五道。各道置採訪處置使，職掌與漢武帝時所置十三部刺史略同。至五代，十道、十五道即從行政區劃變爲地理區劃。明、清時亦設道，爲省和府之間的監察區。

路 古代行政區劃。唐玄宗時，全國分爲十五道。宋初爲了加強中央集權，改道爲路，分境内爲若干路。起初，路的分併增省未有定制，宋太宗至道三年（997）始分爲京東、京西、河北、河東、陝西、淮南、江南、荆湖南、荆湖北、兩浙、福建、西川、峽（即峽西）、廣南東、廣南西十五路；宋神宗時分境内爲十八路，熙寧七年（1074）又分爲二十三路；元豐八年（1085）頒行的《元豐九域志》，就是根據此二十三路編制而成的。路的長官設轉運使（漕）、提點刑獄（憲）和經略安撫司（帥）等官職，統稱監司，主管所屬州、縣的水陸轉運和財政稅收；其後權力擴大，逐漸帶有行政區和軍區的性質，下轄府、州、軍、監。金統一北方後，沿襲宋制，分境内爲若干路、路下轄府（州）、縣，於大定末置中都、上京、咸平、東京、北京、臨潢、西京、南京、河北東、河北西、山東東、山東西、大名府、河東北、河東南、京兆府、鳳翔、鄜延、慶原、臨洮二十路。章宗泰和元年（1201）後併臨潢路於北京路，爲十九路。元統一中國後，在地方設十個行中書省，簡稱"行省"或"省"。行中書省以下爲路，路以下爲州、府，路遂成爲省以下一級行政區劃。明代廢路。

府 古代行政區劃。“府”本指國家收藏文書或財物的地方，《說文》：“府，文書藏也。”段玉裁注：“引申之爲府吏胥徒之府。”官吏所居曰“府”，故其所轄之處亦稱府。唐代始置，宋以後因之。唐玄宗開元年間，始把京師所在的三個州改稱爲府；首都長安所在的雍州改稱京兆府，東都所在洛州改稱河南府，北都晉陽所在的并州改稱太原府。安史之亂後，又陸續把幾個皇帝駐蹕過的州改爲府。此時州與府同級，是隸屬於道的縣以上一級的行政建制。宋代，州與府並存，均隸屬於路。南宋時已有五十多個府，約佔當時州級政區總數的七分之一強，已有逐漸取代州的趨勢，成爲後來省、府、縣三級基本建制中的重要一級。元代的府，有的直屬中央，有的隸屬於路。明代以京畿、應天二府直屬中央，其他則隸屬於布政使司。清代以順天、奉天二府直屬京師，其他同明制。

省 古代行政區劃。元代稱“行省”。元統一中國後，疆域比漢唐盛世更爲廣闊，爲便於管理，於境內分成若干大行政區，由中書省的派出機構——行中書省來管理，故稱“行省”，簡稱爲“省”。省下轄路、州、府、縣。先後設置了嶺北、遼陽、河南、陝西、四川、甘肅、雲南、江浙、江西、湖廣等十一個省。明初沿襲元制，境內分設一個中書省直轄區和若干行中書省轄區。明太祖洪武九年（1376）改行中書省爲承宣布政使司；十三年（1380）裁撤中書省，以所領府、州直隸京師。自明宣宗宣德三年（1428）以後，全國的府、州分統於兩京（京師，即北直隸；南京，即南直隸）和十三布政使司，但習慣上仍稱爲省，合稱十五省或十三省。其長官爲左右布政使，主一省之政；若有戰事，則派巡撫出巡地方；若牽連幾省，巡撫不能解決，則委派總督處理。清初對長城以南的明代故土，仍沿用明制分爲十五省，改其中的北直隸爲直隸省，南直隸爲江南省。康熙初分陝西爲陝西、甘肅兩省，湖廣爲湖北、湖南兩省，江南爲江蘇、安徽兩省，全國共爲十八省（邊疆地區不置省）。相對邊疆而言，又稱內地十八省。此時，巡撫已是一省的最高行政長官，而總督則總攬一省或兩三省的軍民政要。光緒年間，除蒙古、青海、西藏仍爲諸大臣統轄外，新疆、臺灣、奉天、吉林、黑龍江陸續建省，但臺灣不久即被日本侵佔。民國初年因襲不變，至 1928 年始有增改。

軍 宋代的地方行政區劃。有兩種情況：一是與府、州同級，如宋代的平定軍即清代的平定州，宋代的南安軍即清代的南安府。這種軍隸屬於路，下領縣。一是與縣同級，隸屬於府、州。軍之長官稱“知軍（事）”，由中央直接派員擔任，既管軍事也管民政。

監 宋代的地方行政區劃。在坑冶、鑄錢、牧馬、産鹽等區域設置。也有兩種情况：一是與府、州並列，隸屬於路；一是與縣同級，隸属於府、州。監之長官由京官充任，稱“知監”。據《宋史·地理志》載，宋神宗元豐年間所設置的二十三路中，監多位於西南地區的夔州路、梓州路、成都府路內。

廳 清代新開發地區的一種行政區劃。與州或縣平級，其長官稱爲“同知”或“通判”。廳有直隸與散廳之别；直隸廳與府、直隸州平行，隸屬於省；散廳與散州和縣平行，隸屬於府。

第十節 法律刑罰

法律 古代多指刑法或各種律令。夏、商、周三代時即有法律，如《尚書》中有《吕刑》，戰國時魏國的李悝著有《法經》六篇。此後，歷代皆有法律，如秦有《秦律》，漢有《九章律》，魏有《新律》等。至唐代，法律更趨健全，律書體制也更爲完善，有《唐律》十二篇，計五百條，是今存最詳盡的古代律書。其後，宋代的《刑統》、元代的《典章》、明代的《大明律》、清代的《大清律》，均法《唐律》增補而成。

刑法 懲罰罪犯的法律。《國語·晉語》:“端刑法，緝訓典，國無姦民。”相傳虞舜之時即有“五刑”“九刑”的規定。西周中葉，産生了專門的法典，即今之所傳的《尚書·吕刑》，雖不足千言，卻集中記述了五刑的條款，提出了“刑罰世輕世重”“惟良折獄”“有並兩刑”等審理、量刑的原則。春秋戰國時期，各國都有自己的法典，多法《吕刑》而來，今皆不傳。商鞅輔佐秦國，始改“法”爲“律”，自此刑書皆稱“律”。唐代有《唐律》十二篇，條例更加縝密，後代律典皆援其例。

刑罰 古代刑、罰有别，《説文》:“刑，罰罪也。”又云:“罰，罪之小者。”段玉裁注:“罰爲犯法之小者，刑爲罰罪之重者。”可見，“刑”指肉刑、死刑等重刑，“罰”則指可以用金錢贖罪的輕罰，故上古有“五刑”“五罰”之分。周代始以“刑罰”統稱對罪犯的懲罰。《禮記·王制》:“凡作刑罰，輕無赦。”後世沿用，如《後漢書·虞詡傳》:“刑罰者，人之銜轡。”又《明史·刑法志》:“刑罰者，懲惡之藥石也。”

天憲 古代指朝廷的法令。“天”是至高無上的意思，“憲”指法令。《後漢書·朱穆傳》:“手握王爵，口含天憲。”

五刑 古代的五種刑罰。五刑的內容，歷代不盡相同。商、周時期，五刑指墨、劓、剕、宫、大辟；東漢以黥、劓、斬趾、斷舌、梟首爲五刑；隋代以笞、杖、徒、流、死爲五刑，並分二十個等級。唐沿隋制，至明、清基本未變。《清史稿·刑法志》:“《明律》溯源唐代，以笞、杖、徒、流、死爲五刑。”其中“墨刑”與“黥刑”相同，都是在犯人臉上刺字，再涂墨以爲標記；“劓刑”是削去犯人的鼻子；“剕刑”與“斷趾”相同，都是砍去犯人的脚，又稱“刖刑”；“宮刑”是殘害男犯的生殖器，破壞女犯的生殖機能，又稱“腐刑”；“大辟”和“梟首”都是砍頭，只是梟首後還要將首級懸掛於木上以示衆；“笞刑”是用小荆條或小竹板擊打犯人的臀部、腿部或背部；“杖刑”則是用大荆條或大竹板擊打犯人的臀部、腿部或背部；“徒刑”是強迫犯人服苦役；“流刑”是將犯人流放到邊遠地區服勞役，又稱“發配”“充軍”等；“死刑”則是用各種手段處死犯人。

桎梏 古代刑具之一。《説文》:“桎，足械也。”又:“梏，手械也。”“桎”是拘束犯人兩脚的木製刑具，“梏”是拘束犯人雙手的木製刑具。《周禮·秋官·掌囚》:“凡囚者，上罪梏拲而桎，中罪桎梏，下罪梏。”鄭玄注:“木在手曰梏，在足曰桎。”

枷 古代刑具之一，即套在犯人頸項上的木製刑具。始於隋代，《隋書·刑法志》:“凡死罪枷而拱，流罪枷而梏。”後歷代皆沿用，《水滸傳》第五十一回:“將（雷横）具枷來枷了，押出去號令示衆。”

拶指 古代酷刑之一，即用繩子穿五根小木棍兒，夾在手指間用力收緊。簡稱爲“拶”。古稱“櫪”，《説文》:“櫪，櫪撕，押指也。”段玉裁注:“押指，如今之拶指，故與械、杽、桎、梏爲類。”清代則以此刑拷訊婦女，《清會典》:“婦人供辭不實、用拶指。以圓木無根爲之，各長七寸，徑圓各五分。”

臏刑 古代酷刑之一，即剜去犯人的膝蓋骨，字又作“髕”。《説文》:“臏，膝端也。”徐鍇《説文繫傳》:“古臏刑，去膝也。”段玉裁注:“古者五刑：臏、宮、劓、墨、死。髕者，臏之俗云膝頭骨也。周改髕作刖，其字借作刖，斷足也，漢之斬止是也。髕者廢不能行，刖者尚可着踴而行。踴，刖足者之屨。”“臏刑”究竟是廢膝還是刖足，衆説紛紜，據清沈家本《歷代刑法考》的考證:“今得而論定之曰，唐虞無肉刑，夏有髕辟，周改髕爲刖，穆王又名爲剕，可以解衆説之糾紛矣。”意思是周代時已將臏刑改爲刖刑，即斷足。如果此説可信，則司馬遷《報任安書》中的“孫子臏脚，兵法修列”，似乎應當是斷足之刑了。

刵刑 古代酷刑之一，即割去犯人的耳朵。《説文》:“刵，斷耳也。”源於古代作戰時割掉所殺敵的左耳以計軍功的習俗。《尚書·康誥》:“又曰劓刵人，無或劓刵人。”孔安國傳:“刵，截耳，刑之輕者。”孔穎達疏:“劓在五刑，爲截鼻。而有刵者，《周官》五刑所無，而《呂刑》亦云劓刵。……要有刵而不在五刑之類。”漢文帝時詔令廢除肉刑，後世或偶有使用，如《金史·刑志》:“或重罪亦聽自贖，然恐無辯於齊民，則劓刵以爲別。”

髡鉗 古代刑罰之一，即對犯人剃去頭髮，用鐵圈束頸。《説文》："髡，剃髮也。"又："鉗，以鐵有所劫束也。"漢文帝廢除肉刑，始以髡鉗代替黥刑。《史記·季布欒布列傳》："乃髡鉗季布。"又《漢書·楚元王傳》："楚人將鉗我於市。"顔師古注："鉗，以鐵束頸也。"柳宗元《童區寄傳》："不足則取他室，束縛鉗梏之。"

炮烙 古代酷刑之一。行刑過程是先將一銅器（一説即銅柱）抹油，其下用火炭燒熱發燙，迫使犯人行於其上，最後墮入火中而亡。相傳爲商代紂王始創，《荀子·議兵》："紂刳比干，囚箕子，爲炮烙刑。"又《史記·殷本紀》："百姓怨望而諸侯有畔者，於是紂乃重刑辟，有炮烙之法。"裴駰《集解》引《列女傳》："膏銅柱，下加之炭，令有罪者行焉，輒墮炭中。"周初即廢，《大戴禮記·保傅》："（周）文王請除炮烙之刑而殷民從。"此後，只有遼代使用炮烙之刑。

凌遲 古代酷刑之一，即將犯人用刀零割致死，俗稱"剮"。南北朝時，北齊有凌遲之事，但屬法外施刑，當時稱爲"臠割"。唐代亦有此刑，但正式載入律令的是遼代。《遼史·刑法志》："死刑有斬、絞、凌遲之屬。"宋代因之，《宋史·刑法志》："凌遲者，先斷其肢體，乃抉（割斷）其吭，當時之極刑也。"陸游在《渭南文集》卷五中曾記載有凌遲的慘狀："肌肉已盡而氣未絕，肝心聯絡而視聽猶存。"元、明、清均有凌遲之刑，而明代尤爲慘烈。據明代王明德《讀律佩觿》載："其法乃寸而磔之，必至體無餘臠，然後爲之割其勢，女則幽其閉，出其臟腑，以畢其命。"凌遲是最重的刑罰，一般要施於罪大惡極者，故《水滸傳》第二十七回："（王婆）唆令男女故失人倫，擬合凌遲處死。……武松帶上行枷，看剮了王婆。"《紅樓夢》中也有"拼着一身剮，敢把皇帝拉下馬"之語。

腰斬 古代死刑之一，即將犯人從腰部砍斷。行刑的刀具爲"鈇鑕"，類似今天的鍘刀。殷周時即有此刑，但無"腰斬"之名，《公羊傳·昭公二十六年》："君不忍加之以鈇鑕。"何休注："鈇鑕，要（腰）斬之罪。"秦代因之，據《史記·李斯列傳》記載："二世二年七月，具（李）斯五刑，論腰斬咸陽市。"腰斬之罪僅次於梟首和棄市，漢代至南北朝時爲常用死刑之一。《魏書·刑法志》："大逆不道腰斬，誅其同籍。"隋代廢腰斬之刑，此後雖有腰斬之事，但已非常刑。

車裂 古代死刑之一，即將犯人的四肢與頭分別拴在五輛車上，驅馬向五個方向分馳，將肢體撕裂，故俗稱"五馬分屍"。《史記·商君列傳》："秦惠王車裂商君以徇。"周代稱"轘"或"車轘"，《説文》："轘，車裂人也。"如《左傳·桓公十八年》："齊人殺子亹而轘高渠彌。"杜預注："車裂曰轘。"車裂之刑，殘酷而野蠻，周以後偶有使用。

絞刑 古代死刑之一，即以布帛或繩索絞犯人之頸，使之氣絕。周、秦即有絞刑，《左傳·哀公二年》："若其有罪，絞縊以戮。"南北朝時，絞刑始列入法令，《魏書·刑法志》："分大辟爲二科死，斬死入絞。"古人重視體膚的完整，因絞刑可不毀壞屍體，故以爲比身首異處的斬刑爲輕。隋、唐因之，《唐律·名例律》："絞斬之坐，刑之極也。"此後，除元代有斬無絞以外，歷代均有絞刑。

醢刑 古代死刑之一，即把人剁成肉醬。傳説始於殷紂王，《呂氏春秋·行論》："昔者紂爲無道，殺梅伯而醢之，殺鬼侯而脯之。"高誘注："肉醬爲醢，肉熟爲脯。"又《戰國策·趙策》："鬼侯有子而好，故入之於紂。紂以爲惡，醢鬼侯。"後世鮮用。

族誅 古代刑罰之一，即抄斬犯人家屬或親族。又稱"族""族滅""夷""族夷"等。始於春秋戰國，後歷代承襲，但刑制略有不同，有誅三族、誅七族、誅九族、誅十族之分。關於"三族"，説法不一，或説是父母、兄弟、妻子（《尚書·泰誓》孔安國傳），或説父族、母族、妻族（《史記·秦本紀》裴駰《集解》），或説父、子、孫三代（《尚書·泰誓》孔穎達疏）。所謂"七族"，一説是上至曾祖，下至曾孫（《史記·鄒陽列傳》裴駰《集解》）；一説爲父族、姑之子、姊妹之子、女子之子、母族、從子、妻之父母（《史記·鄒陽列傳》司馬貞《索隱》）。所謂"九族"，指上自高祖下至玄孫的直系親屬，《尚書·堯典》鄭玄注："九族，上至高祖，下至玄孫，凡九族。"誅九族之例僅見於隋代，《隋書·刑法志》："及楊玄感反，帝誅之，罪及九族。"所謂"十族"，是指九族之外再加上門生故舊。誅十族之例見於明代，《明史·方孝孺傳》："孝孺之死，宗族親友前後坐誅者數百人。"《明史紀事本末》卷十八記述更爲具體："文皇大聲曰：'汝安能遽死即死，獨不顧九族乎？'孝孺曰：'便十族奈我何！'乃及朋友門生廖鏞、林嘉猷等爲一族並坐。"由於族誅的殘酷，漢、晉諸代曾一度廢除。

廷杖 古代刑罰之一，即帝王在朝廷上體罰大臣，屬法外施刑。始於三國時的吳國，《三國志·吳書·孫和傳》，孫權欲廢和立亮，遭到大臣們的反對，"權大怒，族誅（陳）正、（陳）象、（朱）據、（徐）晃牽入殿，杖一百"。廷杖之制，明代最盛。一般由司禮監監行，錦衣衛施杖。《明史·刑法志》："正德十四年，以諫止南巡，廷杖舒芬、黃鞏等百四十六人，死者十一人。嘉靖三年，羣臣爭大禮，廷杖豐熙等百三十四人，死者十六人。"廷杖之刑的實施，導致羣臣緘口，天下駭然，故清代時廢除。

謫戍 古代刑罰之一，即將犯罪官人或平民遣往邊疆以充守衛，又稱

“謫遣戍”。始於秦代，《史記·秦始皇本紀》：“三十三年，發諸嘗逋亡人、贅婿、賈人略取陸梁地，爲桂林、象郡、南海，以謫遣戍。”漢代因之，《漢書·晁錯傳》：“秦民見之，如往棄市，因以謫發之，名曰謫戍。”後歷代均有謫戍之事，但多名之爲“充軍”。

連坐 古代刑罰之一，即一人犯罪，全家、鄰里或有關人員同受處罰。又稱“相坐”。“坐”是被定罪的意思，“連坐”即因受牽連而被定罪。連坐之制，秦代最烈，《史記·商君列傳》：“令民爲什伍，而相收司連坐。”司馬貞《索隱》：“收司，謂相糾發也。一家有罪而九家連舉發，若不糾舉，則什家連坐。”漢初因之，文帝時曾一度廢除，而景帝即位又正式恢復。此後，歷代雖也有連坐之制，但多與緣坐相類，牽連的範圍只限於罪人本家。

緣坐 古代刑罰之一，指因與罪人有某種關係而受到牽連的刑罰。緣坐之事，三代即有，當時稱“孥戮”，即其父犯罪，其子亦遭處罰。秦、漢因之，稱爲“收孥”，漢又稱“相坐”。南北朝時始有“緣坐”之名。隋、唐革除舊制，緣坐的範圍大大縮小，僅限於謀反、大逆，處罰的對象也僅限於十六歲以上的兒子，其他人免死。宋因唐制，元代曾將緣坐之婦斷歸功臣爲妻妾。明代擴大了緣坐的範圍，加重了對緣坐的懲罰。清代沿襲明制，但光緒三十一年（1905）下令：“緣坐各條，除知情者仍治罪外，餘皆寬免。”（《清史稿·刑法志》）

反坐 古代刑罰之一，即如果誣告他人犯有某罪，就將某罪所應受到的刑罰反加諸誣告者。始於秦代，但有反坐之律而無“反坐”之名；而且若不是殺人罪，則應區分誣告與錯告；若爲殺人罪，則無論誣告與錯告，均按誣告罪論處。唐承此制，《唐律》卷二十三：“諸誣告人者，各反坐。”同時規定：凡誣告他人爲死罪者，反坐的懲罰爲絞刑，因其不同於真犯；如果誣告官吏犯罪，則要加重處罰。明、清時，對誣告反坐者加重了處罰。

罰俸 古代處刑之一，即責令犯罪的官吏以其俸祿來贖免罪過。始於漢代，《後漢書·張陵傳》：“歲首朝賀，大將軍梁冀帶劍入省，……請廷尉論罪，有詔以一歲俸贖。”此即後世罰俸之源。宋代也有罰俸之事，謂之“罰金”，但不在律令之中。《宋史·哲宗紀》：“元豐八年四月，水部員外郎王諤非職言事，坐罰金。”明代沿制。

贖罪 古代的一種法律規定，即允許犯人以財物抵消刑罰。周代即有此制，此後歷代皆有罰贖之制，但所贖範圍及財物則各異。秦、漢時，死刑也可贖免。《漢書·惠帝紀》：“民有罪，得買爵三十級以免死罪。”司馬遷就是因爲“家貧，貨賂不足以自贖”，而被處宮刑。唐代贖罪的範圍縮小，而且平民不得贖罪。此後歷代沿制。清代，贖罪只限於輕罪，至於十惡等重罪則不得贖。贖罪所用的財物，周、秦皆用銅，無銅者用泉貨；漢代改用黃金，亦有用錢者；東漢並用縑，魏晉以後多用絹；隋代復古，又改用銅，唐、宋因之。元代曾用錢，亦有用黃金者；明代錢、鈔、米並用；清代多用銀或銅錢。

斬監候　古代執刑程序，即對判處死刑的罪犯不立即執行，而是暫行監禁，待秋審、朝審復核後再酌情處理。明代沿制，稱“斬緩决”。清代因之，改稱“斬監候”。《清史稿·刑法志》：“舊制，凡刑獄重犯，自大逆、大盗决不待時外，餘俱監候處决。”

斬立决　古代執刑程序，即對犯人立即執行斬刑。清代始有此名目，相承於明代的“斬不待時”，與“斬監候”相對。

十惡　古代十種最嚴重的罪行。“十惡”的罪名是逐漸形成的，早在周、秦時代即有“不孝”“不友”的罪名。漢代的《九章律》有“不道”“不敬”的罪名。南北朝時，北齊開始規範化，定出了十條重罪，即一反逆、二大逆、三叛、四降、五惡逆、六不道、七不敬、八不孝、九不義、十內亂。隋代因襲北齊律而制《開皇律》，始有“十惡”之名。此後歷代相沿，只有元代改名“諸惡”。《唐六典》卷六：“乃定十惡，以懲叛逆、禁淫亂、詛不孝、威不道。”據《唐律疏議》，“十惡”的內容是謀反、謀大逆、謀叛、惡逆、不道、大不敬、不孝、不睦、不義、內亂。并規定犯此十惡之罪者皆不可饒恕，成語“十惡不赦”即本此。此後，歷代刑律沿用，如《明史·刑法志》：“十惡及故犯者不赦。”

八辟　西周時期的八種議刑之法，凡罪犯符合這八種條件的，可以减刑或赦免。“辟”是“法”的意思，《詩經·大雅·板》：“無立自辟。”毛傳：“辟，法也。”“八辟”即八條法規。《周禮·秋官·小司寇》：“一曰議親之辟，二曰議故之辟，三曰議賢之辟，四曰議能之辟，五曰議功之辟，六曰議貴之辟，七曰議勤之辟，八曰議賓之辟。”“親”指“宗親”，“故”指“故舊好友”，“賢”指“賢良者”，“能”指“有才能者”，“功”指“有功勛者”，“貴”指“地位顯貴者”，“勤”指“勤於官事者”，“賓”指“賓客”。此八辟後發展成爲封建刑律中的“八議”制度。

八議　古代法律規定，上層集團的八種人犯了罪，司法部門不得擅自判决，必須奏請皇帝，召集有關大臣討論，然後决定。被議的犯人一般都可以得到减刑或赦免。“八議”制度源於西周的“八辟”。三國魏時始正式列入法典，直至明清皆相沿不替。《大清律例》：“八議者，犯罪，實封奏聞取旨，不許擅自勾問。”但“十惡”重罪不在八議範圍之內。所謂“八議”，實際上是統治者所享受的一種特權。

劾　古代指判决訟案，《説文》：“劾，法有罪也。”段玉裁注：“法者，謂以法施之。”如《史記·魏其武安侯列傳》：“劾灌夫罵坐不敬，繫居室。”後世指揭發罪狀，如“彈劾”“參劾”“舉劾”等。若揭發他人罪行或斷罪不實，則謂之“劾不直”或“劾不實”。

鈎决 古代司法程序。按照古代司法制度的規定，被判處死刑的人，在一定的時間内可以上訴，經復審後如仍維持原判，則報請皇帝做出裁决。如皇帝無異議，則在死刑人犯的名字上打鈎，謂之“鈎决”。鈎决之後，即發鈎决批文，執行死刑。簡稱爲“鈎”。清方苞《獄中雜記》：“每歲大决，鈎者十三四，留者十六七。”

秋審 古代司法程序，具體指清代刑部和大理寺等衙門會審各省死刑案件的制度，因在秋天進行而得名。按清律規定，凡判死刑斬監候或絞監候者，皆延至秋天，以待秋審。每年秋審之前，先由各省督撫對有關案件進行審核，并提出處理意見寫成“招册”，分送九卿詹事科道，供秋審備閲參考。經過秋審之後，將案件分爲情實，緩决，可矜，有疑，留養承祀五類，由刑部奏請皇帝裁决。除情實者執行死刑外，其餘四類均可得到寬免，减爲流刑或徒刑。《清史稿·刑法志》：“秋審亦原於明之奏决單，冬至前會審决之。”

朝審 古代司法程序，即審判京城死囚的制度。始於明代。明制，從天順三年（1459）起，每年霜降後，將在押死囚押至承天門外，由三法司等會審。通過會審，死囚大都可以得到减刑。清代因之，而做法更加周密。每年八月，定期將在押死囚押至金水橋西，由三法司會同九卿及詹事科道逐一詳核，將案情分爲情實等五類，由刑部報請皇帝裁决。

赦 古代司法制度，即依法定程序减輕或免除罪犯的刑罰。相傳虞舜時期即有此例。周代實行“三赦”之制，即幼弱（指兒童）、老旄（指老人）、蠢愚（指精神障礙）者犯罪，可以得到赦免。後代沿之，赦免的决定一般由皇帝做出。

大赦 古代司法制度，即普赦天下，對所有的罪犯實行赦免。“大赦”之名始見於《史記·秦本紀》：“莊襄王元年，大赦罪人。”後歷代沿用此制，時有大赦之舉。

鋃鐺 古代刑具，即拘束囚犯的鐵索。《説文》：“鋃，鋃鐺，瑣（鎖）也。”“鐺，鋃鐺也。”所謂“鋃鐺”，就是今天所説的鎖鏈。

囹圄 古代拘禁犯人之處，即今天的監獄。《説文》：“囹，獄也。”又：“圄，守之也。”“圉，囹圄，所以拘罪人。”周代始稱牢獄爲“囹圄”，《華嚴經音義》下：“囹圄謂周之獄名也。”秦代也稱監獄爲“囹圄”，《史記·秦始皇本紀》：“虚囹圄而免刑戮。”漢以後則多稱“獄”。

三司會審 古代審判制度。周代始有，《禮記·王制》中即有“王命三公參聽之”的記載。漢代稱“雜治”，即遇有重大案件，由主管刑獄的機關會同監察、司法機關共同審理。隋代由刑部、御史臺同大理寺審理。唐代則推行“三司推事”的制度，即由大理寺卿、刑部尚書、御史中丞共同審判。明、清亦沿前制，由大理寺、刑部、都察院組成三法司會審，《明史·刑法志》：“三法司曰刑部、都察院、大理寺。刑部受天下刑名，都察院糾察，大理寺駁正。”會審後均須上報皇帝核準，然後生效。

平反 古代因錯判而造成的冤案，經過核實、審查，依照法律程序予以糾正，恢復本原。宋胡三省《資治通鑑》注引毛晃云：“平反，理正幽枉也。”漢代始行，《漢書·雋不疑傳》：“（雋不疑）每行縣錄囚徒還，其母輒問不疑：‘有所平反，活幾何人?’即不疑多有所平反，母喜笑。”此後，歷代均有平反之例，但平時爲數甚少，因君位更迭而爲前朝平反者較多，這是因爲當政者奉行“官無悔判”的原則。

郑重声明

高等教育出版社依法对本书享有专有出版权。任何未经许可的复制、销售行为均违反《中华人民共和国著作权法》，其行为人将承担相应的民事责任和行政责任；构成犯罪的，将被依法追究刑事责任。为了维护市场秩序，保护读者的合法权益，避免读者误用盗版书造成不良后果，我社将配合行政执法部门和司法机关对违法犯罪的单位和个人进行严厉打击。社会各界人士如发现上述侵权行为，希望及时举报，我社将奖励举报有功人员。

反盗版举报电话　（010）58581999　58582371

反盗版举报邮箱　dd@hep.com.cn

通信地址　北京市西城区德外大街4号

　　　　　高等教育出版社法律事务部

邮政编码　100120

高等教育出版社样书章
8690